Understanding of
British & American
Culture

영미문화탐구

김현숙 지음

Understanding of
British & American
Culture

신아사

머리말

영문과에서 오랫동안 영문학 강의를 하면서 학생들이 영국과 미국의 역사와 문화에 대한 기본적인 지식을 익히면 좋겠다는 생각을 자주 했다. 한 나라의 문학을 제대로 이해하려면 그 나라의 역사와 문화에 대한 이해가 선행되어야 하기 때문이다. 영미의 역사와 문화에 대한 훌륭한 저서가 많이 있기는 했으나, 막상 필자의 목적과 개인적 취향에 꼭 들어맞는 마땅한 교재를 찾기는 쉽지 않았다. 그래서 오래 전부터 적절한 교재를 기획하다가 『영국문화의 이해』와 『미국문화의 이해』를 출판했다. 이후 이 두 권의 책을 보다 간결하게 한 권으로 묶어 달라는 요청을 받고 다시 체제를 정리하고 가다듬어서 『영미문화 탐구』를 펴내게 되었다.

이 책에서 필자는 영국과 미국의 과거와 현재를 함께 담으려고 노력했고, 문화를 문학과 연계시키면서 이해를 돕고자 했다. 하지만 굳이 영미문화에 대한 전체적이고 포괄적인 이해나 공평한 시각을 목표로 삼지는 않았다. 필자의 목적과 취향에 따른 선택과 집중으로 인해 다소의 편향된 시각이 있는 것에 대해 이해를 바랄 뿐이다.

이 책을 집필하는 과정에서 옥스퍼드 출판사에서 나온 James O'Driscoll의 *Britain for Learners of English,* Susan Sheerin, Jonathan Seath, Gillian White의 *Spotlight on Britain,* 하워드 진(Howard Zinn)의 『미국

민중사』(*A People's History of the United States*)에서 많은 도움을 얻었고, Wikipedia와 Google, 수많은 인터넷 자료에서도 도움을 얻었음을 밝힌다. 이 책이 영미문화에 관심이 있는 학생들에게 다소나마 도움이 되기를 바란다.

2016년 초겨울

김현숙

목 차

II. 미국문화 탐구

영미문화 탐구

Understanding of
British and American Culture

서론: 문화란 무엇인가?

우리에게 제 2의 자연이자 제 2의 본성이라고 여겨지는 문화(Culture)를 한 마디로 정의하는 것은 쉬운 일이 아니다. 먼저 사전적인 정의를 살펴보면, 우리말 문화(文化)의 영어 번역은 "culture"이다. "culture"는 동사로 "경작하다," "세균을 배양하다"라는 뜻을 가지고 있으며, 명사로는 인간 사회의 정신적인 유산을 뜻하는 "문화"로 번역된다.[1] 웹스터(Webster) 사전은 문화를, "일정 시점의 일정한 사람들의 생각, 관습, 기술, 예술"(the ideas, customs, skills, arts, etc. of a given people in a given period)이라고 정의한다. 우리가 특정한 문화를 지칭해서 영국문화, 혹은 한국문화라고 이야기할 때 우리는 문화를 일정한 땅에 거주하는 일정한 사람들의 예술이나 믿음, 인간 사상의 산물이라고 가정하는 것이다. 문화는 문명(civilization)과 같은 뜻으로 쓰이기도 하지만, 문명은 구체적인 어느 사회와 연결되는 더 구체적이고 유형적인 자산을 의미하는 반면, 문화는 더 추상적이고 무형적이라는 점에서 구별된다.

영어 "culture"에 대한 번역은 시대와 상황에 따라 다소 달라진다. "culture"는 처음에 우리말로 "교양"으로 번역되었다. 19세기 영국의 문명 비평가인 매슈 아놀드(Matthew Arnold, 1822~1888)의 유명한 저서 *Culture and Anarchy*가 『교양과 무질서』로 번역된 것이 그 예이다.

---

1) 웹스터(Webster) 사전은 "경작하다"는 의미를 맨 앞에 두고 "문화"라는 의미를 뒤쪽에 둔 반면, 롱맨(Longman) 사전은 "문화"의 의미를 앞쪽에, "경작하다"는 의미를 뒤쪽에 두고 있다는 점에서 사전 편찬진의 의도의 차이를 엿볼 수 있다.

사실 아놀드가 "culture"라고 생각한 것은 오늘날 우리가 생각하는 보편적인 문화, 즉 고급문화와 더불어 대중문화, 저급문화까지 포함한 문화가 아니라, 수준 높은 고급예술을 의미하는 것이었다. 그러므로 "교양"이라는 번역은 아놀드의 "culture" 개념을 잘 포착한 번역이다. 그러나 오늘날 문화는 고급예술 뿐 아니라 대중예술, 민중예술, 언더그라운드예술도 포함한다. 인간의 정신과 상상력, 예술, 사상 등의 산물이라면 모두 문화의 범주에 들어가는 것이다. 그런 점에서 오늘날 "culture"는 교양이라고 번역되기보다는 문화로 번역되는 것이 더 적절할 것이다.

문화는 크게 고급문화적 관점, 인류학적 관점, 사회학적 관점에서 그 정의가 달라진다. 먼저 고급문화적 관점을 살펴보자. 19세기의 유럽에서는 산업 사회가 급속도로 팽창하면서 교육의 기회가 확대되었고 그로 인해 점차 지식의 민주화가 이루어지면서 대단위 공장 지역의 노동자들을 중심으로 새로운 도시문화가 형성되기 시작했다. 이런 변화에 위협을 느낀 상류 계층은 산업발전과 더불어 등장하기 시작한 대중문화가 훌륭한 전통문화를 쇠퇴시켜 문화적 퇴보를 가져오게 될 것이라고 비판하였다. 이런 정치적 비판 작업의 일환으로 등장한 것이 고급문화적 관점의 문화관이다. 즉 고전음악이나 고전문학, 연극, 발레, 회화 등 소위 순수예술이라고 부를 수 있는 문화적 작업만이 진실된 "문화" 영역에 포함된다는 견해이다. 이런 견해를 대표하는 문화 비평가가 영국의 매슈 아놀드이다. 아놀드는 교양인(cultured)과 속물(Philistine)을 구별하면서, 교양인이 만드는 정신적인 유산이 바로 "culture"라고 규정했다. 이때 아놀드가 의미한 것은 오늘날 "교양"이라고 번역되는 것에 해당된다. 인류 역사상 전 시대에 걸쳐 민중 · 대중문화가 존재하지 않았던 적은 없었지만 19세기에 문화를 주도하던 층인 상류 지식 계층이 본격적으로 "culture"의 개념을 논의하면서 민중 · 대중 사이에 존재하던 문화는 무시된 것이다.

20세기 모더니즘의 시대에 이르면 문화에 대한 구별(discrimination)은 더욱 심화되어, 문화는 고급문화와 대중문화[2]로 확연히 분리되었고, 대중문화는 저급한 문화로 경시의 대상이 되었다. 그러나 20세기 후반에 포스트모더니즘이 모더니즘의 이데올로기를 대신하면서 고급예술과 저급한 대중예술의 차별이 극복되었고, 대중문화는 하나의 분명한 영역으로 자리 잡아 문화연구의 중심적인 대상이 된다.

문화를 정의하는 또 다른 관점은 인류학적 관점이다. 문화가 특정 엘리트 집단뿐만 아니라 모든 계층의 사람들에 의해서 자발적으로 만들어지는 것으로 보는 것이다. 따라서 문화는 순수하고 상업화되지 않은 것이며, 각 민족이나 국가의 의상, 음악, 건축 양식, 결혼식이나 장례식과 같은 다양한 풍습 등 사람들의 모든 생활양식을 가리킨다.

문화를 정의하는 다른 관점은 사회적 관점이다. 모든 사회 계층의 생활양식들을 문화의 범주에 포함시킨다는 점에서 인류학적인 관점의 문화관과 유사하다. 단지 사회적 관점은 모든 사람들의 문화적 행위가 항상 사회라는 전체적인 맥락 속에서 무엇인가를 표현한다는 점을 중시한다. 문화는 단순히 어떤 특정한 사물이나 대상만을 가리키는 것이 아니라, 일상적인 사회 현실 속에서 일어나는 다양한 사회 계층들 사이의 모든 소통 작용이라고 보는 것이다.

이런 정의들을 염두에 두고 문화의 특징을 보편적으로 정의한다면, 문화는 공유하는 것이며, 문화는 언어를 통해 전달되며, 문화는 환경

---

2) 우리가 대중문화라고 부르는 것도 상당히 다양한 영역을 포함하고 있다. 영어로는 좀 더 구체적으로 "folk, urban, popular, mass(-produced, disseminated, mediated, consumed) culture"로 세분된다.

에 계속 적응하며 변하며, 문화화(inculturation)라는 과정을 통해서 한 세대에서 다음 세대로 이어진다.

결론적으로, 문화는 각 민족의 삶의 토양이다. 한국문화는 한국인의 삶의 토양이며 미국문화는 미국인의 삶의 토양이다. 이 토양은 원래부터 본질적으로 존재하는 것이 아니라 그 나라 사람들이 삶의 역사 속에서 키워온 것이다. 특정한 나라의 특정한 민족의 역사, 철학, 문학, 예술 모든 것이 어우러져서 하나의 집성체로 나타나는 것이 문화이다.

I

영국문화 탐구

1 영국과 영국인

1) 영국의 구성

우리가 흔히 영국(Britain, 혹은 UK)[1]이라고 부르는 나라는 영국제도(The British Isles)[2]에 위치해 있다. 영국제도는 북위 50도와 61도 사이에 있는 두 개의 큰 섬, 즉 그레이트브리튼(Great Britain) 섬과 아일랜드(Ireland) 섬을 비롯해 5,000여 개에 이르는 작은 섬들을 포함한다. 영국제도 중 가장 큰 두 섬 중 하나는 에이레(Eire)라고도 불리는 아일랜드 공화국(The Republic of Ireland)이다. 다른 하나의 큰 섬인 그레이트브리튼 섬과 영국제도의 나머지 섬들, 즉 그레이트브리튼 섬, 아일랜드 섬의 북동지역 일부, 주변의 작은 섬 대부분을 다 통치하는 정부가 바로 영국이다.

영국을 지칭하는 공식 명칭은 그레이트브리튼과 북아일랜드 연합

1) 이 책에서는 UK 전체를 가리킬 때는 영국, England 지역만을 가리킬 때는 잉글랜드라고 지칭할 것이다.

2) 영국제도라는 명칭에 대해 오늘날 많은 아일랜드 사람들과 일부 영국 사람들은 현실을 간과한 시대착오적인 명칭이라고 비판한다. 영국제도라는 명칭은 아일랜드의 존재를 무시한다는 점에서 아일랜드가 영국의 식민 지배를 받던 시절을 연상시키기 때문이다. 영국제도 대신 북동대서양 군도(The North-East Atlantic Archipelago), 혹은 북서유럽 군도(The North-West European Archipelago), 혹은 이오나(IONA, 북대서양 제도(Islands of the North Atlantic)의 약칭)라고 지칭하기도 하며, 그냥 제도(The Isles)라고 지칭되기도 한다. 그러나 이 새 명칭들은 어느 것도 널리 통용되지는 못했다.

왕국(United Kingdom of Great Britain and Northern Ireland)이다.[3] 여기서 그레이트브리튼은 남쪽의 잉글랜드(England), 북쪽의 스코틀랜드(Scotland), 서쪽의 웨일즈(Wales)를 포함한 섬이다. 잉글랜드 왕국이 1282년 웨일즈를 합병하고 1603년에 스코틀랜드를 합병해서[4] 연합왕국(United Kingdom)이 구성되었다. 여기에 아일랜드(Ireland)의 북부 지역이 통합되면서[5] "United Kingdom of Great Britain & Northern Ireland"가 되었다. 이 명칭은 너무 길어서 약어로 지칭되는 경우가 보통이다. 유엔이나 유럽 의회 같은 공식석상에서는 영국을 "유나이티드 킹덤"(United Kingdom)이라고 지칭하고, 일상적인 상황에서는 더 줄여서 "UK"라고 지칭한다. 올림픽과 같은 행사에서처럼 그레이트브리튼(Great Britain)[6]이라고 칭하기도 한다. 가장 많이 쓰이는 명칭이

---

3) 이 용어는 특별한 지위를 가진 작은 섬들을 무시한 것이므로 엄밀히 따지면 정확하지 않다. 채널 제도(Channel Islands)와 맨 섬(Isle of Man)은 영국정부의 자치소유지인 영국왕실령(Crown Dependency)일 뿐 공식적으로는 영국(UK)의 일부가 아니기 때문이다. 이 두 섬은 각각 완벽한 자치 정부와 자체의 국회, 자체의 세금제도를 가지고 있으며 형식적으로만 영국 정부가 지명한 부총독(Lieutenant Governor)의 통치를 받는다.

4) 웨일즈는 잉글랜드가 전쟁을 통해 점령한 반면, 스코틀랜드는 왕위 계승으로 인해 통합되었다. 잉글랜드의 엘리자베스 1세(Elizabeth I)가 사망한 후 스코틀랜드의 제임스 6세(James VI)가 잉글랜드의 제임스 1세로 즉위하면서 잉글랜드와 스코틀랜드가 합병되었다.

5) 아일랜드는 1801년 연합법(Act of Union)에 따라 그레이트브리튼과 합쳐진 후 계속 독립을 시도하여 마침내 1922년 잉글랜드-아일랜드 조약(Anglo-Irish Treaty)에 따라 남부 아일랜드는 아일랜드 공화국의 전신인 아일랜드 자유주(Ireland Free State)로 확립되었고, 북아일랜드는 그레이트브리튼에 귀속되기를 원해 영국의 영토로 남게 된다.

6) "Great"라는 형용사가 붙게 된 내력은 프랑스에 있는 작은 마을인 브리타뉴(Brittany)와 구별하기 위해서였다.

브리튼(Britain)이다.[7]

흔히 대영제국(British Empire)이라고 지칭할 때는 영국과 해외 자치령, 식민지를 다 합친 것이다. 현재 54개국이 가입된 영연방(British Commonwealth)이라는 명칭은, 과거의 자치령과, 식민지 중에서 자치권을 인정받은 캐나다(Canada), 오스트레일리아(Australia), 뉴질랜드(New Zealand), 남아프리카 공화국(South Africa) 등의 새 자치국들이 영국 국왕에 대한 충성의무를 기본으로 하면서 본국과 대등한 지위에 선다는 것을 원칙으로 하여 구성한 연합체이다. 후에 인도(India), 파키스탄(Pakistan), 나이지리아(Nigeria) 등의 다른 식민지들도 자치권을 부여받은 후 영연방에 합류하였다. 이후 영국에 대한 자치국들의 충성 의무가 폐지되면서 연방은 원칙적으로 평등한 국가 간의 우호적 통합이라는 개념으로 바뀌었다. 자치국들과 영국 사이에 맺었던 주민 및 물자의 출입에 관한 특혜관세제도는 1973년 영국이 유럽 공동체(Economic Community, EC)에 가맹하면서 폐지되었다.

〈영국에 대한 여러 명칭〉

앨비언(Albion): 유럽대륙에서 도버(Dover)해협을 통해 영국으로 건너올 때 처음 보이는 것이 하얀 석회석 절벽(chalk cliff)인데서 유래한 명칭이다. 그로 인해 로마인들은 브리튼을 앨비언이라고 부르기도 했으며, 이 명칭은 이후에 시나 수사에서 잉글랜드를 칭할 때 종종 사용되었다. "Alvion"의 어원은 희다는 뜻의 "albus"이다.

브리타니아(Britannia): 로마인들이 현재의 잉글랜드 지역에 붙인 이름이다. 이후 브리타니아는 영국을 상징하는 여성이 되었다. 여성 브리타니아는 헬멧을 쓰고 삼지창(trident)을 들고 있는 모습으로 300년 이상을 영국의 동전에 그려져 있다. 브리타니아에 대한 노래로 "지배하라, 브리타니아!"(Rule, Britannia!)가 있다.

7) "영국적인"이라는 형용사는 "British"이다.

칼레도니아(Caledonia): 로마인들이 스코틀랜드에 붙인 이름이다.

캠브리아(Cambria): 로마인들이 웨일즈에 붙인 이름이다.

하이버니아(Hibernia): 로마인들이 아일랜드에 붙인 이름이다. 문학작품에서 아일랜드는 에린(Erin)이라고도 하며, 아름다운 시골 경치로 인해 에메랄드 섬(The Emerald Isle)이라고 불리기도 한다.

잉글랜드, 웨일즈, 스코틀랜드, 북아일랜드의 네 지역은 자신들을 상징하는 각기 다른 국기를 가지고 있다. 영국의 국기는 유니언잭(Union Jack)으로 이 세 국기를 합친 것이다. 원래 잉글랜드의 국기는 흰 바탕에 붉은 색의 십자가가 그려진 것이었다. 1707년 잉글랜드와 스코틀랜드가 정식으로 합병하면서 잉글랜드의 국기 위에 파란 바탕에 흰색의 대각선이 있는 스코틀랜드의 십자가가 합쳐졌다. 이후 아일랜드를 합병하면서 흰 바탕에 붉은색의 대각선이 있는 아일랜드의 십자가를 겹쳐서 최종적으로 유니언 잭이 만들어졌다.[8]

영국의 국화는 따로 정해진 것은 없으나, 잉글랜드는 장미(rose), 스코틀랜드는 엉겅퀴(thistle), 아일랜드는 토끼풀(shamrock)과 파(leek), 웨일즈는 수선화(daffodil)를 자신들을 상징하는 꽃으로 삼고 있다. 악기 중에서 하프(Harp)는 웨일즈와 아일랜드의 상징이며 백파이프(Bagpipe)는 스코틀랜드의 상징이다. 아일랜드는 크기가 더 작은 백파

8) 각 국기의 십자가는 수호성인을 상징한다. 잉글랜드의 수호성인은 성 조지(St. George), 웨일즈의 수호성인은 성 데이비드(St. David), 스코틀랜드의 성인은 성 앤드류(St. Andrew), 아일랜드의 성인은 성 패트릭(St. Patrick)이다. 웨일즈에서는 웨일즈 국기인 "웨일즈의 용"(Welsh dragon)이 유니언 잭에 포함되지 않은 것에 대한 불만이 많았고, 2007년 일부 웨일즈 출신 의원들이 유니언 잭을 변경할 것을 요구했다. 그러나 웨일즈 민족주의자들은 웨일즈의 용이 유니언 잭에 포함되면 웨일즈는 영원히 분리될 수 없을지도 모른다고 생각하기 때문에 이에 반대한다.

이프를 사용한다.

연합왕국인 영국의 국가는 〈하느님, 여왕 / 국왕을 지켜주소서〉(God Save the Queen / King)이다. 잉글랜드의 국가로는 〈예루살렘〉(Jerusalem)이나 〈희망과 영광의 땅〉(Land of Hope and Glory)이 불리고, 〈지배하라, 브리타니아!〉(Rule, Britannia!)도 애창된다. 웨일즈의 공식 국가인 〈헨 왈라드 버 나다이〉(Hen Wlad Fy Nhadau)[heːn wlɑːd və ˈn̥adai]의 의미는 〈내 조상의 오랜 땅〉(Old Land of My Fathers)이다. 스코틀랜드의 공식 국가는 〈하느님, 여왕 / 국왕을 지켜주소서〉이지만 특별한 경우나 스포츠 행사가 있을 때면 〈스코틀랜드의 꽃〉(Flower of Scotland)을 애창한다. 북아일랜드는 영국의 전통 행사를 할 때는 〈하느님, 여왕 / 국왕을 지켜주소서〉를 부르고 아일랜드의 전통 행사를 할 때는 〈전사의 노래〉(Amhrán na bhFiann, 아우란 나 비안[ˈəuɾˠaːn̪ˠ n̪ˠə ˈvʲiːən̪ˠ])나 〈런던데리 아리아〉(Londonderry Air)를 부른다.

2) 영국인의 정체성

영국은 잉글랜드, 웨일즈, 스코틀랜드, 북아일랜드라는 역사적으로 상당히 이질적인 나라(country, 혹은 nation)들이 통합되어 이루어진 하나의 국가(state)이다.[9] 아일랜드인, 웨일즈인, 스코틀랜드의 고지대 사람인 하이랜드인(Highlander)들은 켈트족(the Celts)이며, 잉글랜드인, 스코틀랜드의 저지대 사람인 로우랜드인(Lowlander)들은 게르만

9) 2010년 현재 영국 인구는 62,262,000명인데, 잉글랜드 인구가 52,234,000명이고, 스코틀랜드가 5,222,000명, 북아일랜드가 1,799,000명, 웨일즈가 3,006,000명이다.

족(the Germans)이다. 켈트족이 쓰는 켈트어는 게르만족의 게르만어와 다른 언어이며, 두 민족의 경제적, 사회적, 법적 제도도 상당히 다르다.

한 국가에 속하면서 사실은 다른 나라라는 인식이 가장 잘 드러나는 것은 스포츠 경기에서이다. 올림픽에 참가할 때 영국은 그레이트 브리튼이라는 명칭 아래 잉글랜드, 웨일즈, 스코틀랜드, 북아일랜드가 단합해서 하나의 국가라는 위상을 드러낸다. 아일랜드 공화국은 아일랜드라는 이름으로 따로 참가하여 영국에서 독립한 현재의 정치체제를 시사한다. 그러나 다른 스포츠인 경우에는 이와 다른 양상을 보인다. 그것을 다음과 같이 정리할 수 있다.

〈국가 대표팀〉

<table>
<tr><th></th><th>잉글랜드</th><th>웨일즈</th><th>스코틀랜드</th><th>북아일랜드</th><th>아일랜드공화국</th></tr>
<tr><td>올림픽</td><td colspan="4">그레이트브리튼</td><td>아일랜드</td></tr>
<tr><td>크리켓</td><td colspan="2">잉글랜드와 웨일즈</td><td>스코틀랜드</td><td colspan="2">아일랜드</td></tr>
<tr><td>럭비</td><td>잉글랜드</td><td>웨일즈</td><td>스코틀랜드</td><td colspan="2">아일랜드</td></tr>
<tr><td>축구</td><td>잉글랜드</td><td>웨일즈</td><td>스코틀랜드</td><td>북아일랜드</td><td>아일랜드공화국</td></tr>
</table>

이처럼 분리된 것 같으면서도 통합을 이루고 있는 영국인, 즉 UK의 국민을 가리키는 공식적인 단어는 브리튼인(the Britons)[10]이라는 의미의 "the British"이다. 그러나 이 용어는 역사적인 과정에서 통합된 웨일즈인(the Welsh), 스코틀랜드인(the Scots), 아일랜드인(the Irish)을 간과하고 주로 잉글랜드인(the English)을 암시한다는 점에서 전 영국인에게 만족스럽게 받아들여지지는 못한다.

---

10) 과거 로마가 브리튼 섬을 점령하기 이전부터 잉글랜드 지방에 살았던 원주민은 현대의 영국인과 구별하기 위해 고대 브리튼인(Ancient Briton)으로 지칭한다.

영국인들은 서로 다른 지역 사람들을 이질적으로 여기고 다른 지역의 전형적인 특징을 크게 부각시키면서 자신을 차별화하려고 한다. 잉글랜드인의 전형은 존 벌(John Bull)이다. 이 인물은 19세기의 그림에서 많이 등장하는 허구의 인물로, 다소 뚱뚱하고 활발하고 현실적인 성격으로 잉글랜드 시골의 신사상을 나타낸다. 웨일즈인은 노래를 잘하고, 스코틀랜드인은 돈을 잘 쓰지 않고 인색하며, 아일랜드인은 수다쟁이라는 등의 전형이 통용된다. 스코틀랜드에서는 잉글랜드인을 샤세나크(the Sassenachs)라고 부른다. 스코틀랜드 팀과 잉글랜드 팀이 축구 시합을 할 때면 스코틀랜드인들이 샤세나크에게 복수하러 온다는 말이 나돈다. 웨일즈 인을 통칭할 때는 다이(Dai), 혹은 태피(Taffy)라는 별명으로 부른다. 스코틀랜드에서는 "Jimmy"와 "Jock"이 흔한 남자 이름이므로 스코틀랜드 사람을 통칭할 때 "지미"나 "족"이라고 부르기도 한다. 아일랜드에서는 패트릭(Patrick)과 마이클(Michael)이 흔한 이름이므로 그 줄임말인 패디(Paddy)나 미키(Micky)로 아일랜드 사람들을 통칭하기도 한다.

영국인의 민족적 정체성을 형성하게 되는 역사적 과정을 살펴보자. 원래 그레이트브리튼 섬의 잉글랜드 지역에 구석기 시대부터 살던 원주민은 켈트족(the Celts)의 일파인 브리튼족(the Britons)이었으므로 기원전 55년 경부터 이 땅을 침공했던 로마인은 이곳을 브리튼족의 땅이라는 뜻으로 브리타니아(Britannia)라고 지칭했다. 5세기 초부터는 유럽 대륙에 거주하던 게르만족(the Germans)이 추위를 피해 남쪽으로 대대적인 이동을 하게 되는데, 6세기 초에 그 중 한 일파인 앵글족(the Angles), 색슨족(the Saxons), 유트족(the Jutes)이 그레이트브리튼 섬의 잉글랜드 지역으로 밀려들어와 켈트 족을 쫓아내고 자리를 잡는다. 영어에 독일어와 비슷한 단어와 어미 변화의 흔적이 남아 있는 것은 영어의 모태가 된 앵글로색슨어가 바로 게르만어에서 갈라져 나왔기 때문이다. 잉글랜드 지역에서 쫓겨난 켈트족은 웨일즈, 스코틀랜드, 아일랜드 지역에 정착해서 그 나라의 주된 민족을 형성하게 되었다. 웨일즈어, 스코틀랜드어, 아일랜드어 등은 모두 켈트계 언어이다.

잉글랜드의 새로운 주인이 된 앵글족, 색슨족, 유트족은 같은 문화, 같은 언어를 보유한 게르만족에 속했기 때문에 이후 하나로 동화되었으며 통칭해서 앵글로색슨족이라고 불리게 된다. 이들이 잉글랜드의 주요 민족을 구성하게 되어 이후 이 땅은 앵글족의 땅이라는 의미로 앵글즈랜드(Angles' land)로 불리다가 이후 잉글랜드(England)로 굳어지게 된다.

앵글로색슨족은 원래 유목민족이었기 때문에 자신들의 독특한 문화를 보유하지 못했다. 그래서 이들은 브리튼 섬에 원래 살고 있던 켈트족의 문화적 유산을 그대로 계승한다. 『베어울프』(*Beowulf*)나 아더왕(King Arthur)의 전설은 원래 켈트족의 유산이었는데 앵글로색슨족이 물려받아 자신들의 신화로 받아들였다.

잉글랜드 땅에서 부족국가에서 점점 왕국으로 발전하며 번성하던 앵글로색슨족은 10~11세기에 바이킹족(the Vikings)의 일파인 데인족(the Danes)의 침입을 받아 쇠락하게 된다. 그러다 프랑스의 노르망디(Normandy) 지역에 살던 바이킹족의 일족인 노르만족(the Normans)의 공격을 받아 앵글로색슨족의 왕조는 완전히 무너지고 이후 노르만족이 잉글랜드를 통치하는 왕족으로 등극한다. 이것이 1066년의 "노르만 콩퀘스트"(Norman Conquest)이다.

노르만 왕조가 잉글랜드를 지배하게 되었지만 부족의 일부만 잉글랜드로 이주했을 뿐 부족민 대부분은 살기 좋은 프랑스에 그대로 남아있었다. 따라서 잉글랜드의 대부분 주민은 여전히 앵글로색슨족이었다. 이후 잉글랜드가 켈트족으로 구성된 웨일즈, 스코틀랜드, 아일랜드를 차례로 합병하면서 영국인은 앵글로색슨족, 노르만족, 켈트족으로 구성된다.

한편 영국은 19세기에 광대한 식민지를 운영하면서 아시아, 인도, 아프리카 등의 식민지에서 많은 이민자들을 받아 들였고 이로 인해 현대의 영국인은 수많은 소수민족을 포함한 인종적 복합성을 특징으로 하게 된다. 영국의 2011년 인구조사에서 백인은 87.1%, 인도, 파키스탄, 방글라데시, 중국계를 포함하는 아시아인은 7.0%, 흑인은 3.0%, 혼혈이 2.0% 정도이다.

3) 영국인의 언어

(1) 영어의 역사

영국인의 공용어인 영어(English)의 특성은 영국의 역사와 큰 관계가 있다. 영어는 게르만족의 일파인 앵글로색슨족이 사용하던 앵글로색슨어가 그 모태이다. 따라서 원래 앵글로색슨어는 현재의 독일어와 상당히 유사했다. 앵글로색슨어가 현재의 독일어와 다른 방향으로 변하게 된 것은 1066년 노르만족의 윌리엄이 잉글랜드의 왕권을 차지하게 된 "노르만 콩퀘스트"와 긴밀하게 관련되어 있다.

앵글로색슨족은 전체 부족이 유럽대륙에서 잉글랜드로 이주해온 반면 노르만족의 침공은 소수 군대에 의해서 이루어졌다. 즉 노르만족은 잉글랜드를 점령했지만 부족민은 대부분 여전히 더 따뜻하고 풍요로운 노르망디 지방에 거주하고 있었던 것이다. 앵글로색슨 왕조의 왕과 귀족들의 영지를 빼앗은 노르만족의 왕과 영주들도 대부분 잉글랜드에 상주하기를 원치 않았다. 그래서 노르망디에 거주하면서 대리인을 시켜 영토를 관리하는 부재왕(Absentee King)과 부재지주(Absentee landlord)가 많았고 잉글랜드 땅에서 살아가는 대부분의 일반 민중은 앵글로색슨족이었다.

노르만족 귀족과 상류계층은 학문을 할 때는 라틴어(Latin)를 사용했고 일상어로는 그들의 고향언어이자 세련된 언어라고 여기는 프랑스어, 즉 노르망디 지역의 사투리인 노르만 프렌치(Norman French)를 사용했다. 반면 앵글로색슨족인 일반 민중은 앵글로색슨어(the Anglo-saxon language)를 일상생활에서 사용했다. 이후 약 300여 년 동안 이런 양상이 계속되면서 영어는 독일어나 프랑스어에 비해 상대적으로 짧고 간결해지고 문법이 쉬워졌다. 또 라틴어와 프랑스어에서 많은 어휘를 차용하면서 어휘가 훨씬 풍부해졌다. 현재의 영어 중에서 단음절이며 쉬운 단어는 대개 토착 앵글로색슨어에서 기원한 것이며 다소 길고 복잡한 단어는 라틴어나 프랑스에서 기원한 것으로 보면 된다.

앵글로색슨어의 흔적은 5세기부터 12세기 중반까지 쓰이던 고대영어(Old English)와 11세기 말에서 15세기 말까지 쓰이던 중세영어(Middle English)에 남아 있다. 고대영어는 앵글로색슨어의 모습을 거의 그대로 보존하고 있다. 고대영어로 쓴 작품으로는 『베어울프』(*Beowulf*)가 있는데, 오늘날 소수의 학자들만이 해독할 수 있다. 12세기에 이르면 일반 민중들이 주로 사용해온 영어는 한결 간결해져서 고대영어와 상당히 달라지며 현대영어와 비슷한 부분도 엿보이는데 이 영어가 중세영어이다. 이 무렵 잉글랜드인의 자부심과 애국심이 증가하면서 영어를 무식한 사람이 쓰는 저속한 언어라고 경시하던 풍조가 사라지고 영어로 글을 쓰는 지식인들이 늘어났다. 중세영어로 창작을 한 가장 유명한 시인이 바로 제프리 초서(Geoffrey Chaucer, c. 1343~1400)이며 그의 걸작 『캔터베리 이야기』(*The Canterbury Tales*)[11]는 지금도 널리 읽힌다.

(2) 영어의 지역적 차이

영국의 공식 언어는 영어이며 BBC 방송국에서 쓰는 영어를 표준어로 삼는다. 그러나 영국민의 구성 자체가 다양한 만큼 지역에 따라 다양한 언어가 사용되며 또 영어라 하더라도 지역에 따라 다소의 차이를 보인다. 잉글랜드에서는 영어를 사용하지만 원래 켈트인들의 언어인 게일어(Gaelic)를 모국어로 가진 웨일즈, 스코틀랜드, 아일랜드는 상황이 다소 복잡하다. 영어를 사용하면서도 원래의 게일어의 흔적을 영어에 포함하고 있거나 아예 게일어를 공용어로 사용한다. 웨일즈에서는 인구의 50%가 웨일즈어(Welsh)를 사용하며 웨일즈어를 사용하는 독립방송국도 있다. 스코틀랜드어는 세 가지로 나누어진다. 스코틀랜드 전역에서 쓰이는 영어는 스코틀랜드 영어(Scottish English)이다. 스코트어(Scots)는 영어의 방언으로 스코틀랜드 남부의 저지대인 로우랜드(Lowland)와 아일랜드 북부지방인 얼스터(Ulster) 지방에서 쓰인다. 스코틀랜드 게일어(Scottish Gaelic)는 많이 사라졌지만 스코틀랜드 북부의 고지대인 하이랜드(Highland) 같은 시골의 사투리에

11) 『캔터베리 이야기』는 캔터베리로 순례를 가는 사람들이 여행길에 심심하지 않게 서로 나눈 이야기를 모은 형식을 취했다. 이런 형식은 당대 유행하던 것으로 이탈리아의 죠바니 복카치오(Giovanni Boccaccio, 1313~1375)가 쓴 『데카메론』(*Decameron*, 1350~51)의 형식을 보고 모방한 것으로 여겨진다. 그러나 데카메론은 기계적으로 이야기를 모은 데 반해 초서는 이야기 중간에 등장인물들이 서로 갈등하는 구조를 포함하여 창조성을 발휘했다.

흔적이 남아있다.[12] 아일랜드에서는 오랫동안 잉글랜드의 식민을 당하면서 아일랜드 게일어(Irish Gaelic)가 거의 사라졌다가 언어와 문화의 부흥운동을 통해 되살아났으며 현재는 공식 언어로 학교에서 가르친다. 영어와 웨일즈어, 스코틀랜드 게일어, 아일랜드 게일어의 차이를 예문을 통해서 살펴보자.

한국어	하늘에 계신 우리 아버지
영어	Our Father, who art[13] in Heaven
웨일즈어	Ein Tad, yr hwn wyt yn y nefoedd
스코틀랜드 게일어	Ar n-athair a tha air nèamh
아일랜드 게일어	Ár n-atheir, atáar neamh

지역별로 다른 언어적 차이는 인명과 지명에 잘 나타난다. 잉글랜드의 경우 앵글로색슨족이 지배하던 시절에는 사람을 지칭할 때 가문을 나타내는 성(last name, family name)이 없었고 이름(first name)만 있었다. 그러나 노르만족이 등장하면서 가문을 나타내는 성의 개념이 함께 들어왔고 이후 잉글랜드인들은 자신의 직업이나 특성을 고려해서 자신의 집안을 표현하는 성을 만들었다.[14] 직업을 나타내는 말을 가문의 성으로 만든 이름의 예로는 "William Baker," "Margaret Thatcher," 자신의 신체적 특성을 고려한 성은 "John Long," "Emily Little" 등이다. 아버지의 이름을 부각시킨 경우는 "son"을 아버지의 이름 뒤에 붙인, "Kevin Williamson," "Robert Richardson" 등이다.

12) 〈스코틀랜드의 꽃〉은 스코틀랜드 영어로 "Flower of Scotland", 스코트어로는 "Flouer o Scotland", 스코틀랜드 게일어로는 "Flùr na h-Alba"이다.

13) art: are의 고어.

14) 잉글랜드와 스코틀랜드에서 가장 흔한 성은 대장장이라는 뜻의 "Smith"이다.

웨일즈의 가문의 성은 대개 기독교의 성인의 이름과 관련되어 있다. 유명한 웨일즈의 시인인 딜런 토머스(Dylan Thomas)의 이름에서 "Thomas"는 예수의 제자 중 한 명인 도마이며, 로저 데이비스(Roger Davies)에서 "Davies"는 "David"(구약의 다윗)의 한 형태이며, 제프리 존스(Geoffrey Jones)에서 "Jones"는 성서의 집필자인 "John"(요한)이다. 아버지의 이름을 이용할 경우에 웨일즈에서는 "누구의 아들"을 뜻하는 "ap" 혹은 "ab"를 사용하며 이것이 접두어가 될 경우는 "p"로 바뀐다. "Price," "Parry," "Pugh" 등의 성이 그런 경우에 속한다. 말하자면 웨일즈의 "Gary Prichard"는 잉글랜드의 "Gary Richardson"과 같은 이름이다. "Evans," "Jones," "Morgan," "Price," "Williams" 같은 이름은 모두 웨일즈에서 기원했다. 웨일즈의 지명에는 "란"(Llan)이라는 어미가 붙은 단어가 많은데 그것은 교회가 있는 지역(area)을 의미하는 단어이다. 웨일즈어로서 전 영국에 잘 알려진 유명한 단어는 경연(competition)이라는 뜻의 아이스테드포드(eisteddfod)로, 웨일즈에서 열리는 노래, 춤, 시 낭송 등의 경연대회를 말한다.

스코틀랜드에서는 "누구의 아들"이라는 뜻으로 "Mac"(son of)을 사용한다. 그래서 "MacDonald," "MacKenzie"라는 이름을 볼 수 있는데, "MacDonald"는 잉글랜드에서는 "Donaldson"이 된다. 성으로는 "Campbell," "Cameron" 등이 흔하므로 이런 성을 가지고 있으면 스코틀랜드 출신이라고 짐작하면 된다. 남자는 "Angus," "Donald," "Duncan" 등의 이름을 많이 쓰고 여자는 "Morag," "Fiona," "Jean" 등을 곧잘 붙인다.

스코틀랜드는 웨일즈나 아일랜드에 비해 영어에 더 많이 동화된 지역이지만 아직도 게일어의 흔적이 남아있다. 우리가 영어에서 익숙하게 볼 수 있는 스코틀랜드어로는, "For auld lang syne(in memory of past times)," "wee(small)," "wee laddie(small boy)," "a bonnie lass(a pretty girl)," "bairn(a young child)," "aye(yes)," "wee dram(one go)" 등이 있다. 스코틀랜드의 유명한 술은 "스카치 위스키"(Scotch Whisky)[15]이지만 스코틀랜드의 물건이나 사람을 가리키는 형용사로는 "Scottish"를 사용한다. 스코틀랜드인은 "the Scots," 혹은 "the Scottish"라고 한다.

아일랜드인들이 가문(the family of)을 나타내는 방식은 "O'"를 붙이는 것이며, 누구의 아들을 나타낼 때는 "Fitz," "Mc," "Kil," "Gil," 등을 앞에 붙인다. 그래서 "O'Brien," "O'Neil," "Kilmartin," "Fitzwillaim," "Fitzgerald," "Gilmurray," "McMahon," "McHugh" 같은 이름을 볼 수 있다. 아일랜드는 잉글랜드와 같은 이름을 많이 쓰지만 철자와 발음은 잉글랜드어와 다르다. 잉글랜드의 존(John)은 션(Sean), 제임스(James)는 시머스(Seamus), 윌리엄(William)은 리엄(Liam), 조애너(Joanna)는 시애너(Seanna), 브리짓(Bridget)은 브리드(Brid), 찰스(Charles)는 커테일(Catail) 등으로 쓰고 발음한다. 따라서 이름만 듣고도 잉글랜드 출신인지 아일랜드 출신인지를 알 수 있다.

아일랜드는 오랫동안 영국의 식민지로 있는 동안 원래의 언어인 게일어를 잃어버리고 영어를 공식어로 사용해왔다. 그러나 20세기 초에 독립운동을 하면서 아일랜드의 언어와 문화를 되살리는 아일랜드 르네상스(Irish Renaissance)를 펼쳤고 이를 통해 아일랜드어가 복원되어 현재는 아일랜드 게일어를 공식 교육과정에 삽입시켜 가르친다. 영국에 속하기로 결정한 북아일랜드는 영어를 공식어로 사용하지만 아일랜드 게일어가 필수 교과목이다. 영어에서 쓰이는 아일랜드 게일

15) 아일랜드에서는 위스키의 철자를 스코틀랜드와 달리 "Whiskey"라고 한다.

어 중에는 "bally(town)," "sliev(mountain)," "lough(lake)," "inis(island)," "drum(mountain top)," "glen(valley)" 등이 있다.

(3) 계층에 따른 영어의 차이

영국은 일찍부터 왕의 권한을 제한하면서 입헌군주제를 확립했고 정치적 민주화도 이루었지만 젠트리와 중산층, 노동계층의 신분 구분은 쉽게 없어지지 않았고 그 흔적은 영어의 특정 단어의 쓰임새와 발음 등에 남아있다. 따라서 계층이 다르면 의사소통도 힘들 수 있는데, 수 타운젠드(Sue Townsend)는『여왕과 나』(*The Queen and I,* 1992)에서 이런 상황을 풍자했다.[16] 이런 언어 현상은 1954년 알란 로스(Alan S. C. Ross)의 논문 덕분에 사회적으로 주목의 대상이 되었다. 로스는 사회적 계층에 따라서 어휘 사용이 달라진다고 주장하면서 "U 영어"(Upper English)와 "non-U 영어"(non-Upper English)를 구별했다. 로스는 상류층과 노동자층은 같은 어휘를 쓰는 반면 중산층의 영어가 다르다고 주장했다. 상류층은 굳이 자신을 미화시킬 필요가 없어 전통적인 어휘를 사용하지만 중산층은 자신들의 위상을 높이고 싶어서 고상해 보이는 지적인 어휘를 사용한다는 것이다. 낸시 밋포드(Nancy Mitford)는 이에 자극을 받아『영국의 귀족성』(*The English Aristocracy*, 1954)에서 상류층과 중류층이 쓰는 단어들을 모아서 제시하였는데 실례를 살펴보자.

---

16) 영국에 공화정부가 들어서면서 폐위가 된 여왕이 노동자들이 거주하는 주택단지인 〈헬클로즈〉(Hell Close)에 이사를 가서 이웃집의 노동자 스레드골드(Threadgold)에게 도끼(an ax)를 빌리러 가지만 이 말을 서로 알아듣지 못해서 소동이 벌어진다.

U English	non-U English
Bike	Cycle
Vegetables	Greens
Ice	Ice Cream
Scent	Perfume
Looking-glass	Mirror
Graveyard	Cemetery
Spectacles	Glasses
Die	Pass on
Mad	Mental
Lavatory	Toilet
Rich	Wealthy
What?	Pardon?
(School) master, mistress	Teacher

계층적인 특징을 가장 잘 나타내는 사투리가 코크니(Cockney)이다. 코크니는 런던에 사는 토박이와 그들이 쓰는 액센트가 강한 영어를 통틀어 칭하는 말이다. 원래 코크니는 보우 종(Bow bells)[17]소리가 들리는 곳에서 태어난 사람이지만, 보통은 런던의 가장 동쪽 교외의 넓은 지역과 테임즈 강의 남쪽 지역에 사는 사람들을 지칭했다. 이 지역에 노동자 계층이 주로 살았으므로 하층노동계급의 영어를 코크니라고 지칭하게 되었다. 지금은 런던사람의 영어를 지칭하는 용어이다.

코크니 영어의 특징은 "레이트"(late)를 "라이트"(light)처럼 모음을 바꾸어서 발음하는 것이다. 또 [t] 소리를 목에서 공기를 멈추어 발음하지 않는 경향이 있다. 그래서 "butter"를 "버터"가 아니라 "버어"[bu'

17) 런던의 이스트엔드(East End)에 있는 성 메리러보우(St Mary-le-Bow) 교회의 종을 말한다.

er]로 발음한다. 또 "th" 글자의 발음, 즉 [θ]를 [f]로 발음한다. 그래서 "낫씽"(nothing)을 "너핑"(nuffink)로 발음한다.

19세기에 이스트엔드(East End)에 살던 범죄자들은 경찰을 속이기 위해 은어(slang)를 발전시켰는데, 각운에 맞는 단어나 구를 사용했기 때문에 이를 각운은어(rhyming slang)라고 한다. 이 각운은어가 이제는 관용구가 되어 런던의 서민들 사이에서 사용된다. 몇 가지 예를 들어보자. "head"를 뜻하는 은어는 "loaf of bread"인데 "head"와 "bread"의 각운을 맞춘 것을 알 수 있다. 마찬가지로 "look"의 뜻으로 "butcher's hook"을 사용한다. 그런데 각운으로 맞춘 원래의 단어를 경찰이 짐작해낼 위험을 피하기 위해 범죄자들은 각운을 맞춘 단어를 생략하여 더욱 은밀한 은어를 만들었다. 그래서 "head"를 뜻하는 "loaf of bread" 대신에 "loaf"만 쓰거나, "look"을 뜻하는 "butcher's hook" 대신 "butcher's"만 쓴다. "Use your head!"(머리를 쓰고 바보같이 굴지마라)는 "Use your loaf!"가 된다. "Let me have a look."(어디 한번 보자)은 "Let me have a butcher's."가 된다. 은어의 예를 몇 가지 들어보자.

Rhyming slang	Standard English
Barnet Fair	hair
Bees and honey	money
Daisy roots	boots
Plates of meat	feet
North and South	mouth
Dog and bone	telephone
trouble and strife	wife
apples and pears	stairs

다음의 문장은 시장을 지나가던 신사가 장사꾼에게 공중전화가 어디 있느냐고 물어본 것에 대한 장사꾼의 대답과 그것을 표준영어로 옮긴 것이다.

Rhyming slang	Standard English
Dog and bone, Guv? Right--Take a butcher's up the toad and then use your mince pies and you'll see it.	Telephone, Governor? Right--Take a look up the road and then use your eyes and you'll see it.

4) 영국인의 전형적 특징과 생활

전형적인 영국인에 대해서는 많은 일화가 있다. 전형이란 과장된 일반화이므로 당연히 모든 영국인에게 적용되는 것은 아니지만 이런 전형이 문화적 진실을 일부 내포하는 것도 사실이다. 영국인들은 반지성적인 것을 더 존중하는 정서가 있다. 심지어 "지적"(intellectual)이라는 단어를 부정적으로 여기는 성향도 있다. "공부벌레"(swot)라는 표현은 빈정대는 말이다. "영리하다"(clever)는 말은 부정적인 평가를 내포하고 있다. 영리한 사람은 자기 이익을 챙기는데 빈틈이 없는 교활한 사람이므로 신뢰할 수 없다는 의미이다. 어떤 사람의 생각이 "책에서 다 배운 것이다"라는 것은 그가 사태를 제대로 이해하지 못하며 상식(common sense)이 부족하다는 부정적인 뉘앙스이다. 상식이야말로 영국에서 가장 중요하게 여겨지는 미덕이기 때문이다.

영국인은 줄서기를 좋아한다. "영국인은 자기 혼자만 있어도 줄을 선다."는 농담이 있을 정도이다. 그것 때문에 영국인은 질서를 잘 지킨다는 평판을 듣게 되었다. 그런데 영국인이 줄서기를 잘하며 질서를 잘 지키는 것은 폭력적인 분노를 억제하기 위해서라는 주장도 있다. 영국의 언론인 길(A. A. Gill)은 『분노의 섬』(*The Angry Island*, 2005)에서, "영국인은 할 수 없이 줄을 선다. 그러지 않으면 서로를 죽일 테니까."라고 말했다. 영국인은 무엇보다도 (불)공정함[(un)fairness]을 당하지 않으려고 신경이 곤두서 있기 때문에 항상 분노를 느끼고 있는데, 그 분노를 폭력으로 나타내는 대신 "영웅적인 자제력"을 개발했으며 줄서기가 그 예라는 것이다. 그럴 듯한 이야기이다. 영국인이 다른 나라 사람들보다 "감사하다"거나 "미안하다"는 말을 많이 하므로 정중하다는 평가를 받는데, 이것도 사실은 그들이 폭력적이기 때문에 생긴 경향일까?

영국인은 대체로 약자(underdog)의 편이다. 도로에서 약자는 보행자이므로 영국의 교통법에서는 사람이 건널목(zebra crossing)에 단 한 발만 걸쳐도 차가 멈추어야 한다. 영국의 보행자에게 신호등은 명령이 아니라 충고에 불과하다. 보행자는 신호등이 붉은 색이라도 차가 없으면 자신들이 길을 건널 권리가 있다고 생각한다. 심지어 달리는 자동차 사이로 몸을 피하면서 길을 건너는 것(jaywalking)이 불법으로 여겨지지 않는다.

영국인은 만날 때마다 날씨에 대한 말을 많이 한다. 사실 날씨가 변덕스럽고 좋지 않은 영국의 상황에서 날씨의 변화나 모처럼 맞는 화창한 날씨는 충분히 화제 거리가 될 만하다. 한편, 날씨를 화제로 삼는 습관은 예부터 정중한 관례를 지키려는 노력에서 비롯된 것이다. 무례한 개인적인 질문을 하는 것을 피하면서 동시에 무례한 침묵도 피하기 위한 좋은 방책이 날씨를 주제로 한 대화이다.

"초라한 영국인"(the scruffy British)이라는 표현은 예부터 다른 유럽인에 비해 옷을 잘 입지 못하는 영국인을 조롱하는 말이다. 세계 각국 사람들이 모여드는 지중해의 휴양지에서도 영국관광객을 손쉽게 골라낼 수 있다. 맵시 있게 입지 못한 사람을 찍으면 십중팔구는 영국인이라는 것이다. 사실 영국인들은 유행에 따르는 옷을 선호하지 않는다. 많은 영국 사람들이 중고가게(charity shop)에서 옷을 사며 그것을 부끄러워하지 않는다.

영국인은 주택에 사는 것을 선호하며 넓은 마당이 있는 단독주택(detached house)을 이상적인 주거지로 여긴다. 그러나 대부분의 중산층은 똑같은 두 채의 집이 붙어있는 반단독주택(semi-detached house)에 거주한다. 형편이 좋지 않으면 주택 몇 채가 붙어있는 연립주택(terraced houses), 신시가지에 많은 주택을 지은 주택단지(housing estate) 등에 거주한다.

영국은 미터법을 쓰지 않고 과거부터 써오던 단위를 그대로 고수한다. 사람의 키는 피트(foot / feet)와 인치(inch)로 나타낸다. "five foot four"는 5 "feet"와 4 "inches," 즉 162.52센티미터이다.[18] 거리를 나타낼 경우 "Oxford 50"이라는 표지판은 옥스퍼드까지 50마일(miles) 떨어져 있다는 뜻이므로 80킬로미터가 떨어져 있다는 말이다. 마일보다 짧은 거리는 야드(yard)를 사용한다.[19] 무게는 파운드(lbs)와 온스(ounce, oz)를 사용한다.[20] 스토운(stone)이라는 단위도 사용한다.[21] "ten stone

18) 1foot는 30.38cm 혹은 12inches이며, 1inch는 2.54cm이다. 5foot 대신 5feet라고 쓰기도 한다.

19) 1마일은 1.6킬로미터이며 1야드는 0.914 미터이다. 1760야드가 1마일이다.

20) 1파운드는 453그램이며 16온스에 해당된다. 1온스는 28.3495그램에 해당되며, 액체일 때의 부피는 영국에서는 28.412밀리리터(ml)이며 미국에서는 29.573밀리리터이다.

21) 1스토운은 14파운드(lbs)이며 6.38킬로그램이다. 그런데 체중의 경우는 1스토운이 14파운드이나, 고기, 물고기, 설탕은 1스토운이 8파운드이며, 치즈는 16파운드, 양모는 24파운드이다.

seven" 혹은 "ten-and-a-half stone"은 10스토운과 7파운드이며, 67킬로그램이라는 말이다.

영국인은 여가(leisure)를 몹시 중요하게 생각한다. 여름이면 여가를 즐기기 위해 해변의 휴양지로 가는 차들로 고속도로가 꽉 막히는 교통정체가 일어난다. 이런 휴양지에 가면 꼭 눈에 띄는 영국의 전형적인 광경이 있는데 바로 〈펀치와 주디 쇼〉(Punch and Judy show)이다. 이 쇼는 인형극(a poppet show)으로 남자인형인 펀치는 자기 아내인 주디와 아기를 마구 때린다. 관광지에서 파는 솜사탕(Candy floss)과 돌사탕(rock)도 유명하다. 돌사탕은 지팡이같이 생긴 단단한 사탕으로 글을 써놓은 것이 특징이다. 영국인들이 즐겨먹는 음식 중에는 피시앤칩스(Fish'n'Chips, 생선튀김과 감자)가 있는데 그와 관련된 재미있는 농담이 있다.

Question: What do sea monsters eat?
Answer: Fish and Ships!

혹자는 1960년대에 영국인에 대한 자신의 인상을 피력하면서, "영국인이 독일인에 대해 절대 용서하지 못하는 것은 너무 열심히 일한다는 것이다."라고 말한 바 있다. 2차 대전의 패전국이던 독일이 가파른 경제성장을 이룩하면서 영국을 바싹 따라잡던 시기였으므로 영국이 독일에 대해 경계심과 불안감을 느끼던 분위기를 감지한 표현이다. 동시에 일에 열광하지 않는 영국인의 일반적인 태도를 지적한 말이기도 하다. 영국의 역사를 보면 상류층(high class)은 여가를 즐기며 여유롭고 한가하게 사는 것을 미덕으로 여겼는데 상류층을 닮고자 하는 중산층(middle class)에게로 그런 성향이 확장된 면이 있다. 19세기에 중산층의 범주를 정하는 기준 중 하나는 "육체노동"(the manual labor)을 하지 않아야 한다는 것에서도 일에 대한 영국인의 태도가 드러난다.

스코틀랜드 만의 독특하고 중요한 축제인 호그머네(Hogmanay)는 12월 31일 밤이다. 이날 스코틀랜드인들은 집에 오는 모든 방문객에게 음식과 마실 것을 제공한다. 한밤중이 지난 후 처음 집에 들어오는 사람이 "키가 크고 얼굴이 까만 이방인"이라면 그해 운수가 좋을 것이며 그 사람이 석탄 한 조각과 약간의 흰 빵을 가지고 오면 더 재수가 있다고 한다. 이 날 밤 스코틀랜드 사람들은 "케일리"(ceilidh / dance)에 참가해서 아침까지 춤추고 노래한다. 스코틀랜드의 방언으로 시를 쓴 로버트 번즈(Robert Burns)[22]의 "For Auld Lang Syne"[23]이 유명하다. 호그머네 축제는 다음날인 새해와 스코틀랜드의 법정공휴일(Bank Holiday)인 1월 2일까지 이어진다.

여가를 즐기는 영국인답게 다양한 축제가 있는데 다음과 같다.

〈영국의 축제〉

1월 1일	새해 전날 밤에 트라팔가 광장의 분수에서 샤워를 하는 풍습이 있다.
2월 14일	성 발렌타인 날(St Valentine's day)
재의 수요일 (Ash Wednesday)	2월의 사순절(Lent)이 시작되는 날. 사순절은 재의 수요일에서 부활절 전날밤(Easter eve)까지의 40일간으로 예수가 사막에 들어가 40일간 단식한 일을 기리는 행사이다.
팬케이크 화요일 (Pancake Tuesday)	재의 수요일 전날. 팬케이크를 많이 먹는다.

22) 로버트 번즈의 탄생일인 1월 25일은 스코틀랜드 만의 축제날이다.

23) Old Long Since의 의미. 영어로는 "In Memory of Past Times," 한국어로는 〈석별의 정〉으로 번역되었다.

성금요일 (Good Friday)	부활일요일(Easter Sunday) 전의 금요일. 십자가가 그려진 뜨거운 빵(hot cross buns)을 많이 먹는다.
부활절 월요일 (Eater Monday)	부활절 일요일 다음의 월요일. 휴일이다.
5월제(May day)	5월 1일. 봄을 축하하는 축제이다. 갖가지 색의 꽃과 긴 리본으로 장식한 5월제 기둥(maypole)을 둘러싸고 모리스맨(Morris men)들이 모리스 댄스(Morris dance)라는 민속춤을 춘다.
할로윈 (Hallowe'en)	10월 31일. 성스러운 저녁(holy evening)이라는 뜻이다. 귀신 분장을 한 아이들이 집집마다 찾아다니면서 "과자 줄래, 골탕 먹을래."(Trick or Treat)를 외친다.
가이폭스의 밤 (Guy Fawkes Night)	11월 5일. 1605년 제임스 1세 때, 로마 가톨릭교도들이 의회에 폭약을 설치하고 가이 폭스가 터트릴 예정이었으나 사전에 발각되고 말았다. 그 후 영국인들은 가이 인형(guy dummy)을 태우면서 이 날을 기념한다. 아이들은 이 날이 오기 전에 길에서 "가이에게 쓸 돈 주세요"(Penny for the guy)라며 돈을 얻어 폭죽을 산다.
크리스마스 (Christmas)	12월 25일.
박싱 데이 (Boxing Day)	12월 26일. 공식 휴일로 스포츠를 즐기거나 친구를 방문한다.

5) 영국의 교육

영국의 초중등교육은 잉글랜드, 웨일즈, 스코틀랜드, 북아일랜드 모두 조금씩 체제가 다르며, 잉글랜드 내에서도 지역에 따라 다소 차이가 있으므로 잉글랜드를 중심으로 보편적인 부분만 살펴보겠다. 잉글랜드의 교육을 관장하는 곳은 교육부(Department for Education)와 직업·혁신·기술부(Department for Business, Innovation and Skills)이다.

지방정부(Local authorities, LAs)는 지역차원에서 공립교육과 공립학교에 대한 정책을 이행하는 책임을 진다. 1876년 초등교육이 의무교육이 되었고, 1902년에는 전국적으로 통일된 중등교육제도가 확립되었고, 1944년에는 무상 의무교육이 중등교육까지 연장되었다.

영국의 초중등 교육은 사립교육(private education)과 공립교육(state education)으로 나누어진다. 정부의 보조를 받는 공립학교(state school)를 중심으로 이루어지는 교육이 공립교육이다. 공립학교는 노동자계층의 자녀에게 실용과목을 가르치는 것을 목적으로, 1870년의 초등교육법(Elementary Education Act) 제정으로 설립되었다.

독립학교(independent school)로 구성된 교육체계를 사립교육이라고 한다. 독립학교 중에서도 기숙제 사립학교를 "퍼블릭스쿨"(public school, 공립학교)이라고 한다.[24] 퍼블릭스쿨은 종교교육을 베풀 목적으로 설립되어 전국에서 영재를 뽑아 장학금을 주면서 엄격한 환경에서 몸과 정신을 단련시켰다. 그러다 차츰 사회의 지도자와 같은 인적자원을 양성하는 학교로 변모했다.[25]

학년을 가리키는 "form"은 원래 퍼블릭스쿨에서 쓰던 표현이지만 이제는 많은 공립학교도 이 용어를 사용한다. 국가교과과정(national curriculum)이 확립되면서 그동안 지역에 따라 달리 진행되던 교육과정이 평준화되었고 학년을 "year"라고 하게 되었지만 6학년은 대체로 "sixth form"으로 지칭된다.

고등교육 역시 잉글랜드, 웨일즈, 스코틀랜드, 북아일랜드가 다른

24) 미국에서는 정부가 관장하는 공립학교를 "public school"이라고 하며 공립교육체계를 "public school system"이라고 한다.

25) 13세기에 설립된 윈체스터(Winchester), 14세기 이래로 설립된 이튼(Eton), 럭비(Rugby), 해로우(Harrow)를 비롯하여 장구한 역사를 자랑하는 퍼블릭스쿨들이 있다.

체제를 가지고 있으며 잉글랜드 내의 대학들도 다소 차이를 보인다. 버킹엄대학(University of Buckingham)과 BPP 유니버서티칼리지(BPP University College)[26]는 사립대학이지만 그 이외의 모든 대학은 국가의 재정지원을 받는 공립대학이다. 정부는 대학에 재정 지원을 하지만 대학의 교과과정을 통제하지는 않으며 공정접근부(Office for Fair Access, OFFA)를 통해 입학과정이 공정한지를 감독할 뿐이다. 단 교사훈련과정에 대해서는 통제를 가한다.

학생은 자신이 원하는 대학에 직접 지원하는 대신 대학중앙입학사무소(University Central Admissions Service, UCAS)를 통해 지원하며 UCAS는 학생과 대학 사이의 중개자(messenger)로 역할 한다. 학생은 지원 전에 먼저 본인의 수준을 평가하는 전국적인 일반교육자격시험(General Certificate of Education, GCE)을 쳐야 한다. 이 시험은 보통수준(Ordinary Level)과 상급수준(Advanced Level, A-level)으로 나누어지는데, 각 대학은 상급 수준의 필요과목을 정해놓고 이 과목에 합격한 사람을 입학시킨다. 그러나 옥스퍼드와 케임브리지의 각 칼리지는 GCE와 더불어 칼리지별 개별고사를 실시한다.

국왕의 허가(Royal Charter)를 받은 대학만이 "학위"(Degree)를 줄 수 있으며, 다른 2차 교육기관은 보통 "자격증"(certificate)이나 "수료증"(diploma)을 부여한다. 대학생(undergraduate)이 3년간의 수학 과정을 마치면 "학사학위"(Bachelor's Degree)를 수여하며 인문계는 "B.A."(Bachelor of Arts), 이공계는 "B.Sc."(Bachelor of Science)로 표시한다.

---

26) BPP는 1976년 회계과 학생들에게 시험훈련을 시키기 위한 목적으로 세운 학교에서 발전한 대학이다. 유니버서티칼리지라는 용어는 많은 나라에서 완전한 대학의 지위를 가지지 않은 제 3의 교육기관을 가리키는 용어인데, 그 사용례가 나라마다 다르다.

4년간의 수학 후에는 학부석사학위(undergraduate master's degree)를 수여한다. 대학원(graduate school)에서 수업한 후 받는 전통적인 석사학위(postgraduate master's degree)를 받으려고 할 때는 학부석사학위보다 학비가 더 많이 들기 때문에 학부석사학위를 선호하는 사람이 많다.

대학을 졸업할 때에는 대개 우등졸업학위(honours degree)를 받는다. 제일 잘한 학생은 1등급(Class I)으로 "a first-class degree"를 받으며, 2의 1등급(Class II.I, a 2:1)은 "an upper second-class degree", 2의 2등급(Class II.II, a 2:2)은 "a lower second-class degree", 가장 아래가 "a third-class degree"이다. 이 이하의 학생은 "보통졸업학위"(a pass degree)를 받는다.

학사학위를 받고서 대학원에서 소정의 과정을 거치면 석사학위(Master's Degree)를 받으며, 인문계는 M.A.(Master of Arts), 이공계는 M.Sc.(Master of Science)로 표시한다.[27] 석사학위를 받은 후 소정의 과정을 거치고 논문을 내면 박사학위(Doctorate)를 받으며 "Ph.D., Doctor of Philosophy"로 지칭된다. 박사학위를 받은 후에는 박사후과정(Post-doctorate course)에서 연구를 계속할 수 있다.

옥스퍼드대학과 케임브리지대학은 최고의 대학으로 명성을 얻고 있으며 두 대학을 옥스브리지(Oxbridge)로 통칭한다. 1970년 전에는 모든 옥스브리지 학생이 남자였으나 지금은 남녀 공학이다. 일반적으로 대학교는 하부 조직으로 칼리지(college)를 두지만, 스쿨(school), 학부(division), 패컬티(faculty) 등을 두는 대학도 있다.[28] 그런데 옥스

27) 스코틀랜드 대학에서는 "Master"라는 명칭을 학사학위에 붙이므로 혼동하기 쉽다.

28) 한국의 종합대학(university)은 대개 여러 단과대학(college)을 포함하며, 각 단

브리지는 하부 조직으로 칼리지를 두었지만, 칼리지 자체가 종합대학의 구조를 가진 특이한 경우이다. 각 칼리지는 자체의 교수(fellow), 식당, 도서관, 채플(Chapel)과, 적어도 반 정도의 학생을 수용할 수 있는 기숙사가 있다. 교수는 학생을 일대일이나 아주 작은 규모의 반을 가르치는데 그것을 옥스퍼드에서는 "개별지도"(tutorial), 케임브리지에서는 "지도"(supervision)라고 한다. 옥스브리지는 영국에서 학생과 교수의 비율(student / staff ratio)이 가장 낮은 대학이다.

현대적 대학으로는 런던대학교(University of London)가 있다. 1836년에 두 개의 칼리지로 시작되었으나 그 후 많은 칼리지가 통합되어 현재 47개의 대학과 연구소에, 12만 명의 재학생이 있는 연합대학(federal university)이 되었다. 런던대학교에서 한국에 가장 잘 알려진 대학으로는 유니버시티칼리지 런던(University College London, UCL), 킹스칼리지 런던(King's College London, KCL), 런던정경대학(London School of Economics, LSE)이 있다. 런던대학교의 각 칼리지는 거의 분리된 대학이나 마찬가지로 운영된다.

역사적으로 오래된 시립대학(civic university)의 별칭은 "붉은벽돌"(redbrick)대학이다. 19세기에 다양한 고등교육기관이 버밍엄, 맨체스터, 리즈 같은 새로운 산업도시에서 생겨났는데, 과거의 전통적인 대학건물이 석조건물인 반면 이 대학들의 건물은 그 지역의 재료인 벽돌로 만들었으므로 붉은벽돌 대학이라는 별명이 붙게 되었다. 이 대학들은 처음에는 지역 사람들을 우선적으로 교육하면서 런던대학교의 학위를 원하는 학생을 준비시키는 역할을 했으나 나중에 직접 학

과대학은 여러 학과(department)를 포함한다. 여러 학과를 합친 조직을 학부(division)라고도 한다. 영국의 대학은 우리의 단과대학 개념으로 college, school, division, faculty 등 다양한 명칭의 조직을 두고 있다.

위를 줄 수 있는 자격을 가지게 되었고 이후 "university"가 되었다.

캠퍼스대학(campus university)은 도시 근교의 시골에 위치한, 특정 목적을 위해 건립된 교육기관을 말한다. 동앵글리아대학(University of East Anglia), 서섹스대학(University of Sussex), 워릭대학(University of Warwick)이 이에 속한다. 이 대학들은 학생을 위한 기숙사가 처음 세워진 1960년대 초부터 전국의 학생을 모았다. 이 대학들은 비교적 새로운 학문인 사회과학 등에 중점을 주었고 작은 그룹의 세미나를 다른 대학보다 더 활성화시켰다.

지방 정부가 세운 기술전문대학(technical college)에서는 중앙정부의 재원을 지원받아 학업의 나이나 기간에 유연성을 주는 샌드위치과정(sandwich courses)[29]을 개설한다. 1969년에는 개방대학(Open University)이 세워져 정상적으로 대학에 갈 수 없는 학생을 위해 원거리 교육이 실시되었다.

스코틀랜드에는 글래스고(Glasgow), 에든버러(Edinburgh), 애버딘(Aberdeen), 쎄인트앤드류스(St. Andrews)대학 등이 있다. 웨일즈의 웨일즈대학(the University of Wales)은 100여 년 전에 설립되었으며 후에 애버리스트위스(Aberystwyth), 반고르(Bangor), 카디프(Cardiff) 등 다른 대학을 통합하여 런던대학교 다음가는 큰 규모의 대학이 되었다.

29) 영국에서 4년간 학부과정 중에 산업체에서 1년 정도의 인턴으로 일할 수 있는 교과과정이다.

2 영국의 정부

영국에서 정치인은 별로 좋은 평판을 받지 못한다. 누군가를 "정치가"라고 부르는 것은 그 사람이 "신뢰성"이 없다는 뜻이다. 정치가를 미워하는 것은 아니지만 의심스럽게 바라보는 것이다. 영국의 미디어는 주로 정부 장관과 국회의원들이 공짜로 얻어먹는 사람(freeloader), 즉 돈을 내지 않고 일도 하지 않으면서 공짜로 음식이나 복지를 얻고자 하는 사람으로 치부한다. 또 관리나 의원들이 공적인 업무를 하면서 사용한 돈 액수와, 공직자들이 출장 중에 머문 호텔이나 편익을 나열하며 비판한다.

실제로는 영국의 정치가들은 타국의 정치가들에 비해 매우 검소한 편이므로 이런 비판은 공직자들을 불신하는 영국의 전형적인 편견을 시사하는 것이다. 다른 나라 사람들은 자국의 각료들이 쓰는 비용이 국가적인 위신을 반영한다고 보지만 영국인들은 정치가들이 스스로를 거물로 여기게 될까 봐 경계한다.

공직(Civil Service)에 대한 영국인의 태도는 대체로 이중적이다. 영국인에게는 재능 있는 아마추어를 숭배하는 경향이 있다. 19세기 중반에 근대적인 공직 구조가 만들어졌을 때 아마추어적인 자세야 말로 중요하게 언급된 원칙이었다. 즉 전문가가 되는 것보다 비전문가가 되는 것이 더 나으며, 철저한 지식을 가지는 것보다는 좋은 머리를 가지는 것이 더 좋다는 것이 영국인의 기본적인 생각이었다. 그 후 개혁이 이루어지면서 전문지식을 강조하게 되었지만, 행정이 응용과학이라기보다는 예술이라는 기본 개념은 여전히 남아있다.

1) 행정부

영국은 입헌군주제(Constitutional Monarchy)를 채택하고 있으며 현재 엘리자베스 2세가 국가원수(Head of State)이다. 의회를 통과한 모든 법안은 법률로 제정되기 전에 군주의 승인을 받아야 한다. 군주가 법안을 거부할 수도 있지만 18세기 초 이래로 거부권을 행사한 군주는 없다. 국왕은 의회의 소집과 해산, 수상 및 각료의 임명, 법률의 재가와 공포, 선전과 강화, 작위 및 영전의 수여 등의 권한을 가지고 있지만 이 권한은 실제로는 내각의 조언대로 행해지는 명목상의 권한에 불과하다. 의회가 새로 구성될 때 행해지는 국왕의 연설은 수상이 작성한 원고를 낭독하는 것이므로 사실상 수상의 시정방침 연설이다. 1년에 2번, 여왕 탄생일과 1월 1일에 서훈자 명단(Honours List)이 발표되지만 수상이 이 명단을 정한다.[1]

실질적으로 나라를 다스리는 실체는, 수상(Prime Minister)을 행정부의 수반으로 하는 내각 각료(cabinet ministers)들이다. 수상은 하원에서 가장 많은 의석을 차지한 정당의 당수이며 형식적으로 왕에게서 임명을 받는다. 수상은 왕에게서 행정부의 구성을 위임받아 각 부서의 책임자인 각료를 선출한다. 수상은 총 100여명의 각료를 선출하고 이 가운데 20여 명으로 내각 각료를 구성한다.[2] 현재 내각의 규모

1) 수상자들은 버킹검 궁(Buckingham Palace)에서 여왕이 수여하는, 가터 훈작사(KG, Knight of the Order of the Garter), 바스 훈작사(KCB, Knight Commander of the Order of the Bath), 혹은 대영제국 훈작사(MBE, Member of the British Empire) 등의 작위를 받는다.

2) 18세기에 내각은 왕가의 중요한 장관들과 공무원들의 비공식적인 모임으로 시작되었으므로 어떤 공식적인 지위도 없었다. 정부를 운영하는 것은 공식적으로 추밀원(Privy Council)이며 이들이 국왕에게 직접 보고를 하는 체제였다. 현재는 추밀원은 단순히 의례적인 조직이며 내각이 행정부의 전권을 가지고 있다.

가 점점 커지고 공식화되면서 다소 경직된 면도 있으므로 수상과 몇몇 중요한 장관을 포함하는 비공식적 내부내각(inner cabinets)이 결성되어 여기서 많은 결정이 이루어진다.

내각의 각 부서의 장은 장관(Secretary)이라는 명칭을 갖는다. 외국과의 관계를 주선하는 부서인 외무연방부(The Foreign and Commonwealth Office)의 외무부 장관(Foreign Secretary), 국내의 안전을 책임지는 내무부(Home Office)의 내무부 장관(Home Secretary), 재무부(Treasury)의 재무부장관(Chancellor of the Exchequer), 국방부 장관(Minister of Defence) 등 여러 장관이 있다. 특별장관직인 스코틀랜드 국무장관(Secretary of State for Scotland)은 스코틀랜드의 교육과 지방정부의 주요업무를 맡고 있다. 세금을 받는 정부조직은 내국세청(Inland Revenue)이다.[3]

수상의 공식관저인 다우닝가 10번지(No. 10 Downing Street)는 아주 유명한 주소이다. 이 주소는 수상이 특별한 거물이 아니라는 전통적인 허구적 발상이다. 수상의 관저는 특별한 이름도 없고, 밖에서 보면 전혀 특별해 보이지 않는 보통 집이며, 심지어 단독주택도 아니지만, 안에 들어가면 겉보기보다는 훨씬 크다. 내각의 각료들이 여기서 일하며 수상은 꼭대기 층에서 거주하는데 그것을, "일자리에서 먹고 잔다"(live above the shop)고 표현한다. 정부의 대부분의 부서는 트라팔가 광장에서 의회까지 이어져 있는 화이트홀(Whitehall) 거리에 몰려있다. 그래서 화이트홀은 행정부를 상징하며, "고위관계자의 의견에 따르면"을 "according to the opinion in Whitehall"이라고 표현한다.

---

3) 고용인들은 자신들의 급료(paycheque)에서 소득세를 미리 공제(deduct)하며 이 체제가 "PAYE"(pay as you earn)이다. 물건을 살 때 부과되는 세금은 "부가가치세"(VAT, value added tax)이다.

1940년에 보수당의 윈스턴 처칠(Winston Churchill, 임기 1940~45, 51~55) 이후 쭉 보수당이 수상을 하다가, 해럴드 윌슨(Harold Wilson, 임기 1964~70, 74~79)부터 제임스 캘러헌(James Callaghan, 임기 1976~79)까지 노동당에서 수상이 나왔다. 이후 보수당인 마거릿 대처(Margaret Thatcher, 임기 1979~90), 존 메이저(John Major, 임기 1990~1997)가 수상을 맡았다가 다시 노동당의 토니 블레어(Tony Blair, 임기 1997~2007)와 제임스 고든 브라운(James Gordon Brown, 임기 2007~ 2010)이 정권을 잡았다. 2010년에 보수당의 데이비드 캐머런(David Cameron, 임기 2010~ 2016)이 수상이 되어 정부를 이끌었으나 2016년 6월 브렉시트(Brexit)의 가결에 책임을 지고 물러나고 보수당의 테리사 메이(Theresa May)가 수상으로 취임했다.

영국의 지방정부를 살펴보면, 잉글랜드 지역은 9개의 지역(Region)으로 나뉘며, 각 지역은 다시 주(County)로 나누어진다. 스코틀랜드에는 32개 주(Council area)가 있으며, 웨일즈에는 22개 지방 자치청(Unitary Authority)이 있고, 북아일랜드에는 26개 구(District)가 있다.

카운티(county)는 잉글랜드에서 가장 오래된 행정구역이다. 많은 카운티는 햄프셔(Hampshire), 레스터셔(Leicestershire)처럼 "-셔"(-shire)를 붙이는 것이 보통이다. 교구(parish)는 원래 지방교회를 중심으로 형성된 마을을 가리키는 명칭이었는데 19세기에 이르러 지방행정 단위로 쓰이게 되었다. 오늘날 교구는 잉글랜드에서 가장 작은 지방행정 단위이면서, 잉글랜드의 국교회를 운영할 때 여전히 사용되고 있다. 버로우(borough)는 상업과 산업이 발달하면서 점점 더 커져서 카운티의 통제를 벗어나 자치력을 가지게 된 도시를 가리킨다.

영국정부는 비밀주의를 선호한다. 1992년 영국의 비밀정보국인 엠아이식스(MI6)의 존재가 정부에 의해 공식적으로 밝혀졌다. 그 소식이 놀라운 것은, 그 단체가 존재한다는 사실 때문이 아니었다. 그런 존재가 있으며 그 이름이 엠아이식스라는 것은 누구나 알고 있던 사실이었기 때문이다. 오히려 그 단체의 존재를 정부가 공식적으로 인정했다는 사실 때문에 놀랐던 것이다. 이처럼 영국 정부는 모두가 알고 있는 활동조차도 공식화하기를 꺼리는 경향이 있다. 영국정부가 공공비밀유지법(Official Secrets Act)을 어긴 혐의로 기소를 하는 경우가 허다하다. 2007년 한 정부 관료와 정치 연구가는 미국 대통령이 영국 수상과 만난 자리에서 했던 말을 언론에 전했다고 기소된 웃지 못 할 일도 있었다.

현대의 영국사에서 1950년대의 영국은 "순진한 황금시기"(a golden age of innocence)로 명명된다. 순진하다는 것은 어떤 점에서는 무지한 것과 일맥상통한다. 1950년대의 영국국민은 영국정부가 하는 일에 대해 무지한 상태였다. 나중에 밝혀진 바로는 1950년대의 영국정부는 군사실험에서 사람들을 실험재료(guinea pigs)로 사용하기도 했다. 1952년의 린머스(Lynmouth) 마을에서는 큰 홍수 때문에 주민들이 엄청난 피해를 입었는데 사실 그것은 정부의 실험 때문이었다는 것도 뒤늦게 밝혀졌다.

2) 입법부

영국의 헌법은 문서의 형식을 갖추어 기록된 성문법(Statutory law)이 아니라, 법규범의 형식이 제정되지 않은 관습법[4]이나 판례법으로 구성된 불문법(Oral law)이다. 기록된 영국 헌법의 일부는 의회를 통

---

4) 관습법은 국민의 관습, 신앙, 고대 왕실의 관행에 기반을 둔 법령과 판결로 이루어졌다.

과한 법안, 왕권을 제한하고 국민의 권리를 보장한 1215년의 대헌장, 17세기의 권리청원 등 역사상 중요한 문서에서 인용한 것이다. 예를 들면, 1688년의 명예혁명 때 국왕, 귀족, 서민의 3자가 나라의 기초를 구성하는 것으로 규정했는데 그것이 영국의 중요헌법이다.

법률을 제정하는 기관은 의회(Parliament)이다. 영국 의회는 "의회의 어머니"라고 불릴 정도로 세계의 많은 입법기관이 영국 의회의 특성을 모방했다. 의회는 귀족원인 상원(the House of Lords)과 서민원인 하원(the House of Commons)의 두 원(chamber)으로 구성된다.[5] 상원은 명예직이며 사실상의 권한은 하원에 있다. 상원은 하원과 협상을 하지만 하원이 통과시킨 의안을 거부할 수 없다.[6] 국왕은 하원의 제1당의 당수를 수상으로 지명하는 것이 관례이다.

상원의원은 국민이 뽑는 선출직이 아니라 임명직이다. 약 1,170명에 달하는 상원의원은 26명의 국교회 주교(Anglican bishops)와 950명의 세습귀족(hereditary peers), 11명의 판사(judges), 185명의 일대귀족(life

5) 처음에 상원은 교회와 귀족(Aristocracy)을 대표했고, 하원은 부유한 토지 소유주들의 이익을 대표했다.

6) 상원의 힘은 원래 제한적이었으나 한 사건으로 인해 더욱 그 입지가 좁아지게 되었다. 1910년 자유당(Liberal Party) 정부의 재무장관인 데이비드 로이드 조지(David Llyoyd George, 임기 1916~1922)는 상속세율과 소득세율의 인상, 가치가 증가된 토지의 불로소득에 대한 과세를 예산안에 포함시켰는데 상원이 이 법안을 거부했다. 상원의 거부는 하원이 재정문제를 통제하는 오랜 전통에 반하는 것이었다. 정부는 왕에게 총선거를 요구했고 총선에서 이긴 자유당 내각은 거부된 세금 법안과 상원의 권한을 제안하는 법안을 다시 하원에서 통과시켰다. 상원이 이 두 법안을 다시 거부하자 자유당은 또 다시 총선거를 실시했고 다시 정권을 잡았다. 이 갈등과 위기의 순간에 내각과 왕은, 만일 상원이 법안을 다시 거부한다면 그 법안에 찬성할 자유당원 수백 명을 새로 귀족으로 지명하여 자유당이 상원의 다수가 되게 할 것이라고 위협했다. 결국 상원은 자신들의 특권을 지키기 위해 양 법안에 동의했다. 그 이후 하원에서 연속해서 3년간 동의된 법안은 상원의 동의 없이도 법률로 선포될 수 있게 되었다. 1949년에 그 기간은 2년으로 줄었다.

peers)으로 구성되며, 이들 중 250여명만 활발히 활동한다. 하원의원(MP, Member of Parliament)과 달리 상원의원은 봉급을 받지 않는다.

원래 세습귀족만 상원에 포함되었다. 그러나 1958년 이후 서훈제도(honours system)를 통해 일대귀족이 양산되었고 이들도 상원에 포함되었다. 그러나 일대귀족의 자식은 작위를 계승받지 못하므로 상원에서 제외된다. 20세기 후반에 많은 전직 수상들과 전직 장관들이 일대귀족의 작위를 받았다. 이것은 공적이 있는 정치가들에게 적절한 보상을 하면서 하원에서 이들의 영향력을 제거하는 한 방식으로 유용했다. 이 일은 "뒷방으로 쫓겨나는 것"(being kicked upstairs)이라고 표현되었다. 20세기 말이 되자 일대귀족이 세습귀족보다 다수가 되었고 상원에 출석하는 이들의 숫자도 많아졌다. 그래서 1999년 상원에 출석할 권리를 가진 귀족의 수를 92명(전체수의 약 15%)으로 제한했다.

하원은 소선거구제에서 직접선거로 선출된 650명의 의원으로 구성되며 이 선거는 5년 마다 실시된다. 현직 의원이 자신의 의무를 다할 수 없는 상황이 생기면 특별선거를 하며 다시 그에 해당되는 의원을 뽑는데 그것이 보궐선거이다.

하원의 다수당(majority party)의 당수(leader)가 내각을 조각한다. 이때 제 1 야당(First minority party/opposition)은 이후 정권교체를 할 때를 대비해서 미리 내각을 구성해둔다. 이 예비내각을 "그림자 내각"(Shadow Cabinet)이라고 한다. 제 1 야당의 대표는 "국왕의 야당"으로서 관례적으로 정부에서 소정의 봉급을 받는다.

매년 하원이 공식개원을 할 때 특별한 의식을 치른다. 먼저 국왕의 관리인 흑장관(Black Rod)[7]이 하원의 문을 두들기면서, 왕이 입장해서

7) 가터훈작사인 궁내관으로 상원의 질서를 유지한다.

의원들에게 정부의 업무에 대한 질의를 하도록 허용하라고 요구한다. 하원이 그 요구를 거부하는 것이 이 의식의 핵심이다.[8] 대신 하원의원들이 상원에 출석해서 왕의 말을 경청한다.

하원의원들이 입장할 때 다수당과 반대당의 의원들이 나란히 짝을 짓는 것도 전통이다. 짝제도(pairing system)는 정당들이 서로 협조한다는 관례를 드러낸다. 하원에서 투표가 있는데 두 당이 반대표를 던질 예정이라면 짝을 이룬 의원들은 의회에 등원하지 않아서 두 당의 수적 차이가 저절로 나타나게 한다. 등원하지 않은 의원들은 표결이 이루어지는 동안 다른 일을 할 수 있다. 서로의 관례적인 약속을 배신하고 투표를 하러 나타나는 비겁한 짓은 결코 일어나지 않았으므로 이 제도는 아직도 잘 지켜지고 있다.

하원에서 새 의장을 뽑을 때 특별한 광경이 벌어진다. 뒤쪽에 앉아 있던 나이 지긋한 의원이 동료 의원들에 의해 억지로 끌려 나가서 하원의 한 가운데 있는 큰 의자에 강제로 앉혀진다. 이것은 하원에서 새 의장(Speaker)을 결정하는 의식이다. 의장은 하원에서 의사진행이 적절히 지켜지게 조절하며, 이에 따르지 않는 의원에게 공식 사과를 요구하거나 며칠간 하원에서 추방할 수도 있다. 그러므로 의장은 영국에서 수상 다음으로 중요한 평민(commoner)이다. 이런 명예로운 의장 자리에 추대되는 것을 꺼리는 듯한 행동을 담은 의식이 되풀이되는 역사적 이유가 있다. 수백 년 전에 의장의 역할은 하원의 결정을 왕에게 전달하는 것이었다. 그런데 하원의 결정은 왕에게 불리하고 불쾌한 것이 많았으므로 의장의 일을 흔쾌히 떠맡으려는 사람이 없어서

---

8) 이 의식은 17세기에 찰스 1세가 의회의 문을 부수고 들어와 의원 몇 명을 체포하려고 한 사건에서 유래한다. 그 사건 이후 국왕이 하원에 들어오는 것이 허용되지 않는다.

강제로 시켜야 했던 역사적 상황을 묘사한 의식이다.

*** 앞좌석자와 뒷좌석자(Front benchers and back benchers)**

하원의원들은 자신만의 정해진 의자가 없고 몇 명의 의원들이 나란히 앉는다. 하지만 특별한 의원들을 위해 지정된 좌석이 두 군데가 있다. 하원의 긴 의자들 중 맨 앞에 서로 마주보게 놓인 두 줄의 긴 의자들이다. 한 쪽 의자에는 여당의 주요 멤버들, 즉 장관들이 앉으며 그 맞은 편 의자에는 야당의 주요 멤버들, 즉 그림자 내각의 각료들이 앉는다. 이 사람들이 앞좌석자들이다. 행정직을 갖지 않은 여당의 의원들, 그림자 내각에 속하지 않은 야당의 의원들이 뒷자리에 앉으며 이들이 뒷좌석자, 즉 평의원들이다.

영국에서 평등한 선거권이 확립되기까지는 오랜 시간이 걸렸다. 1832년 선거법 개혁안이 통과되면서 유권자들이 부패와 불법 선전에 쉽게 넘어가는 아주 작은 선거구들, 소위 부패선거구가 폐지되었고, 이 의석들은 버밍엄, 맨체스터 같이 산업의 발달로 새롭게 대도시로 부상했으면서도 그때까지 대표자를 낼 수 없었던 도시들에 주어졌다. 투표권은 보유한 자산에 따라 주어졌으므로 중간계급 대부분이 투표권을 획득하게 되었고 그로 인해 성인인구의 5% 이상이 투표권을 가지게 되었다.

1832년의 선거법 개정은 완전한 개정이 아니었으므로 계속 선거법 개정이 요구되었다. 보통선거 실시, 의원에 대한 봉급 지급, 의원의 재산자격 기준 폐지, 인구비례에 의한 선거구 결정, 그리고 매년 선거를 실시할 것을 요구하는 탄원서가 작성되었다. 이 일에 직접 뛰어든 사람을 차티스트(Chartist)라고 한다. 차티스트들은 1848년 선거법개정을 요구하는 대규모 시위를 벌여서 실패했지만 이후 매년 선거를 실시하자는 제안을 제외한 거의 모든 요구가 받아들여졌다.

1867년에는 투표권이 확장되어 도시에 사는 대부분의 남성노동자들이 투표권을 가지게 되었다. 손을 들어 의사표시를 하던 제도는 1872년에 비밀투표 방식으로 수정되었다. 1884년의 제 3차 선거법 개정에서는 시골에 사는 남성 농업노동자에게도 투표권이 돌아갔다. 여성의 경우는 한참 늦었는데, 1918년이 되어서야 30세 이상의 여성이 투표권을 가지게 되었다. 21세 이상의 여성과 남성이 동등한 기준으로 투표를 할 수 있게 된 것은 1928년에 이르러서였다. 1969년 투표를 할 수 있는 연령은 18세까지 낮아졌다.

영국에서 가장 큰 정당은 보수당(Conservative Party)과 노동당(Labour Party)이다. 보수당은 17세기 후반에 창설된 토리당(Tory Party)의 후신이다. 1830년부터 1841년 사이에 단 한 차례를 제외하고 휘그당(Whig Party)이 계속 집권하자 위기의식을 느낀 로버트 필(Robert Peel, 임기 1834~1835, 1841~1846)은 토리당이 전통을 존중하면서도 개혁에 동참해야 한다고 선언하고 1835년 보수당으로 명칭을 바꾸었다. 17세기에 토리당에 맞서 설립되었던 휘그당 역시 시대의 변화에 맞추기 위해 1859년 자유당(Liberal Party)으로 바꾸어 중산층과 비국교도를 대변했다. 1900년 노동조합과 페이비언협회(Fabian Society)를 중심으로 노동당이 설립되었으며, 1906년 최초로 의회에 진출했다. 1981년 노동당의 온건파들이 노동당을 탈당해 사회민주당(Social Democratic Party, the SDP)을 창당했다가 자유당과 연합체를 구성했으며 1988년 공식적으로 합병하여 사회자유민주당(Social and Liberal Democrats)을 결성했다. 지금은 자유민주당(Liberal Democrats)으로 개칭하여 영국에서 세 번째로 큰 정당으로 자리잡았다.

* 웨스트 로디언 문제(the West Lothian question)

이 용어는 1977년 영국 하원에서 스코틀랜드와 웨일즈의 분리에 대한 논의를 할 때 스코틀랜드의 웨스트 로디언 지역의 노동당 의원이던 탬 대리옐(Tam Dalyell)이 문제를 제기하면서 만들어졌다. 2011년에는 잉글랜드 외의 지역 출신 의원들이 잉글랜드의 문제에 대해 논의할 자격이 있는지에 대한 논란이 벌어졌다. 또 스코틀랜드의 문제는 스코틀랜드 의회가 결정해야 한다는 것도 논란이 되었다. 하원의원들은 잉글랜드와 웨일즈의 문제에 대해서만 투표할 수 있을 뿐이므로 스코틀랜드 출신 하원의원은 자신과 상관없는 잉글랜드와 웨일즈의 문제에 대해 투표하면서 막상 출신지역인 스코틀랜드에 대해서는 관여할 수 없기 때문이다. 이런 불합리한 상황을 통칭해서 웨스트 로디언 문제라고 한다.

3) 사법부

영국의 법은 성문법이 아니며 단일한 법체계도 없다. 대신 오랜 시간에 걸쳐 만들어진 관습법이 주를 이루는 불문법으로 이루어져 있다. 그로 인해 법과 규칙을 잘 지키기로 유명한 영국인들이 집단적으로 법을 어길 수밖에 없는 현상이 종종 발생한다. 예를 들면 주말에 영국인들이 축구를 하거나 축구경기를 보는 것은 사실은 법을 우롱하는 것이다. 중세 때 궁술 연습을 충분히 하지 않는 군사들에게 벌을 내리기 위해 축구를 불법으로 규정했는데 이 법이 철회된 적이 없기 때문이다. 레스터(Leicester)에 사는 유대인들은 얼마 전까지도 영국의 법을 어기는 셈이었다. 13세기 레스터의 시 강령에는 “어떤 남녀 유대인도 이 세상이 끝날 때까지 레스터에 거주하거나 남아있어서는 안 된다”고 명시되어 있기 때문이다. 다행히도 이 강령은 2000년 시의회에서 폐지되었다.

영국의 사법제도를 살펴보는 일은 간단하지 않다. 잉글랜드와 웨일스가 같은 제도를 가진 반면, 스코틀랜드와 북아일랜드는 각자의 사법제도를 가지고 있는 등[9] 지역에 따라서 다르며, 역사적으로도 많은 변천을 겪었기 때문이다. 잉글랜드를 중심으로 해서 기본적인 면만 살펴보자.

로마법(Roman Law)의 영향을 직접 받은 유럽 대륙과 달리 섬나라인 잉글랜드가 앵글로색슨족의 독자적인 제도를 발전시킨 것을 영국법 형성의 제 1기로 본다. 제 2기는 1066년 윌리엄 1세가 노르만 왕조를 수립하면서 강력한 중앙집권적 봉건제도를 형성하기 위한 법을 제정한 시기로, 이때 왕국 전역에 공통되는 관습법과 판례법인 보통법(common law)이 형성되었다. 그후 시대가 흐르면서 경직되어버린 보통법을 보완하기 위해 상황에 따라 관대한 고려를 추가하는 형평법(equity law)이 생긴 시기가 제 3기이다. 이후 보통법과 형평법의 갈등이 문제가 되어 사법제도 법(Judicature Acts, 1873)으로 보통법과 형평법을 통합하여 통일법원이 성립된 것이 제 4기이다.

(1) 치안판사

영국의 오랜 전통으로 현재까지 존속하는 치안판사(Magistrate / Justice of the Peace / JP) 제도는 영국이 아마추어리즘을 중시하는 전형적인 예이다. 치안판사는 법적인 지식으로 훈련받은 법조인 뿐 아니라, 훌륭한 인격과 상당한 재력을 가진 사람 중에서 지방위원회의 지명을 받아 임명된다.[10] 치안판사는 자녀의 부양, 감독, 보호에 대한

9) 이민법과 군법은 같은 제도를 따르고 있다.

10) 종전에는 선거에 의해 선출되었으나 현재는 대법관이 임명한다.

민사사건 뿐 아니라 형사사건도 다룬다. 비법조인 치안판사는 봉급을 받지 않고 업무상의 비용을 받을 뿐이며 본인과 가문의 명예로 생각한다. 비법조인 치안판사가 재판을 할 때는 법률적인 지식이 있는 서기의 도움을 받는다.

(2) 법정변호사와 사무변호사

영국의 변호사는 법정변호사(Barrister)와 사무변호사(Solicitor)의 두 체제로 작동한다. 두 변호사는 별개의 훈련을 받으며 습득하는 기술도 다르고 자격시험도 다르다. 사무변호사는 자격시험에 합격하고 2년간의 훈련계약(training contract)을 마쳐야 완전한 자격을 얻는다. 소송 의뢰인이 사무변호사에게 의뢰를 하면 사무변호사는 서류를 준비하고 증인을 만나 증언을 수집하여 법정에 제출할 서류를 만든다. 사무변호사는 치안판사 법정에서는 고객의 사건을 직접 제시할 수 있지만, 상위법원에서는 직접 변론을 할 수 없으므로 법정변호사를 고용해야 한다.

법정변호사는 법학원을 졸업하고 자격을 갖춘 후 1년의 시보기간을 거친 후 자격을 얻는다. 법정변호사는 사무변호사가 준비해준 서류를 검토하여 법정에서 변론을 하므로 대부분 언변이 뛰어나다. 법정변호사가 사무변호사보다 더 전문적인 교육을 받는 대신 보수도 더 높고 더 인정을 받으므로 과거에는 거의 상류층에서 배출되었다. 법정변호사로 10년 정도 근무하면 왕실고문변호사(Queen's Counsel, QC) 자리를 얻게 되며 이후 판사로 임명된다.

상급법정의 법정변호사와 판사는 법의 몰개성적인 위엄을 강조하기 위해 아직도 옛날식 가운을 입고 가발을 쓰는 전통을 따른다. 판사는 은퇴의 나이도 늦고 봉급도 많으며 외부의 간섭을 받지 않는 독립성도 유지되므로 한 번 임명되면 거의 파면되지 않는다. 판사를 파면하려면 상하 양원의 결의가 필요한데 그런 일은 일어난 적이 없다.

최근까지 사무변호사와 법정변호사의 역할은 엄격하게 구별되었다. 사무변호사는 절대로 법정에 출두할 수 없었고, 상급법정에서 사건을 변론하도록 허용되지 않았다. 법정변호사는 사무변호사가 대동한 상태가 아니면 자신이 대변하는 고객이나 증인과 만나서 대화를 할 수 없었다. 그러나 세월이 지나면서 이런 구분이 좀 느슨해졌다. 이제는 사무변호사를 먼저 통하지 않고 법정변호사에게 가는 것이 가능해졌고, 사무변호사가 상급법정에서 사건을 변론할 수도 있다.

(3) 법학원

법학원(Inn of Court)은 14세기 초 런던의 법원 주변에서 발달한 법조단 조합에서 기원한다. 인(Inn)은 학생과 다른 숙박인을 위한 방과 식당이 포함된 숙박시설이면서 변호사를 위한 사무실과 교회도 포함하고 있다. 또한 인은 일종의 남성사교클럽으로 역할한다. 법학원 주변에는 지금은 없어진 찬서리인(Inns of Chancery)을 비롯하여, 링컨즈인홀(Lincoln's Inn Hall) 같은 법정이나 기록보관소가 있고, 법정 사무용품 거래자들, 문방구상들, 서류의 복사본을 만드는 필경사들이 모여 살았다.

법학원의 이름은 설립자의 이름을 따기도 하고 지명을 따서 붙이기도 했다. 현재는 링컨즈인(Lincoln's Inn), 이너템플(Inner Temple), 미들템플(Middle Temple), 그레이즈인(Gray's Inn) 등 네 개의 인이 법정변호사가 될 후보자의 자격을 수여하는 독점권을 가진 법학원이다. 법정변호사가 되려면 이 중 한 법학원에 들어가 공부하고 자격시험에 합격해야 한다.

(4) 미성년자법

20세기에는 성년(age of majority)이 되지 못한 미성년자(minor)를 규정하여 나이에 따라 활동 영역을 제한하는 미성년자법(Minority Law)이 일상생활과 밀접하게 관련되어 있다. 13세는 시간제일(part-time job)을 할 수 있고, 14세는 바(Bar)에 출입할 수는 있으나 알콜이 든 음료를 마시지 못하며, 15세는 법적으로 아이(child)가 아니라 젊은이(young person)로 여겨진다. 16세는 학교를 졸업하는 나이이며 집을 나가 독립할 수 있고, 모터가 달린 자전거(moped)를 몰 수 있고, 음식과 함께 먹을 맥주를 살 수 있으며, 부모의 동의를 받아 결혼이 가능하다. 단 스코틀랜드에서는 부모의 동의 없이도 결혼할 수 있다. 17세는 자동차나 소형오토바이(motorbike)를 몰 수 있다. 18세는 성년으로서 투표를 할 수 있고, 부모 동의 없이 결혼이 가능하며, 재산을 소유할 수 있고, 문신을 할 수 있고, 술집(pub)에서 술을 마실 수 있다.

(5) 형사사건과 민사사건의 과정

형사사건(criminal cases)은 즉결심판(Summary Judgement)과 기소(Indictment)로 나누어진다. 즉결심판은 치안판사법원(Magistrates's Courts)에서 다루지만 기소는 형사법원에서 다룬다. 그러나 거의 모든 범죄행위는 일단 치안판사법원에서 시작하여, 계속 그곳에서 다룰 것인지, 형사법원으로 송치할 것인지 결정된다. 피고(the accused)가 고소(charge)를 당하거나 소환(summons)을 받으면 치안판사법원에 1차 출두를 하여 보통 3명의 치안판사에게서 심의(hearing)를 받는다. 치안판사는 일단 성립되는 사건(prima facie case)[11]인지, 즉 피고가 죄가 있다고 보는 것이 가능한지를 결정한다. 기소는 국왕(Crown)을 대신하여 검찰(Crown Prosecution Service)이 원고(plaintiff)가 된다.

범죄(offences)의 종류는 "기소필수"(indictable only), "즉결심판"(summary), "양자택일"(either way) 등 세 부류로 나누어진다. 살인과 강간과 같은 범죄는 기소필수범죄이므로 치안판사법원의 치안판사는 피고가 1차 출두 했을 때 그를 형사법원으로 송치한다. 단 치안판사는 피고를 보석(on bail)할 것인지 아니면 구금(in custody)할 것인지 결정할 수 있다. 자동차 범죄와 같은 대부분의 약식범죄는 대부분 치안판사법원에서 처리되지만 폭행(assault)의 경우 형사법원으로 보내지기도 한다. 도둑질과 같은 중간급 범죄는 양자택일범죄에 속하며 치안판사법원에서 약식으로 재판될 수도 있고 형사법원으로 송치해서 판사와 배심원에 의해 재판될 수도 있다. 형사재판의 90퍼센트 이상이 거의 모든 마을에 있는 치안판사법원에서 다루어진다.

형사법원에서 판사는 재판이 진행되는 동안 판정관(referee)으로 역할하면서 제시된 증거 중 어떤 증거가 유용한지 않은지를 판단한다. 배심원(Jury)이 유죄라고 판명하면 판사가 선고(sentence)를 결정한다. 이처럼 형사사건에서도 아마추어가 중요한 역할을 한다는 점이 이채롭다. 배심원 12명(스코틀랜드에서는 15명)은 유권자 명부에서 무작위로 선출되어 구성되며 이들은 재판을 참관한 후 투표를 하여 10명 이상의 찬성을 얻어 유죄 여부를 결정한다.[12] 다수결로 결론이 나지 않

11) 반증이 없는 한 공판 진행, 판결이 충분한 사건.

12) 원래는 배심원 12명의 전원일치제였으나 1967년부터 10명의 다수결에 따르도록

는 경우는 판사가 미결정심리(mistrial)를 선포한 후 다른 배심원들을 구성하여 처음부터 다시 사건을 심리한다.

피고는 선고를 받으면 런던의 항소법원(Court of Appeal)에 항소할 수 있다. 항소법원에서 형이 그대로 확정될 수도 있고 유죄판결(conviction)이 파기될(quashed) 수도 있다. 유죄판결이 파기되면 이전의 평결(verdict)은 기각되고(overruled) 피고는 "무죄"(not guilty)로 선언되거나 형량이 감소될 수 있다.

민사사건(civil cases)은 1998년의 민사소송규정(Civil Procedure Rules)에 따라 5,000파운드 이하의 민사소송(civil claims)은 "소액청구소송"(Small Claims Track)에 해당되어 주정부법원(County Court)에서 다룬다. 하루 만에 재판이 가능한 5,000에서 25,000파운드 사이의 소송은 빠른 소송(Fast Track), 25,000파운드 이상의 소송은 거액소송(Multi Track)으로 모두 고등법원에서 다룬다.

〈잉글랜드와 웨일즈의 법정용어〉

on remand	구류 중
bail	보석
party	소송 당사자
claimant	민사법정의 고소인(이전의 plaintiff)
respondent	민사재판의 피고소인
prosecution	형사재판의 원고인 영국검찰
defendant	형사법정의 피고
acquitted	혐의 없음
convicted	유죄로 결정됨

개정되었다.

(6) 경찰

영국은 세계에서 가장 먼저 자치제 경찰제도를 확립한 국가이다. 앵글로색슨시대의 프랭크플레지(frankpledge)가 경찰의 원형이다. 프랭크플레지는 12세 이상의 자유민 남자 10인조로 구성되어 마을의 치안을 유지했다. 10인조에서 발전한 것이 100인조이며 두 조직 모두 국왕의 관설경찰조직으로 활동했다.

1285년 이후는 윈체스터법(Statute of Winchester)에 의해 고전적인 프랭크플레지 제도와 근대적인 직업경찰의 과도기 형태인 교구 컨스터블(parish constable)제도가 설립되었다. 이후 500년 이상 컨스터블이 치안판사의 지휘와 감독을 받으며 치안을 담당하였다. 이후 컨스터블의 자질 저하와 비능률로 치안이 악화되자 18세기 중엽에 개혁이 시작되었다. 소설가인 헨리 필딩(Henry Fielding, 1707~1754)이 치안판사가 되어 최초의 전문적인 경찰을 만든 것이 보우가경찰(Bow Street Runners, 1749)이다. 1805년 창설된 런던의 기마경찰대(Bow Street Horse Patrol)도 여기서 유래했다. 1829년 내무장관 로버트 필(Robert Peel, 1788~1850)이 수도경찰법(Metropolitan Police Act)을 제정하고 최초의 근대적인 경찰을 조직했으므로 로버트의 약칭인 바비(Bobby)를 따서 경찰을 바비스(Bobbies)라고 부른다.

(7) 문학 속의 법

① 구빈법

일반 민중의 삶과 밀접하게 관계있는 법 중에 빈민구제법(Poor

Relief Act), 간단히 말하면 구빈법(Poor Law)과 그와 연결된 정주법(Settlement Act, 1662)이 있다. 구빈법은 튜더왕조 때 시작되어 엘리자베스 여왕 때인 1601년 최종적으로 정리되어 이후 200여 년이 넘도록 빈민구제제도의 기초가 되었다. 구빈법은 일종의 사회복지정책으로, 노동능력이 있는 사람에게는 일자리를 마련해주고, 노동능력이 없는 사람은 구빈원에 수용하여 돌보았으며, 노동의욕이 없는 자들을 강제 노역으로 처벌하였다.

1662년에 구빈법을 보완하는 법으로 만들어진 정주법은 부랑금지법이다. 빈민구제가 교구 단위로 행해지던 당시 빈민의 증가로 교구의 부담이 늘어나는 것을 억제하기 위해 타지에서 흘러들어온 빈민을 이전 거주지로 강제 송환하는 권한을 빈민 감독관에게 부여한 법이다. 이 법으로 교구는 부랑아를 강제로 수용하거나 다른 곳으로 쫓아낼 수 있었기 때문에 일자리를 찾아 방랑하는 일용노동자들도 자칫하면 강제적인 퇴거를 당해야 했다. 강제 퇴거의 잔인성이 부각되면서 1795년 교구가 그 빈민의 구제비를 부담하지 않아도 되면 굳이 송환은 하지 않는 것으로 수정되었다.

19세기에 이르러 구빈법 개정 움직임이 일어났다. 농경사회에 맞게 고안된 제도가 거의 수정되지 않은 채 산업사회에 적용되어 많은 문제가 발생하였고, 실시과정에서 부패와 타락의 양상이 누적되었던 것이다. 불합리한 구빈법을 당대의 실정에 맞게 개혁하는 데 앞장 선 사람들이 공리주의자(Utilitarian)[13]들이었다. 1834년 수정구빈법(Poor

13) "최대 다수의 최대 행복"(the greatest happiness of the greatest number)을 모토로 하여 합리적인 정책 개선을 주도한 사회사상가들이며, 대표적인 사상가가 제레미 벤담(Jeremy Bentham1748~1832), 제임스 밀(James Mill, 1773~1836)과 그 아들인 존 스튜어트 밀(John Stuart Mill, 1806~1873)이다.

Law Amendment Act)이 제정되는데 이것이 신구빈법(New Poor Law)이다.[14]

신구빈법의 핵심은 일하는 사람만 먹을 수 있다는 기치 아래, 동정적인 자선은 비효율적이며 게으름과 부도덕만 조장하므로, 원외생계보조비를 제한하고 구빈원에 수용하여 효과적인 노동을 시켜야 한다는 것이었다. 젊은 노동자 아가씨는 저임금을 받으며 고생하는데 배다른 자식을 12명이나 둔 방탕한 과부가 주 18펜스의 자녀 양육비를 보조받아 편안하게 잘 살고 있다는 것이 대표적인 예로 거론되었다. 그러나 사실은 생계보조비를 받더라도, 또 아무리 노력해도 빈곤에서 헤어나지 못하는 것이 빈민의 현실이었다.

신구빈법은 이런 현실을 외면한 채 자비와 관용의 기회마저 억제한다는 점에서 많은 사람들의 분노를 일으켰다. 지원을 받지 못한 빈민들은 저임금의 노동현장으로 내몰렸으며 어린아이와 여성들까지 착취에 시달렸다. 구빈원에서 놀고먹는 행태를 막아야 한다는 논리로 구빈원의 환경이나 식사는 매우 열악해졌고, 남녀와 아이를 따로 수용했으므로 강제로 이산가족이 되어야 했다. 그래서 당시의 구빈원에는 구빈법 바스티유 감옥(Poor Law Bastille)이라는 별명이 붙었다.

『타임즈』(*The Times*)는 1836년 후반부터 신구빈법의 문제점을 비판하면서, "오갈 데 없는 과부들의 심장을 쥐어짜며, 굶주린 노인에게 빵부스러기도 거절하며, 고아를 구빈원 감옥에 집어넣고, 돌보아 줄 사람도 없고 보호받지도 못하는 소녀들을 창녀가 되게 몰아넣는

---

14) 1929년 지방정부법으로 구빈위원회를 폐지하면서 공식적으로 신구빈법이 폐지되었고 대신 국민부조법(National Assistance Act, 1948)이 공포되었다. 국민부조법에서는 국가가 국민의 생존권에 대한 최소한의 사회적 책임을 진다고 규정했다. 이 법은 보충급여법(Supplementary Benefit Act, 1966)으로 명칭이 바뀌었다가 소득보조법(Income Support Act, 1988)으로 대체되었다.

무시무시한 기구"라고 비판했다. 찰스 디킨즈는 인기를 끈『올리버 트위스트』(*Oliver Twist,* 1838)에서 구빈원을 비판했다. 구빈원에 들어간 올리버가 참을 수 없이 배가 고파, "조금만 더 주세요."(I need some more.)라고 했다가 된통 혼이 나는 장면은 길이 기억되는 명장면이다.

② 도제조례

도제조례(Statute of Apprentices, 1563)는 주로 고용인인 도제의 고용조건을 규정한 법이다. 당시 크게 변화하던 농촌에서 노동력을 확보하고 도시의 공업 노동력을 재편성하기 위한 법이었지만 불리한 입장에 있는 도제들을 억압하는 제도로 작용했다. 찰스 디킨즈의『위대한 유산』(*Great Expectations*, 1860~1861)에서 주인공 핍(Pip)이 대장장이인 조 가저리(Jo Gargery)의 도제가 되는 장면에서 이 점을 엿볼 수 있다.

> 펌블추크는 좌중에게 내가 도제로 묶이게 된 일을 화제로 삼아서, 만일 내가 도박을 하거나, 독한 술을 마시거나, 늦잠을 자거나, 나쁜 친구를 사귀거나, 혹은 내 도제계약서에 기재된 내용으로 보건대 거의 필연적으로 저지르게 될 그 외의 여러 탈선행위에 빠져 들 경우에, 내가 감옥에 잡혀 들어가게 되어 있다고 떠벌리며 악마처럼 기뻐했다. (13장)

③ 형평법(Equity law)

판례법을 기준법으로 삼는 보통법과 달리, 형평법은 사건의 성격에 따라 모든 것을 새롭게 생각함으로써 궁극적으로 법의 경직성을 막고 개인의 권리를 보호하려는 법이다. 그러나 세월이 흐르면서 한때는 인간적이고 유연했던 형평법 역시 경직성을 보였고 특히 소송기간이 길어지면서 비용도 많이 들어 비판의 대상이 되었다.

찰스 디킨즈가 찬서리법원의 폐해를 비판한 『황폐한 집』(Bleak House, 1852-3)[15]의 모델이 된 실제 사건은 1798년에 시작된 윌리엄 제닝스(William Jennings) 사건인데, 이 소설을 쓸 무렵에도 여전히 해결되지 않은 상태였다. 또 다른 모델은 데이(Day) 사건으로, 1834년에 시작되었는데 1853년 무렵에는 70,000파운드 이상이 들었지만 당시에도 아직 끝나지 않았다.

1844년 디킨즈는 자신의 저작권을 보호하기 위해 5개의 해적판 출판사를 고소했는데, "마치 내가 강도를 당한 사람이 아니라 강도질을 한 사람처럼 취급당했다"고 토로했다. 시간이 많이 들었을 뿐 아니라 디킨즈에게 유리하게 판결이 났는데도 불구하고 그가 받은 손해배상액보다 소송비용이 훨씬 더 많이 들었기 때문에 디킨즈는, "차라리 큰 악을 견디는 게 법이라는 훨씬 더 큰 악에 기대는 것보다 더 낫다"고 불만을 토로했다.

형평법에서는 주로 유산이나 신탁, 담보로 인한 분쟁 등의 문제를 다루며 찬서리법원(Court of Chancery)에서 진행된다. 대법관(Lord Chancellor)[16]이 보좌직원들을 데리고 소송를 진행하며, 법정변호사가 소송의 양당사자가 사무변호사를 통해서 제출한 진술서를 큰소리로

15) 잔다이스 대 잔다이스(Jarndyce vs. Jarndyce) 소송이 진행되는 찬서리법원(Court of Chancery)과 레스터 데드록 경(Sir Leicester Deddlock)과 레이디 데드록(Lady Deadlock)을 둘러싼 사교계에 대한 묘사, 주인공 에스더 섬머슨(Esther Summerson)의 개인적 이야기가 씨줄과 날줄처럼 엮여서 당대에 대한 비판을 생생하게 형상화하고 있다. 디킨즈가 이 소설을 쓸 무렵에는 의회가 찬서리법원을 개선하는 법안을 상정 중이었고 이후 1858년, 1862년, 1873년에 걸쳐 개선 법안이 통과되었다.

16) 영국 법조계에서 가장 높은 직이며 내각의 일원이며 상원의 의장이다.

읽으면 대법관이 최종판단을 한다.

사건에 따라 보통법과 형평법 중에 어떤 법을 적용할 것인가에 대한 논란이 생기기도 한다. 『베니스의 상인』(*The Merchant of Venice*)에서 샤일록(Shyloc)은 보통법의 원칙을 적용하고 싶어 하지만 판사로 변장한 포셔(Portia)는 형평법의 원칙을 적용하려고 한다. 해당 소송을 어떤 법원이 맡을 것인가에 대한 논란이 있으면 재판은 더욱 오래 끈다. 『황폐한 집』에서 "찬서리법원이 현안들을 보통법법원에 보낸다. 보통법은 현안들을 형평법으로 돌려보낸다"라고 묘사된다.

4) 경제와 금융

(1) 산업혁명과 자본주의의 발달

영국은 세계에서 가장 먼저 자본주의를 시작하고 완성한 나라로서 그 명성과 부를 전 세계에 과시했는데, 그 기초가 된 것이 산업혁명(Industrial Revolution)이다. 원래 농업 국가였던 영국은 집적된 산업기술 덕분에 18세기 후반에 이르러 경제적, 기술적으로 거대한 변화를 겪는데 이것이 산업혁명이다. 이후 영국은 농업국가에서 공업국가로 변모하였다. 석탄 산지를 중심으로 공업이 발전했고, 수송체계가 개선되었고, 농기구가 개량되어 생산량이 증대되었고, 제철산업이 발달했고, 기계와 증기동력이 사용되면서 공장에서 대량생산의 기틀이 세워졌다.

19세기에 들어오면서 영국은 다양한 기술발명으로 세계의 산업을 주도했다. 1830년에 최초로 기관차가 리버풀과 맨체스터 사이를 달렸고, 증기기선이 등장했고, 1861년에는 말이 끄는 전차가 최초로 런던에 등장했으며, 1863년에는 지하철을 건설했고, 1883년에 최초로 전기 전차가 등장했고, 1890년에 세계 최초로 전동 지하철이 생겼고, 1905년에는 런던에 처음으로 버스와 택시가 등장했다.

그러나 산업혁명과 자본주의의 부작용도 엄청났다. 가내공업이 쇠퇴하고 농촌경제가 붕괴했으며, 새로운 공업도시에는 주택, 위생, 급수 등 모든 것이 부족해서 빈민의 주택문제와 노동조건을 악화시켰다. 여성, 아동까지 포함된 대부분의 노동자들은 낮은 임금을 받고 열악한 환경 속에서 장시간 노동을 했고, 일자리가 없어 떠도는 부랑자가 급속히 증가했다. 카알 마르크스(Karl Heinrich Marx, 1818~1883)는 런던의 빈민가에 거주하면서 자본주의의 최악의 폐해를 목격했으므로 『공산당 선언』(*The Communist Manifesto,* 1848)과 『자본론』(*Das Kapital,* 18671894)을 완성할 수 있었을 것이다.

산업이 발달한 만큼 노동자의 착취와 고통의 부작용이 일찍부터 나타났고, 그에 대처하기 위한 노동자들의 저항 운동도 발빠르게 시작되어 점차 노동조합의 결성으로 발전했다. 1811년에서 1817년 사이에는 기계의 사용으로 일자리를 잃게 된 노동자들이 러다이트(Luddite)라는 집단을 결성해서 기계를 파괴하는 단체행동을 했다. 러다이트 운동은 노동자들이 자본가들에 맞서 투쟁한 노동운동의 일환이었다. 영국의 섬유 노동자들은 자본가들에게서 하청을 받는 비정규직 노동자들로서 노동에 비해 형편없는 임금을 받으며 착취당했다. 영국정부가 노동자의 단결금지법을 제정해서 노동자의 투쟁을 원천적으로 봉쇄하자 노동자들은 노팅엄셔, 요크셔, 랭커셔 등에서 자본가에게 빌려서 사용하던 기계를 파괴하며 투쟁했다. 영국 정부는 주동자를 처형하며 탄압을 감행했고 이에 민중들은 투쟁자금을 모금했다. 조지 고든 바이런(George Gordon Byron, 1788~1824)[17]을 비롯한 지식인들도 폭동은 가난 때문에 생긴다며 노동자들의 입장을 지지했다. 결국 자본가들은 노동자들의 주장을 일부 받아들이지 않을 수 없었다. 이 투쟁에서 승리한 노동자들은 폭력투쟁으로는 한계가 있음을 깨닫고 의회민주주의로 전환하면서 선거법 개정운동을 벌이는데, 이것이 차티스트 운동(Chartist Movement, Chartism)이다.

"세계의 공장"이라는 지위를 과시하던 영국의 눈부신 발전은 1880년 전후부터 둔화되기 시작했다. 미국과 독일 등의 약진적인 발전 앞에 영국의 위치가 불안해진 것이다. 제1차 세계대전 후에 영국은 전쟁으로 막대한 손실을 입은데다, 전후의 불황과 세계 공황의 영향으로 더욱 경제가 기울었다. 곧이어 발발한 제2차 세계대전에서 영국은 또다시 엄청난 전비를 사용한 데다, 전쟁이 끝난 후에 식민지와 속령이 잇달아 독립하는 바람에 해외 자산과 해외시장을 한꺼번에 상실하게 되어 더욱 심각한 타격을 입었다.

1945년 정권을 잡은 노동당 내각은 이 난국을 대처하기 위해 잉글랜드 은행을 비롯하여 주요 기관들을 국유화 또는 공유화했다. 계획적 투자에 의한 완전고용을 달성하려고 노력했으며 사회보장제도의 확충을 통해 복지국가를 건설하는 등 사회주의적 성격의 정책을 추진했다. 1951년 정권이 보수당으로 넘어가면서 철강업의 국유화가 취소되는 등 부분적인 후퇴도 있었으나 보수당도 복지행정의 기본적 기조를 그대로 유지했다. 철강업이 다시 국유화되고(1967), 국가기업청이 설립되고(1975), 1968년에 설립된 영국 최대의 자동차기업인 BLMC(British Leyland Motor Corporation Ltd)를 1975년에 일부 국유

17) 낭만주의 시인. 1823년 그리스 독립전쟁에 참여하였다가 말라리아에 걸려 사망했다.

화한 것에서 볼 수 있듯이, 영국적 사회주의는 계속되었다.

수정자본주의적 정책을 계속 시행하면서 전후의 영국경제는 성장이 극히 완만했고 국제수지의 악화에 시달렸다. 정부는 민간제조업의 투자와 설비를 근대화하여 생산향상을 촉구하면서 경제성장을 꾀하였고 동시에 임금과 물가를 억제하며 인플레이션 억제에 사력을 다하였으나 충분한 효과를 거두지는 못하였다. 1960년대 후반부터는 실업률이 상승하기 시작하여 만성불황이 심화되었다. 실업률은 1975년 4%, 1976년 5%를 넘었다가 대처 정권(Thatcher Government 1979-1990) 이후로 급격히 늘어났다. 1990년대 들어 집값 폭등으로 런던거리를 방황하는 노숙자들이 속출했으며, 1992년 10월 정부의 탄광 폐쇄 조치와 경제정책에 반대하는 약 20만 명의 광부들과 야당 인사가 런던에서 대규모 시위를 벌였다.

영국경제가 이처럼 정체상태에서 쉽게 헤어나지 못한 이유는 여러 가지가 있다. 보수적 경영자가 합리화와 근대화의 개혁을 외면한 때문이기도 하고, 영국경제로 감당하기 힘든 과다한 국방비와 해외원조비 지출 등의 원인도 있다. 또 철저한 사회보장을 뒷받침하는 영국식 복지체제와 강성 노동조합의 저항이 영국경제의 발목을 잡고 있다는 지적도 있다.

(2) 금융

국립은행인 잉글랜드 은행(Bank of England)은 원래 사적 은행으로 설립되었다가 중앙은행의 기능을 가지게 되었으며 1946년 국유화되었다. 잉글랜드 은행의 별명은 은행이 있는 거리의 이름을 따 "스레드니들가의 노부인"(Old Lady of Threadneedle Street)이다. 이 별명은 오랜 역사와 친근감, 또 영국은행의 보수적인 습관을 시사한다. 현재 영국의 거의 모든 도시에 지점을 둔 은행들은 로이드(Lloyds), TSB, HSBC, 바클레이 은행(Barclays Bank), 스코틀랜드 왕립은행(Royal Bank of Scotland)이다.

영국의 통화는 파운드화(pound)[18]이며 그 상징은 "£"이다. 비공식적으로 1파운드를 "a quid"라고 하므로 "£20"은 "twenty quids"이다. "I am quids in."은 "지금 돈이 잘 벌리고 있다"는 뜻이다. 1971년까지 영국은 LSD[파운드(L) 실링(S) 펜스(D)][19]체제를 사용했다. 그래서 "Three and twelve and six"는 "three pounds, twelve shillings, and sixpence"[20]로 읽는다. 1파운드는 20실링이고 1실링은 12펜스이므로 1파운드는 240펜스이다. 그러나 1971년 영국정부가 화폐단위를 조정하면서 실링을 없애고 1파운드는 100펜스가 되었다.

스코틀랜드에서는 잉글랜드와 다른 디자인의 지폐가 발행되는데 이 지폐는 잉글랜드, 웨일즈, 북아일랜드에서도 문제없이 통용되기는 하지만 은행이나 가게가 원하지 않으면 그것을 받을 의무는 없다. 그래서 "누구도 스코틀랜드 지폐의 잔돈을 요구할 권리가 없다"

---

18) 공식명칭은 "Pound Sterling." ISO(International Standards Organization, 국제표준화기구) 코드는 GBP이다. "sterling"은 "영국 법정 순도의 금을 함유한, 영국화의" 라는 의미로 "stg." 또는 "s."로 약기하여 파운드 뒤에 붙인다. 예로 £1,000stg.는 1,000파운드를 말한다.

19) L은 "libra"의 약어로 고대 로마의 중량단위이다. S는 "shilling"이다. D는 "denarius"(데나리온, 신약에 나오는 고대 로마 은화)의 약어로 페니(penny)를 나타낸다.

20) 펜스(pence)는 "p"로 쓰고 "피"(pea)로 발음한다. 펜스(pence)와 페니(penny)는 같이 쓰는데 페니는 화폐의 개수를 나타낼 때 쓰고 펜스는 금액가치를 나타낼 때 쓴다. "twopence"에서 "elevenpence"까지, 또 "twentypence"는 한 단어로 쓰고, 기타는 두 단어로 쓰거나 하이픈(-)을 넣어 쓴다. 예로 13펜스는 "thirteen-pence"이다.

(Nobody has the right to demand change in Scottish notes.)는 말이 있다.

통화 단위가 복잡하고 어려운데도 불구하고 전통을 중시하는 영국인들은 자신들의 통화체계에 집착했다. 좋아하지 않는 변화를 "새 돈"(new money)이라고 표현할 정도로 새로운 것보다 오래된 것을 선호한다. 말이 너무 복잡하거나 분명하지 않아 알아듣지 못했을 때 다시 말해달라는 뜻으로, "옛날식으로는 어떻게 되지?"(What's that in old money?)라고 한다. 1983년에 1파운드 지폐를 대신하는 1파운드 동전이 나왔지만 1파운드 지폐가 사라지는 것을 애석해하면서 동전을 가치가 없다고 여기는 사람이 많았다. 영국인들이 유로화(Euro)를 대하는 태도도 그와 연관되어 있다. 1991년 이후로 유로화는 스코틀랜드 지폐나 마찬가지의 대접을 받고 있다. 유로화가 영국에서 통용되기는 하지만 받지 않는 가게도 있는 것이다.

1971년에 통화제도가 개선되기 전의 돈 계산은 영국인들에게도 어려운 일이었다. 그래서 돈의 환산표를 만들어두고 어린 시절부터 아이들에게 외우게 했다. 이에 관련된 재미있는 일화가 찰스 디킨즈의 『위대한 유산』에 나온다. 펌블추크는 어린 핍에게서 자신이 듣고 싶은 이야기를 끌어내기 전에 환산표를 외우게 한다. 펌블추크에게 불만이 많은 핍은 일부러 엉터리 계산을 해서 그에게 소심한 반항을 하는 장면이다.

> 그러더니 펌블추크 씨는 마치 내 머리카락을 자를 듯이 나를 자기 쪽으로 돌려세우고서 말했다.
>
> "먼저 (우리 생각을 가다듬기 위해서), 43펜스는 얼마지."[21]

---

21) 이 무렵 영국의 통화단위는 파운드, 실링, 펜스로 구성되어 있었으며, 1실링은 12펜스이며, 1파운드는 20실링이었다. 펌블추크의 질문에 대한 답은 '3실링 7펜스'이다.

나는 "400파운드"라고 대답했을 경우에 생길 결과를 가름해보고서, 그래서는 내게 불리하겠다는 생각이 들어 될 수 있는 한 정답에 근사치가 되는 대답을 했다. 그것은 약 8펜스 정도 정답과 차이가 나는 수치였다. 그러자 펌블추크 씨는 나에게, "12펜스는 1실링"부터 시작해서 "40펜스는 3실링 4펜스"에 이르기까지의 펜스 계산표를 외우게 하더니, 드디어 나를 완전히 자기 수중에 넣었다는 듯이 의기양양하게, "자! 43펜스는 얼마지?"라고 물었다. 그 질문에 나는 한참을 생각하면서 시간을 끈 후, "모르겠어요."라고 대답했다. 사실 나는 화가 나서 제 정신이 아니었기에 내가 정말로 그 답을 알고 있었는지도 의심스러울 정도다.

펌블추크 씨는 내게서 정답을 비틀어 짜내려는 듯이 자신의 머리를 나사못처럼 비틀어 대면서 말했다. "가령, 43펜스는 7실링 6펜스 3파던[22]이냐?"

"네!" 내가 대답했다. 그 말에 누나가 즉각 내 귀를 쥐어박았다. 그래도 나는 내 대답으로 그가 정답을 암시하려고 만들어낸 농담의 흥을 깨고 그의 말문을 막아버린 것을 보고 기분이 좋아졌다. (9장)

〈다양한 통화 명칭〉

a farthing	4분의 1 페니 청동화. 1961년에 폐지
a ha'penny(halfpenny)	반 페니 동전
a threepenny bit(piece)	3펜스 동전
a tanner	6펜스 은화
a bob	실링
a half crown	반크라운 백동화. 2실링 6펜스에 해당. 1970년에 폐지

22) 원래 발음은 파딩(farthing). 펌블추크는 사투리로 "farderns"라고 함. 파딩은 4분의 1펜스.

3 영국의 지리

잉글랜드는 대체로 낮은 구릉과 고원들로 이루어져 있다. 600에서 900미터 높이의 페나인 산맥(the Pennines)이 잉글랜드 북부를 북서부와 북동부로 나눈다. 먼저 영국의 수도인 런던시를 살펴보고, 잉글랜드 지역을 남동지역, 남서지역, 동부잉글랜드, 중부잉글랜드, 북부잉글랜드 등 5개 지역으로 나누어 살펴본 후, 웨일즈, 스코틀랜드, 북아일랜드를 살펴보자.

1) 런던

잉글랜드와 영국의 수도로서 세계적으로 유명한 도시인 런던은 잉글랜드 남동부 템스 강 하구에서 약 60km 상류에 있다. 영국인은 런던에 대해 대단한 자부심을 느끼고 있다. 18세기의 저명한 작가인 사무엘 존슨(Samuel Johnson, 1709~1784)의 말은 바로 그런 자부심을 드러낸다.

> "글쎄, 선생, 지성인 중에서는 기꺼이 런던을 떠나려고 하는 사람이 거의 없을 거요. 아니, 런던에 싫증이 난 사람이라면 아마 인생 자체에 싫증이 난거지요. 인생이 제공할 수 있는 모든 것이 런던에 있으니 말이오."

런던이라는 지명은 “호수의 도시”를 뜻하는 켈트어의 린딘(Llyn Din)을 어원으로 한다. 중세까지는 런던이라고 하면 지금의 시티오브런던(City of London)에 해당하는 지역을 가리키는 것이었으나 19세기 이후로 런던이라는 명칭은 이 중심가를 포함해서 그 주변에 발달된 대도시 지역 전체를 언급하게 되었다. 1965년 시티오브런던과 32개의 런던특별구(London boroughs)를 포함해서 그레이터런던(Greater London)이 설립되었다. 통상적으로 런던은 그레이터런던 또는 도시권역 전체를 지칭하는 뜻으로 쓰이고 시티오브런던은 그냥 시티(City)로 통칭된다.

런던은 기원 43년 로마의 클라우디우스(Claudius, B.C. 10~A.D. 54, 재위 41~54) 황제의 침공 때부터 발전하게 된다. 로마 점령시대에 론디니움(Londinium)이라고 불린 런던은 템스 강 덕분에 천연의 항구로서 일찍부터 상업의 중심지로 역할할 수 있었다. 로마인들이 2세기에 구축한 성벽이 아직도 남아있고 런던을 기점으로 하는 도로의 흔적도 남아있다. 그러나 로마인들이 물러가면서 런던은 수도로서의 위치를 상실했고, 앵글로색슨족이 자리를 잡았지만 크게 발전하지 못했고 바이킹족의 잦은 침공으로 점차 쇠퇴해갔다.

886년 앨프레드 대왕(Alfred the Great, 849~899, 재위 871~899)이 런던을 재건한 후 11세기경에는 급속도로 발전하여 잉글랜드의 다른 도시와 비교할 수 없을 정도로 큰 도시가 되었다. 웨섹스 왕조(House of Wessex)의 마지막 왕인 참회왕 에드워드(Edward the Confessor, 1003~1066, 재위 1042~1066)가 런던에 웨스트민스터성당(Westminster Abbey)을 로마네스크(Romanesque) 스타일로 새로 지은 후 앵글로색슨족의 중심지는 윈체스터(Winchester)에서 런던으로 완전히 바뀌었다.

1066년 해스팅스 전투(Battle of Hastings)에서 승리를 거둔 노르망디 공 윌리엄(William Duke of Normandy, 1028~1087, 재위 1066~1087)은 웨스트민스터성당에서 정복왕 윌리엄 1세로 즉위하면서, 런던의 복종에 대한 교환조건으로 현재의 시티오브런던을 자치정부로 인정했다. 1100년대에는 런던에서 길드(Guild)[1]가 발달하기 시작했고 1190년대에 길드 조합원들이 런던의 첫 시장을 뽑았다. 이후 존 왕(King John, 1166~1216, 재위 1199~1216)이 마그나 카르타(Magna Carta, 대헌장 1215)에서 런던의 자치를 인정하면서 런던 자치가 확정되었다. 첫 시장 때 시작된 시장(Lord Mayor)[2] 취임 행렬은 오늘날까지 계속되고 있다.

이후 런던은 점점 상업의 중심지로 발전했다. 18세기 중반부터 시작된 산업혁명 때는 런던에 위치한 각종 상인 길드가 주로 잉글랜드의 중부와 북부에 위치해 있던 산업공장들을 대신해 원료 수입과 제품 수출의 중개지로서 지대한 역할을 하여 런던은 국내 뿐 아니라 국제적으로도 중요한 거점이 되었다. 1851년 하이드 파크(Hyde Park)에서 열린 제 1 차 세계박람회(World's Fair)는 번영의 상징이 되었다.

런던의 인구는 중세 이후로 계속 증가했다. 16세기에는 템스 강 남쪽 해안이 별장지대로 개발되었으며, 17세기에는 인구가 40만 명으로 증가하여 플리트가(Fleet Street)와 스트랜드가(Strand) 등 인접지역이 시가지로 성장하였다. 왕정복고시대인 1665년 영국 전역에 페스트가

1) 중세의 상인과 수공업자 등의 동업조합.

2) 정식 명칭은 "The Right Honourable the Lord Mayor of London"이다. 현재의 그레이터런던의 시장은 "Mayor of London," 혹은 "London Mayor"라고 하며 보통 런던시장이라고 한다. 그러나 시티에서는 "Lord Mayor"가 더 큰 힘을 가지고 있다. "Lord Mayor"는 매년 시티에서 미클머스(Michaelmas, 9월 29일 대천사 미가엘 축일)에 선출된다.

크게 유행하여 거의 10만 여명의 런던 시민이 목숨을 잃었으며, 감염을 우려해 런던을 벗어난 주민까지 합하면 런던 인구는 3분의 1로 격감하였다. 1666년에는 대화재(Great Fire)가 발생하여 런던시의 5분의 4가 소실되었으며, 세인트폴 대성당(St. Paul Cathedral)과 길드홀(Guild Hall)을 비롯하여 13,000호 이상의 건물이 화재의 피해를 입었다. 이 화재 이후에 목조건물의 건축이 금지되면서 근대 런던의 기초가 이루어지게 되었다.

제 2차 세계 대전 이후에 런던은 바비칸 계획(Barbican plan) 등의 도시 개조 계획을 시행하여 고층건물 및 사무실 밀집지역과 주택가를 분리하여 런던시에 현대적인 면을 추가했다. 현재는 과거 식민지였던 서인도제도, 아프리카, 인도, 파키스탄 등에서 이주해온 노동자들이 급격히 증가하여 인종 갈등이 촉발될 가능성을 품고 있다.

런던시의 중심부는 경제금융의 중심인 시티오브런던, 쇼핑의 중심지인 웨스트엔드(West End), 정치적 중심인 웨스트민스터(Westminster)로 구분된다. 원래의 런던시였던 작은 구역인 시티오브런던은 시티라고 약칭한다. 시티에는 1년에 한 번 선출되는 시장의 집무처인 맨션하우스(Mansion House)가 있다. 11월 제 2 토요일인 취임일(Lord Mayor's Day)에 새 시장은 200여 년 전에 만들어진 황금 마차를 타고 시가를 행진하며 저녁에는 시청사인 길드홀에 수상과 정부 관리들을 초대한다.

시티에는 "스레드니들가의 노부인"(The Old Lady of Threadneedle Street) 혹은 간단히 "노부인"(The Old Lady)[3]이라는 별칭을 얻은 잉글

3) 새러 화이트헤드(Sarah Whitehead)라는 여인의 유령이 은행의 공금을 유용해서 감옥에 갇힌 동생을 애통해하며 은행의 정원을 배회한다고 전해지면서 생긴 별명이다.

랜드 은행(Bank of England)을 비롯하여, 국내 주요 은행의 본점 뿐만 아니라 해외은행의 지점과 증권거래소(Stock Exchange)가 밀집해 있다. 조금 떨어진 곳에는 로이드(Lloyds) 보험회사가 있고, 그 외 무역회사와 선박회사들이 좁은 도로변에 늘어서 있다. 그곳에 근무하는 직원들의 중산모(bowler hat)와 검은 양복이 전통적인 시티의 역할을 상징한다.

시티의 서쪽 지역에는 법조계와 관련된 건물이 들어서 있다. 올드베일리가(Old Bailey street)에는 중앙형사법원(Old Bailey)[4]이 위치하고 있으며 많은 변호사 사무실들이 템플(Temple) 지역에 들어서 있다. 시티의 서쪽에 접한 플리트가(Fleet street)에는 〈타임즈〉(*The Times*)를 비롯한 각종 신문사가 위치해 있다.

웨스트엔드는 옛 런던의 서쪽 교외였지만 지금은 몰(Mall)에서 옥스퍼드가(Oxford Street)에 이르는 런던 중심가를 이루고 있다. 트라팔가 광장(Trafalgar Square)을 비롯해서 쇼핑구역인 옥스퍼드가와 리전트가(Regent Street), 본드가(Bond Street), 소호(Soho), 피카딜리 서커스(Picadilly Circus), 레스터 광장(Leicester Square), 극장들이 많이 들어서 있는 샤프트베리로(Shaftesbury Avenue)가 있다.

트라팔가 광장은 나폴레옹 전쟁(Napoleonic Wars, 1803~1815) 때 트라팔가 전투에서 승리를 거두고 전사한 넬슨 제독(Admiral Lord Horatio Nelson, 1758~1805)을 기념하기 위한 것으로, 1845년에 완성된 제독의 동상이 광장의 한 가운데 있는 기둥 꼭대기에 세워져 있다. 광장 앞에는 내셔널 갤러리(National Gallery)가 있어 많은 예술 작품을 볼 수 있다. 뉴코벤트가든(New Covent Garden)은 원래 잉글랜드의 가

4) 정식명칭은 “The Central Criminal Court of England and Wales.”

장 큰 청과시장이었는데 몇 년 전에 시장은 템스 강의 반대편으로 이주했고 그 자리는 뉴코벤트가든으로 명칭을 바꾸어 쇼핑센터가 되었다.

런던에서 꼭 보아야 할 명물로 꼽히는 피카딜리 서커스는 특히 밤을 즐겁게 보낼 수 있는 장소이지만 실제로 보면 너무 작아서 실망하기도 한다. 피카딜리 서커스의 북쪽에 소호가 있는데 이 곳은 17세기 이후로 주로 외국인들이 많이 살았다. 오늘날은 다양한 나라의 음식을 맛볼 수 있는 곳이다. 또 많은 극장이 있어 오페라, 뮤지컬, 연극, 미스터리극(whodunnits)을 볼 수 있다.

시티의 남서쪽에 있는 웨스트민스터는 여왕의 공식관저인 버킹엄궁(Buckingham Palace)과 국회의사당으로 쓰이는 웨스트민스터궁(Palace of Westminster)[5]을 포함한 특별구이며, 화이트홀(Whitehall), 다우닝가(Downing Street) 등 관청들이 모여있는 행정부의 중심지이다. 이곳에 영국의 상징이 된 빅벤(Big Ben)이 있다.[6] 국회의사당의 맞은편에 고딕 건축인 웨스트민스터성당[7]이 있다. 원래 앵글로색슨 시대인 624년에 지어졌는데, 참회왕 에드워드(Edward the Confessor, 재위 1042~1066)가 재건한 것이다. 당시의 런던 중심에서 서쪽으로 수킬로미터 정도 떨어져 있어서 서수도원(West Monastery)이라고도 불렸다. 노르만족의 정복왕 윌리엄이 이곳에서 대관식을 치른 후 중심 교회가 되었고, 13세기 이후로는 왕족과 유명인사들의 묘지가 되었다. 웨스

5) 1097년 윌리엄 2세는 웨스트민스터성당 옆에 웨스트민스터홀(Westminster Hall)을 지었는데 이 홀을 이후 확장해서 웨스트민스터궁이 되었다.

6) 흔히 빅벤이 국회의사당 옆의 탑 꼭대기에 달려 있는 큰 시계를 가리킨다고 생각하지만, 사실은 탑 꼭대기에 있는 5개의 종들 중에서 가장 큰 종의 이름이다.

7) 웨스트민스터성당(Westminster Abbey)은 성공회 교회이고 웨스트민스터대성당(Westminster Cathedral)은 가톨릭교회이다.

트민스터성당의 한 귀퉁이에 유명한 문학가들의 묘지인 시인의 묘역(Poet's Corner)이 있다.

시티의 동쪽에 인접한 지역이 이스트엔드(East End)이다. 이스트엔드는 산업화가 진행되고 런던 항이 커지면서 시티의 동쪽으로 퍼져나간 넓은 지역이다. 템스 강 하류를 따라 부두와 창고들이 많이 들어서 있어 다소 어수선하며, 옛 슬럼가의 일부가 아직 남아 있으나, 대부분은 깨끗한 노동자 아파트 단지로 재건축하여 예전의 모습은 사라졌다. 이스트엔드의 페티코트레인(Petticoat Lane) 시장은 매일 일요일 아침에 열리는 런던의 진풍경이다. 베스널그린(Bethnal Green) 같은 곳은 아직도 시골의 분위기가 남아있다. 공장지역이라 일자리가 많으므로 이민 온 외국인들이 많아서 이슬람교의 모스크(mosque), 기독교의 교회(church), 유대인의 시나고그(synagogue) 등 다양한 종교의 예배당이 나란히 들어서 있다.

웨스트엔드가 부유층을 상징한다면 이스트엔드는 빈민가를 상징한다. 일반적으로 영국의 주택가는 시의 서쪽에서 북쪽으로 펼쳐져 있고 공장지대는 동쪽과 남쪽에 많다. 한창 산업화가 진행되던 시기에 런던을 비롯한 대도시의 공기는 매우 오염이 심했는데, 바람이 서쪽에서 동쪽으로 불었으므로 서쪽 지역이 공기 오염이 덜한 편이었다. 그래서 살기 좋은 곳은 대체로 마을의 서쪽이었고, 따라서 마을의 서쪽 지역이 대체로 더 부유했다.

런던의 주요 교통수단은 빨간이층버스(Red double-deck bus)와 지하철(Tube)이다. 빨간이층버스는 런던을 상징하는 대표적인 존재가 되었다. 국가가 소유했던 버스교통 시스템이 1990년대 초에 사유화되면서 각 노선의 소유주들이 자신만의 고유한 색을 버스에 칠하려고 했지만 많은 사람들이 반대하여 그대로 빨간색을 유지하게 되었다.

장거리용 버스는 일층짜리 그린버스(Green bus)이다.

런던시에는 하이드 파크(Hyde Park), 켄징턴 파크(Kengsinton Park), 리전트 파크(Regent Park), 세인트제임스 파크(St. James Park) 등의 대공원들과 그 외 소공원들이 많이 있다. 문화적인 시설로는 트라팔가 광장에 면한 내셔널 갤러리(National Gallery), 템스 강에 면한 테이트 갤러리(Tate Gallery), 600만 권 이상의 장서가 있는 대영도서관, 이집트 문명 이래의 유물과 미술품을 많이 소장한 대영박물관(British Museum), 국립극장, 로열오페라하우스(Royal Opera House), 로열페스티벌홀(Royal Festival Hall) 등이 있다.

템스 강에는 타워교(Tower Bridge), 런던교(London Bridge), 워털루교(Waterloo Bridge), 웨스트민스터교(Westminster Bridge) 등 여러 다리들이 있다. 그 중 가장 오래된 런던교는 1972년 재개축되었고 하루 보행자수가 2만 명에 달한다. "런던다리가 무너진다"(London Bridge is falling down)는 재미있는 노래는 런던다리의 개축에 대한 사연을 담고 있다.

2) 남동지역(the Southeast)

잉글랜드의 남동지역은 도시개발이 많이 이루어진 곳으로, 영국 전체 국토의 11퍼센트에 불과하지만 인구의 거의 3분의 1이 사는 인구 밀집 지역이다. 그러나 훼손되지 않은 아름다운 자연 풍경이 남아있으며, 온화하고 따뜻한 남쪽 해안은 휴양지로 이름이 높아 사람들이 살기 좋은 곳이다.

영국을 방문하는 외국인이 처음 만나게 되는 항구와 비행장이 바로 이 지역에 있다. 히스로 공항(Heathrow Airport, 통칭 London Airport)과 게트윅 공항(Gatwick Airport)이 있으며, 유럽대륙에서 배를 타고 오는 사람들은 주로 도버(Dover), 포크스톤(Folkestone), 램즈게이트(Ramsgate) 항구에 내린다. 그중 가장 인기가 좋은 도버 항구는 프랑스와 이어지는 채널 터널(Channel Tunnel)의 출발점이다.

캔트(Kent) 지역은 잉글랜드의 정원(Garden of England)이라고 불릴 정도로 풍부한 농산물을 생산하므로 건조소(Oast-house)들이 도처에 있다. 기독교의 성지로 유명한 마을인 캔터베리(Canterbury)가 이곳에 있다. 캔터베리 대성당은 영국 국교의 2대 중심 교회 중 하나이며 캔터베리 대주교(Archbishop of Canterbury)는 영국 국교회의 수장이다. 이곳이 성지가 된 것은 12세기에 헨리 2세에 의해 성당에서 암살당한 토머스 베케트(Thomas Becket, 1118~1170)[8] 때문이다. 이 이야기를 소재로 T. S. 엘리엇(T. S. Eliot, 1888~1965)은 『대성당의 살인』(*Murder in the Cathedral,* 1935)이라는 시극을 썼고, 프랑스 극작가 진 아누이(Jean Anouilh, 1910~1987)는 『베케트』(*Becket*, 1959)를 썼다. 캔터베리를 배경으로 한 또 하나의 유명한 문학작품은 14세기에 제프리 초서(Geoffrey Chaucer, c. 1343~1400)가 쓴 『캔터베리 이야기』(*The Canterbury Tales*)이다.

서리주(Surrey County)에는 정원이 있는 크고 좋은 단독주택(detached house)이 즐비해 있는데 이 저택들의 주인들은 부유한 상류

8) 1170년 헨리 2세는 교황의 간섭을 벗어나 왕권을 강화하려는 야심을 품고 자신의 심복이라고 믿은 토머스 베케트를 캔터베리의 대주교로 임명했다. 그러나 막상 주교가 된 베케트는 왕이 아니라 교황의 뜻을 더 받들었으므로 헨리 2세는 분노했고, 이후 왕의 심복들이 대성당의 제단 앞에서 베케트를 살해했다. 이 일로 헨리 2세는 국민의 공감을 잃게 되었고 베케트는 교황 알렉산더 3세(Alexander III)에 의해 순교성인으로 추대되었다.

층이며 주로 런던에 직장이 있는 통근자(commuter)이다. 이들의 직업이 모두 주식중개인은 아니지만 현대사회에서 가장 수입이 좋은 계층이 주식중개인이므로 주식중개인 지역(Stockbroker Belt)이라는 별칭을 얻었다.

윈저(Windsor)에는 여왕의 공식적인 저택인 윈저궁을 비롯해 성들이 즐비하다. 세인트알반스(St. Albans)는 노르만 시대의 성으로 이름나 있다. 노스다운즈(North Downs)[9]는 아름다운 시골경치로 유명하며, 사우스다운즈(South Downs)는 주로 보리와 밀을 경작하는 농장지이다. 해안도시인 브라이튼(Brighton)은 휴양지로 유명하며, 로열파빌리온(Royal Pavilion)[10]과 브라이튼 부두(Brighton Pier)가 유명하다. 템스 강 주변의 템스 하구(Thames Estuary)에는 석유시추지, 발전소, 시멘트 공장, 제지공장 등이 많이 들어서 있다.

3) 남서지역(the Southwest)

남서지역의 서쪽에 있는 대표적인 도시인 데번(Devon), 콘월(Cornwall), 서머셋(Somerset) 등은 유명한 휴양지로 호텔과 별장이 많이 들어서 있다. 런던에서 이곳으로 가는 고속도로인 〈M4〉와 버밍엄에서 가는 고속도로인 〈M5〉는 여름이면 수많은 관광객으로 인해 심한 교통체증에 시달린다.

9) "Down"은 초지 구릉지대.

10) 존 내쉬(John Nash)가 1815~22년에 당시의 섭정황태자(Prince Regent, 후일의 조지 4세)의 지시로 인도-사라센(Indo-Saracenic) 양식과 중국(Chinoiserie, "Chinese-esque"라는 뜻의 프랑스어) 양식을 혼합하여 건축한 궁으로 픽처레스크(picturesque)의 특이한 예로 주목받는다.

유명관광지에 가면 흔히 그곳의 특별요리를 먹고 싶어 하는데 데번에서는 크림 차(cream tea)가 유명하다. 크림 차를 주문하면 차와 함께 데번에서는 처들레이(chudleigh)라고 부르는 스콘(scone) 빵과 거기 발라 먹을 딸기잼과 크림이 나온다. 데번의 크림은 다른 지역의 크림보다 더 끈끈한 노란색이다.

콘월 파이(Cornish pasty)는 지난 150 여년간 콘월의 광부와 어부들의 주식으로 이 지방의 특산품이 되었다. 파이 껍질 반죽(pastry)에 달고 맛난 속을 채운 뒤에 굽는다. 광부와 어부들은 자신의 파이가 다른 사람의 것과 바뀌지 않도록 파이의 한쪽 끝에 자기 이름의 머리글자를 써서 구웠다고 한다.

서머셋은 치즈로 유명한데 딱딱한 체다(Cheddar) 치즈는 향이 은근한 것이 일품이며 오래 둘수록 숙성이 되어 맛이 더 강하게 된다. 또 다른 먹거리는 서머셋 사이다(Somerset cider)이다.[11] 사이다는 사과로 만든 음료를 일컫는데, 서머셋 사이다는 일반 사이다보다 맛이 더 강하고 작은 과일 조각이 둥둥 떠 있다.

윌셔 주(Wiltshire county)에는 거석문화 유물로 유명한 스톤헨지(Stonehenge)가 있다. 스톤헨지는 켈트족의 종교집단이었던 드루이드(Druid)교 사제들이 제사를 지내던 사원이라는 주장도 있으나 아직도 정확한 유래가 알려지지 않았다.

이곳의 해안은 1,000킬로미터에 이르며, 절벽, 사구, 항구, 하구, 늪 등이 펼쳐져 있어 바다와 관련된 사업이 주로 이루어진다. 햄프셔(Hampshire) 주의 남쪽 해안에는 포츠머스(Portsmouth) 항과 사우샘턴(Southampton) 항이 나란히 있다. 포츠머스는 왕립해군(Royal

11) 스크럼피(Scrumpy)라고도 한다.

Navy)의 본거지로 해군 박물관이 있으며, 호라시오 넬슨 장군의 기함이었던 〈승리〉(Victory)호가 전시되어 있다. 사우샘턴은 대륙간페리호, 대형쾌속선, 석유화물선 등이 밀집해있는 민간항구이다. 조금 북쪽에 있는 브리스톨(Bristol)에서는 빅토리아 시대의 가장 큰 증기선이며 세계 최초의 철선인 〈그레이트브리튼〉(*the Great Britain*)호가 건조되었다.

이 지역의 해안에는 120개에서 130여개의 섬이 있다. 그 중 와이트 섬(Isle of Wight)은 남쪽 해안에서 가장 큰 섬으로 겹겹이 쌓인 석회석 절벽이 장관을 이룬다. 이곳의 파크허스트(Parkhurst) 감옥에 한때 찰스 1세(Charles I, 재위 1625~1649)가 갇혀 있었다.[12] 렌즈엔드(Land's End)[13]의 남서쪽에 있는 실리 제도(Isles of Scilly)는 50여 개에서 100개의 섬으로 구성되어 있으며 6개의 섬만 유인도이다. 세인트마이클즈마운트(St. Michael's Mount) 섬은 썰물이 되면 제방길로 본토와 연결되는데 프랑스의 몽생미셸(Mont-Saint-Michel) 섬과 종교적인 관계로 연결되어 기독교 초기 시대부터 무역과 이주의 중심이었다. 데번의 해안과 남웨일즈(South Wales) 사이에 있는 룬디 섬(Isle of Lundy)은 한때는 해적들의 본거지이기도 했으나 지금은 새들의 천국이다. 이외에도 종유석(stalactite)과 석순(stalagmite)[14]으로 유명한 체다 동굴(Cheddar Caves), 히스(heath)와 숲이 아름다운 뉴포리스트(New Forest), 국립공원인 다트무어(Dartmoor)가 있다.

---

12) 영국 내전(English Civil War, 1642~1651) 당시 올리버 크롬웰(Oliver Cromwell, 1599~1658)에게 잡혔다가 나중에 처형당한다.

13) 땅끝 마을이라는 뜻. 영국 콘웰 주 서남단의 갑.

14) 종유석은 천장에서 자라는 고드름 모양의 석회기둥이며 석순은 종유석에서 떨어진 지하수가 모여서 땅에서 자라나는 것으로 이 둘이 만나서 연결되면 석주(column)가 된다.

콘월의 해안은 특이한 이유로 악명이 높다. 발모양인 콘월의 끝부분은 겨울에는 극심한 강풍이 부는 것으로 유명하며 근처에서 난파된 배가 부지기수이다. 이런 상황으로 인해 콘월의 약탈자(Cornish wreckers)들이 생겨났다. 이들은 바람과 풍랑이 심한 날이면 소의 꼬리에 등불을 달아 콘월의 절벽이나 해안에 풀어놓는다. 지나가던 배들은 그 등불을 육지를 알리는 등대로 착각하고 절벽 가까이 접근하다가 암초에 걸려 난파를 당하게 되며 그 때 콘월의 약탈자들은 난파된 배에 있던 물건을 훔쳤다.

4) 동부잉글랜드(the Eastern)

동부잉글랜드 지역은 잉글랜드 동쪽의 돌출한 부분으로 과거 동앵글리아(East Anglia) 왕국이 있던 곳이다. 지형적으로 평지가 많아 중세 때는 양모 산업이 발전해 부유한 편이었고 이후로는 농업을 주로 했다. 산업혁명의 영향을 별로 받지 않았고 중공업이 발전하지 않은 관계로 역사유적지를 잘 보존하고 있다. 지역의 특성상 거의 반 이상이 바다로 둘러 싸여 있으며 잉글랜드의 나머지 지역에서 다소 고립된 편이다.

이 지역에서 가장 유명한 것이 케임브리지Cambridge)에 있는 케임브리지 대학교이다. 케임브리지 대학은 단과대학(college)을 가진 종합 대학을 다수 포함한다.[15] 케임브리지에는 바스(The Bath)라는 술집

15) 케임브리지대학의 유명한 킹스 칼리지(King's College)와 가장 오래된 대학인 피터하우스 칼리지(Peterhouse College, 1284)는 여러 개의 단과대학을 가진 종합대학이다.

이 있다. 바스에서 술을 마시던 학생들은 집에서 전화가 왔을 때 “바스에 있다”라고 대답하여, 진실을 말하면서도 교묘하게 부모를 속일 수 있다. 홉슨의 선택(Hobson's choice)이라는 표현도 케임브리지와 관계있다. 홉슨은 약 200여 년 전에 케임브리지에 살던 부유한 말장수였다. 그는 자신의 말을 여행자들에게 빌려줄 때 고객이 선택할 수 없게 하고, 가장 오래 휴식한 말을 자신이 직접 골라서 내주었다. 그러므로 홉슨의 선택이라는 말은 결국 선택권이 없다(No choice at all)는 뜻이 된다.

동부잉글랜드에서 가장 유명한 지역은 링컨셔(Lincolnshire), 케임브리지셔(Cambridgeshire), 노포크(Norfolk) 등 3개 주에 걸쳐 있는 펜지역(the Fens)이다. 원래 “fen”은 물로 덮여있는 저지대의 늪지를 뜻하는 말이지만 항상 물에 잠겨있는 이 지역을 가리키는 고유명사가 되었다. 길게 뻗어있는 펜지역에는 나무나 관목이 거의 없고, 강을 가두는 둑과 배수로 사이로 작은 마을들이 늘어서 있다. 배수시설을 해서 물을 빼기 전에는 이 작은 마을들이 전부 섬이었다는 것을 그 이름에서 알 수 있다. 위틀지(Whittlesey), 램지(Ramsey), 쏘니(Thorney), 매니(Manea) 등의 마을 이름들은 모두 섬을 뜻하는 접미어 “-ey”나 “-ea”가 붙어 있다.

19세기 말 이 지역의 배수가 완성되기 전에 이 지역 사람들은 상당히 고립된 삶을 살았고 그래서 다른 지역 사람들에게서 수상쩍다고 의심받기도 했다. 물이 넘쳐흐르는 지역을 건너다니기 위해 긴 막대다리(stilts)를 이용했는데 늪지대 사람들(Fenmen)의 발에 물갈퀴가 달렸다는 과장된 소문도 나돌았다. 싸움을 잘하는 용맹한 사람들이었으므로 펜 호랑이(Fen Tigers)라는 별명도 얻었다. 청교도 혁명을 주도하여 찰스 1세를 처형시킨 올리버 크롬웰(Oliver Cromwell)이 이 지역 출신이다. 배수가 완성된 지금 펜지역은 검은 색의 비옥한 땅으로 변해서 다양한 곡물을 생산한다. 부유한 농장이 많아 과일을 따는 수확철이 되면 짧은 기간에 돈을 벌려는 학생들이나 일꾼들이 유럽 각지에서 몰려든다.

오우스 여울(Ouse Washes)은 수많은 백조(swan)[16]들이 몰려드는 곳으로 유명하다. 놀위치(Norwich)는 콜맨 겨자(Colman's mustard)로 유명하며, 콜체스터(Colchester)는 14세기에서 16세기의 부유한 모(wool) 상인들의 아름다운 집들과 웅장한 교회와 같은 역사적인 유적지로 유명하다.

5) 중부잉글랜드(the Heart of England)

잉글랜드 중부 지방에서 가장 중요한 도시는 버밍엄(Birmingham)이다. 버밍엄은 북서쪽 근교의 중공업지대(Black Country)[17]와 함께 산업집약지이며 공산품의 생산지이다. 또 버밍엄은 지난 800여 년 동안 시장도시로 유명했으며, 심지어 아내도 사고 팔 수 있다는 말이 있을 정도였다. 실제로 1733년 사무엘 화이트하우스(Samuel Whitehouse)가 토머스 그리피스(Thomas Griffiths)에게 1파운드에 아내를 팔았다고 한다. 토머스 하디(Thomas Hardy, 1840~1928)는 소설 『캐스터브리지의 시장』(*The Mayor of Casterbridge*, 1886)에서 이 사건을 소재로 이용했다.

버밍엄의 남쪽에는 역사적인 마을인 워릭(Warwick)이 있다. 그 가

16) 작은 백조(Bewick)와 큰 백조(Whooper)가 있다.

17) 공장에서 뿜어내는 검댕 때문에 1840년대에 이런 이름이 붙었다.

까이에 위치한 스트레트포드어픈에이븐(Stratford-upon-Avon)은, 벤 존슨(Ben Jonson, 1572~1637)이 "에이븐의 아름다운 백조"(Sweet swan of Avon)라고 극찬한 윌리엄 셰익스피어(William Shakespeare, 1564~1616)가 태어난 곳이며 그의 박물관이 있다.

이곳에는 버밍엄 같은 산업도시 뿐 만 아니라 슈롭셔(Shropshire), 우스터셔(Worcestershire), 레스터셔(Leicestershire)와 같은 큰 농장지역도 있다. 더비셔(Derbyshire) 주 북부의 피크지방국립공원(Peak District National Park), 코츠월드 구릉(Cotswold Hills), 우스터셔주와 해리퍼드셔(Herefordshire) 사이의 몰번 구릉(Malvern Hills) 같은 아름다운 곳들도 있다. 영국의 주요 항구인 리버풀(Liverpool)은 1960년대의 전설적인 가수 비틀즈(Beatles)가 탄생한 곳이다. 맨체스터(Manchester)와 셰필드(Sheffield)는 산업의 중심지로 유명하다.

글로스터셔(Gloucestershire) 주의 코벤트리(Coventry)에 있는 코벤트리 대성당은 전쟁 중에 거의 파괴되고 벽의 일부만 남았는데 그 옆에 현대적인 성당을 신축했다. 신축한 성당의 벽에는 성 미카엘(St. Michael)이 악마를 짓밟고 있는 유명한 조각상[18]이 있다. 성당의 십자가는 불에 탄 나무와 폐허에서 주운 못들을 이용해 만들었다. 전쟁이 끝난 후 코벤트리 성당에서 독일의 키일 대성당(Kiel Cathedral)에 비슷한 못 십자가를 우정의 선물로 보내자 독일에서는 폐허에서 나온 돌을 답례로 보냈다. 이것이 연합 예배당(Chapel of Unity)에 있는 "키일의 용서의 돌"(Kiel Stone of Forgiveness)이다.

코벤트리에는 레이디 고다이버(Lady Godiva)라는 성주 부인에 대한 유명한 이야기가 있다. 11세기 경 레오프릭(Leofric, Earl of Mercia) 경

---

18) 엡스테인 경(Sir Jacob Epstein, 1880~1959)의 작품.

의 부인인 레이디 고다이버는 코벤트리의 주민들이 높은 소작료 때문에 고통받는 것을 목격하고 남편에게 소작료를 낮추어 주라고 호소했다. 아내의 요청이 귀찮았던 레오프릭은 그녀가 알몸으로 말을 타고 성 아래 마을을 순회하면 청을 들어주겠다고 대답했다. 레이디는 마을사람들에게 문과 창문을 닫고 있으라는 포고를 내린 후 알몸으로 말을 타고 마을을 돌았다. 주민들은 그녀의 명령을 따랐지만 호기심 많은 톰이라는 남자가 몰래 엿보다가 천벌을 받아서 실명했다고 한다. 이후 남을 엿보는 병을 피핑 톰(Peeping Tom, 관음증)이라고 부른다. 레오프릭은 아내와의 약속을 지켜 세금을 낮추어주었다고 한다.

코벤트리 성당 근처에 있는 백화점 앞에는 알몸으로 말을 타고 있는 고다이버의 청동상이 세워져 있다. 그리고 매 정시가 되면 백화점 맞은편 집의 이층에 위 아래로 나있는 2개의 창문이 열린다. 아래 창에서는 말을 탄 알몸의 아가씨 인형이 지나가고 위 창에서는 눈이 왕방울만한 남자인형이 그녀를 쳐다본다. 5분도 안되서 끝나는 이 인형쇼를 보기 위해 관광객들은 열심히 기다린다.

옥스퍼드에는 옥스퍼드 대학이 있다. 옥스퍼드 불독(Oxford Bulldog)은 옥스퍼드 대학 경찰을 가리키는 말이다. 『옥스퍼드 영어사전』을 비롯하여 많은 교재를 출판하는 옥스퍼드 출판사는 이 대학의 중요 사업체이다. 현재 12,000여 명의 학생을 둔 옥스퍼드 대학은 12세기 중반에 세워졌으며 1300년경에는 이미 학생이 1,500명에 달했다. 그런데 1355년 2월 10일, 성 스콜라스티카(St. Scholastica, 학자의 성인)의 축제일에 평소에 사이가 좋지 않았던 마을 주민과 학생들 사이에 큰 싸움이 벌어졌다. 이틀이나 지속된 이 싸움에서 62명의 학생이 살해당했다. 이에 대한 벌로 마을사람들은 1825년까지 매년 기일에 특별예배에 참가해야 했고, 거의 600여 년 동안 대학이 이 마을을 통제했다.

6) 북부잉글랜드(the North)

북부잉글랜드는 노섬브리아(Northumbria), 컴브리아(Cumbria), 북요크셔(North Yorkshire) 지방 등 스코틀랜드와의 경계(the Border)까지 이르는 넓은 골짜기 지역으로, 외지고 황량한 경치로 유명한 곳도 많고, 산업혁명의 중심지가 된 지역도 많다.

노섬브리아 지역에는 타인(Tyne), 웨어(Wear), 클리브랜드(Cleveland), 더햄(Durham), 노섬버랜드(Northumberland) 등 5개의 주가 있는데 아름다운 경치로 유명하다. 13세기 중반부터 어업으로 유명해서 어업이나 상업을 위한 목선이 건조되었으나 1850년경에는 철증기선의 건조가 타인 강과 웨어 강, 티스 강(Tees)의 주된 산업이 되었다. 약 100년 전에는 전 세계의 4분의 1에 달하는 선박이 노섬브리아에서 건조되었지만 오늘날은 점차 사양산업이 되고 있다.

석탄과 증기기관을 사용하면서 본격적으로 시작된 산업혁명으로 인해 19세기의 잉글랜드 북부지역은 많은 종류의 중공업을 발전시키면서 세계의 산업을 주도했다. 요크셔(Yorkshire) 지방은 모직 산업, 랭카셔(Lancashire) 지방은 면직 산업으로 직물공업을 이끌었다. 그러나 산업혁명의 부작용으로 인해 도시는 매우 더러워졌고, 많은 노동자들이 유입된 결과 야기된 과밀한 주거환경 때문에 주민들의 고통이 컸다. 게다가 아담 스미스(Adam Smith, 1723~1790)의 경제이론에 따른 자유경제정책(Laissez-faire economic policy)이 주도하던 초기 자본주의시대이므로 노동자에 대한 보호가 거의 없었다. 노동자들은 열악한 노동환경에서 저임금과 긴 노동시간으로 착취당했고, 여성과 어린 아이마저 가혹한 노동에 동원되었다. 산업도시의 비참한 상황은 의식있는 사람들의 비판의 대상이 되었다. 찰스 디킨즈도 『어려운 시절』

(*Hard Time*, 1854)에서 산업혁명으로 인한 노동자들의 열악한 삶과 산업화된 도시의 더러운 환경을 비판했다.

오늘날 북부지역의 공해와 빈민가는 많이 줄어들었지만 대신 중공업이 쇠퇴하여 경기침체를 겪으면서 실업률이 높아졌다. 경제공황이 깊어지던 1930년대에는 일자리를 잃은 실업자들이 늘어났고 자로우(Jarrow)[19]에서 런던까지 "기아행진"이 조직되었다. 1980년대에 이르러 다시 경제가 어려워지면서 실업자들이 늘었고 북부지역에서 런던으로 "실업행진"이 이어졌다. 현재는 중공업 대신 기술집약적 산업으로 어려움을 극복하려고 노력하고 있다.

북부지역은 아름다운 경치로도 유명하다. 컴브리아의 산악지대에 있는 호수지대(Lake District)는 호수마을(Lakeland), 잉글랜드 호수(English Lakes)라는 별칭을 가진 국립공원이다. 아름다운 경치를 후손들에게 물려주기 위해 이곳의 개발은 제한되는데 그것은 전적으로 민간인들의 힘에 의해 이루어졌다. 호수지역의 4분의 1에 해당되는 토지를 소유하고 있는 지주는 국민신탁(National Trust)이다. 국민신탁은 1895년 비어트릭스 포터(Beatrix Potter, 1866~1943)[20]를 비롯한 몇 사람이 잉글랜드와 웨일즈의 시골마을과 고대의 유적을 산업화로부터 보호하기 위해 땅을 사서 기증하면서 시작되었고 이후 일반사람들이 자발적으로 헌금을 내면서 확대되었다.

북요크셔 주의 요크(York)는 과거 바이킹 왕국의 수도의 유적과 중세 때 잉글랜드의 제 2의 마을이었던 흔적을 잘 보존하고 있는 도시이다. 아름다운 스테인드글래스 창문으로 유명한 웅장한 요크 대성당

19) 잉글랜드 동북부 타인 강 하구의 항구도시.

20) 1902년 「피터 래빗 이야기」(Peter Rabbit)를 시작으로 해서 피터 래빗 토끼를 주인공으로 한 그림과 동화를 쓴 작가이다.

(York Minster)은 북유럽에서 가장 큰 고딕식 성당이다. 이 교회에서는 매년 여름 기적극(Miracle plays)[21]을 비롯하여 각종 미술과 음악의 경연이 있는 축제가 열린다.

북부 지방은 황량한 날씨로 유명한데 그 중에서도 요크셔 지방은 늘 바람이 휘몰아치는 황량한 경치로 널리 알려져 있다. 요크셔의 하워스(Haworth) 목사관에서 태어나 자란 브론테 자매(Brontë sisters)는 자신들의 소설에서 요크셔의 풍경을 사실적으로 묘사했다. 에밀리 브론테(Emily Brontë, 1818~1848)의 『폭풍의 언덕』(*Wuthering Heights,* 1847)의 서문에서 샬롯 브론테(Charlotte Brontë, 1816~1855)는, "교육 발전이 더디고 사람을 폭넓게 사귈 여건이 충분치 않은 외딴 지역에 살다보니 우리는 서로에게 모든 걸 의지하는 수밖에 없었다."라고 고백했다. 실제로 브론테 가문의 세 자매는 서로 상상력을 키우고 격려하면서 훌륭한 문학작품을 발표했다. 샬롯 브론테의 『제인 에어』(*Jane Eyre,* 1847), 에밀리 브론테의 『폭풍의 언덕』, 앤 브론테(Anne Brontë, 1820~1849)의 『와일드펠 홀의 거주자』(*The Tenant of Wildfell Hall,* 1848)에서는 요크셔의 황량한 풍경과 그곳에 사는 사람들의 거칠고 고독한 삶이 잘 그려져 있다. 그 중 『폭풍의 언덕』의 한 부분을 살펴보자.

> "워더링 하이츠"(폭풍의 언덕)란 히스클리프 씨 소유의 저택 이름이다. "워더링"이란 유서 깊은 이 지방의 사투리로, 폭풍이 부는 날이면 이 집을 휩쓰는 대기의 난동을 의미하는 형용사다. 지대가 높고 보니 이곳에는 사철 맑고 상쾌한 바람이 불어제칠 것이다. 이 집 한쪽 끝에 있는 몇 그루의 왜소한 전나무가 심하게 휜 점이라든지, 말라비틀어진 들장

21) 성경의 이야기를 연극으로 꾸민 것이다.

> 미가 마치 햇빛을 구걸이라도 하듯이 가지를 모두 같은 방향으로 뻗고 있는 점으로 미루어 이곳에 휘몰아치는 북풍의 위력을 가히 짐작할 수 있다. 다행히도 건축가의 선견지명으로 이 집은 견고하게 지어져 있어서 좁은 창문은 벽 속에 깊숙이 박혀 있고 네 귀퉁이는 돌출한 큰 돌로 보호되어 있었다. (1장)

요크셔 지방과 관계있는 또 다른 소설은 아일랜드 작가인 브램 스토커(Bram Stoker, 1847~1912)가 쓴 고딕소설『드라큘라』(*Dracula,* 1897)이다. 사람의 피를 빨아먹는 흡혈귀 드라큘라는 트란실바니아(Transylvania)[22]에서 영국으로 건너오다가 심한 폭풍을 만나자 거대한 개로 변신해 북요크셔의 휘트비(Whitby)에 상륙한다. 드라큘라 이야기가 유명해지면서 조용하고 작은 어촌 마을인 휘트비는 세계적으로 유명한 마을이 되었다. 휘트비 항구 주변의 구도로에서 199개의 계단을 올라가면 성모 마리아(St. Mary) 교회가 나오는데, 스토커는 이 교회의 묘지에서 흡혈귀에 대한 아이디어를 얻었다고 한다.

7) 웨일즈(Wales)

(1) 웨일즈의 역사

웨일즈에는 기원전 6세기 무렵부터 켈트족이 거주하고 있었다. 기원 43년에 웨일즈는 로마의 침공을 받았으며 그 때 웨일즈 북부와 앵글시(Anglesey) 섬에서 공동체를 형성하여 살고 있던 켈트족의 일원

---

22) 루마니아(Romania)의 중서부지역.

인 드루이드족(the Druids)이 거의 학살되었다. 5세기에서 6세기경에는 유럽의 기독교 선교사들이 웨일즈로 건너와 기독교를 전파했다. 성자로 추대된 이들의 이름은 오늘날 웨일즈의 지명에 많이 남겨져 있다. 성 테일로(St. Teilo)와 성 시비(St. Cybi)의 이름은 지명인 랜데일로(Llandeilo)와 랜지비(Llangybi)에 들어 있다.[23]

잉글랜드에 들어온 앵글로색슨족은 웨일즈인들을 계속 서쪽으로 몰아냈다. 8세기에는 오파(Offa)라는 앵글로색슨족 왕이 잉글랜드에서 웨일즈인들을 몰아내고 그 경계로 긴 제방을 만들었는데 오늘날의 잉글랜드와 웨일즈의 경계와 거의 일치한다. 잉글랜드를 점령한 노르만족들도 웨일즈를 침공했다. 서쪽으로 쫓겨 간 웨일즈인들이 다시 공격해 오는 것을 방어하기 위해 지은 노르만족의 성 중 하나가 카디프의 북쪽에 있는 캐어필리 성(Caerphilly Castle)이다. 이 성은 유럽에서 가장 튼튼한 성 중의 하나이다. 청교도 혁명을 이끈 올리버 크롬웰도 이 성을 점령할 수 없었다고 한다.

웨일즈인들은 잉글랜드의 침공에 맞서 오랫동안 투쟁했다. 특히 르웰린 대왕(Llewellyn the Great)이 잉글랜드인에게 치열하게 대항했지만 그의 손자인 최후의 르웰린 왕(Llewellyn the Last) 때인 1282년 잉글랜드에 합병되고 말았다. 잉글랜드의 에드워드 1세는 1301년 자신의 장남을 웨일즈 대공(Prince of Wales)으로 임명했다. 이 전통은 이후 쭉 이어져 1969년에 현재의 여왕인 엘리자베스 2세는 카나번(Caernarfon) 성에서 장남인 찰스를 웨일즈 대공으로 임명했다. 1978년 웨일즈의 독립이 거론되었으나 웨일즈 의회를 영국에서 분리하는 문제는 절대 다수로 부결되었다. 현재의 영국 정부에는 웨일즈 문제

23) "Llan"은 웨일즈어로 교회가 있는 지역이라는 단어이다.

를 담당하는 특별부서와 장관이 있다.

웨일즈인의 영웅으로는 오우아인 글린두르(Owain Glyndŵr, 영어로는 Owen Glendower, c. 1349~1416)가 있다. 글린두르는 잉글랜드가 웨일즈를 통치하기 위해 세운 성들을 다시 장악했고 웨일즈의 독립의회를 만들었다. 그러나 그의 노력은 5년 정도 후에 끝나고 말았다. 2000년 웨일즈 국민의회(National Assembly)에서는 글린두르의 저항을 기념하는 600주년 기념식을 거행했고 2007년 코웬(Corwen) 시의 광장에 동상을 세워 그의 업적을 기리고 있다.

(2) 웨일즈의 지리

웨일즈는 남웨일즈, 중웨일즈, 북웨일즈로 나눌 수 있다. 남웨일즈는 스완시(Swansea), 카디프(Cardiff), 뉴포트(Newport) 같은 산업도시와 해안과 휴양지가 공존하는 곳이다. 스완시는 중요한 컨테이너항이다. 카디프는 1955년부터 웨일즈의 수도가 되었는데, 로마시대의 유적이 남아 있으면서 쇼핑의 중심지인 현대적인 도시이다. 캐어필리에는 노르만족이 웨일즈인의 반격에 방어하기 위해 세운 튼튼한 성이 있다.

해안을 따라 어항이 많이 있는 중웨일즈에는 사람들이 띄엄띄엄 살고 있다. 중웨일즈의 서부와 북부에서는 웨일즈어가 거의 일상어로 사용된다. 애버리스트위스(Aberystwyth)는 웨일즈의 교육의 중심지로 역할한다. 웨일즈에서 유명한 마을은 와이 강(River Wye)의 남쪽 둑에 잇닿은 헤이온와이(Hay-on-Wye)이다. 이곳은 인구가 1,000여명 밖에 되지 않지만 고서적과 중고서적을 100만권 이상 갖춘 서점이 14개나 되며, 세계에서 가장 큰 중고서점이 위치해 있다.

북웨일즈에는 잉글랜드의 왕들이 세운 멋진 성들이 많이 남아있다. 웨일즈의 고대수도였던 카나번에서 영국의 황태자가 웨일즈의 대공으로 인정받는 의식을 치른다. 란골렌(Llangollen)에서는 매년 국제 아이스테드바드(eisteddfod)가 열리면서 시 암송과 춤과 노래의 경연이 벌어진다. 유럽에서 가장 긴 지명의 마을이 앵글지 섬(Isle of Anglesey)에 있다. 줄여서 "란바이어불그윈길"(Llanfairpwllgwyngyll)이라고 하는데 사실은 이것이 원래의 이름이다.[24] 19세기에 이 마을의 상업과 관광을 활성화시키고 주목을 끌기 위해 일부러 긴 이름으로 개명한 것이다.

북웨일즈의 주된 사업은 오랫동안 광산업이었다. 블래나번(Blaenavon)의 빅핏 광산박물관(Big Pit Mining Museum)이 과거의 광산 현장을 잘 보여준다. 웨일즈의 산 속에 세계에서 가장 큰 발전소 중의 하나가 있다는 것도 흥미롭다. 꼭대기 호수인 마크린 호수(Llyn Marchlyn)[25]에서 파이프를 통해 산 발치의 페리스 호수(Llyn Peris)로 물을 내려 보내면서 전기가 만들어진다. 스노도니아(Snowdonia)는 웨일즈의 3개의 국립공원 중에서 가장 유명한 곳이며 가장 아름다운 곳이다. 여기에 웨일즈의 가장 높은 산인 스노우돈(Snowdon)이 있으며 기차를 타고 정상으로 갈 수 있다.

딜런 토머스(Dylan Thomas, 1914~1953)는 웨일즈 출신의 유명한 시인으로, 임종 직전의 아버지 옆에서 쓴「저 좋은 밤으로 고이 들어가지 마세요」(Do Not Go Gentle Into That Good Night)로 잘 알려져 있다.

---

24) 정식명칭은 "Llanfairpwllgwyngyllgogerychwyrndrobwllllantysiliogogogoch." 발음은 "란바이어, 불그윈, 길고, 개러, 수언, 드로불, 란디, 실조, 고로고, 스" [ˌɬanvairˌpuɬɡwɨnˌɡɨɬɡoˌɡɛrəˌχwərnˌdrobuɬˌɬantɨˌsiljoˌɡoɡoˈɡoːχ]. 의미는 "Mary's Church in the hollow of the white hazel near the rapid whirlpool and the church of St. Tysilia with a red cave".

25) llyn: 웨일즈 말로 호수라는 뜻.

8) 스코틀랜드(Scotland)

(1) 스코틀랜드의 역사

스코틀랜드는 잉글랜드의 끊임없는 침공을 받았지만 험악한 지형과 민중의 강한 저항으로 독립을 지킬 수 있었다. 영화 〈브레이브 하트〉(*Brave Heart*)에서 다룬 윌리엄 윌리스(William Willis)의 저항(1306년)을 비롯한 많은 투쟁을 한 후에 스코틀랜드의 귀족 로버트 부르스(Robert Bruce 1274~1329, 재위 1306~1329)가 왕이 된 후 독립왕국으로 확립되었다.

스코틀랜드의 독립된 역사는 비극적인 운명의 메리 스튜어트 여왕(Mary Stuart, 1542~1587, 재위 1542~1567) 이후 끝나게 된다. 스코틀랜드의 왕 제임스 5세와 프랑스의 귀족 마리 드 기즈(Marie de Guise)의 딸인 메리는 태어난 지 며칠 만에 아버지가 세상을 떠나자 9개월 된 아기로 스코틀랜드의 여왕이 되었고, 어머니 마리가 아란 백작 제임스 해밀턴(James Hamilton, Earl of Arran)과 공동으로 섭정을 했다. 메리의 할아버지뻘인 잉글랜드의 헨리 8세[26]는 자신의 아들 에드워드와 메리의 약혼을 추진했지만 헨리 8세가 스코틀랜드에 대한 야욕을 노골적으로 드러내자 동맹도 약혼도 깨져 버렸다. 1547년 9월 10일 스코틀랜드군이 잉글랜드군과 싸워 대패하자 마리는 잉글랜드의 숙적인 프랑스에 도움을 청했고, 1548년 다섯 살이 된 메리와 프랑스의 앙리 2세(Henry II)의 아들로 당시 세 살이던 프랑수아 황태자(Dauphin

26) 메리의 할아버지인 제인스 4세는 잉글랜드의 헨리 7세의 장녀인 마거릿 튜더와 결혼했다.

Francis)[27]를 약혼시켰다. 메리는 프랑스 궁정에서 교육을 받았고 1558년 결혼식을 올렸다. 다음 해에 앙리 2세가 승하하고 남편이 프랑수아 2세로 즉위하자 메리는 프랑스의 왕비(Queen Consort of France)가 되었고 동시에 스코틀랜드의 여왕이었다. 1560년 프랑수아 2세가 세상을 떠나자 메리는 스코틀랜드로 돌아와 여왕의 자리에 복귀했다. 당시 메리는 잉글랜드의 왕위 계승권도 가지고 있었다.[28]

스코틀랜드에 돌아온 메리는 정치적으로, 종교적으로 어려움을 겪었다. 가톨릭교도인 여왕과 달리 스코틀랜드인들 대부분이 신교도였기 때문이다. 개인으로서의 삶도 안정적이지 못했다. 메리는 1565년 헨리 스튜어트 단리 경(Henry Stuart Lord Darnley)과 결혼했지만 그들의 사랑은 오래 가지 못했다. 이태리인 비서 데이비드 리지오(David Rizzio)와 메리의 불륜을 의심한 단리와 그의 추종자들이 1566년 3월 9일 메리가 친구들과 홀리루드하우스(Holyrood House)에서 저녁을 먹고 있을 때 쳐들어와 리지오를 끌어내서 죽였다. 그 해 메리는 아들 제임스 스튜어트(나중의 제임스 6세)를 출산한다. 1567년 보스웰 백작 제임스 헵번(James Hepburn Earl of Bothwell)은 헨리 스튜어트를 살해한 후 메리를 강간하고 강제로 결혼한다. 이들의 결혼에 불만을 품은 귀족들이 반기를 들자 메리는 한 살인 아들에게 왕위를 물려주고 잉글랜드로 망명했다. 그러나 메리가 자신의 왕위를 노린다고 생각한 엘리자베스 1세는 1587년 반역죄로 메리를 처형한다.

1603년 엘리자베스 1세가 후계자가 없이 사망하자 가장 가까운 신교도 인척인 스코틀랜드의 제임스 6세가 잉글랜드의 왕으로 추대를 받아 제임스 1세로 등극한다. 이렇게 해서 잉글랜드와 스코틀랜드가

27) "Dauphin"은 프랑스 황태자의 칭호임.

28) 메리는 잉글랜드의 여왕 엘리자베스 1세의 조카뻘이다.

한 왕을 섬기게 되었고 두 왕국이 하나의 왕국으로 통합되는 역사의 아이러니가 일어난 것이다. 그러나 나중에 독일 하노버(Hanover) 공국의 군주가 조지 1세(George I, 재위 1714~1727)로 즉위하면서 하노버 왕가가 시작되자[29] 스코틀랜드는 잉글랜드와의 분리를 주장한다. 스튜어트가의 지지자들인 재커바이트(Jacobite)들은 스코틀랜드의 분리 독립을 원하는 반란을 일으키지만 실패한다. 앤 여왕(Queen Anne, 재위 1702~1714)은 1707년 연합법(Acts of Union)을 공표하여 스코틀랜드를 포함하는 그레이트브리튼 왕국을 확정했다.

1745년 아름다운 체얼리 왕자(Bonnie Prince Charlie)[30]를 중심으로 다시 한 번 스코틀랜드의 독립과 스튜어트 왕가의 부활을 시도하는 반란이 일어난다. 찰스 왕자는 에든버러까지 진군해서 1745년 9월 17일 자신의 아버지 제임스 스튜어트를 잉글랜드와 스코틀랜드의 왕으로 옹립했다. 그러나 막상 잉글랜드로 진군했을 때는 지지자가 많지 않았고 결국 1746년 4월 재커바이트들은 완전히 패배했다.[31] 이 반란 이후 하이랜드인들은 무기를 소지할 수도 없었고 게일어를 쓰거나 전통적인 타탄 킬트를 입는 것도 금지되었다.

---

29) 제임스 1세의 손자인 제임스 2세가 의회와 갈등을 겪다가 1688년 명예혁명으로 퇴위 당하고 그의 딸인 메리가 남편과 함께 메리 2세와 윌리엄 3세로 공동왕위에 오른다. 이후 메리의 여동생인 앤이 왕위를 계승하지만 후사가 없자 제임스 1세의 증손자뻘인 조지를 왕으로 추대한다.

30) 젊고 잘 생긴 에드워드 찰스 왕자가 20년만에 로마에서 돌아왔는데 그가 전통적인 타탄 킬트를 입고 있으며 스코틀랜드 게일어를 하는 것을 보자 스코틀랜드인들은 감동했고, 그를 자랑스러워했다. 왕자를 칭송하는 전통적인 노래로 〈체얼리는 내 사랑〉(Charlie is My Darling)이 있다.

31) 반란이 실패한 후 찰스 왕자는 스코틀랜드의 하이랜드와 유럽을 방랑했는데, 그를 밀고하면 거액의 현상금을 받을 수 있었지만 하이랜드인들은 그를 배반하지 않았다고 한다.

스코틀랜드는 잉글랜드와 연합한 후 "북브리튼"이라고도 불렸지만 여전히 잉글랜드와는 사회적 · 문화적 차이를 보인다. 잉글랜드는 성공회(Anglican Church)를 신봉하지만 스코틀랜드에는 장로교(Presbyterian Church)가 많으며, 잉글랜드와 스코틀랜드의 법령도 많이 다르다. 잉글랜드와 별개의 행정이 이루어지는 스코틀랜드의 수도는 에든버러이다. 에든버러에 스코틀랜드 국립도서관, 국립미술관, 국립은행이 있다. 스코틀랜드 의회는 1707년 연합법 시행으로 폐쇄되었다가 1999년에 다시 부활되었다.

보수당(보수주의)과 노동당(진보주의)의 대립 구도인 잉글랜드 정계와 달리, 스코틀랜드 정계는 스코틀랜드 국민당(Scotland National Party, 민족주의)과 노동당(진보주의)으로 이루어져 있다. 스코틀랜드 국민당은 스코틀랜드가 독립국이 될 것을 주장하면서 2011년 5월 스코틀랜드 의회의 단독과반수를 차지했다. 그러나 2014년 9월 18일 16세 이상의 스코틀랜드인들을 대상으로 스코틀랜드의 분리 독립을 묻는 국민투표(Scottish Independence Referendum)가 실시되었지만 부결되었다. 2016년 영국이 국민투표로 브렉시트를 결정하면서 스코틀랜드에서는 다시 분리독립의 움직임이 일고 있다.

(2) 스코틀랜드의 지리

스코틀랜드의 북쪽에는 부속 도서들이 많이 있다. 북서쪽의 여러 섬들을 헤브리디스 제도(the Hebrides)라고 하며, 바깥쪽을 아우터(Outer) 헤브리디스, 안쪽을 이너(Inner) 헤브리디스라고 따로 구분하기도 한다. 헤브리디스 제도는 스카이 섬(Isle of Skye), 티리 섬(Isle of Tiree), 에리스케이 섬(Isle of Eriskay) 등으로 이루어져 있다. 스카이 섬은 스튜어트가의 마지막 왕자인 "아름다운 체얼리 왕자"가 1746년 잉글랜드 군대에게 완전히 패한 후 여장을 하고 숨어든 곳으로 유명하다. 북동쪽에는 오크니 제도(Orkney Islands)가 있고, 더 북쪽으로 올라가면 셰틀랜드 제도(Shetland Islands)가 있다.

스코틀랜드의 북서쪽 고원 지대는 하이랜드(Highland), 중요한 산업이 집약되어 있는 남동쪽 평야 지대는 로우랜드(Lowland)라고 한다. 스코틀랜드에는 곳곳에 호수(loch), 협곡(glen), 산중턱의 동굴(corrie) 같은 빙하 지형이 존재한다. 대표적인 호수로는 로몬드 호수(Loch Lomond), 네스 호수(Loch Ness), 테이 호수(Loch Tay) 등이 있다. 강으로는 돈 강(Don River), 디 강(River Dee), 네스 강(River Ness), 테이 강(River Tay), 클라이드 강(River Clyde), 애프턴 강(River Afton) 등이 있다. 테이 강은 연어가 많이 나는 곳으로 유명하며 테이사이드(Tayside) 주의 주도인 던디(Dundee)가 그 옆에 있다. 던디 케이크와 마멀레이드(marmalade)는 전 세계로 수출된다.

하이랜드 동부를 그램피언 산맥(Grampian mountains)이 지나며 근처의 애버딘(Aberdeen)은 스코틀랜드의 중요 어항으로 북해(North Sea)의 정유 산업과 연결되어 점점 산업의 중심지로 부상하고 있다. 하이랜드의 경치는 골이 깊고 산이 높아 그야말로 장관을 이룬다. 하이랜드의 계곡에서 많이 보이는 하얀 건물은 몰트위스키(malt whisky)를 만드는 증류장이다. 지역에서 나오는 물을 이용하므로 각 지역의 물맛에 따라 위스키의 맛도 다르다. 위스키가 처음 생산된 것은 1494년인데, 이제는 100여 개 이상의 몰트위스키 증류소가 있고 스카치(Scotch)라는 단어는 위스키를 대표하는 명사가 되었다. 스코틀랜드 사람이나 물건을 묘사할 때는 "Scottish"를 사용한다. 하이랜드인들이 하는 유명한 게임은 창대던지기(Tossing the caber)이다.

하이랜드에 거주하는 인구는 18세기와 19세기에 급격히 감소했다. 지주들이 돈이 벌리는 모직산업에 투자하려고 양을 키우거나 혹은 사슴사냥을 위해 농민들을 영지에서 쫓아내었고, 땅을 잃은 농민들은 대도시로 일자리를 찾아 떠나야 했다. 1886년 법이 제정되면서 이런 잔인한 퇴출은 중지되었다.

스코틀랜드의 특징적인 의상은 체크무늬인 타탄(tartan)으로 만든 치마 모양의 킬트(kilt)이다. 16세기와 17세기의 클랜(clann)[32]은 대부분 대가족을 이루었고 가문을 표시하기 위해서 특별한 색깔의 체크무늬로 된 천, 즉 타탄을 통으로 허리에 두른 후 어깨에 올려서 걸쳤다. 그것이 18세기 초에 치마 형식으로 만들어 입는 킬트로 바뀌었다. 각 가문이 독특한 체크무늬의 타탄을 입는 전통은 1972년 국제가문모임이 열린 후 세계적으로 유명해졌다.

스코틀랜드의 수도인 에든버러(Edinburgh)는 행정과 상업의 중심지이면서 유명한 성이 있는 고풍스런 아름다운 도시이다. 프린스가(Prince's Street)는 에든버러의 유명한 쇼핑 중심지로, 에든버러 성에서 홀리루드하우스에 이르는 로열마일즈(Royal Mile)와 평행을 이루고 나있다. 매년 8월과 9월에는 거의 매일 저녁 에든버러 성 앞에서 90분 동안 군악행진(military tattoo)이 벌어지고 약 9,000명의 관중이 이 화려한 행진을 관람한다. 이 행진을 터투라고 이름붙인 유래가 있다. 원래 군인들은 매일 저녁 북소리를 들으면 자신들의 숙소로 돌아가야 했고 술집에서는 더 이상 그들에게 위스키를 팔 수 없었다. 이때의 북소리가 "텃-투"(tat-too)처럼 들린다고 해서 붙여진 이름이다.

클라이드 강을 끼고 있는 글래스고는 스코틀랜드에서 가장 큰 도

---

32) 가족이나 후손을 나타내는 게일어.

시이며 조선 산업의 중심지였다. 산업혁명 이후 엄청난 공해로 더러워진 글래스고는 “사랑하는 더러운 도시”(dear dirty city)로 불렸으나 지금은 연어를 볼 수 있을 정도로 깨끗한 환경으로 변해 “친근한 도시”(the friendly city)로 불린다. 유명한 축구 클럽 글래스고레인저스(Glasgow Rangers)와 셀틱(Celtic)의 고향이다.

잉글랜드와의 경계에 위치한 그레트나그린(Gretna Green)은 잉글랜드의 젊은이들이 결혼하기 위해 찾는 곳으로 유명하다. 잉글랜드에서는 부모의 동의 없이 결혼하려면 18세가 되어야 하지만 스코틀랜드에서는 16세면 가능하기 때문이다.

스코틀랜드에서 유명한 인물 중에는 증기기관을 발명한 제임스 와트(James Watt 1736~1819)가 있다. 스코틀랜드 사투리로 시를 쓴 로버트 번즈(Robert Burns, 1759~1796)도 유명하다. 스코틀랜드 사람이라면 세계 어느 곳에 있든지 반드시 기념하는 1월 25일이 번즈의 생일이다. 그 날은 스코틀랜드의 전통음식인 해기스(haggis)[33]를 감자, 순무(turnip)와 함께 먹고 위스키를 엄청나게 들이킨다. 킬트를 입은 연주자가 스코틀랜드의 전통악기인 백파이프(bagpipe)를 연주하면서 들어오면 그 뒤에 해기스가 날라져 오며, 이때 해기스를 위한 시가 낭송된다. 로버트 번즈가 스코틀랜드 사투리로 쓴 「해기스에게 바치는 연설」(Address to a Haggis)이 유명하다.

33) 양이나 송아지의 내장을 오트밀과 섞어 위장에 넣어 삶은 요리.

9) 북아일랜드(Northern Ireland)

(1) 아일랜드의 역사

아일랜드의 주 민족은 켈트족이며 대다수 주민이 로마가톨릭교인이어서, 잉글랜드와의 갈등이 더 심했다. 아일랜드는 잉글랜드의 잔혹한 식민의 역사를 증거하는 대표적인 장소이다.

독자적으로 문화를 꽃피우던 아일랜드는 1171년 노르만 왕조의 헨리 2세 때 처음 잉글랜드의 침공을 받게 되었다. 1172년 교황 아드리안 4세(Pope Adrian IV)가 아일랜드를 잉글랜드에 수여했다. 이후 아일랜드는 잉글랜드의 지배에서 벗어나기 위해서 끊임없이 투쟁하지만, 그 과정에서 큰 희생을 치러야 했다.

아일랜드는 잉글랜드가 장미 전쟁(Wars of the Roses, 1455~1485)을 치를 때 요크가를 지원했지만 요크가가 패배했기 때문에 랭커스터가가 이룩한 튜더 왕조에서 박해를 받았다. 종교개혁을 감행한 헨리 8세는 아일랜드인에게도 영국국교를 강요했고 가톨릭 수도원의 땅을 몰수했다. 엘리자베스 1세도 같은 정책을 계속하다가 아일랜드인들의 극심한 저항에 부딪쳤다. 특히 북아일랜드, 즉 얼스터(Ulster) 지역의 군인들이 맹렬히 저항하다가 1603년경에 완전히 패배하면서 얼스터 지방에 잉글랜드인과 스코틀랜드인들의 이주식민(plantation)이 시작되었다. 이것이 이후 남아일랜드와 북아일랜드의 갈등의 원인이 되었으며 현재 아일랜드가 통일되지 못하는 이유가 되었다.

잉글랜드와 스코틀랜드에서 건너와 얼스터에 정착한 주민들은 자신들 고유의 법과 문화, 또 신교도 신앙을 고수하고자 하였으므로 로마가톨릭교도인 아일랜드 원주민들과 충돌을 일으켰다. 이주민들의 약진 덕분에 얼스터는 19세기의 산업화 과정에서 가장 발전된 지역이 되었지만 그만큼 갈등의 골도 깊어졌다. 이주민들은 사업에 수완이 좋아 경제적으로 성공하면서 얼스터의 가난한 원주민들에게 새로운 지배계층으로 부상했기 때문이었다.

잉글랜드가 청교도 혁명으로 내전에 휩싸였을 때 아일랜드의 가톨릭군대는 찰스 1세를 지원했으나 크롬웰의 청교도군대에 의해 참패를 당하고 말았다. 크롬웰의 군대는 왕당파군대와 가톨릭군대 뿐 아니라 민간인들도 잔인하게 학살했다. 또 아일랜드의 로마가톨릭교도들은 아일랜드 의회에 대한 투표권과 피선거권을 박탈당하였다.[34] 이로 인해 신교도와 가톨릭교도, 이주민과 아일랜드 원주민 사이의 불화는 더욱 깊어졌다.

왕정복고 시기에 적자가 없는 찰스 2세의 후계자를 두고 갈등이 생기자 아일랜드는 가톨릭교도인 제임스 2세를 지원했다. 그러나 1688년의 명예혁명으로 제임스 2세가 왕위에서 밀려나고 신교도인 딸 메리 2세와 그녀의 남편인 네델란드의 오렌지 공 윌리엄 3세가 왕위에 등극하면서 아일랜드는 또 다시 독립의 꿈을 접어야 했다. 얼스터의 신교도들은 지금도 자신들을 "오렌지인"(Orangemen)이라고 하면서 윌리엄 3세의 승리를 축하한다.

1780년대에 아일랜드인들은 아일랜드단결협회(Society of United Irishmen) 등을 만들어 영국의 억압정책에 저항하였으며, 미국 독립혁명(1776)과 프랑스혁명(1798) 등에 고무 받아 1798년 다시 반란을 일으켰으나 실패했다.

1800년 영국국교회 교인으로만 구성된 아일랜드 의회가 영국과

34) 머지않아 정치참여 금지는 영국성공회의 신자가 아닌 "비국교도"(Nonconformist) 전체에게로 확대되었다.

의 합병을 동의하는 결의안을 작성했고 영국정부는 연합법(Acts of Union)을 선포한다. 연합법으로 1801년 1월 1일부터 아일랜드 왕국을 연합왕국의 일부로 합병한 영국의 정식명칭은 〈그레이트브리튼과 아일랜드 연합왕국〉이 된다. 이러한 조치를 환영하는 아일랜드인은 극소수에 불과했지만 아일랜드가 정치적, 법률적으로 영국의 부속지방이라는 것을 공식적으로 선포한 이 체제는 아일랜드 공화국이 독립할 때까지 지속되었다.

이 와중에 아일랜드 역사상 가장 참혹한 사건이 일어난다. 1845년에서 1849년까지 이어진 대기근(Great Famine)이다. 19세기의 아일랜드 경제는 전적으로 농업에 의존했다. 밀과 옥수수 등의 곡식을 모두 영국 지주들에게 바쳐야 했던 아일랜드 농부들은 감자를 주식으로 삼았는데 4년간 연속해서 감자마름병이 발생하면서 끔직한 기근에 시달렸다. 이 기근으로 인해 800만 명의 아일랜드 인구 중 200만 명이 죽었고 200만 명이 미국으로 이민을 떠나 아일랜드의 인구가 절반으로 감소했다.

농업을 주로 하며 빈곤한 남부 아일랜드와 달리 북부아일랜드인 얼스터 지방과 그 중심도시인 벨패스트는 19세기 동안 북부 잉글랜드와 비슷하게 산업화가 진행되었으므로 대체로 부유한 편이었다. 얼스터에는 원래 영국에서 건너온 이주민이 많은데다, 얼스터의 토지법은 남부아일랜드의 토지법보다 훨씬 관대했다. 이처럼 영국 정부의 관용을 받으며 부를 누리던 얼스터 주민들은 영국과의 연합을 환영했고 아일랜드의 독립에 강력히 저항했다.

1918년 아일랜드는 총선거를 실시하여 아일랜드 의회를 구성했고 1919년 일방적으로 독립을 선언했다. 이로 인해 영국과 아일랜드 간에 전쟁이 벌어졌고 그 결과 1921년 영국-아일랜드 조약(Anglo-Irish

Treaty)으로 대영제국 통치하에서 자치를 인정받는 아일랜드 자유주(Irish Free State, 1922~1937)가 된다. 그러나 얼스터는 영국에 귀속되기를 원하였으므로 아일랜드의 분단이 이루어졌다. 1949년 아일랜드는 자유주의 공화국으로 완전히 독립하여 에이레(Eire)로 명명했다가 아일랜드 공화국(The Irish Republic)으로 개칭하고 수도를 더블린(Dublin)으로 정했으며 영연방에서 탈퇴했다.

북아일랜드에 대해 얼스터라는 명칭을 사용하는 것은 사실 정확하지 않다. 현재 영국에 속한 북부 아일랜드 지역은 얼스터의 9개 주 중에 6개만 포함하며, 나머지 3개 주는 아일랜드 공화국에 속한다. 아일랜드 민족주의자들은 북아일랜드가 영국에 속한 현재의 상황이 고착되는 것을 우려해 북아일랜드라는 명칭을 쓰기를 꺼리며, 대신 “6개 주”(the six counties)라고 지칭한다.

벨패스트의 스토몬트(Stormont)에 있는 북아일랜드 의회는 처음부터 신교도들에 의해 주도되었으므로 소수자인 가톨릭교인들은 주거나 직업에서 불평등한 대우를 받는다고 느꼈으므로 불만이 클 수밖에 없었다. 결국 1969년의 가톨릭교도와 신교도 사이의 큰 충돌을 비롯해 폭동과 테러가 자주 발발했으며 수천 명이 목숨을 잃었다.

신교도와 가톨릭교도 사이의 충돌로 인한 사망자수가 급증하자 1972년 영국은 스토몬트 의회를 정지시키고 웨스트민스터 의회의 직접통치(Direct Rule)를 시도하면서 북아일랜드에 영국군을 상주시켰다. 가톨릭계 주민들은 영국군이 신교도의 폭력을 막아줄 것으로 여기고 이를 환영했다 그러나 영국군이 총을 들고 가톨릭교도가 사는 구역의 주택을 일일이 수색하자 가톨릭계 주민들은 실망하고 분노했다. 갈등이 첨예해지던 중에 영국군이 런던데리의 가톨릭데모대에 총격을 가해 13명이 죽었고 영국군에서도 다수의 사망자가 발생했다. 이 날이 피의 일요일(Bloody Sunday)이다. 이런 비극을 막기 위해서 1973년 영국정부, 아일랜드의 통일을 원하는 가톨릭 민족주의자(Catholic Nationalists), 북아일랜드가 영국에 귀속되기를 원하는 신교도 연합주의자(Protestant Unionists) 중 일부 사이에 화해를 모색하는 서닝데일 협약(Sunningdale Agreement)이 이루어졌지만 곧 깨지고 말았다.

1980년 아일랜드 공화국이 나서서 영국정부와 대화를 시도했고 1985년 영국-아일랜드 협정(Anglo-Irish Agreement)에 영국 수상 마거릿 대처와 아일랜드 수상 개릿 핏제럴드(Garret Fitzgerald)가 서명했다. 아일랜드 공화국이 북아일랜드 행정에 일정한 발언권을 행사할 것이며, 얼스터 주민 다수가 동의하면 통일 아일랜드를 이루겠다는 내용이었다. 북아일랜드의 중요지도자들은, "대처 수상, 얼스터는 영국이며 당신의 배신에도 불구하고 영국으로 남아있을 것입니다."라며 분노했다. 그러나 테러에 지친 대부분의 북아일랜드인들은 대체로 찬성하는 분위기였으며, 이후 소소한 갈등에도 불구하고 이 협정이 어느 정도 지켜지고 있다.

벨패스트의 가톨릭 교도들이 사는 폴스가(Falls Road)와 신교도들이 사는 샨킬가(Shankill Road) 사이에 1984년 평화의 벽이 세워졌다. 이 벽은 이제 부유한 신교도 거주지와 가난한 가톨릭교도 거주지 사이의 경제적인 분리를 상징한다.

(2) 북아일랜드의 지리

북아일랜드는 북쪽과 동쪽으로 바다를 면하고 있다. 북쪽에 있는 라스린(Rathlin) 섬에는 단지 30여 가구만 거주한다. 이 섬을 두고 스코틀랜드와 아일랜드가 수세기동안 싸웠으나 이 섬에 뱀이 없다는 이유로 마침내 아일랜드인들이 차지하도록 허용되었다. 아일랜드의 수호성인인 성 패트릭이 아일랜드에서 모든 뱀을 몰아내었다는 전설이 있기 때문이다.

북아일랜드는 서쪽으로는 아일랜드 공화국의 도네걸(Donegal), 남쪽으로는 모나간(Monaghan)과 카반(Cavan)과 경계를 두고 있다. 앤트림(Antrim), 다운(Down), 아마흐(Armagh), 타이론(Tyrone), 퍼마나흐(Fermanagh), 런던데리(Londonderry) 등의 6개주로 이루어져 있으며 벨패스트가 수도이다. 벨패스트는 현재는 북아일랜드 전체 인구의 거의 3분의 1이 거주하지만 17세기까지만 해도 작은 마을에 불과했다. 19세기 중에 린넨, 기계, 담배, 무역 등이 발전하면서 매 10년마다 거의 2배씩 커졌다. 벨패스트는 조선업으로 유명한데, 처녀항해에서 비극적인 최후를 맞이한 타이타닉호(the Titanic)가 바로 이곳에서 건조되었다. 벨패스트의 거리들, 예를 들면 폴즈가나 샨킬가 등은 폭력을 연상시킬 정도로 이곳에서 많은 폭력적인 사건들이 일어났다.

런던데리 주는 북쪽으로는 멋진 해안, 남쪽으로는 스페린 산맥(Sperrin Mountains)을 두고 있다. 주도인 런던데리 시는 북아일랜드에서 가장 중요한 도시 중의 하나이다. 원래 지명은 데리라였으나, 잉글랜드인들이 대규모로 정착한 시기에 런던 시에서 건축업자와 돈이 들어왔으므로 런던데리로 명칭을 바꾸었다. 오늘날은 약칭인 데리로 불리기도 한다.

데리에서 가장 유명한 것은 장벽이다. 1614년 이주자들에 의해 지어진 이 거대한 장벽은 수많은 포위공격을 당하면서도 영국이나 아일랜드에서 유일하게 완벽하게 남아있는 장벽이다. 가톨릭 군주인 잉글랜드의 제임스 2세가 당시 신교도의 성채였던 이곳을 공격한 대포위

(the Great Siege, 1688년 12월~1689년 7월)에서 30,000명의 인구 중에서 7,000명의 인구가 굶어죽었다. 데리시는 매년 시의 성문을 닫는 행사를 벌이며, 이 사건을 기념한다.

이 장벽 근처 프레헨하우스(Prehen House)의 녹스(Knox) 가문에 얽힌 이야기가 있다. 1760년 존 맥나흐텐(John Mcnaghten)이라는 도박사가 메리 앤 녹스(Mary Ann Knox)를 납치하려다가 살해한 사건이 발생했다. 맥나흐텐은 교수형을 선고받았는데 집행하던 중에 줄이 끊어져 살아난다. 구경꾼들은 두 번 죽이는 것은 도리에 맞지 않다면서 그를 살려주자고 주장했는데 맥나흐텐 본인은, "목 매달리다 만 맥나흐텐"이라고 알려지고 싶지 않다면서 다시 교수대에 올라가 스스로 목을 매 죽었다고 한다.

앤트림은 거의 3억 년 전에 만들어진 지질학적인 경이의 결과이다. 앤트림의 9개의 계곡은 예전에는 접근이 어려웠으나 1834년 앤트림 해안길(Coast Road)을 만들어 널리 알려지게 되었다. 이 해안길을 따라가면 거인의 제방길(Giant's Causeway)이라는, 세계 8대 비경 중의 하나인 해안을 만나게 된다. 이 제방길은 여러 크기의 거대한 돌기둥들이 무려 4,000여 개나 모여서 이루어져 있어 돌기둥 머리를 징검다리처럼 디디고 건너 갈 수 있다. 절벽의 발치에서 시작되어 바다 속까지 연결되어 있는 경이로운 바위들은 화산활동의 지질학적인 결과이지만 고대 아일랜드인들은 거인 핀 맥쿨(Finn McCool)의 작업이라고 여겼다. 앤트림의 북쪽 해안에 살던 핀은 스코틀랜드 헤브리디스 섬에 살던 여성과 사랑에 빠졌는데 그녀가 얼스터에 올 수 있도록 이 거대한 제방길을 만들었다는 것이다. 엄청나게 힘이 셌던 핀은 스코틀랜드의 거인과 싸우면서 땅의 한 쪽을 떼어내어 집어던졌는데 그 땅이 아일랜드 해에 떨어져 맨 섬(Isle of Man)이 되었으며, 땅이 떨어져

나간 구멍에 물이 채워져 만들어진 거대한 호수가 니흐 호수(Lough Neagh)라는 설화도 있다.

거인의 길을 따라 내륙으로 3킬로미터 이상을 가다보면 부시밀즈(Bushmills)가 있는데 이것이 1608년에 세워진 세계에서 가장 오래된 아일랜드 위스키(whiskey) 증류소이다. 아일랜드 위스키는 스카치 위스키(Scotch Whisky)와 맛이 다르고 철자도 다르다.

4 영국의 역사

1) 건국신화

영국의 건국신화는 아더 왕(King Arthur)의 이야기이다. 아더 왕 신화는 통치자에 대한 영국인의 소망과 이상을 드러낸다. 어린 시절 다른 사람에게 무시 받던 아더가 전설로 내려오는 엑스칼리버(Excalibur)라는 칼을 뽑아서 왕이 된 것과, 왕이 된 이후에 군림하지 않고 공평함을 상징하는 원탁회의(Round Table)에서 충고를 듣는 이야기들을 통해 영국인이 소망하는 지도자 상을 알 수 있다. 영국인들은 군림하는 왕이 아니라 민주적인 왕을 이상적으로 여긴다는 것이다.

사실 아더 왕의 전설은 잉글랜드의 주 민족인 앵글로색슨족의 것이 아니라, 앵글로색슨족에게 쫓겨난 켈트족의 신화이다. 이처럼 다른 민족의 신화를 자신들의 건국신화로 발전시킨 것은 이 신화가 앵글로색슨족의 이상을 담고 있었기 때문일 것이다.

아더 왕의 모습에는 아직 왕권이 확립되지 않은 부족국가 시대의 개념이 투영되어 있다. 고대 부족국가의 왕은 절대권위를 누리는 자가 아니라 공정하게 베푸는 존재이며, 일상생활의 모든 점에서 모범이 되는 미덕을 갖춘 존재였다. 왕은 전쟁에서 얻은 전리품을 공정하게 나누어주는 미덕을 가져야 했고, 농사짓고 사냥하고 물고기 잡는 일을 남보다 더 잘해야 했다. 왕비도 길쌈이나 요리 등 여자들이 하는 일에서 뛰어나야 했다. 왕과 왕비가 일상적인 일을 하는 이야기는 호메로스(Homer)가 그린 영웅 오디세우스(Odysseus) 이야기에서 잠시 엿볼 수 있다. 왕인 오디세우스도 몸소 소를 몰고 밭을 갈았으며, 아내인 페넬로페(Penelope) 왕비는 손수 길쌈을 했다는 것이 신화에서 나타난다.

『베어울프』(*Beowulf*)에서는 서구의 이상적인 왕의 모습이 더 확실하게 제시된다. 베어울프는 나라와 백성을 위해 자신의 목숨을 걸고 괴물과 싸우다 비극적인 죽음을 맞는 영웅적인 왕일 뿐 아니라, 고기잡이, 사냥, 전투 모든 것에서 다른 사람의 모범이 되며, 특히 자신이 전투에서 얻은 전리품을 공정하게 나누어주는 존재이기 때문에 더욱 존경을 받는다고 강조된다. 이처럼 왕은 권력을 누리는 자가 아니라 공정하게 나누어주는 미덕을 가진 존재라는 개념은 씨족의 우두머리를 칭하는 왕(King)의 별칭이 고대어로 반지를 주는 자(ring giver)라는 것에서 분명히 확인된다.

그러나 절대군주제가 정착되면서 왕은 더 이상 공평하게 나누어주는 자가 아니라 절대적인 권력을 누리는 존재로 바뀌어 간다. 프랑스의 대표적인 절대군주인 태양왕(Le Roi Soleil) 루이 14세(Louis XIV, 재위 1661~1715)는 "짐이 곧 국가니라"(L'État, c'est moi)라는 말로 왕의 절대 권력을 강조했다.

그런데 유럽 전역에서 절대군주제가 확립되는 중에도 영국에서는 오히려 왕의 권한이 제한되거나 축소되는 방향으로 향하고 있었다. 1215년 존 왕이 의회의 압력을 받아 대헌장(Magna Carta)을 채택하게 된 사건을 시작으로 해서 영국의회는 끊임없이 왕의 권한을 제한하는 법안을 통과시켰다. 그리고 마침내, 프랑스에서는 루이 14세가 절대 권력의 전성기를 구가하던 시기에, 영국은 무혈혁명(Bloodless Revolution)인 명예혁명(Glorious Revolution, 1688)을 통해 왕의 권한을 명목상의 것으로 한정시키는 입헌군주제를 채택하게 된다.

따라서 프랑스는 1789년 왕과 귀족의 압제를 참다 못 한 시민들의 혁명(French Revolution)으로 왕과 귀족이 참형 당하는 피비린내 나는 정치적 변화를 겪고서 공화제로 전환되지만, 진작부터 군주의 권리를 제한해왔던 영국에서는 피를 보는 혁명 자체가 일어날 여지가 없었다. 이와 같은 영국의 정치 상황은 영국문화의 저변에 흐르는 정치적 타협 정신의 결과물인데, 그것이 바로 영국인들이 숭배하는 아더 왕의 전설에 이미 내재해 있었다.

아더가 왕이 되는 과정에서 엑스칼리버라는 전설적인 칼을 뽑아서 왕으로 인정받는 이야기로 아더에게 하늘의 점지를 받은 계승자라는 신권을 부여한 것은 사실이다. 이처럼 왕권과 신권을 연결해서 왕권에 권위와 정통성을 주려는 성향은 거의 모든 건국 신화에 나타난다. 그런데 아더 왕의 이야기에서는 아더가 엑스칼리버를 뽑은 후에도 원로들의 인정을 받아야 했다는 사실이 더 부각된다. 아더는 엑스칼리버를 뽑아서 왕으로서의 상징적인 권위는 부여받았지만 그가 실제로 힘을 가지게 되는 것은 원로들의 인정을 받고 선출된 후이다. 사실 켈트족의 사회 뿐 아니라 앵글로색슨족의 사회에서도 왕위는 계승하는 것이 아니라 원로회에서 선출되었던 것이다. 계승제로 변한 것은 노르만족인 기욤공작 윌리엄이 윌리엄 1세로 즉위한(1066) 이후부터이다.

윌리엄 1세 이후 왕권이 계승제로 바뀐 이후에도 잉글랜드 왕의 권위는 귀족회의, 혹은 의회에 의해 견제되고 제한되었다. 잉글랜드의 왕은 절대적인 권력을 누리기보다 끊임없이 귀족, 혹은 의회와 타협해야 했던 것이다. 그 결과 대헌장(Magna Carta, 1215), 권리청원(Petition of Rights, 1628), 청교도 혁명인 영국내전(English Civil War, 1642~1651), 명예혁명(Glorious Revolution, 1688) 후의 권리장전(Bill of Rights, 1689)을 통해 영국은 입헌군주제의 정치체제를 확립하게 된다. 물론 당시의 귀족이나 의회가 일반 민중을 대표하지 못했다는 점에서 진정한 민주주의와 거리가 멀기는 했지만, 왕의 절대 권리가 제한된다는 점에서 큰 의의가 있었다. 아더 왕이 다른 기사들과 원탁에 나란히 둘러 앉아 국사를 논의한다는 설정 자체가 바로 민주적 왕을 기대하는 영국적 정치 문화의 상징이다.

2) 고대 역사

영국을 이루고 있는 브리튼 섬의 역사는 선사시대부터 시작된다. 선사시대의 브리튼 섬을 짐작하게 하는 대표적인 유적지는 스톤헨지(Stonehenge)이다. 스톤헨지는 B.C. 2500년에서 B.C. 2000년 사이에 지어진 것으로 추정되며 신석기 시대 유럽 전역에서 사람들이 찾아드는 순례지였을 것으로 짐작된다.

브리튼 섬이 본격적으로 문명과 접하게 된 것은 로마의 침공을 받으면서이다. 율리우스 카이사르(Julius Caesar, B.C. 100~B.C. 44)의 『갈리아 전쟁기』(*Commentaries on the Gallic War*)에 따르면 로마 제국은 B.C. 55년과 B.C. 54년에 브리튼 섬을 침공하였고, A.D. 43년에 다시 클라우디우스(Claudius) 황제가 브리튼 섬을 침공하여 로마의 속주로 삼고 브리타니아라고 불렀다. 당시 브리튼 섬에는 켈트족의 일파인 브리튼족이 살고 있었기 때문이다. 이세니(Iceni) 부족의 부디커 여왕(Queen Boudicca or Boadicea)[1]이 61년에 로마의 점령에 대항하는 반

1) 부디커와 같은 이름인 빅토리아가 1837년 여왕으로 등극하면서 재평가가 이루어졌고 앨버트 공(Prince Albert)의 추진으로 전차에 딸을 태운 부디커의 청동상이 발

란을 일으켰다가 비참하게 패배했다. 브리타니아에 대한 로마 제국의 지배는 410년에 종식되었다.

5세기에서 6세기까지는 게르만족의 여러 부족이 잉글랜드를 침공했다. 주로 오늘날의 독일 북서부에 거주하던 앵글족(the Angles)과 색슨족(the Saxons), 덴마크 일대에 살던 유트족(the Jutes)이 잉글랜드 각지에 왕국을 세웠다. 그로 인해 켈트족은 웨일즈, 스코틀랜드, 아일랜드로 밀려났다. 앵글로색슨족은 서쪽으로 세력을 넓혀가던 중에 용맹한 켈트계 브리튼족(the Celtic Britons)에 의해 저지 당했는데 그 저항을 이끈 것이 바로 아더 왕(King Arthur)[2]이었다.

6세기 전반 앵글로색슨족의 세력이 확대되면서 잉글랜드 북부지역과 스코틀랜드 남동지역에 노섬브리아(Northumbria) 왕국, 잉글랜드 중부지역에 머서(Mercia) 왕국, 지금의 노포크(Norfolk), 서포크(Suffolk) 지역과 케임브리지셔 늪지(Cambridgeshire fens)의 동쪽 부분에 동앵글리아(East Anglia) 왕국, 잉글랜드 남서지역에 웨섹스 왕국(Kingdom of Wessex) 등이 건립되었다. 그 중 가장 큰 왕국인 웨섹스 왕국은 요충지를 확보하면서 잉글랜드 서부지역까지 영토를 확장하였고 9세기경에는 현재의 잉글랜드 전체를 확보했다. 웨섹스 왕국의 앨프레드 대왕(Alfred the Great, 재위 871~899)은 앵글로색슨의 왕(king of the Anglo-Saxons)이라는 칭호를 처음으로 사용했다.[3] 899년

주되어 1905년에 완성되었다. 윌리엄 쿠퍼(William Cowper, 1731~1800)의 시, 〈부디커 송가〉(Boadicea, an Ode)의 한 구절, "그대의 자손이 통치하리라고 /카이사르가 알지 못했던 영역"(Regions Caesar never knew/ Thy posterity shall sway)이 적혀 있다.

2) 아더 왕은 앵글로색슨족의 잉글랜드에서 영웅으로 부각되고, 고귀함(nobility)과 기사도정신(chivalry)을 대표하는 상징적 존재가 된다.

3) 앨프레드는 훌륭한 전사일 뿐 아니라 뛰어난 학자로 영국사에서 유일하게 대왕

앨프레드 대왕이 사망하자 그의 아들 대에드워드(Edward the Elder, 재위 899~924)가 웨섹스의 왕위에 올라 영토 확장을 계속했다.

『앵글로 색슨 연대기』(*Anglo-Saxon Chronicle*)[4]에 따르면 793년에 최초의 바이킹족(the Vikings)의 침입이 있었으며 이때 브리튼의 동쪽 해안의 린디스판(Lindisfarne)의 수도원이 파괴되고 수도승들은 사살 당했다. 이후 잉글랜드는 바이킹의 끊임없는 침공을 받으며 고난을 겪었다. 878년 앨프레드 대왕이 윌트셔(Wiltshire)의 에딩턴(Edington)에서 바이킹과 맞서 승리를 거둔 적도 있었으나 호전적인 바이킹 족에 당할 수가 없어 결국 잉글랜드의 북동부는 바이킹의 지배를 받게 되었다.

바이킹족과 투쟁하는 시기에도 앵글로색슨의 왕조는 명맥을 유지했다. 대에드워드 다음에 애설스탠(Athelstan, 재위 924~939)이 잉글랜드 전역을 직접 통치하려고 시도했으므로 최초의 잉글랜드 군주(English monarch)로 여겨진다. 그러나 그는 결국 잉글랜드의 통일을 완수하지는 못하였다. 그 뒤 순교왕 에드워드(Edward the Martyr, 재위 975~978)가 잉글랜드 전역에 대한 통치권을 확보했다. 이후 부족한 에셀레드 2세(Ethelred the Unready II, 재위 978~1013, 1014~1016)는 결국 바이킹족인 덴마크의 갈퀴턱수염왕 스벤 1세(Forkbeard Sweyn, 재위 1013~1014)에게 패배하고 사망하였다. 에셀레드의 아들인 용맹왕 에드먼드 2세(Edmund Ironside II, 재위 1066) 역시 1016년

(the Great)이라는 칭호를 받은 왕이다. 앨프레드와 불에 탄 빵의 일화는 유명하다. 앨프레드는 숲을 헤매다가 어느 오두막에 들어갔는데 그 집의 아낙네가 잠깐 나간 새에 빵이 타는지 봐달라고 한다. 생각에 잠겼던 앨프레드가 빵을 태우자 여인이 크게 화를 내며 그를 쫓아내었지만 그는 자신이 왕이라는 것을 밝히지 않았다고 한다.

4) 앵글로색슨족과 노르만족이 지배하던 시기의 영국에 대한 연대기적인 기록으로 앨프레드 대왕의 통치시대에 모아졌다.

바이킹족인 덴마크와 노르웨이의 군주였던 크누트 대왕(Canute the Great, 재위 1016~1035)에게 패배하여 전사하였다. 이로 인해 크누트는 덴마크, 노르웨이와 더불어 잉글랜드까지 지배하는 왕이 되었다. 1035년, 크누트의 사후 잉글랜드의 왕권은 그의 아들 질주왕 헤럴드 1세(Harold Harefoot, 재위 1035~40)에게 물려졌다가 다시 색슨족인 참회왕 에드워드(Edward the Confessor, 재위 1042~1066)가 왕위를 계승하였다. 1066년 참회왕 에드워드가 후사 없이 사망하자 그의 처남인 해럴드 2세(Harold II, 재위 1066)가 왕이 되었다.

3) 노르만 왕조

해럴드 2세가 왕이 되자 노르망디 공작 윌리엄(William, Duke of Normandy)이 참회왕 에드워드의 먼 친척인 자신에게 정당한 계승권이 있다고 주장했다. 윌리엄은 1066년 10월 14일에 벌어진 헤스팅스 전투(Battle of Hastings)에서 앵글로색슨족의 마지막 군주인 해럴드 2세를 물리치고 잉글랜드의 왕 윌리엄 1세로 등극하여 정복왕 윌리엄(William the Conqueror, 재위 1066~1087)이라고 불리며 노르만 왕조(House of Normandy)를 시작한다.

노르만족의 잉글랜드 정복은 잉글랜드 역사의 한 획을 긋는 사건이었다. 윌리엄이 잉글랜드를 정복한 이후로 왕의 자리는 앵글로색슨 시대의 국민의회인 위터너거모우트(Witenagemot)에 의해 선출되는 것이 아니라 자식에게 계승하게 된다. 또 윌리엄 왕이 앵글로색슨족의 토지를 몰수하여 그들의 기반을 없애면서 노르만프렌치족이 잉글랜드의 귀족으로 자리를 잡게 된다. 이런 작업의 기초가 된 것이 윌리엄 1세가 편찬하게 한『둠스데이 북』(*Domesday Book*, 1086)이다.[5] 이 장부를 기초로 하여 잉글랜드 정복 후 20년 만에 대부분의 지주가 노르만인으로 교체되었다. 정부 요직과 고위 성직자 역시 노르만인들로 채워졌다.

그러나 노르만프렌치족의 잉글랜드 정복은 전 민족의 이동에 의해서 이루어진 것이 아니라 소수의 전투부대원에 의한 것이었다. 때문에 잉글랜드의 왕족과 귀족은 노르만프렌치족으로 바뀌었지만 잉글랜드 땅에서 삶을 영위하는 대부분의 일반 민중은 여전히 앵글로색슨족이었다. 노르만족의 왕과 귀족들은 자신의 고향인 프랑스를 그리워했고, 당시 문명이 낙후된 야만인의 땅인 잉글랜드 땅에서 거주하고 싶어 하지 않았기에 일 년의 거의 대부분을 프랑스에서 생활하는 부재왕(absentee king)이자 부재지주(absentee landlord)였다.

노르만 귀족들은 학문적인 활동이나 저술을 할 때는 대부분 라틴어(the Latin)를 사용했고, 일상생활에서는 앵글로노르만프렌치(the Anglo-Norman French)를 사용했다. 반면 영어의 모태인 앵글로색슨어를 사용하는 사람들은 주로 앵글로색슨족인 일반 민중이었다. 이러한 상황이 이후 영어가 다른 유럽어에 비해 한결 간편한 언어로 발전하는데 큰 역할을 했다. 현대영어에는 노르만족의 정복 이후에 신분의 구별에 따라 다른 언어가 사용된 흔적이 남아있다. 예를 들면 현대영어에 큰 가축을 표현하는 두 가지 방식이 있다. 살아있는 가축을 말할 때의 cow(소), pig(돼지), sheep(양) 등은 앵글로색슨어에서 파생한 단어이다. 반면 가축이 먹는 음식으로 변한 것은 beef(쇠고기), pork(돼지고기), mutton(양고기)으로 표현되는데 이것은 노르만족이 쓰던 프

---

5) 세금을 징수할 기반을 마련하기 위해 잉글랜드의 토지와 가호를 세세하게 수록한 토지대장.

랑스어에서 나온 말이다. 이 단어들을 볼 때 노르만족은 가축을 양식으로 먹은 반면 앵글로색슨 농부들은 가축으로 키웠을 뿐 고기를 먹지 못했다고 짐작할 수 있다.

윌리엄 1세는 큰아들에게 프랑스의 노르망디를 주고 둘째를 잉글랜드 왕으로 삼는데 그가 윌리엄 2세(재위 1087~1100)이다. 윌리엄 2세가 사냥 중에 사망하자 윌리엄 1세의 셋째 아들인 헨리 1세(재위 1100~1135)가 왕으로 즉위한다. 헨리 1세는 색슨족의 딸과 결혼하여 잉글랜드인들의 호감을 샀다. 그는 치세 기간 동안 여러 가지 개혁을 실시하여 앵글로색슨의 전통에 기반을 두었던 잉글랜드 사회를 근본적으로 변화시켰으며, 그 결과 앵글로노르만(Anglo-Nnorman) 사회가 형성되었다.

1120년 노르망디와 잉글랜드를 왕래하던 배가 난파되어 헨리 1세의 장자인 윌리엄 아델린(William Adelin)이 사망하면서 왕위 계승권에 대한 갈등이 시작되었다. 헨리 1세는 앙주 백작 제프리 플랜태저넷(Geoffrey Plantagenet, Count of Anjou)과 결혼한 딸 마틸다(Matilda)에게 왕위를 주려했으나 그의 누이 아델라(Adella)의 아들 스티븐(Stephen, 재위 1135~1154)이 계승권을 주장하며 왕위에 오른다. 스티븐의 치세 동안 왕위에 대한 도전으로 인한 혼란이 끊이지 않았다. 또 봉건 영주들의 권력 투쟁으로 인해 힘이 약해졌고 그 틈을 탄 스코틀랜드와 웨일즈의 침공을 받게 되자 스티븐은 많은 영토를 양도하는 조약을 맺을 수밖에 없었다. 긴 내전을 겪은 뒤 스티븐은 마틸다측에 왕위를 넘겨주었고 이로써 노르만 왕조가 끝나고 플랜태저넷 왕조(House of Plantagenet)가 들어서게 된다.

4) 플랜태저넷 왕조

플랜태저넷 왕조를 시작한 마틸다의 아들 헨리 2세(Henry II, 재위 1154~1189)는 왕권의 강화를 도모하면서 기독교의 수장인 교황과 충돌하게 된다. 그는 자신의 심복이라고 여긴 토머스 베케트(Thomas Beckett)를 캔터베리의 대주교(Archbishop of Canterbury)에 임명했으나 막상 그가 왕보다는 교회에 더욱 충성하자 분노한다. 왕의 심기를 읽은 신하들이 캔터베리 대성당 안까지 베케트를 쫓아가 제단 앞에서 그를 암살하는 참극을 벌였다. 국민들은 베케트의 죽음을 애통해하면서 순교자로 추앙했고 캔터베리 대성당은 이후 잉글랜드인의 성지가 된다. 이 사건에서는 잉글랜드인들은 왕이 아니라 교황의 편을 든 것이다. 왕권과 교황권의 투쟁에서 교황이 승리한 것이다.

헨리 2세의 뒤를 이은 리처드 1세(Richard I, 재위 1189~1199)는 그 용맹함으로 인해 사자심왕 리처드(Richard the Lionheart)라는 별칭을 얻었다. 그러나 제 3 차 십자군전쟁(the Crusades)[6]에 참전하여 재위 기간의 대부분을 전쟁터에서 보내는 부재왕이었고 국내정치에는 소홀했다. 대신 동생인 존(John)이 정치를 맡아서 극도의 횡포와 실정을 벌이는 바람에 국민의 비판을 샀으며 그것이 로빈 훗(Robin Hood) 이야기[7]에

6) 십자군은 원래 교황의 호소로 조직된 기독교 군대를 가리키지만, 역사적으로는 11세기부터 13세기에 서유럽의 로마 가톨릭 국가들이 중동의 이슬람 국가에게서 성지 예루살렘을 탈환하는 것을 목적으로 행해진 대규모의 군사 원정을 가리킨다. 사자심왕 리처드 등 서유럽의 대표적인 세 나라의 군주들이 함께 참가한 제 3 차 십자군(89~92)과 콘스탄티노폴리스를 함락시켜 같은 기독교 국가인 동로마 제국을 몰아내고 라틴 제국을 세운 제 4 차 십자군(1202~1204)이 유명하다. 이 전쟁에서 약탈해 온 유물, 서적들은 당시 암흑시대를 지내던 서구에 큰 영향을 끼쳐 르네상스 운동을 일으키는 근거가 되었다.

7) 노팅엄(Nottingham) 외곽의 셔우드 숲(Sherwood Forest)을 근거지로 삼은 로빈 후

반영되어 있다.

리처드가 죽은 후 왕이 된 존 왕(재위 1199~1216)은 1214년 부빈 전투(Battle of Bouvines)에서 프랑스에게 패배하여 노르망디를 잃고 실지왕(Lackland)이라는 별칭을 얻었다. 존의 폭정과 자의적 권력에 제동을 걸기 위해 무장 봉기한 귀족, 교회, 상인들에 의해 존 왕은 왕의 권한을 제한하는 "대헌장"(Magna Carta, 1215)[8]에 서명한다. 이는 유럽에서 군주의 권력을 제한한 최초의 사건으로 민주주의 역사에서 중요한 사건이며, 왕이 될 자격이 부족할 때 그 권한을 제한할 수 있다는 사상을 담은 아더 왕의 전설이 현실화된 예이기도 하다. 왕의 권한을 제한하는 전통은 이후 청교도 혁명(English Civil War, 1642~1651)에서 과격하게 실현되었으며 명예혁명(Glorious Revolution, 1688)에서 완성되어 잉글랜드의 입헌군주제가 확립된다.

존 왕의 아들인 헨리 3세(Henry of Winchester, 재위 1216~1272)는 1216년 즉위 당시 9세에 불과했다. 그로 인해 잉글랜드의 귀족들은 다시 권력 투쟁을 시작했고 1264년 헨리 3세는 자신의 매제였던 시몽 드 몽포르(Simon de Montfort)의 포로가 되었다가 이듬해 장남 에드워드에 의해 구출된다.

헨리 3세의 뒤를 이은 다리긴 왕 에드워드 1세(Edward Longshanks,

드와 그의 패거리인 "즐거운 사람들"(Merry Men)은 부자의 재산을 훔쳐서 가난한 사람을 도와주는 것으로 유명하다.

8) "Great Charter"라는 뜻의 라틴어. 대헌장은 왕권에 대항해 귀족의 권리를 재확인한 봉건적 문서이지만 17세기에 왕권과 의회가 대립할 때 왕의 전제에 대항하여 국민의 권리를 옹호하는 최대의 전거가 되었다. 의회의 승인 없이 군역대납금이나 공과금을 부과하지 못한다고 정한 제 12조는 의회의 승인 없이 과세할 수 없다는 주장의 근거이다. 자유인은 재판이나 국법에 의하지 않으면 체포, 감금할 수 없다고 정한 제 39조는 보통법 재판소에서 재판을 요구하는 근거로 이용되었고, 영국뿐 아니라 전 세계의 근대적 헌법의 토대가 되었다.

재위 1272~1307)는 새로운 법령을 통해 정부의 권한을 강화했으며 최초의 잉글랜드 의회를 소집하였다. 또 웨일스를 정복하여 황태자에게 주었으며 이후 황태자는 웨일즈 대공(Prince of Wales)이라고 불리게 된다(1301). 웨일즈의 군주였던 릴웰린 엡 그루피드(Llewellyn ap Gruffydd)는 잉글랜드의 군주에게 굴복하기를 거부하였으나 1282년 그가 죽은 후 웨일즈는 잉글랜드의 통치 아래 들어가게 된 것이다. 웨일즈의 굴복에 힘을 얻은 에드워드 1세는 스코틀랜드와의 전투에서 승리하는 등 에드워드 치세의 잉글랜드는 그 세력이 크게 확장되었다. 잉글랜드는 스코틀랜드를 정복하기 위한 전쟁을 계속했으나 에드워드 2세 때인 1314년 바녹번 전투(Battle of Bannockburn)에서 대패를 한 뒤 결국 스코틀랜드의 독립을 인정하였다.

에드워드 1세를 이은 에드워드 2세(재위 1307~1327) 때 피비린내 나는 왕권다툼이 시작된다. 에드워드 2세는 음악에 몰두하면서 정사를 피어스 가베스턴(Piers Gaveston, First Earl of Cornwall)에게 의존하였으므로 귀족들의 불만이 팽배했다. 1312년 왕의 사촌인 랭커스터의 토머스(Thomas of Lancaster)를 비롯한 반대 귀족들이 가베스턴을 잡아 처형하고 왕의 권한을 제한했다. 1326년 에드워드 2세의 아내인 이사벨라 여왕(Queen Isabella)은 고향인 프랑스를 방문했다가 애인인 로저 모티머(Roger Mortimer)와 동조해서 잉글랜드를 침공했다. 에드워드 2세는 런던을 떠나 달아났다가 사로잡혀 폐위되었고 1327년 살해되는데, 이사벨라와 모티머의 하수인이 죽인 것으로 짐작된다. 에드워드 2세의 치세인 1315년에서 1317년에 유럽에 전례 없는 대기근(Great Famine)이 일어나며 이때 잉글랜드 인구의 10퍼센트 이상이 기아로 죽은 것으로 추정된다.

뒤를 이은 에드워드 3세(재위 1327~1377)는 왕권의 권위를 다시 회복했으며 군사력을 강화하는데 큰 노력을 기울였다. 또 법률과 정부 행정, 잉글랜드 의회를 발전시켰다. 그러나 이 시기에 국가적으로 어려운 상황도 많이 일어났다. 1348년 유럽 전역을 휩쓴 치명적인 전염병인 페스트(Black Death)가 잉글랜드에도 상륙해서 인구의 3분의 1에서 절반 정도가 사망했다. 잉글랜드의 정치 판도를 바꾼 전쟁도 이때 시작되었다. 1338년 당시 프랑스의 카페 왕조(the Capétiens)의 마지막 왕 샤를 4세(Charles IV)가 남성 후계자를 남기지 못하고 사망하자 에드워드 3세는 외가 쪽으로 카페 왕조와 혈연관계가 있으므로 자신에게 프랑스의 왕위계승권이 있다고 주장했다. 프랑스의 비옥한 플랑드르(Flandre) 지방을 차지하려는 속셈에서였다. 이로 인해 잉글랜드는 프랑스와 백년 전쟁(Hundred Years' War)에 빠져든다. 백년 전쟁의 초기에는 잉글랜드가 우세했으나 1429년 잔 다르크(Jeanne d'Arc)의 출전으로 프랑스군의 사기가 드높아지자 잉글랜드군은 고전을 면치 못했다. 1431년 잔 다르크를 생포한 잉글랜드군은 그녀를 마녀로 몰아 화형에 처했지만 이후에도 계속 프랑스에게 패배했고, 결국 1453년 헨리 6세 때 패배를 선언하고 이후 프랑스에 대한 권리를 완전히 포기했다.

에드워드 3세(요크가)의 뒤를 그의 손자이며 10세에 불과한 리처드 2세(재위 1377~1399)[9]가 이어받는데, 이때 다시 골육상잔의 왕위 찬탈전이 벌어진다. 리처드 2세는 처음에는 훌륭한 왕이었으나 나중에 실정을 많이 해서 국민의 혐오를 받았다. 이를 계기로 에드워드 3세의 셋째 아들인 곤트의 존(John of Gaunt)의 아들 랭커스터 공작 헨리 볼

9) 에드워드 3세의 장자인 흑태자 에드워드(Edward the Black Prince)의 둘째 아들이다. 그런데 형이 죽고 곧이어 아버지 흑태자가 에드워드 3세보다 1년 먼저 죽자 리처드 2세가 왕이 된다.

링브로크(Henry of Bolingbroke, Duke of Lancaster)가 자신의 사촌인 리처드 2세를 폐위했다가 나중에 살해한 후 헨리 4세로 등극한다.

윌리엄 셰익스피어(William Shakespeare, 1564~1616)의 역사극『리처드 2세』(*Richard II*, 1595)에서, 리처드 2세는 연약하고 여성적이며 시를 좋아하여, "향기롭고 사랑스러운 장미"로 묘사된다. 반면 헨리 볼링브루크는 용감하고 남성적인 인물이다. 따라서 자질로 보면 리처드보다는 헨리가 왕이 될 만하다. 그렇다고 해서 헨리가 정통의 왕을 죽이고 왕위에 오르는 것이 정당한가에 대해서는 논란이 많을 수밖에 없다.『리처드 2세』에서 카알라일 주교(Bishop of Carlisle)는, "만약 그[헨리]를 즉위시킨다면, 소승은 예언합니다. / 잉글랜드인의 피가 온 땅을 물들이게 될 것이고, / 미래의 세대는 이 추악한 행위에 신음할 것입니다." (4막 1장)라고 말하는데 그것은 이후의 역사에서 사실로 확인된다.

윌리엄 셰익스피어는 역사극과 비극에서 왕권의 의미에 깊은 관심을 보이면서 다양한 관점을 제시했다. 16세기는 모든 것이 종적인 질서체계를 이루고 있다는 전통적인 세계관, 즉 "존재의 대사슬"(Great Chain of Being)에 대한 개념이 일반적인 철학기조였다. 그러므로 왕권신수설, 즉 왕은 신권을 받았으며 왕 아래의 어느 누구도 그 질서를 전복할 수 없다는 봉건적 사상이 왕권을 뒷받침하고 있었다. 그러나 현실적으로는 왕권을 둘러싼 끊임없는 갈등이 존재했다. 그런 역사를 잘 알고 있는 셰익스피어는 왕위를 계승받은 자가 과연 왕이 될 자질이 있는지, 자질이 없다면 과연 어떤 사람이 정당한 왕의 자격이 있는지를 계속 질문하면서 진정한 왕의 자질을 정립하고자 했다.

『햄릿』(*The Tragedy of Hamlet, Prince of Denmark,* 1602)에서 셰익스피어는 왕권의 지엄함을 드러낸다. 햄릿이 아버지의 복수를 곧장 행하지 못하는 것은 그가 우유부단한 인간이어서라고 흔히 알고 있지만 사실은 그가 왕권의 엄중함을 숙지하고 있기 때문이다. 신이 내린 왕권을 가진 숙부를 죽이려면 유령의 말 이상의 증거가 필요하다. 햄릿은 아버지가 시해당하는 장면을 연극으로 꾸며 숙부의 당황하는 모습을 본 후 숙부의 범죄에 대한 심증을 굳혔으면서도 그가 왕으로서 선정을 베풀고 있는 상태에서 죽이는 것은 오히려 하늘을 거역하는 것이라고 생각하기에 쉽게 행동하지 못한다. 마지막에 숙부가 독을 탄 술을 어머니가 마시고 죽게 되자 그제야 햄릿은 왕을 처단하지만 그 결과는 햄릿의 죽음이다. 이를 통해 셰익스피어는 왕권의 지엄함에 대한 당대의 믿음을 반영한다.

한편 『리어 왕』(*King Lear*, 1605)은 왕이 자신의 신성한 직무를 방기할 때의 비극을 잘 드러낸다.[10] 왕이 현명하지 못하면 본인이 비극을 맞는 것은 물론이고 나라가 내란을 겪으며 온 백성의 삶이 초토화되는 비극을 초래한다는 것을 보여준다. 『멕베스』(*Macbeth*, 1603)[11]에서 셰익스피어는 왕권을 부당하게 탈취할 경우에 어떤 갈등과 비극이 생기는지를 탐색한다. 덩컨 왕(King Duncan)을 죽이고 왕이 된 멕베스는 불안과 죄의식 때문에 점점 더 많은 사람을 죽이는 악한 왕으로 바뀐다. 결국 맥베스는 파이프의 영주 맥더프(Macduff, Thane of Fife)에게 죽임을 당하면서 정당하지 못한 왕의 비참한 말로를 잘 보여준다.

---

10) 고대 브리튼 왕국의 리어 왕은 나이가 들자 세 딸에게 왕국을 나누어주고 자신은 은퇴해서 편안한 여생을 보내고자 한다. 그러나 아버지를 지극히 사랑한다고 주장했던 두 딸은 권력과 경제력이 없어진 아버지를 공개적으로 경시한다. 그제야 매끈한 말만 믿은 자신의 잘못을 깨달은 리어는 실성한 채 광야를 헤맨다.

11) 스코틀랜드의 장군 멕베스는 큰 공을 세우고 개선하다가 세 마녀에게서 글라미스의 영주(Thane of Glamis)인 그가 곧 코오더의 영주(Thane of Cawdor)가 될 것이며 또 미래의 왕(be king hereafter)이 될 것이라고 예언하는 것을 듣자 왕이 되려는 야심을 가지게 된다. 마녀의 예언은 원래의 그의 야심을 상징적으로 드러낸 것으로 볼 수 있다.

5) 요크가와 랭커스터가

리처드 2세에게서 왕권을 찬탈한 헨리 4세(재위 1399~1413)는 아버지인 제 1대 랭커스터 공작 곤트의 존의 이름을 따서 랭커스터 왕가(House of Lancaster)를 시작한다. 그는 왕이 된 이후 항상 불안한 마음으로 주변을 경계하는데, 심지어 왕위를 물려받을 큰아들 헨리 왕자(Prince Henry)[12]마저 의심하며 불화를 겪는다. 아버지의 의심을 두려워한 헨리 왕자는 일부러 무능력한 존재인양 방탕하게 지내다가 아버지가 죽은 후 헨리 5세(재위 1413~1422)로 등극하자 능력을 드러내어 선정을 펼치지만 일찍 죽는다. 이런 갈등이 셰익스피어의 역사극『헨리 4세』(*Henry IV*, 1597)와『헨리 5세』(*Henry V*, 1599)에 극화되어 있다.

『헨리 4세』에서 왕자는 헨리 4세가 임종에 가까웠다는 소식을 듣자 놀란 마음으로 달려온다. 잠들어있는 아버지를 본 왕자는 옆에 있는 왕관을 보자 도대체 왕위가 무엇이기에 아버지가 그토록 불안에 시달리는지 한탄하다가 왕관을 들고 잠시 방을 나간다. 이때 잠이 깬 헨리 4세는 왕자가 자신이 죽기도 전에 왕위에 대한 욕심을 드러냈다며, "그렇게도 내 옥좌가 비기를 고대한 것이냐"며 격렬하게 비난한다. 왕자는 비통한 마음으로 왕관에게, "네게 속해 있는 근심이/ 내 부왕의 육체를 잠식했구나./그러니 너, 최고의 황금이 최악의 황금이구나."(4막5장)라고 꾸짖었다면서 자신의 충심을 호소한다. 왕좌에 대한 욕망은 부자 간에도 갈등을 자아내는 것이다.

헨리 5세(재위 1413~1422)를 이은 헨리 6세(재위 1422~1461, 1470~1471) 때 다시 왕권투쟁이 벌어진다. 헨리 6세가 치세 후반기에

12) 셰익스피어의『헨리 4세』에서 헨리 왕자는 해리 왕자(Prince Harry)라고 불리기도 하고, 폴스태프(Falstaff)는 그를 핼 왕자(Prince Hal)라고 부른다.

정신이상으로 인해 국정 운영이 불가능하게 되자 리처드 2세 때에 왕위를 빼앗긴 요크가에서 도전을 해오며 두 가문 사이에 왕권쟁탈전쟁이 벌어진다. 원래 플랜태저넷 왕가에 속한 두 가문 중 랭커스터가는 붉은 장미, 요크가는 흰 장미를 가문의 문양으로 사용했기 때문에 이 전쟁은 흔히 장미 전쟁(Wars of the Roses, 1455-85)이라고 불린다. 요크가의 에드워드가 헨리 6세를 폐위시키고 에드워드 4세(재위 1461~1470, 1471~1483)로 등극하면서 요크 왕조(House of York)가 시작된다. 그러나 리처드 네빌(Richard Neville, Earl of Warwick)이 헨리 6세를 다시 왕위에 올리자 에드워드 4세는 잠시 왕위에서 물러났다가 네빌을 죽이고 왕권을 되찾고, 헨리 6세는 런던탑에 유폐되었다가 사망한다.

1483년 에드워드 4세가 죽자 당시 12세인 장남이 에드워드 5세로 즉위한다. 에드워드 4세의 동생인 글로스터 공작 리처드(Richard, Duke of Gloucester)는 어린 조카를 보호하는 호민관(Lord Protector)으로 지명되었지만 왕이 되려는 야심을 가지고 있었다. 그는 에드워드 4세와 엘리자베스 우드빌(Elizabeth Woodville)[13]의 결혼이 중혼이므로 에드워드 5세가 적자가 아니며, 따라서 적법한 왕이 아니라고 주장했다. 결국 그는 에드워드 5세와 그의 동생 리처드를 런던탑에 가둔 후[14] 리처드 3세(재위 1483~1485)로 왕위에 오른다. 조카를 살해하고 왕위에 오른 리처드 3세에 대한 비난이 높아지면서 랭커스터가의

13) 엘리자베스는 1464년에서 1483년까지 에드워드 4세의 왕비(Queen Consort)였다. 원래 그로비의 존 그레이 경(Sir John Grey of Groby)의 미망인이었기 때문에 에드워드 4세는 처음에 그녀와 비밀결혼을 했었다. 리처드는 에드워드 4세가 그녀와 결혼하기 전에 이미 레이디 엘리노어 버틀러(Lady Eleanor Butler)와 결혼계약을 한 후였다는 주장을 하면서 에드워드의 결혼이 무효라고 주장했다.

14) 이후 소년 왕과 그 동생은 죽은 것으로 짐작된다.

헨리 튜더(Henry Tudor)가 1485년 보스워스 전투(Battle of Bosworth Field)에서 리처드 3세의 군대를 물리치고 헨리 7세로 등극하여 튜더 왕조(House of Tudor)를 시작한다. 헨리 7세가 1503년 에드워드 5세의 누이인 엘리자베스와 결혼함으로써 랭커스터가와 요크가의 화해가 이루어지며 붉은 장미와 흰 장미를 겹쳐 넣은 문장을 사용하게 된다.

백년 전쟁과 장미 전쟁은 잉글랜드 역사상 중요한 변화를 만들어내는 전기가 되었다. 두 번의 전쟁으로 영주들이 자산을 소모하면서 세력이 약화된 반면, 상업의 발달로 새로운 계층인 상인들이 힘을 가지게 된 것이다. 이들 상인계층이 튜더 왕가를 지지하면서, 지방 영주가 힘을 가지던 봉건주의 시대가 끝나고 왕에게 권한이 집중되는 절대왕정의 기틀이 잡혔다. 이 전쟁 기간 동안에 잉글랜드 국민이 당한 고초는 말로 표현할 수 없을 정도였는데, 백년 전쟁을 거치면서 황폐해진 국토에서 피폐한 삶을 살면서 지칠 대로 지친 국민들은 또 다시 장미 전쟁을 겪으면서, 무엇보다도 안정된 왕권이 안정된 삶을 이루어준다는 믿음을 가지게 되었고, 강력한 절대왕권을 지지하게 되었다.

6) 튜더 왕조

(1) 튜더 왕조의 발전

헨리 7세(재위 1485~1509)는 튜더 왕조의 발전의 초석을 닦았다. 그는 성법원(Court of Star Chamber, 1487~1641)[15]을 세웠고, 귀족들의 사

15) 영국법상 보통법 법원(Common Law Court)의 정규 재판을 보완하기 위해서 법관 및 추밀원의 추밀고문관(privy councillor)들로 구성된 법원이다. 다른 법원들이 부

병 소유를 금지했으며, 세금 징수를 엄격히 하여 재정을 확보했으며, 치안판사를 통해 지방행정을 통제했다. 대외 정책에도 성공을 거두었다. 1541년에는 아일랜드 의회에서 아일랜드의 왕으로 인정받았고, 딸 마거릿(Margaret)을 스코틀랜드의 왕 제임스 4세와 결혼시켜서 스코틀랜드와 협조관계를 맺었다.[16]

헨리 7세를 이은 헨리 8세(재위 1509~1547)는 강력하고 안정된 왕권에 대한 의지가 무엇보다 확고했다. 그는 왕비 캐서린(Catherine)[17]이 딸만 낳고 아들을 낳지 못하던 중에 앤 볼린(Anne Boleyn)이 임신하자 적자인 아들을 얻기 위해 캐서린과의 이혼을 허락해 달라고 교황에게 청구한다. 교황이 가톨릭 국가인 스페인의 눈치를 보느라 이혼을 허락하지 않자, 헨리 8세는 의회의 권고에 따라 잉글랜드 교회를 로마가톨릭교회에서 분리하는 종교 개혁을 단행한다. 1534년 의회는 잉글랜드 교회에 대한 교황의 권리를 폐지하고 헨리 8세를 영국국교회의 수장(Supreme Head of the Church in England)으로 하는 수장령(Act of Supremacy)을 통과시켰다. 헨리 8세는 가톨릭 수도원을 해산하고 그들의 토지와 재산을 몰수해 국가의 재정을 확보하는 등 종교 개혁을 정치적으로 이용했다.

1547년 헨리 8세가 죽은 후 아들 에드워드 6세(재위 1547~1553)[18]가

패와 외압 때문에 집행할 수 없는 법률도 집행할 수 있었고 다른 조처가 부적절할 때 구제수단을 제공할 수 있었다.

16) 이로 인해 제임스 4세의 증손자인 제임스 6세가 엘리자베스 1세의 뒤를 이어 잉글랜드의 제임스 1세로 등극하게 된다.

17) 스페인의 공주인 캐서린은 헨리 8세의 형과 결혼했으나 그가 죽자 아직 합방을 하지 않은 처녀라는 검사를 받은 후 헨리 8세와 결혼하여 딸 메리를 낳는다.

18) 앤 불린은 엘리자베스를 낳은 후 약 1,000일 만에 간통죄로 몰려 왕비의 자리에서 쫓겨나 처형된다. 그 후 왕비가 된 제인 시모어(Jane Seymore)의 아들이 에드워드 6세이다. 제인 시모어가 산욕열로 사망하자 왕은 독일과의 친선을 위해 클

즉위했다. 소년왕은 짧은 재위 기간 후 16세의 나이로 사망하고, 캐서린 왕비의 딸이며 가톨릭교도인 메리 1세(재위 1553~1558)가 즉위한다. 그녀의 치세동안 잉글랜드는 다시 가톨릭 국가가 되면서 프로테스탄트 수백 명이 화형 당하는 등 피비린내 나는 종교보복이 벌어지며, 그로 인해 메리 1세는 "피의 메리"(Bloody Mary)라는 별칭을 얻었다. 1558년 메리 1세가 죽자 앤 볼린의 딸인 엘리자베스 1세가 왕위에 오르며 이후 잉글랜드는 안정된 시기를 맞아 국력이 크게 신장된다.

처녀왕(Virgin Queen)[19]으로 알려진 엘리자베스 1세(재위 1558~1603)는 왕위 서열 3위였으므로 항상 의심의 눈초리를 받았고 생명의 위협도 느끼는 등 불안한 궁정 생활을 했다. 마침내 왕위에 오른 엘리자베스는 헨리 8세의 반교황령을 재차 의회에서 통과시키면서 성공회가 잉글랜드의 국교임을 재확인하고 잉글랜드 교회의 수장이 되었다. 그러나 현실적으로는 다소 관용적인 종교정책을 시행하여 성공회와 청교도(Puritan),[20] 로마 가톨릭의 균형을 맞추기 위해 노력하였다.

몇 차례의 반란이 있기는 했으나 엘리자베스 1세의 치세 동안 잉글랜드는 국내적으로는 비교적 평온한 시기였다. 대외적으로는 여왕의 결혼을 외교적 무기로 활용하여 주위 나라들과의 갈등을 무마하면서 국가의 안정을 도모했다. 또 반스페인 정책을 취하면서 프랜시스 드레이크(Francis Drake)와 같은 해적을 지원하여 스페인의 해상활동을 견제했다. 1588년 스페인의 펠리페 2세(Felipe II, 영어로 Philip II)는

레페의 앤(Anne of Cleves)와 결혼했다가 곧 이혼하고 그 시녀이던 캐서린 하워드(Catherine Howard)와 결혼하지만 그녀가 다른 남자와 외도를 벌이자 참형시킨다. 이후 캐서린 파(Catherine Parr)와 결혼한다.

19) 미국의 버지니아(Virginia)주는 엘리자베스 여왕 당대의 유명한 시인이자 탐험가였던 월터 롤리 경(Sir Walter Raleigh)이 여왕을 기념하기 위해 만든 지명이다.

20) 16세기 후반에 영국국교 내에서 일어난 신교도의 한 분파.

용맹하기로 이름 높은 무적함대(Spanish Armada)를 파견하여 잉글랜드의 해상 진출을 저지하고자 하였으나 오히려 잉글랜드 해군에 의해 격파되었고 이를 계기로 잉글랜드 해군은 유럽의 재해권에서 우위를 점하게 되었다.

엘리자베스 1세 때는 경제적으로도 번영의 시기로 이윤 창출이 높은 직물업이 확장되었다. 그러나 이로 인해 양모가격이 상승하자 개방경작제도(open field system)에서 공유지(common land)를 개방하던 지주들이 양을 키우기 위해 말뚝을 박아 자신들의 토지를 제한했고 많은 농민들이 땅을 잃고 쫓겨났는데 이것이 인클로저(Enclosure)이다. 이로 인해 일자리를 잃게 된 소작인들은 빈민으로 전락해서 거리를 유랑해야 했다. 의회는 이러한 상황을 해결하려고 1601년 빈민구제법(Poor Relief Law)을 통과시켰다.

(2) 기독교와 영국의 종교개혁

① 기독교의 발생과 발전

서구세계의 사상적 모태는 헬레니즘(Hellenism)과 헤브라이즘(Hebraism)이다. 헬레니즘은 그리스와 로마 신화에서 비롯된 사상으로 르네상스(Renaissance)[21]기에 인문주의(Humanism)로 새로이 꽃피게 된다. 헤브라이즘은 유대인[22]의 종교인 유대교(Judaism)에서 발현되어 이후 서구세계의 정신적 기초가 되는 정신이다. 기독교

21) 14세기에서 16세기에 유럽에서 일어난 문예부흥운동.

22) 유대(Judea) 혹은 유다(Judah)는 전통적으로 가나안 지방의 남단을 부르는 고대의 지명이다. 넓게는 가나안 지방 전체를 가리키기도 하나 대체로 과거 유다 왕국이 존재했던 남부 가나안 지방을 가리킨다. 현재의 이스라엘과 팔레스타인 그리고 요르단의 일부 지방을 포함한 지역이다.

(Christianity)는 유대교에서 유래한다.

유대인은 독특하게도 유일신 사상을 가지고 있었다. 유일한 절대자가 오직 자신의 민족만을 선택했다고 믿는 배타적 선민사상으로 인해 유대인들은 주변 민족에게서 질시를 받으면서 고난의 역사를 겪었다. 유대인들이 땅을 잃게 된 내력은 『성경』의 「출애굽기」(The Book of Exodus)에 나온다. 원래 가나안(Canaan) 지방에 살던, 아브라함(Abraham)의 손자이며 야곱(Jacob)의 아들인 요셉(Joseph)은 형제들의 박해를 받다가 이집트로 팔려가며 그곳에서 고위직에 오른다. 가나안에 극심한 가뭄이 들자 요셉의 가족을 비롯한 유대인들은 이집트로 식량을 구하러 갔다가 요셉을 만나 이집트에 정착하게 된다. 세월이 많이 흐르면서 유대인들은 이집트에서 노예와 같은 삶을 살다가 모세(Moses)의 지도로 이집트를 탈출한다. 유대인들은 다시 가나안에 정착하고 다윗 왕(King David, 재위 B.C. 1077~1037)과 그의 아들 솔로몬 왕(King Solomon, 재위 B.C. 1037~998)의 통치 아래 전성기를 누리기도 하지만 로마에 의해 정복되어 다시 식민과 고난의 역사를 겪게 된다.

로마의 압제 하에서 고통을 받던 유대인들은 이 압제에서 구해줄 메시아(Messiah)[23]를 열렬히 기다린다. 메시아가 누구이며 어떤 존재인가에 대한 인식에서 예수[24]를 바라보는 시각이 달라진다. 열심당원

23) 원래 "기름부은 자"라는 뜻인데, 이에 해당되는 사람은 대제사장, 왕, 예언자 등이었다.

24) "예수"(Jesus)는 히브리어 "여호수아"(Jehoshua) 혹은 "예수아"(Jeshua)를 고대 그리스어 "이에수스"로 옮기고 다시 그것을 라틴어로 옮긴 것이다. "Jehoshua"는 접두어 여[Je, 히브리어로 야훼(Jahveh) 하느님의 의미]와 호세아(Hoshea, 히브리어로 구원의 의미)를 붙인 것이다. 역사적 실존인물로 지칭할 때는 나사렛의 예수(Jesus of Nazareth)로 부른다. "Christ"는 고대 그리스어인 "크리스토스"("기름을 부은"의 의미)의 라틴어 "크리스투스"(Christus)에서 나온 것이며 한국어로 "그리스도"(기

(Zealots)과 같은 현실적인 민족주의 정치 운동가들에게 메시아는 로마로부터 유대를 해방시켜 독립왕국을 세울 위대한 왕, 즉 모세, 다윗, 솔로몬과 같은 현실적 지도자를 가리키는 말이었다. 예수는 이런 기준에 걸맞은 카리스마를 갖추고 있었다. 그러나 시간이 지나고 예수의 행적이 구체화될수록, 예수의 관심은 이 땅에 현실적인 정치적 힘을 가진 세속왕국을 세우는 것과 거리가 멀다는 것이 드러난다. 이런 예수의 모습에, 처음부터 예수를 자신들의 권위를 위협하는 존재로 여기던 바리새인(Pharisees)[25]이나 사두개파(Sadducees)[26] 뿐 아니라, 예수를 따르던 지지자들도 실망하고 분노를 느낀다. 예수를 적에게 팔아넘긴 유다(Judah)도 바로 그 중의 한 명이라는 평가가 있다. 그러나 예수는 고대의 영웅시(Heroic Poetry)[27]의 영웅처럼 죽음을 받아들임으로써 오히려 불멸을 성취하게 된 셈이다.

예수가 죽은 후 예수와 그의 가르침을 따르던 유대인들은 예수를 메시아로 공식 인정하고 스스로를 기독교인(Christian)으로 지칭한다. 처음에는 구약에 명시된 유대인들의 행동과 역할, 정화례, 안식일, 할례 등을 지켰으나, 점점 예수의 말씀전례(Liturgy of the Word)와 성찬전례(Liturgy of the Eucharist)를 우선적으로 거행하면서 정통 유대교와 달라진다. 가장 큰 차이는 유대교가 예수를 메시아로 인정하지 않는 반면 새로운 기독교는 예수가 메시아라고 인정한다는 점이다.

기독교의 극적인 전환점은 사울(Saul)에서 시작된다. 열성적으로 기

독)라고 한다.

25) 또는 바리사이파, 바리새파. 예수가 활동하던 시대에 존재했던 유대교의 경건주의 분파.

26) 또는 사두가이파는 유대교 제사장을 중심으로 한 지식인 세력.

27) 신의 업적, 영웅의 전기를 주제로 하는 고대의 서사시.

독교인들을 박해하던 사울이 어느 날 다마스커스(Damascus)로 가는 길에 성령의 힘으로 개심하고 사도 바울(Paul the Apostle)[28]로 거듭나면서 기독교는 이방인들을 포함하게 된다. 이후 로마에 의해 예루살렘이 멸망하면서 유다계 기독공동체는 쇠퇴하는 반면 기독교는 이방인까지 포함하는 종교로 전 세계로 퍼져나가 영향력을 미치게 된다.

유대를 지배하고 있던 로마는 기독교도들의 세력이 점점 커지자 그들이 정치세력으로 부상하지 못하도록 극심한 탄압을 가한다. 그러나 기독교의 비정치성을 간파하자 313년 황제 콘스탄티누스 1세(Emperor Constantine I)는 밀라노 칙령(Edict of Milan)으로 신앙의 자유를 인정하고, 380년 황제 테오도시우드 1세(Emperor Theodosius I)는 기독교를 로마제국의 국교로 선포한다. 5세기에 로마, 알렉산드리아(Alexandria), 안티오키아(Antioch), 콘스탄티노플(Constantinople), 예루살렘(Jerusalem)에 교회가 생기면서 서유럽을 기반으로 한 서방기독교(Western Christianity), 소아시아, 발칸반도, 동유럽, 중동 등지의 동방기독교(Eastern Christianity)로 나누어 발전한다.

5세기 중에 유럽 대륙의 북쪽에서 살던 게르만 민족이 남쪽으로 대이동을 하면서 로마제국이 멸망하게 되자 다시 기독교가 붕괴될 위기에 처한다. 그러나 게르만 민족이 기독교로 개종함으로써 전 유럽이 기독교 문화로 재탄생하게 된다. 이후 기독교는 서구사회를 지탱하는 가장 큰 힘으로 작용한다.

중세는 기독교가 막강한 힘으로 사람들의 삶을 지배하던 시대

28) 사울은 개심한 후 바울로 개명한 것으로 알려져 있으나 사실이 아니다. 당시의 유대인들은 대개 히브리 이름과 로마 이름 두 개를 가지고 있었다. 사울도 히브리 이름인 사울과 라틴 이름인 바울을 함께 사용하다가 개심한 후 주로 바울로 불렸다는 것이 정설이다.

이며 기독교의 전성시대라고 할 수도 있지만, 동시에 교황의 교권과 왕의 왕권이 서로 갈등하며 투쟁하던 시기이기도 했다. 중세전기(750~1054)에는 기독교가 확장되고 교황령(Papal States)[29]이 탄생하기는 했으나, 강력한 신성로마제국(Holy Roman Empire)[30] 황제가 교회의 내정에 간섭하는 등 여전히 교권이 왕권의 아래에 위치해 있었다. 이 무렵 성상파괴(Iconoclasm) 논쟁[31]으로 동방교회와 서방교회가 신학적으로 충돌하면서 1054년 동서교회의 분열(East-West Schism)이 일어나면서 로마가톨릭교회와 동방정교회로 분리되었다.[32]

중세후기(1054~1300)는 교권이 왕권을 누르게 된 시기로, 교황 그레고리오 7세(Pope Gregory VII)의 교회 쇄신 노력으로 교회가 세

29) 교황령은 교황의 세속적인 지배권을 인정한 영토이다. 교황령은 754년 프랑코의 왕인 피핀의 기증(Donation of Pepin) 때부터 이탈리아 반도 내의 주요 도시국가 중 하나였으나, 1870년 이탈리아 왕국이 통일되면서 사실상 소멸되었다. 1929년 라테란 조약(Lateran Pacts)에 따라 로마 시 안에 바티칸 시국(State of the Vatican City)을 건국함으로써 교황좌(Holy See)가 회복되었다.

30) 962년에서 1806년까지 이어진 중부유럽 나라들의 정치 연방체로 고대 로마제국의 계승자임을 스스로 자처하여 붙인 이름이다.

31) 730년 시리아 출신의 비잔티움 제국(Bysantine Empire, 306~1453)의 황제 레오 3세(Emperor Leo III)는 『구약성경』(*Old Testament*)의 모세의 십계명에 열거되어 있는 "우상을 섬기지 말라"는 말을 근거로 성상의 숭배를 금하는 칙령을 발표했다. 이 칙령은 제국의 소아시아지역과, 그 외 지역의 일부 성직자와 지식인들의 지지를 받았으나 고대 그리스 문화의 전통이 남아 있는 수도 콘스탄티노폴리스(Constantinople)와 유럽 지역의 국민들은 심하게 반발했다. 비잔티움 제국의 간섭에서 벗어나고자 했던 교황청에게는 이 성상파괴 논쟁이 따로 교회를 구성할 적절한 명분을 제공하였다. 이를 계기로 성화상을 인정하는 로마가톨릭교회(Roman Catholic Church)와 성화상을 금지한 동방정교회(Eastern Orthodox Church)로 분리되었다. 성상파괴자는 "iconoclast," 우상숭배자는 "iconolater"이다.

32) 그때까지는 세계 공의회를 통해 그리스도교의 기초가 되는 교리와 전례를 공식으로 제정하고 실행하던 하나의 교회(One, Holy, Catholic, and Apostolic Church)였다.

속권에서 벗어나 자주권을 회복했으며 이슬람교에 대항하는 십자군 전쟁을 통해 교회의 권력이 확대된다. 그러나 교황의 권력이 막강해지면서 교회의 안팎에서는 권력 투쟁과 각종 부패가 뒤따랐고 그로 인해 교회의 개혁에 대한 논의가 부상했다. 독일의 수사신부이며 성서학 교수이던 마틴 루터(Martin Luther 1485~1546)의 종교개혁 선언이 종교개혁의 신호탄이 된다. 루터는 1517년 10월 31일 "대사"(Indulgence)[33] 남용을 비판하는 신학명제인 "95 명제"(Ninety-Five Theses)를 작성하여 발표했다. 루터는 인간의 구원은 고해성사, 종교계율 엄수, 자선사업, 선행 등으로 얻어지는 것이 아니라, 오직 그리스도에 대한 믿음으로만 이루어지며, 구원의 조건은 성서, 은총, 믿음으로 성립된다고 주장했다. 가톨릭교회의 개혁을 요구하다가 파문을 당하자 루터는 새로운 교회를 따르는 사람들, 즉 개신교도(Protest+ant)를 출발시켰다. 개신교는 이후 성경 해석과 이론에 따라 장로교(Presbyterian), 감리교(Methodist), 침례교(Baptist) 등 다양한 분파로 나누어졌다. 로마가톨릭교는 자체적으로 교회의 쇄신을 추진하여, 15세기 초부터 트리엔트 공의회(Council of Trient, 1545~1563)를 통해 신학과 교리를 재정리하고 교회 규율을 혁신했다.

---

33) 가톨릭교에서 고백성사(Sacrament of Penance and Reconciliation)는 죄에 대한 참회, 신부에게 고백, 죄를 보상할 실천적인 행위인 보속으로 구성된다. 이 보속을 교회에서 면제해주는 것이 대사(Indulgence)이다. 초기 교회가 박해를 받던 시절에 제대로 실천행위를 할 시간이 없는 경우가 많았기 때문에 대사제도가 생기게 되었다. 그런데 대사가 남용되었고 일부 성직자는 대사를 주는 면죄부 증서를 팔아서 돈을 벌기도 했으므로 비판과 개혁의 소리가 높았다. 그런데 1506년 교회는 성 베드로 성전(St. Peter's Basilica)의 개축 비용을 충당하기 위해 신자들에게 재정 지원을 요청했고 그 대가로 교황이 제한없이 보속을 면제해 주는 전대사(Plenary Indulgence)를 반포했다.

② 영국의 종교개혁

기독교는 로마의 두 번째 침공 때 잉글랜드에 소개되었다가, 595년 교황 그레고리 1세(Pope Gregory I)가 파견한 성 아우구스티누스(St. Augustine)가 켄트의 왕 에덜버트(Aethelbert of Kent)를 개종시키면서 잉글랜드인의 삶의 근간이자 중심도덕이 되었다.

중세에 이르자 잉글랜드에서도 교권과 왕권의 투쟁이 벌어졌다. 헨리 2세는 왕권을 강화하기 위해서 심복인 토마스 베케트를 캔터베리의 대주교로 보냈는데, 그는 오히려 하느님과 교황의 말씀에만 복종하겠다고 선언했다. 이에 분노한 왕의 암시에 따라 자객들이 베케트를 성당 안에서 암살했다. 그러나 잉글랜드인들이 베케트를 순교자로 숭상하면서 왕권의 강화를 꾀하던 헨리 2세의 시도는 실패로 돌아가고 말았다.

유럽에서 본격적인 종교개혁과 종교전쟁이 일어나던 15세기 말에 잉글랜드는 오히려 교황과 밀접하게 결속되어 있었다. 당시의 왕 헨리 8세의 왕비 캐서린이 가톨릭국가인 스페인의 공주였을 뿐 아니라 헨리 8세의 개인적인 성향도 가톨릭적이었다. 헨리 8세는 독일의 종교개혁에 반대하는 논문을 발표하여 교황 레오 10세(Pope Leo X)에게서 "신앙의 수호자"(Defender of Faith)라는 칭호를 받았다. 그런데 헨리 8세가 캐서린 왕비와 이혼하기 위해 교황의 허락을 구하자 교황은 이를 거절했다. 교황 클레멘스 7세(Pope Clement VII)는 귀족이나 왕족의 결혼해소권을 대체로 허락했지만 스페인 황제인 카를 5세(Karl V)의 비위를 거스를 수 없었던 것이다.[34] 헨리 8세는 앤이 아이를 낳기 전인 1533년 1월에 비밀결혼을 했고 가톨릭교회에서 파문 당하자

34) 캐서린은 카를 5세의 고모. 캐서린은 딸 메리를 카를과 결혼시킬 계획이었으므로 이혼에 동의하지 않으려고 했다. 나중에 메리는 38세의 나이에 카를 5세의 아들이며 나중에 펠리페 2세로 즉위하는, 당시 27세의 펠리페 왕자와 결혼했다.

1534년 수장령을 발표하며 종교개혁을 이룩했다. 당시 대법관이던 토머스 모어(Thomas More)는 수장령에 반대하다가 처형당했다. 그러나 잉글랜드 국민은 토머스 베케트와 교회를 지지했던 헨리 2세 때와는 달리 헨리 8세의 왕권을 더 지지하면서 영국국교회(Anglican Church), 즉 성공회가 확립되었다.

헨리 8세의 뒤를 이은 에드워드 6세와 메리 2세 때 잉글랜드의 종교적 상황은 혼란스러웠다. 에드워드는 성공회를 영국의 국교로 삼았으나 메리 여왕이 다시 가톨릭교를 영국의 국교로 부활시켰다. 메리는 라틴어로 미사를 올리게 했으며 아내가 있는 신부들을 교회에서 쫓아내었고[35] 가혹한 개신교 탄압정책을 폈다. 하지만 이미 몰수된 자산을 다시 가톨릭 수도원에 되돌려 줄 수는 없었기에 경제력을 갖지 못한 가톨릭교회의 힘은 약할 수밖에 없었다. 메리는 5년이라는 짧은 기간동안 통치하였으므로 가톨릭 부활 정책은 성공하지 못했다.

메리 여왕의 뒤를 이은 엘리자베스 1세는 1559년 "유일 최고의 수장"(Supreme Head)을 "유일 최고의 통치자"(Supreme Governor)라는 칭호로 바꾸고 성공회의 체제를 강화시켰고, 통일령(Act of Uniformity, 1559)으로 공동기도서(Book of Common Prayer)를 재강조하였다.[36]

잉글랜드는 이후 약 100여 년 간 종교적 갈등으로 인해 많은 혼란을 겪었다. 잉글랜드 왕실과 정부는 성공회를 영국의 국교로 삼았지

---

35) 가톨릭교의 신부는 독신이어야 하지만 영국국교회에서는 신부에게 결혼을 허락했다.

36) 이는 잉글랜드에 국한되었다. 스코틀랜드의 국정교회(Church of Scotland)는 성공회가 아닌 장로파이다. 웨일스와 북아일랜드에는 국정교회 제도가 없다. 웨일즈에서는 국교회가 인기가 없어 1914년 공식적으로 철수했고 비국교도(Nonconformist)가 주류를 이루고 있다.

만, 전통적으로 로마가톨릭교도가 다수 공존했고, 대륙의 영향을 받은 신교도가 도시 자영농이나 상인을 중심으로 의회를 장악하는 등 세 종교가 반목하며 갈등했기 때문이다. 잉글랜드 정부는 정치적 안정을 꾀하기 위해 비국교도의 권리를 제한하는 정책을 실행했다. 대표적인 법률이 비국교도가 공직을 가질 수 없도록 규정한 심사율(Test Act, 1673)[37]이다. 1661년의 지방자치단체법으로 지방의 공직에서 제외되었던 비국교도는 심사율로 중앙관직에서도 배제되었고, 이로서 공직의 국교도 지배가 확립되었다. 결국 공적인 삶에서 차단된 비국교도들은 무역과 상업으로 관심을 돌리면서 상업의 발달과 산업혁명에서 선구적인 역할을 했다.

19세기에 자유주의 풍조가 확대되면서 심사율에 대한 비판이 커졌고 1828년에 폐지되었다. 1829년 가톨릭 해방령(Catholic Emancipation Act)[38]으로 가톨릭교도에 대한 여러 불평등 조약이 해소되었고, 가톨릭교도와 다른 비국교도도 정부요직과 하원의원이 될 수 있는 권리를 얻게 된다.

사실 비국교도 중에서도 가톨릭교도들은 더욱 박해를 많이 받았다. 미사도 비밀리에 올렸고 나중에는 종소리를 한 번만 울리면서 조심스럽게 미사를 드릴 수 있었고, 1924년에야 원하는 만큼 종을 울릴 수 있었다. 가톨릭에 대한 적대적인 감정은 20세기에도 남아 있다. 1914년 영국정부가 400년간의 단절 후에 가톨릭교의 본산인 바티칸의 로

37) 가톨릭교도가 국회의원이나 공무원이 되는 자격을 박탈하였고 몇 개의 형벌법에 의하여 의사나 법률가가 되는 일, 토지를 구입하는 일, 장기간의 차지계약을 맺는 일도 금지하였다.

38) 가톨릭교도에 대한 여러 가지 권리상, 자격상의 제한적 규정을 철폐한 법령. 이 해방령으로 가톨릭교도는 국회의원의 피선거권을 획득하였고, 공직에도 취임할 수 있게 되었다. 기타의 제한도 1926년까지 점차 해제되었다.

마교회와 다시 외교관계를 맺게 되었을 때 영국 외무부는 영국 대표단이, "교황에 대해 사리에 맞지 않을 정도의 경외감을 가져서는 안 된다."는 메모를 발표했다. 오늘날도 가톨릭 사제는 의회에 출석하지 못하며, 군주가 가톨릭이 될 수 없다는 법도 여전히 존재한다.

18세기까지 영국 사회의 불안 요인이던 성공회, 가톨릭교, 개신교 간의 갈등과 불화가 점차 해소되어 갈 무렵 다시 한 번 종교 갈등이 일어난다. 19세기 중반 과학의 발전으로 인해 기독교적인 세계관이 도전받게 된 것이다. 1859년 찰스 다윈(Charles Darwin)이 발표한 생물학 논문『종의 기원』(*On the Origin of Species*)은 인간은 하느님의 은총을 받는 절대적인 존재가 아니라 우연한 진화의 산물이라는 논리를 제기해 기독교적 세계관을 송두리째 흔들어 놓았다. 인간의 우주적 위치에 대한 회의는 신의 존재에 대한 회의로 연결되기 때문이다. 이런 혼란기에 대응하는 방식은 여러 가지였다. 기독교의 하느님을 거부하고 무신론(Atheism)으로 빠지는 경우가 많았고, 기독교를 대신할 다른 종교를 찾는 경향도 증가했다. 토머스 칼라일(Thomas Carlyle, 1795~1881)은『의상철학』(*Sartor Resartus,* 1833~4)에서 기독교는 낡은 옷이므로 새로운 옷으로 갈아입어야 한다고 주장하면서 기독교의 예수를 대신할 초인적 존재를 찾자고 주장했다. 또 한 경향은 뉴먼 추기경(Cardinal Newman)을 비롯한 성공회 성직자들의 반응이다. 이들은 새로운 성경읽기와 철저한 교리연구를 통해서 초기 기독교의 정신을 되살리려고 하는 과정에서 로마가톨릭교가 정통기독교임을 확인하고 가톨릭으로 개종하는데 이것이 옥스퍼드 운동(Oxford Movement)이다. 20세기 초에 이르러 "신은 죽었다."고 공개적으로 선포한 니체를 비롯하여, 인간의 현존을 우선하는 실존주의(Existentialism) 철학과 과학의 발달로 기독교의 영향은 더욱 미약해졌지만, 기독교 사상은 여전히 서구사회와 서구문화의 중심축이다.

③ 국교회의 조직과 구조

영국에서는 존경과 경외심을 대체로 침묵과 고요함으로 표현하므로 보통 영국교회의 예배는 매우 조용하다. 해외에서 다른 교회의 예배에 참석해본 영국인들은 회중이 너무 활발하고 시끄러워서 깜짝 놀란다. 반면 외국인들은 영국의 전통적인 예배분위기를 억압적이고 배타적이라고 여긴다.

성공회는 로마로부터의 독립, 성직자의 결혼 허가, 고백의 불강제 등의 점에서는 신교적인 요소를 가지고 있지만, 성찬식의 중시, 관구제도, 성직자의 직계제 등 많은 점에서 가톨릭교와 공통점을 가지고 있다. 교회조직은 가톨릭교와 비슷한데, 가장 높은 직제인 대주교(archbishop)가 지역(province)을 주재한다. 성공회에는 2명의 대주교가 있는데 캔터베리 대주교와 요크 대주교이다. 성공회의 수장인 캔터베리 대주교의 공식관사는 런던에 있는 램버스 궁(Lambeth Palace)이다. 성공회는 가톨릭교회처럼 중앙집권제를 활성화하지 못했으므로 캔터베리 대주교의 권한은 형식적인 것에 불과하다.

영국이 해외에서 식민지를 확장하면서 성공회 역시 전세계에 보급되었다. 영국국교회를 비롯한 전 세계의 성공회를 통칭해서 에피스코팰리언(Episcopalian)[39] 교회라고 한다. 매 10년마다 세계 각국의 에피스코팰리언 교회의 주교들이 런던에 모여 캔터베리 대주교의 사회로 램버스 회의(Lambeth Conference)를 개최한다.

1992년 캔터베리 대주교 조지 게리(George Carey)는 영국국교회 총

39) 주교가 있다는 뜻.

회에서 여성 사제의 임명을 허용하기로 결정했고 18개월 후에 최초의 여성사제들이 임명되었다. 〈디블리의 신부〉(*The Vicar of Dibley*, 1994-2007)는 옥스포드셔 마을에 새로 부임한 여성 성직자의 삶을 다룬 텔레비전 코미디물이다.

7) 스튜어트 왕조

엘리자베스 1세에게 후사가 없었기 때문에 1603년 그녀의 죽음을 끝으로 튜더 왕조는 막을 내렸다. 신교도가 주도하던 의회는 여왕의 친척이며 신교도인 스코틀랜드의 왕 제임스 스튜어트(James Stuart) 6세를 영국 왕으로 모시기로 결정한다.[40] 그가 스튜어트 왕가의 시조인 제임스 1세(재위 1603~1625)이다. 제임스 1세는 웨일즈를 포함한 잉글랜드와 스코틀랜드가 합쳐진 그레이트브리튼의 최초의 왕으로 즉위하였다.

제임스 1세 치하의 잉글랜드 왕국과 스코틀랜드 왕국은 예전과 같이 각자의 의회와 법률을 유지한 채 분리 통치되었다. 그러나 잉글랜드에 그토록 저항했던 스코틀랜드가 제임스 1세의 즉위로 인해 잉글랜드와 한 나라가 된 사건은 이후 갈등의 원인이 된다. 스튜어트가의 왕이 제임스 2세에서 끝나게 되자 스코틀랜드는 다시 잉글랜드로부터 분리되려고 하지만 결실을 맺지 못했고 오늘날까지 한 국가로 통

40) 잉글랜드의 헨리 7세의 딸 마거릿이 스코틀랜드의 제임스 4세와 결혼했고, 그 아들이 제임스 5세, 그 딸이 메리 여왕이며, 그 아들이 제임스 6세이다. 그러므로 잉글랜드의 헨리 8세의 딸인 엘리자베스 1세는 스코틀랜드의 메리 여왕에게는 5촌 아주머니이며, 제임스 6세에게는 7촌 할머니뻘이다.

합되어 있다.

헨리 7세에서 시작되어 엘리자베스에서 끝난 튜더 왕조는 절대군주제를 완성하였지만, 프랑스와 같은 다른 절대군주제 국가와 달리 왕의 권한을 제한하는 대헌장의 전통에 의거해 군주와 의회가 원만한 관계를 유지했다. 그러나 스코틀랜드 출신인 스튜어트가의 왕들은 잉글랜드의 전통에 어두웠기 때문에 의회를 무시하고 군주의 절대 의지를 강요하려고 했고 그로 인해 군주와 의회 사이에 갈등이 빚어지면서 이후 내전이 발생하는 원인이 된다.

제임스 1세 시절에는 종교 갈등으로 인한 정치적 불안으로 내정이 어수선했다. 제임스 1세를 겨냥한 암살 시도가 여러 번 발생하였는데 그 중 가장 유명한 사건이 1605년 11월 5일 가이 폭스(Guy Fawkes)를 포함한 가톨릭교도 4명이 신교도가 주류인 의회를 폭파시키려고 계획한 화약음모사건(Gunpowder Plot)이다. 이 사건으로 가톨릭교도에 대한 잉글랜드인들의 반감은 더욱 증가했다. 국교회 내의 혁신파인 청교도들은 형식적인 예배식을 고수하는 국교회를 개혁할 것과 의회의 권한 증대를 요구했지만 제임스 1세는 왕권신수설을 내세우며 거부했다.

1625년 제임스 1세의 아들인 찰스 1세(재위 1625-1649)가 즉위하면서 왕과 의회의 대립은 격화되었다. 1628년 의회는 왕에게 권리청원(Petition of Right)[41]을 제출해 의회의 통제권을 확대하려고 했다. 그러

41) 국민의 인권에 관한 선언이다. 의회의 동의 없이는 어떤 과세나 공채도 강제하지 않고, 법에 의하지 않고는 누구도 체포, 구금되지 않으며, 육군 및 해군은 인민의 의사에 반하여 민가에 숙박할 수 없고, 민간인의 군법에 의한 재판은 금지하며, 각종 자유권을 보장한다는 내용이었다. 이 청원은 주권이 국왕으로부터 의회로 옮겨지는 첫걸음이다. 권리청원은 대헌장 및 권리장전(Bill of Right)과 함께 영국 헌법의 기초를 이룬다.

자 찰스 1세는 의회를 해산시키고 1629년부터 1640년까지 의회 없이 통치하면서 세금을 대폭 인상했다. 또 엄격한 국교주의를 주장하는 캔터베리 대주교 윌리엄 로드(William Laud)의 정책을 받아들여, 종교 의식에서 반드시 공동기도서를 쓸 것을 강요했고, 공동기도서를 사용하지 않는 성직자들을 처벌했다. 이런 강경한 정책 때문에 다수의 청교도인들이 종교의 자유를 찾아 북아메리카로 떠났다.

이처럼 왕과 의회의 갈등이 심화되다가 1642년 국왕을 지지하는 왕당파(Royalists 혹은 Cavaliers)와, 올리버 크롬웰(Oliver Cromwell)의 의회파(Roundheads)[42] 사이의 내전(English Civil War, 1642~1651)이 발발했다. 왕당파와 의회파는 여러 차례 격돌했지만 결국 크롬웰의 승리와 찰스 1세의 처형으로 끝이 났다.[43]

1653년 군대의 지지를 받는 올리버 크롬웰(임기 1653~1658)의 "공화정"(Republic)이 시작되었다.[44] 크롬웰은 신정정치에 가까울 정도로 신교도의 엄격한 도덕을 강요했으며 군대식 통치를 했으므로 곧 국민의 불만이 높아지게 된다. 1658년 크롬웰이 죽고 그의 아들 리처드 크롬웰(임기 1658~1659)이 뒤를 이었으나 의회는 리처드를 퇴임시키고 프랑스에 있던 찰스 왕자를 불러들여 찰스 2세로 즉위시켰다. 이것이 1660년의 왕정복고(Restoration)이다.

프랑스의 자유롭고 방종한 문화에 젖어있던 찰스 2세(재위 1660~1685)는 크롬웰 통치 하에서 경직되었던 사회 분위기를 완화시켰다.

---

42) 짧은 머리 스타일 때문에 붙은 이름.

43) 1649년 찰스 1세가 처형당하자 찰스 왕자는 프랑스로 망명하여 루이 14세에게 의탁했다. 잉글랜드 내의 왕당파들은 계속 전투를 벌였으나 1651년 우스터 전투(Battle of Worcester)에서 격파된 후 완전히 그 힘을 상실했다.

44) 크롬웰이 호국경(Lord Protector)으로 통치하였으므로 "호국경정부"(Protectorate)라고도 하고 왕조의 관점에서 "공백기"(Interregnum)라고 칭하기도 한다.

연극을 음탕한 예술로 규정한 청교도 정부의 치하에서 문을 닫아야 했던 극장들이 다시 문을 열면서 다양한 연극이 활발하게 공연되었고 커피하우스(coffee house)가 처음으로 생기는 등, 런던은 번잡한 도시로 발전했다.

찰스 1세 시기에는 큰 사건도 많았다. 잉글랜드에 대역병(Great Plague, 1665~1666)이 발생해 런던 인구의 15퍼센트인 거의 10만 명이 사망했다. 1666년 9월에는 런던에서 대화재(Great Fire)가 발생해 목조건물 대부분이 파괴되었고, 당시 인구 80,000명 중 70,000명이 집을 잃고 노숙자가 되었다. 그러나 화재 덕분에 대역병의 병원균인 선페스트(bubonic plague)가 사라진 점은 다행이라 하겠다. 이때 나온 노래가 "장미고리"(Ring-a-Ring-o'-Roses 혹은 Ring Around the Rosie)이다.[45]

청교도혁명과 왕정복고를 거치면서 왕권은 철저히 약화되었다. 이를 잘 알고 있던 찰스 2세는 의회와 갈등이 생기면 타협적으로 비켜가는 정치적 책략가였다. 그러나 그의 왕위 계승자인 동생 제임스는 자신이 왕이 되면 가톨릭교도의 권한을 복구시키겠다는 말을 공공연히 해서 의회의 불신을 샀다. 1678년 타이터스 오츠(Titus Oates)는 불만에 싸인 가톨릭교도들이 런던에 불을 지르고 찰스 2세를 죽인 후 제임스를 왕으로 삼으려 한다고 고발했다. 이것이 구교도음모사건(Popish Plot)이다. 이를 계기로 잉글랜드와 스코틀랜드 전역에 반가톨릭 히스테리가 극에 달했으며 수십 명이 처형되었다. 이 사건은 날조된 거짓말이라는 것이 밝혀졌고 오츠는 위증으로 체포되었다. 그러나

45) 이 노래는 자장가로 알려져 있지만 사실은 1665년의 대역병에 대한 것이다. "장미의 반지"(ring of roses)는 선페스트의 발병기 마지막에 병자의 몸에 나타난 붉은 반점 형상을 말하며, 허브 꽃다발(posies)은 병의 예방책이다. "에취"(Atishoo)는 병의 한 증상인 재채기 소리로, 이 병에 걸리면 재채기를 한 후 몇 시간 만에 죽어서 "넘어질"(fall down) 수 있었다.

가톨릭교도에 대한 불신과 불안이 극도로 팽배해졌고 제임스를 잉글랜드의 왕위에서 제외시키는 제외법(Exclusion Bill, 1679)이 통과되었다.

1685년 찰스 2세가 사망하자 일단 제임스 2세((1633~1701, 재위 1685~1689)가 즉위했으나 국민과 의회는 불만이 많았다. 1689년 의회는 제임스 2세의 딸이며 신교도인 메리와 그녀의 남편인 네덜란드의 오렌지 공 윌리엄(William, Prince of Orange)을 초빙하여, 메리 2세(재위 1689~1694)와 윌리엄 3세(재위 1689~1702)로 공동 왕으로 추대했다. 피를 흘리지 않고 왕조의 교체가 이루어진 이 사건을 무혈혁명(Bloodless Revolution) 혹은 명예혁명(Glorious Revolution)이라고 한다. 동시에 의회는 왕권을 제한하는 권리장전(Bill of Rights)[46]을 통과시켰다. 권리장전은 로마가톨릭교도가 왕위를 계승할 수 없으며, 의회가 자주 소집되어야 한다고 명시했다. 국왕에게 충성맹세(Oath of Allegiance)를 하면 비국교도에게도 신앙의 자유를 인정하는 관용법(Act of Toleration, 1689)도 통과시켰다.[47] 1701년에는 왕위 계승자가 가톨릭교도이거나 가톨릭교도와 결혼하는 경우는 왕위 계승의 자격을 상실한다는 왕위계승법(Act of Settlement)[48]을 통과시켰다.

---

46) 권리장전은 제임스 2세의 불법행위를 12개조로 열거하면서, 의회의 동의 없이 왕권에 의하여 이루어진 법률이나 그 집행 및 과세는 위법이며, 의회의 동의 없는 평화 시의 상비군의 징집 및 유지를 금지하고, 국민의 자유로운 청원권을 보장하며, 의원선거의 자유를 보장하고, 의회에서의 언론 자유를 보장하고, 지나친 보석금이나 벌금 및 형벌을 금지하는 것 등이다.

47) 가톨릭교도는 이 대상에서 제외했다.

48) 왕위상속의 차례를 규정한 법률이다. 명예혁명 때 권리장전에 윌리엄 3세와 메리의 사망 후의 왕위계승 순위를 정해놓았으나, 제 2순위인 앤 여왕에게 남자 자손이 없었기 때문에, 퇴위당한 제임스 2세의 아들이며 대왕위요구자(Old Pretender)라고 불리는 가톨릭교도 제임스 스튜어트(James Francis Edward Stuart, 1688-1766)에게 왕위가 계승될 가능성이 커졌다. 그래서 신교도인 하노버 공국(Hanover Duchy)의 소피아 공작부인(제임스 1세의 외손녀)의 자손에게 왕위를 계승하도록

1702년 윌리엄 3세가 사망하자 메리의 여동생인 앤(Anne 재위 1702~1714)이 왕위를 계승했다. 1707년에는 연합법(Act of Union)으로 스코틀랜드와 잉글랜드가 공식적으로 그레이트브리튼 연합왕국이 되었고 통합된 의회를 구성하기 위해 잉글랜드 의회와 스코틀랜드 의회는 해산되었다. 스코틀랜드는 연합왕국의 의회에 의원을 보내는 대신 스코틀랜드의 법과 교회 조직은 그대로 유지했다.

제임스 2세는 잉글랜드에서는 폐위되었지만 스코틀랜드와 아일랜드에서는 여전히 지원을 받았다.[49] 제임스는 아일랜드에서 가톨릭 군대를 모아 전투를 벌였으나 1690년 6월 보인 전투(Battle of the Boyne)에서 패배하였다.[50] 1692년 2월 스코틀랜드의 하이랜드 지역에서는 주민 수십 명이 새로운 군주인 윌리엄과 메리에게 충성을 약속하지 않는다는 이유로 학살된 글랜코의 대학살(Massacre of Glencoe)이 일어났다.

스튜어트가를 정통 군주로 인정하는 정치세력인 재커바이트(Jacobites)[51]들의 반란은 두 번에 걸쳐 다시 일어났다. 앤 여왕이 사망하고 독일 하노버 공국의 조지가 조지 1세로 등극한 1715년에 격렬한 저항이 일어났으나 실패에 그쳤다. 1745년에는 제임스 2세의 손자인

정한 법률이다. 이 법률에 의해 앤 여왕이 죽은 뒤 1714년 조지 1세의 하노버 왕조(House of Hanover)가 시작된다.

49) 제임스 2세는 잉글랜드의 왕이면서 동시에 스코틀랜드의 제임스 7세이며 아일랜드의 제임스 2세였다.

50) 영국정부는 이후 아일랜드의 반란을 막기 위해 얼스터(Ulster) 지방에 장로교 스코틀랜드인들을 이주시켰다. 이들은 그들의 후원자인 오렌지 공 윌리엄의 이름을 따서 오렌지인(Orangemen)으로 불렸다.

51) "James"의 라틴 이름이 "Jacobus"이므로 거기서 유래한 것이 "Jacobitism." 즉 제임스주의이며 그를 따르는 사람은 "Jacobite"이다.

찰스 스튜어트(Charles Edward Stuart)[52]가 아버지 대왕위요구자 제임스를 왕위에 올리려고 군사를 일으켰다. 찰스는 1746년 스코틀랜드의 컬로든 전투(Battle of Culloden)에서 잉글랜드 군대와 저지대 스코틀랜드인들(Lowland Scots)에게 패배한 후 프랑스에 망명했다가 그곳에서 죽었고 그후로 스튜어트 왕가의 저항은 완전히 사라졌다.

8) 하노버 왕조

1714년에 앤 여왕이 죽자 하노버 공국의 통치자 게오르그(George)[53]가 왕위를 물려받아 조지 1세(재위 1714~1727)로 즉위하면서 하노버 왕조(House of Hanover)가 시작되었다. 독일에서 태어나 자랐고 왕위에 오를 당시 이미 54세였던 조지 1세는 영어를 잘 할 줄 몰랐기 때문에 수상이 이끄는 내각정부(Cabinet Government)가 사실상의 통치를 했다. 조지 왕의 통치 말기에 실질적인 권력은 영국의 최초의 수상인 로버트 월폴 경(Sir Robert Walpole, 1676~1742)이 갖고 있었고, 예산은 왕의 재무관리들이 만들어 의회의 승인을 얻도록 결정되었다.

조지 2세(재위 1727~1760)에 이어 조지 3세(재위 1760~1820)가 통치하던 1800년에는 연합법(Acts of Union)에 의해 〈그레이트브리튼과 아일랜드 연합왕국〉이 정식으로 출범했다. 조지 3세는 말년에 광기를 보여서 황태자가 섭정(재위 1811~1820)으로 통치했는데 이 시

52) 소왕위요구자(Young Pretender)인 찰스 왕자는 스코틀랜드인들에게 아름다운 체얼리 왕자(Bonnie Prince Charlie)라고 불리며 사랑받았다. "Charlie"의 스코틀랜드 발음은 찰리가 아니라 체얼리이다.

53) 독일식 발음. 제임스 1세의 외손녀인 소피아 공작부인의 아들. 제임스 1세의 외증손자뻘.

기를 섭정기(Regency)라고 한다. 황태자는 1820년에 조지 4세(재위 1820~1830)로 통치했고 왕위를 이을 적자를 남기지 못해 동생인 윌리엄 4세(재위 1830~1837)가 뒤를 이었다. 윌리엄 4세 역시 적자를 남기지 못하고 사망하자, 이미 세상을 떠난 에드워드 공작(Duke Edward, 조지 3세의 넷째 아들)의 딸 빅토리아(Victoria, 재위 1819~1901)가 1837년 18세의 나이에 여왕으로 등극하여 1901년까지 통치하게 된다.

하노버 왕조 중에 스튜어트 왕가를 추종하는 재커바이트의 두 차례의 반란 이외에도 여러 차례의 전쟁과 격변이 일어났다. 오스트리아 왕위계승전쟁(War of the Austrian Succession, 1740~1748)[54]으로 프랑스와 전쟁을 치렀으며, 식민지 무역에 관한 갈등 때문에 7년 전쟁(Seven Years' War, 1756~1763)[55]을 치렀다. 1776년 미국 식민지가 독립을 선언하면서 1783년 전후에는 북미 식민지의 절반을 상실했다. 프랑스의 나폴레옹 보나파르트(Napoleon Bonaparte, 1769~1821)와의 전쟁도 영국인의 삶에 큰 영향을 주었다.[56]

54) 여성의 왕위 계승을 금지하는 살리카법(Salic law, 라틴어로 Lex Salica)에 따라 오스트리아의 마리아 테레지아(Maria Theresa of Austria, 1717~1780)가 합스부르크 왕가(House of Habsburg)를 계승하는 것은 부당하다는 구실을 내세우며 각국이 개입하여 전쟁이 시작되었다. 오스트리아는 프랑스의 전통적인 적대국이던 영국과 네덜란드 공화국으로부터 대부분의 군수품을 지원받았다.

55) 오스트리아 왕위계승전쟁에서 프로이센(Prussia)에게 패배해 독일 동부의 비옥한 슐레지엔(Silesia)을 빼앗긴 오스트리아가 그곳을 되찾기 위해 프로이센과 벌인 전쟁이다. 유럽의 거의 모든 열강이 참여하여 유럽뿐 아니라 그들의 식민지가 있던 아메리카와 인도까지 퍼진 대규모 전쟁이다. 오스트리아-프랑스-작센(Saxon)-스웨덴-러시아가 동맹을 맺어 프로이센-하노버-영국의 연합에 맞섰다. 유럽에서 벌어진 전쟁은 포메라니안 전쟁(Pomeranian War)으로 불린다. 아메리카 대륙에서는 영국과 프랑스가 전쟁을 벌였는데 이것을 프렌치 인디언 전쟁(French and Indian War)이라고 한다.

56) 1789년 프랑스에서는 압제에 시달리던 시민들이 왕정을 전복하고 공화정을 수립하는 시민혁명을 일으키지만 오래 지속되지 못하고 평민 출신인 나폴레옹 보

이 시기에 영국은 근대적인 사회로 변화했고 많은 개혁도 이루었다. 영국의 발전에 큰 영향을 끼친 사건은 18세기 후반부터 기술의 혁신과 기계화를 통해 일어난 산업혁명(Industrial Revolution)이다. 1782년 제임스 와트(James Watt)가 발명한 증기기관은 산업혁명의 상징적인 존재이다. 증기를 기반으로 한 공장제 기계 공업은 경제 규모를 증대시켰고 새로운 기술에 의한 생산력을 향상시켰다. 그러나 그로 인해 전통적인 가내 공업이 몰락했으며 전통적인 농업 사회였던 영국 사회의 구조가 바뀌게 되었다. 농업 인구의 대부분이 시골을 버리고 대도시로 이주했으며 그 결과 도시는 인구과밀로 고통 받았고 유아의 사망률[57]과 범죄가 증가했다. 노동자들은 자신들의 삶이 기계에 의해 위협받고 있다고 여기면서 기계나 공장을 파괴하기도 하였는데 이런 기계 파괴 행위를 "러다이트 폭동"(Luddite Riots, 1811~1812)이라고 한다.

하노버 왕조에서 가장 중요한 시기는 빅토리아조(Victorian Age)이다. 빅토리아조는 빅토리아 여왕이 즉위한 1837년부터 서거한 1901년까지를 일컫는데, 그 명칭처럼 여왕 자체가 이 시기를 상징한다. 여왕은 근면하고 종교적이었으며, 남편인 알버트 공(Prince Albert)에게 헌신하며 10명의 아이를 키운 현모양처였다. 빅토리아 여왕과 앨버트

나파르트가 프랑스의 황제(재위 1804~1815)로 집권한다. 나폴레옹은 국민의 불만을 잠재우기 위해 유럽전역을 상대로 정복전쟁(Napoleonic Wars, 1803~1815)을 일으키며 영국은 주변 국가들과 연합하여 프랑스에 대항하는 전쟁에 돌입한다. 1813년 영국 연합군은 나폴레옹을 폐위시키고 엘바 섬(Island of Elba)에 감금하지만 그곳을 탈출한 나폴레옹은 다시 권좌에 오른다. 1815년 6월 워털루 전투(Waterloo Battle)에서 패배한 나폴레옹은 영국에 의해 세인트헬레나 섬(Island of Saint Helena)에 6년간 감금되어 있다가 사망하며 유럽은 안정을 회복하게 된다.

57) 5세에서 6세 이하의 미취학 아동을 위한 대부분의 주말 학교는 교내에 장례식장을 두고 있을 정도였다.

공의 도덕적인 부부생활과 모범적인 가정생활은 전 국민의 모범이 되었고, 여왕은 영국국민의 삶의 구심점이 된다. 여왕의 삶과 행동, 도덕이 당대의 규범으로 여겨지면서, 군주가 백성들의 모범이 된다는 개념을 다시 환기시키게 된 것이다.

빅토리아조는 영국역사상 가장 부강한 시절이었다. 안으로는 산업혁명과 과학의 발전에 힘입어 세계에서 가장 부강한 국가가 되었고, 세계도처에 식민지를 개척하여 "해가 지지 않는 나라"(Empire Under the Sun)라는 칭호를 얻었다. 1851년에 열린 런던세계박람회(London World's Fair)는 영국의 전성기를 상징하는 행사로 기획되었다.

빅토리아 여왕 재위 50주년(Golden Jubilee, 1887)과 60주년(Diamond Jubilee, 1897) 기념식에는 세계 각지에 흩어져 있는 식민지의 통치자들과 대표자들이 참석하여 대영제국의 위상을 높여 주었다. 산업의 발전과 식민지의 확장도 계속 되어 영국 정부의 부는 점점 더 확산되었다. 그러나 자본주의와 도시의 발달로 인해 농촌의 공동체가 붕괴되자 농민들이 유랑하는 일용노동자로 전락하게 되는 등 진보와 발전의 부작용도 더욱 심각해졌다.

정치적 개혁도 많이 이루어졌다. 빅토리아조 초기인 1838년부터 1848년까지 노동자층이 중심이 되어 전개된 선거법개정운동(Chartist Movement), 1846년의 곡물법(Corn Law) 폐지[58] 등으로 시작된 국내

58) 곡물법은 곡물의 수출입을 규제하기 위하여 제정한 법률로 1815년에 제정되었다. 산업혁명이 진행되면서 인구가 증가했고 유럽대륙에서 나폴레옹이 벌인 전쟁 등으로 인해 곡물의 수요가 증대하자 곡물가격이 급등하여 농산물을 생산하던 지주는 폭리를 얻었다. 그러나 나폴레옹 전쟁이 종결되면서 곡물가격이 폭락하자 농업공황이 일어나 파산하는 지주가 속출했다. 이에 지주계급이 다수를 이룬 영국의회에서는 지주들의 이익을 확보해주기 위해 외국산 곡물의 수입을 금지하는 곡물법을 통과시켰던 것이다. 1828년에는 곡물가격의 오르내림에 따라 수입관세를 증감하도록 개정된 신곡물법이 의회를 통과하였다. 따라서 곡물법은 지주계급의

의 개혁은 이후로도 계속되어, 보통교육의 의무화, 노조의 합법화, 비밀투표제 등의 개혁으로 이어졌다. 공장에서 아동이 일하는 시간을 제한하는 공장법(Factory Acts, 1833)이 만들어졌고, 노예제폐지법(Slavery Abolition Act, 1833)으로 비인간적인 노예제가 불법으로 선포되었다. TUC(노동조합총협의회 Trades Union Congress, 1868)도 만들어졌다.

찰스 다윈이 생물학 논문,『종의 기원』에서 인간의 진화론을 발표한 후 야기된 종교적 갈등은 이후 무신론(Atheism), 토머스 칼라일이 주장하는 초인적인 영웅에 대한 열망,[59] 원래의 종교인 가톨릭 신앙으로 되돌아가자는 뉴먼 추기경의 옥스퍼드 운동 등으로 다양하게 나타난다. 빅토리아조의 이상적인 가정을 구성하던 점잖은 신사(Respectable gentleman)와 순결한 집안의 천사(Angle of the House)라는 이데올로기는 말기에 이르면 활발해진 성담론을 통해 비판되면서 영국사회의 위선과 허구적인 면모에 대한 비판이 가속화되었다.

이익을 보호했으므로 일반국민에게는 불만의 대상이었고 자유무역주의자들은 곡물법 반대운동을 일으켰다. 1839년 맨체스터에서 결성된 반곡물법 동맹이 선봉이 되어 의회에서 곡물법 반대운동이 벌어졌으며, 1846년 로버트 필(Robert Peel) 내각 때 폐지된다.

59)『의상철학』에서 낡은 옷인 기독교를 대치할 새로운 종교를 주장한 칼라일은『영웅숭배론』(*On Heroes, Hero-Worship, and the Heroic in History*, 1841)에서, 우리에게는 초월적인 신보다 성실하고 용기 있는 영웅적 지도자가 필요하며, 우리는 영웅을 존경해야 하는데, 영웅을 알아보고 존경할 안목이 있는 작은 영웅들 역시 필요하며, 이렇게 영웅들로 가득한 세계에서만 진정한 영웅 숭배가 가능하다며, 역사에서 개개인의 역량이 중요하다고 주장했다.

9) 윈저 왕조

1901년 빅토리아 여왕이 서거하자 아들 에드워드 7세(재위 1901~1910)가 왕위를 계승했으며 독일 출신인 앨버트 공의 성을 따라 작센코부르크고타 왕조(House of Saxe-Coburg-Gotha)가 되었다. 그런데 뒤를 이은 조지 5세(재위 1910~1936) 때인 1914년 1차 대전이 발발하여 독일과 전쟁에 돌입하자 조지 5세는 영국민들의 반독일 정서를 고려하여 왕가의 이름을 윈저 왕조(House of Windsor)로 바꾸었다.

독일과의 전쟁이 계속되던 중인 1916년, 아일랜드에서는 독립을 쟁취하기 위한 대규모 항쟁인 부활절 봉기(Easter Rising)가 일어났고 1920년 아일랜드 분리(Partition of Ireland), 1921년 영국과 아일랜드 의회 사이의 협정 등 아일랜드의 독립을 준비하는 여러 과정이 발생한다. 아일랜드는 2차 대전이 끝난 후 1949년, 북아일랜드를 제외한 나머지 지역이 아일랜드 공화국(Republic of Ireland)으로 독립한다.

1936년 조지 5세의 뒤를 이어 에드워드 8세가 즉위했으나 미국인 이혼녀인 심슨 부인(Mrs. Simpson)과의 결혼을 발표하면서 국민의 극심한 저항에 부딪친다. 에드워드는 결혼을 포기하는 대신 왕위를 양위했고 동생인 조지 6세(재위 1936~1952)가 왕위에 올랐다. 조지 6세가 사망하면서 큰 딸인 엘리자베스 2세(재위 1952~)가 즉위하여 지금까지 다스린다. 엘리자베스 2세는 1947년 에든버러 공작 필립 공(Prince Philip, Duke of Edinburgh)과 결혼했다.

오늘날의 영국왕실은 가히 세계인의 관심거리라 할 수 있다. 1999년 엘리자베스 2세가 우리나라를 다녀가면서 한국에서도 영국왕실에 대한 관심이 높아졌다. 영국왕실의 인기는 텔레비전의 등장과 뉴스를 원하는 미디어의 발달과도 관계가 있을 것이다. 1981년 찰스 황태자

(Prince Charles, Prince of Wales)와 다이애나 황태자비(Princess Diana)의 결혼이 전세계에 생중계되었고, 1997년 다이애나 비의 장례식 역시 생중계되었다. 찰스 황태자는 2005년 오랜 연인이던 카밀라(Camilla, Duchess of Cornwall)와 결혼했고 그 소식 또한 세계인의 관심을 모았다. 얼마 전에는 그 아들인 윌리엄 왕자(Prince William)의 결혼식이 전세계를 떠들썩하게 만들었다. 영국으로부터 독립하겠다며 조지 3세를 독재자로 비방했던 미국인들도 영국왕실의 소식에 목말라하며 열렬한 관심을 보인다. 영국왕실은 미국의 할리우드 대중스타와 버금가는 인기를 누리고 있는 것이다.

왜 영국의 왕실은 이처럼 인기가 있는 것일까? 아마도 영국왕실은 절대적인 권력을 대표하는 존재가 아니기 때문일 것이다. 오래 전부터 영국왕실은 절대 권력의 산실이라기보다는 국민의 꿈을 대신 이루어주는 존재, 즉 신데렐라의 꿈을 대리 만족시켜주는 존재였기에 사랑을 받아온 듯하다. 그러나 국민의 호기심을 자극하고 만족시켜주는 장식품으로서의 영국왕실을 영국민들은 언제까지 유지할까? 궁금한 일이다.

10) 20세기

(1) 양차 세계 대전과 그 영향

빅토리아조에 세계의 최강대국이었고 20세기 초까지 세계의 지도자 역할을 자임하던 영국은 세계 제 1, 2차 대전을 수행하면서 점차 그 자리를 미국에게 내주어야 했다. 미국의 힘이 강대해진 탓도 있지만 영국 스스로의 고립정책에서 자초된 상황이기도 했다. 영국은 일찌감치 산업혁명을 완수하여 19세기에는 세계 제 1의 강대국으로 부상했고, 식민지 획득에서도 프랑스와 독일과 비교도 안 될 정도로 유리한 위치를 점하면서 독보적인 위치를 누렸으므로, 다른 나라들과 제휴할 필요성을 느끼지 못했다. 그래서 영국은 대체로 독자적으로 행동하면서, 자국이 유럽의 다른 나라들의 균형을 잡아주는 역할을 하고 있다고 자위했다. 19세기 말 벤저민 디즈레일리(Benjamin Disraeli, 1804~1881)의 보수당 체제의 외교정책에서는, "영광스러운 고립"(Splendid Isolation)[60]이라는 용어로 영국의 고립을 정당화하했다.

19세기 말에서 20세기 초의 복잡한 유럽의 정치 상황 속에서 "영광스러운 고립" 정책을 고수하던 영국은 보어전쟁(Boer War, 혹은 Anglo Boer War, 1880~1902)[61]을 치르면서 고립정책의 대가를 실감했다. 보어군이 각국의 지원을 받은 반면 영국은 혼자서 이 전쟁을 수행하면서 무려 50만의 병력을 투입하고서야 5만의 보어군을 진압할 수 있었던 것이다. 전통적인 고립정책을 포기한 영국은 독일, 오스트리아-헝가리, 이탈리아의 삼국동맹(Triple Alliance, 1882~1914)에 대항하여 프랑스와 협상을 맺었으며(1904) 나중에 러시아가 가담해 영국-프랑스-러시아의 삼국협상(Triple Entente, 1907)을 결성했다. 1914

60) 캐나다의 한 정치인이 유럽의 정치 상황에 관여하지 않는 영국의 정책을 칭찬하면서 사용한 용어이다.

61) 아프리카에서 종단정책을 추진하던 영국과 당시 남아프리카 지역에 정착해 살던 네덜란드계 보어족 사이에 일어난 전쟁으로 1차 보어전쟁(1880~1881)과 2차 보어전쟁(1899~1902)이 있다. 영국은 1차 보어전쟁에서 보어족의 트란스발 공화국(Transvaal Republic)과 오렌지 자유국(Orange Free State)의 독립을 인정하였으나 이후 이곳에서 다이아몬드와 금이 다량 발견되자 다시 2차 보어전쟁을 일으켰다. 1902년 5월 영국이 승리하며 종결되었고 공화국과 자유국은 영국의 식민지가 되었다. 이 전쟁에서 영국은 민간인들을 학살하는 등 잔인한 행동을 많이 했다.

년 제1차 세계대전[62]이 일어나자 영국은 연합국(the Allies)의 일원으로 참전했으며 1918년 전쟁이 끝나고 체결된 베르사유조약(Treaty of Versailles, 1919년)으로 국제연맹(League of Nations)이 창설되는 과정에서 주도적인 역할을 했다.

제1차 세계대전 후 영국은 연합국 진영의 다른 어떤 나라보다 더 큰 변화를 겪었다. 정부는 전쟁을 치르면서 보험업, 철도운영, 광산업, 거대 군수산업 등의 경제적 활동을 대대적으로 수행할 기회를 가지게 되었으며, 군수산업 노동자들을 위한 후생, 오락, 의료 시설들을 마련하는 등 복지사업을 실행했다. 이러한 성과로, "대포를 만들어낼 수 있는 나라는 주택과 학교도 지을 수 있으며, 가장 이상적인 고용주는 정부"라는 주장이 설득력을 얻게 되었다. 동시에 영국은 전쟁으로 인한 극심한 경제적 피해로 부채국으로 전락했고, 제 2차 세계대전 직전까지 불경기와 높은 실업률에 시달렸다. 게다가 동력이 석유로 전환되면서 석탄 산업이 쇠퇴했고 이로 인해 실직과 임금삭감을 당한 광부들은 총파업을 일으켰다.

그 와중에 유럽의 정세가 다시 불안해지자 영국은 전쟁의 재발을 막기 위해 유화정책을 취한다. 1938년 체임벌린 수상(Arthur Neville Chamberlain, 임기 1937~1940)은 독일 뮌헨(Munchen)에서 히틀러 총통(Chancellor Adolf Hitler, 1889~1945, 임기 1933~1946)과 만나 독일

62) 제 1 차 세계대전은 표면적으로는 1914년 사라예보(Sarajevo)에서 일어난 오스트리아-헝가리 제국의 황태자인 프란츠 페르디난트 대공(Archduke Franz Ferdinand)이 암살당하면서 시작되었다. 그 이면에는 복잡한 정치, 경제적 갈등이 내재되어 있다. 영국은 처음에는 전쟁에 참전하지 않았으나 벨기에의 중립국 지위보장에 대한 독일 제국과의 협상이 결렬되자 선전포고와 함께 전쟁에 참가했다. 제 1 차 세계대전은 참호전, 기관총, 화학무기, 야간폭격, 탱크 등이 이용된 이전의 전쟁과 차원이 다른 참혹한 전쟁이었으며 수많은 희생자가 발생하였다.

의 체코슬로바키아(Czechoslovakia)의 주데텐란트(Sudetenland)[63] 점령을 인정해 주었다. 그러나 1939년 히틀러가 체코슬로바키아의 나머지 땅까지 점령하자, 체임벌린은 유화정책을 포기했다. 1939년 9월 독일이 폴란드까지 침공하자 영국은 프랑스와 함께 독일에 대해 선전포고를 했고 이로써 제 2차 세계대전[64]이 시작되었다. 영국은 1940년 5월 10일 윈스턴 처칠(Winston Churchill)을 수상으로 임명했고 같은 날 독일은 벨기에(Belgium), 룩셈부르크(Luxembourg), 네덜란드(Netherlands)를 공격했다. 6월에는 프랑스까지 독일에 점령당했다. 히틀러는 영국에 공습을 감행했으며 이후 6개월 동안 수백 대의 독일 비행기가 밤마다 영국을 공습했고, 독일 잠수함은 영국으로 식량과 보급품을 운송하는 선박을 공격했다. 그러나 영국인은 윈스턴 처칠의 강력한 지도 아래 굳게 뭉쳐 히틀러의 침공 계획을 저지시켰다. 처칠이 수상으로 임명된 직후 "나는 피, 수고, 눈물, 그리고 땀밖에는 달리 드릴 것이 없습니다."라는 유명한 연설을 했다.

1945년 마침내 연합국이 승리했지만 전쟁의 피해는 엄청났다. 영국에서는 약 36만 명이 죽었고, 런던을 비롯한 많은 도시가 파괴되었으며, 경제는 파탄지경에 이르렀다. 특히 영국이 가지고 있던 식민지들이 모두 독립하게 되면서 영국의 자원이 고갈된다.

1931년 오스트레일리아, 캐나다, 뉴질랜드, 남아프리카 연방 등이 독

63) 주데텐 산맥 주변 지역으로 인구의 대부분이 독일인임에도 불구하고 제 1 차 세계대전 말에 체코슬로바키아로 편입되었기 때문에 독일과 체코슬로바키아 사이의 끊임없는 불화의 진원지가 되었다.

64) 2차 세계대전은 1939년 나치 독일이 폴란드를 침공하면서 시작되어 1940년 독일, 이탈리아, 일본이 삼국동맹조약(Tripartite Pact 혹은 Three Power Pact)를 맺으면서 2차 대전의 주축국(Axis Power)이 되었다. 이 전쟁은 1945년 일본제국의 항복으로 공식적으로 끝났다.

립하면서 영국과는 영연방(British Commonwealth)의 일원으로 관계를 지속했다. 제 2 차 세계대전 이후에는 인도(India), 파키스탄(Pakistan), 실론(Ceylon)[65] 등이 독립국이 되면서 영연방의 일원이 되었다. 버마(Burma)[66]와 아일랜드는 독립공화국임을 선포하며 영연방에서 탈퇴했다. 남아프리카 공화국(Republic of South Africa)은 아파르트헤이트(Apartheid)[67]라는 인종격리정책 때문에 1961년부터 1994년까지 영연방에 가입되지 않았고 이 정책을 폐지한 후 영연방에 소속되었다.

(2) 정치적 상황

영국의 정치는 점점 진보적이고 개혁적인 방향으로 발전했다. 1906년과 1910년에 자유당(Liberal Party)[68]이 집권했으나 개혁에 반대하는 보수당(Conservative Party)이 상원을 장악하여 거부권을 행사하는 경우가 많아 제대로 정책을 펼치는 것이 쉽지 않았다. 이런 병폐를 고치기 위해 자유당 정부는, 2년 동안 하원을 세 번 통과한 법률은 상원이 거부할 수 없도록 법을 제정해서 상원의 거부권을 제한하려고 했다.

65) 현재의 명칭은 스리랑카(Sri Lanka).

66) 지금의 미얀마(Myanmar).

67) 남아프리카 백인정권이 1948년 법률로 공식화한 인종분리정책. 모든 사람을 인종 등급으로 나누어 백인, 흑인, 유색인, 인도인 등으로 분류하고, 인종별로 거주지 분리, 통혼 금지, 출입구역 분리를 실시했다. "차별이 아니라 분리에 의한 발전"이라는 미명하에 사상 유례가 없는 노골적인 백인 우월주의 국가를 지향하였다. 1990년 이후 남아공 백인정부와 아프리카국민회의(African National Congress, ANC)의 대표인 넬슨 만델라(Nelson Mandela, 1918~) 간의 협상을 거친 후에 만델라가 대통령으로 당선되면서 1994년 4월 27일 아파르트헤이트는 완전히 폐지되었다.

68) 휘그당(Whig)을 계승한 당으로 19세기와 20세기 초에 활약했으며 1988년 사회민주당(SDP, Social Democratic Party)과 합당하여 현재는 자유민주당(Liberal Democrats)이다.

상원이 여기에 반대했으나, 1910년 12월 선거에서 자유당이 다시 승리하자 상원도 이 법안을 통과시켰고, 자유당은 사회 개혁을 계속 추진했다.

1900년에는 사회주의 집단과 노동조합을 대표하는 노동당(Labour Party)이 결성되었다. 1924년의 선거에서 노동당은 램지 맥도널드(James Ramsay MacDonald, 1866~1937, 임기 1924, 1929~1935)의 지도로 소수정부를 구성했고 1929년 선거에서 처음으로 다수당이 되어 맥도널드는 다시 수상이 되었다. 몇 달 후 경제공황이 시작되자 맥도널드는 위기에 대처하기 위해 연립내각(National Government, 1931)을 구성하였고, 세금을 인상하고 자유무역을 포기했으며, 예산을 삭감했다.

1945년 선거에서 클레멘트 애틀리(Clement Attlee)가 이끄는 노동당은 사회주의 개혁을 내세워 압승을 거두며 다시 정권(1945~1951)을 잡았다. 이후 6년 동안 노동당 내각은 사회보장제도를 확대하고, 석탄, 철강, 철도 등 핵심 산업을 국영화했다. 또 복지국가라는 기치를 내세워 대대적인 사회복지정책을 펼쳤고, 세계 최초이면서 가장 광범위한 의료 제도를 확립했다. 영국의 복지정책은 흔히 "요람에서 무덤까지"(from cradle to grave)라는 슬로건으로 대변된다. 그러나 복지제도의 확대와 노동단체의 수많은 산업쟁의가 영국의 발전을 막고 있다는 비판이 점차로 부상했다. 1951년 처칠이 이끄는 보수당 내각이 다시 집권했으나 노동당이 시행했던 정책의 대부분을 수용해 진행시켰으므로 이전의 복지기조는 그대로 유지되었고 그 부작용으로 경제가 둔화되었다.

1979년 보수당이 다시 집권하면서 첫 여성수상이 된 마거릿 대처(Margaret Thatcher 1925~2013, 집권 1979~1990)가 경제를 활성화시키는 조처를 취하기 시작했다. 대처의 보수정권은 사회 복지를 대폭 삭감하고, 많은 국영기업을 민영화하고, 노동조합과의 싸움에서 승리하는 등 대처리즘(Thacherism)에 입각한 정책을 펼쳤다.[69] 대처의 국민적 인기는 1982년 남대서양에 있는 포클랜드 제도(Falkland Islands)에서 아르헨티나의 군대를 몰아냄으로써 절정에 올랐다. 그러나 대처는 주민세 부과로 국민의 반발을 불러일으켰고 유럽 통합에 대한 비타협적인 자세로 당 지도부의 반발을 초래하여 1990년 11월에 수상직에서 사퇴하고, 존 메이저(John Major, 임기 1990~1997)가 수상직을 승계했다.

18년간의 보수당 통치는 1997년 토니 블레어(Anthony Blair, 임기 1997~2007)가 이끄는 노동당이 승리하면서 끝났다. 블레어 다음에 역시 노동당인 고든 브라운(James Gordon Brown, 2007~2010)이 수상을 맡았다. 이후 보수당의 데이비드 캐머론(David Cameron, 2010~2016)이 수상을 맡았는데, 2016년 6월 EU 탈퇴에 대한 국민투표의 결과가 탈퇴로 판가름나자 브렉시트(Brexit)[70]의 책임을 지고 사임했다. 현재 테리사 메리 메이 (Theresa Mary May)가 영국의 제57대 총리로 취임해서 브렉시트의 실행을 책임지고 있다

(3) 영국과 유럽연합

유럽 대륙은 현재 독립된 여러 나라로 나누어져 있지만 이 대륙의 구성원들은 거의 게르만 족이며, 종교적으로는 기독교를 믿는 하나의

---

69) 대처의 정책은 신자유주의의 시작으로 평가된다. 대처의 지지자들은 경제 부흥을 이룬 그녀의 업적을 부각시키지만 비판자들은 대처의 정책으로 인해 사회적 불균형이 더 커졌다고 주장한다.

70) 반대파는 브리메인(Bremain, 영국-Britain + 잔류-remain의 합성어.)

통일된 세계이며, 오랜 옛날부터 왕족 간의 결혼을 통해 친족관계를 맺고 있다. 영국은 대륙에 속하지는 않으나 게르만족의 일파인 앵글로색슨족의 후손이며, 노르만왕조는 프랑스에서 건너왔으며, 하노버 왕가는 독일의 후손이므로 유럽의 일부라는 의식을 가지고 있다. 동시에 섬나라인 영국은 다른 유럽국가들과 상대적인 거리감을 가지고 있다.

19세기 초부터 민족주의가 확산되면서 유럽의 각 국가들이 독립적인 발전을 이루어가면서도 유럽 전체를 하나로 통합하려는 의지는 항상 존재했다. 나폴레옹과 히틀러가 전쟁을 일으킨 것도 유럽의 정치적, 영토적 통합이라는 명목과 연결되어 있었다. 그러나 1, 2차 세계대전 후 영국, 프랑스, 독일 등의 갈등이 심화되었고 유럽 국가들의 통합은 사실상 불가능한 것으로 결론이 내려지고 있었다. 그런데 미국과 소련이 민주주의와 공산주의라는 이데올로기를 내세우며 세계의 패권을 다투는 양대 구조가 확립되자 유럽의 각 나라들은 위기감을 느끼면서 미소 두 세력에 대적할만한 단일 조직이 필요하다는데 인식을 같이 한다. 그 결과로 나온 것이 유럽연합(European Union)이다.

유럽연합의 기원은 1946년 9월 19일 영국 수상 윈스턴 처칠이 스위스(Switzerland) 취리히(Zurich)에서 한 유명한 연설까지 거슬러 올라간다. 이 연설에서 윈스턴 처칠은 유럽에 국제연합(United Nations)과 유사한 기구가 필요하다고 주장했고, 그것이 1949년 군사적 연대인 북대서양조약기구(NATO, North Atlantic Treaty Organization)[71]로 실행되었고 이후 차츰 경제적 이익을 도모하는 방향으로 발전한다.

---

71) 유럽의 여러 국가와 미국 및 캐나다 사이에 체결된 북대서양조약에 의거하여 설립된 집단안전보장기구이다. 나토는 1989년까지 소련 및 중앙유럽 공산주의국가들의 방위 체제인 바르샤바조약기구(Warsaw Pact, 1955)와 군사, 정치적 균형을 이루는 데 공헌한 것으로 평가되고 있다.

1950년 5월 9일 프랑스의 경제학자이자 외교관인 장 모네(Jean Monnet, 1888~1979)가 구상한 석탄 및 철광석 채굴을 위한 프랑스-독일(서독) 간의 공동 사무소 설치에 관한 계획을 당시 프랑스의 외무부 장관 로베르 쉬망(Robert Schuman, 1886~1963)이 공식적으로 건의함으로써 최초로 유럽공동체(European Communities, EC)에 대한 논의가 시작되었다. 이 사건을 슈망선언(Déclaration Schuman)이라고 하며 이 역사적 사건을 기념하기 위해 5월 9일은 유럽일(Europe Day 혹은 Schuman Day)로 지정되었다. 유럽석탄철강공동체(European Coal and Steel Community) 이후 유럽원자력공동체(European Atomic Energy Community, Euratom) 등이 결성되며 이후 통합이 가속화된다.

섬나라인 영국은 유럽통합에 대해 유럽대륙 내의 다른 나라들과 시각이 다소 달랐지만 세계의 경찰의 역할을 미국에 빼앗긴 상황에서 더 이상 고립정책을 추구할 수 없었고 결국 1973년에 유럽경제공동체(European Economic Community)에 참가했다. 1992년 2월 네덜란드 마스트리히트에서 유럽공동체 가입국들이 서명한 마스트리히트 조약(Maastricht Treaty)으로 EEC는 유럽연합(European Union)으로 명칭이 바뀐다.

유럽연합의 공식통화는 유로화(Euro, 통화 기호: €; 코드: EUR)이다. 유로는 1999년 1월 1일 결제를 위한 가상 화폐로 처음 알려졌고 2002년 1월 1일부터 법정 통화가 되었고 정식으로 동전과 지폐가 발행되기 시작하였다. 유로는 17개국의 유럽연합 가입국과 유럽연합에 가입하지 않은 9개국에서 사용되며, 이들 국가를 통틀어 유로존(Euro Zone)이라고 한다.

유럽연합 가입국들이 모두 유로를 자신들의 통화로 채택한 것은 아니다. 영국과 덴마크(Denmark)는 유럽연합 세력권 안에 있되, 자신들의 통화 단위를 계속 유지하기로 결정했다. 스웨덴(Sweden)의 경우 2003년 법 개정 당시 유로화의 사용을 거부함에 따라 유로존의 경제 통합 문제와 정치적 문제 등의 이유로 유럽연합에 가입하지 못하고 있다. 바티칸 시국(Vatican City State), 모나코 공국(Principality of Monaco), 산마리노 공화국(Republic of San Marino) 등의 유럽 극소국들은 실질적인 유럽연합 회원국이 아니지만 주변국과 유럽 내에서의 용이성을 위해 유로화의 통용을 허용하고 있다.

영국은 유럽연합의 결성 과정에서 끝내 소극적이었으며 영국인들은 여전히 무관심하다. 영국수상의 태도에서도 그 점이 잘 나타난다. 2007년 12월 13일 아침 EU의 25개국 회원국의 수상들이 조약에 서명하려고 모인 자리에 영국 수상 고든 브라운만 참석하지 않았고 나중에 따로 서명을 했다. 그날 아침 영국 의회에서 열리는 한 위원회에 가야 한다는 것이 이유였다. 수상의 태도는 EU에 대한 영국인의 태도를 반영하는 것이다.

영국인이 유럽의 다른 나라 사람들과 별 유대감을 느끼지 못하는 것은 영국인의 탓만은 아니다. 서유럽대륙에서 차를 빌리면 특별한 허가나 과정을 거치지 않고 유럽의 어느 나라든지 자유롭게 오갈 수 있고 심지어 해협을 건너 영국도 갈 수 있지만, 영국에서 차를 빌려 유럽 대륙에 들어가려면 법적인 서류를 잔뜩 제출하고 보험료를 상당히 지불해야 하기 때문에 영국도 유럽에서 차별을 받고 있는 셈이다.

이런 상황은 결국 브렉시트, 즉 영국의 유럽연합 탈퇴로 이어졌다. 2016년 6월 데이비드 캐머런은 자신의 정치생명을 걸고 유럽연합에서 탈퇴할지의 여부를 묻는 국민투표를 실시했다. 개표 결과 72.2%의 투표율에 51.9%의 찬성으로 유럽 연합 탈퇴가 확정되었다. 이에 캐머런이 책임을 지고 사퇴한 후 테레사 메이가 브렉시트의 실행을 이끌고 있다.

● 역대 왕 목록

고대 브리튼의 웨섹스 왕국—잉글랜드 왕국—잉글랜드와 스코틀랜드 왕국—그레이트브리튼 연합왕국—그레이트브리튼과 아일랜드 연합왕국—그레이트브리튼과 북아일랜드 연합왕국

이 름	왕 조	재위기간	비 고
에그버트	웨섹스	829-839	고대 브리튼의 웨섹스 왕국
애설울프	웨섹스	839-856	
애설볼드	웨섹스	856-860	
애설버트	웨섹스	860-865	
애설레드 1세	웨섹스	865-871	
앨프레드 대왕	웨섹스	871-899	
대에드워드	웨섹스	899-924	
애설스탠	웨섹스	925-939	잉글랜드 왕국(927년부터)
에드먼드 1세	웨섹스	939-946	
에드레드	웨섹스	946-955	
이드위그	웨섹스	955-959	
에드거 1세	웨섹스	959-975	
순교왕 에드워드	웨섹스	975-978	
에셀레드 2세	웨섹스	978-1013	
스벤 포크발드	덴마크	1013-1014	
에셀레드 2세	웨섹스	1014-1016	복귀
에드먼드 2세	웨섹스	1016	
크누트 대왕	덴마크	1016-1035	선출
해럴드 1세	덴마크	1035-1040	
하레크누드	덴마크	1040-1042	

참회왕 에드워드	웨섹스	1042-1066	
해럴드 2세	웨섹스	1066	
윌리엄 1세	노르만	1066-1087	정복왕
윌리엄 2세	노르만	1087-1100	
헨리 1세	노르만	1100-1135	
스티븐	블루아	1135-1154	
헨리 2세	앙주/플랜태저넷	1154-1189	
헨리왕	앙주/플랜태저넷	1170-1183	아버지 헨리2세와 공동 통치
리처드 1세	앙주/플랜태저넷	1189-1199	
존	앙주/플랜태저넷	1199-1216	
헨리 3세	플랜태저넷	1216-1272	
에드워드 1세	플랜태저넷	1272-1307	
에드워드 2세	플랜태저넷	1307-1327	
에드워드 3세	플랜태저넷	1327-1377	
리처드 2세	플랜태저넷	1377-1399	
헨리 4세	랭커스터	1399-1413	
헨리 5세	랭커스터	1413-1422	
헨리 6세	랭커스터	1422-1461	
에드워드 4세	요크	1461-1470	
헨리 6세	랭커스터	1470-1471	복귀
에드워드 4세	요크	1471-1483	복귀
에드워드 5세	요크	1483	
리처드 3세	요크	1483-1485	
헨리 7세	튜더	1485-1509	
헨리 8세	튜더	1509-1547	
에드워드 6세	튜더	1547-1553	
제인 그레이	튜더	1547-1547	9일 여왕

메리 1세	튜더	1553-1558	
엘리자베스 1세	튜더	1558-1603	
제임스 1세	스튜어트	1603-1625	잉글랜드와 스코틀랜드 왕국
찰스 1세	스튜어트	1625-1649	
올리버 크롬웰 호국경		1653-1658	잉글랜드와 스코틀랜드 공화국
리처드 크롬웰 호국경		1658-1659	잉글랜드와 스코틀랜드 공화국
찰스 2세	스튜어트	1660-1686	잉글랜드와 스코틀랜드 왕국(왕정복고)
제임스 2세	스튜어트	1685-1688	
메리 3세/윌리엄 3세	스튜어트/ 오라네	1689-1694	공동 국왕
윌리엄 3세	오라네	1694-1702	
앤	스튜어트	1702-1714	그레이트브리튼연합왕국(1707년부터)
조지 1세	하노버	1714-1727	
조지 2세	하노버	1727-1760	
조지 3세	하노버	1760-1820	그레이트브리튼과 아일랜드 연합왕국(1801년부터)
조지 4세	하노버	1820-1830	
윌리엄 4세	하노버	1830-1837	
빅토리아	하노버	1837-1901	
에드워드 7세	작센코부르크고타	1901-1910	
조지 5세	윈저	1910-1936	작센코부르크고타에서 개칭함 그레이트브리튼과 북아일랜드 연합왕국(1922년부터)
에드워드 8세	윈저	1936	결혼을 위해 양위함
조지 6세	윈저	1936-1952	
엘리자베스 2세	윈저	1952-현재	

● 역대 수상 목록

이 름	임 기	정 당	군 주
제1대 오포드 백작 로버트 월폴 Sir Robert Walpole	1721-1742	휘그당	조지 1세
제1대 윌밍턴 백작 스펜서 콤프턴 Spencer Compton The Earl of Wilimgton	1742-1743	휘그당	조지 2세
헨리 펠럼 Henry Pelham	1743-1754	휘그당	조지 2세
제1대 뉴캐슬 공작 토머스 펠럼홀리스 Thomas Pelham-Holles	1754-1756	휘그당	조지 2세
제4대 데번셔 공작 윌리엄 캐번디시 William Cavendish The Duke of Devonshire	1756-1757	휘그당	조지 2세
제1대 뉴캐슬 공작 토머스 펠럼홀리스 Thomas Pelham-Holles The Duke of Newcastle (제2차)	1757-1762	휘그당	조지 2세 조지 3세
제3대 뷰트 백작 존 스튜어트 John Stuart The Earl of Bute	1762-1763	토리당	조지 3세
조지 그렌빌 Geroge Grenville	1763-1765	휘그당	조지 3세
제2대 로킹엄 후작 찰스 왓슨웬트워스 Charles Watson-Wentworth The Marquess of Rockingham (제1차)	1765-1766	휘그당	조지 3세
제1대 채텀 백작 윌리엄 피트 William Pitt the Elder The Earl of Chatham	1766-1768	휘그당	조지 3세
제3대 그래프턴 공작 어거스터스 피츠로이 Augustus FitzRoy The Duke of Grafton	1768-1770	휘그당	조지 3세
제2대 길포드 백작 프레드릭 노스 Frederick North Lord North	1770-1782	토리당	조지 3세

제2대 로킹엄 후작 찰스 왓슨웬트워스 Charles Watson-Wentworth The Marquess of Rockingham (제2차)	1782-1782	휘그당	조지 3세
제2대 셸번 백작 윌리엄 페티 William Petty The Earl of Shelburne	1782-1783	휘그당	조지 3세
제3대 포틀랜드 공작 윌리엄 캐번디시벤팅크 William Cavendish-Bentinck The Duke of Portland (제1차)	1783-1783	휘그당	조지 3세
소 피트 William Pitt the Younger (제1차)	1783-1801	토리당	조지 3세
제1대 시드머스 자작 헨리 애딩턴 Henry Addington	1801-1804	토리당	조지 3세
소 피트 William Pitt the Younger (제2차)	1804-1806	토리당	조지 3세
제1대 그렌빌 남작 윌리엄 그렌빌 William Wyndham Grenville The Lord Grenville	1806-1807	휘그당	조지 3세
제3대 포틀랜드 공작 윌리엄 캐번디시벤팅크 William Cavendish-Bentinck The Duke of Portland (제2차)	1807-1809	토리당	조지 3세
스펜서 퍼시벌 Spencer Perceval	1809-1812	토리당	조지 3세
제2대 리버풀 백작 로버트 젠킨슨 Robert Banks Jenkinson Lord Liverpool	1812-1827	토리당	조지 3세
조지 캐닝 George Canning	1827-1827	토리당	조지 4세
제1대 고드리치 자작 프레드릭 존 로빈슨 Frederick John Robinson The Viscount Goderich	1827-1828	토리당	조지 4세

제1대 웰링턴 공작 아서 웰즐리 Arthur Wellesley The Duke of Wellington (제1차)	1828-1830	토리당	조지 4세
제2대 그레이 백작 찰스 그레이 Charles Grey The Earl Grey	1830-1834	휘그당	윌리엄 4세
제2대 멜버른 자작 윌리엄 램 William Lamb The Viscount Melbourne (제1차)	1834-1834	휘그당	윌리엄 4세
제1대 웰링턴 공작 아서 웰즐리 Arthur Wellesley The Duke of Wellington (제2차)	1834-1834	토리당	윌리엄 4세
로버트 필 Sir Robert Peel (제1차)	1834-1835	보수당	윌리엄 4세
제2대 멜버른 자작 윌리엄 램 William Lamb The Viscount Melbourne (제2차)	1835-1841	휘그당	윌리엄 4세 빅토리아
로버트 필 Sir Robert Peel (제2차)	1841-1846	보수당	빅토리아
제1대 러셀 백작 존 러셀 Lord John Russell (제1차)	1846-1852	휘그당	빅토리아
제14대 더비 백작 에드워드 스미스스탠리 Edward Smith-Stanley The Earl of Derby (제1차)	1852-1852	보수당	빅토리아
제4대 애버딘 백작 조지 해밀턴고든 George Hamilton-Gordon The Earl of Aberdeen	1852-1855	필 지지파(보수당)	빅토리아
제3대 파머스턴 자작 헨리 존 템플 Henry John Temple The Viscount Palmerston	1855-1858	휘그당	빅토리아

제14대 더비 백작 에드워드 스미스 스탠리 Edward Smith-Stanley The Earl of Derby (제2차)	1858-1859	보수당	빅토리아
제3대 파머스턴 자작 헨리 존 템플 Henry John Temple The Viscount Palmerston (제2차)	1859-1865	자유당	빅토리아
제1대 러셀 백작 존 러셀 Lord John Russell (제2차)	1865-1866	자유당	빅토리아
제14대 더비 백작 에드워드 스미스 스탠리 Edward Smith-Stanley The Earl of Derby (제3차)	1866-1868	보수당	빅토리아
제1대 비컨스필드 백작 벤저민 디즈레일리 Benjamin Disraeli (제1차)	1868-1868	보수당	빅토리아
윌리엄 글래드스턴 William Ewart Gladstone (제1차)	1868-1874	자유당	빅토리아
제1대 비컨스필드 백작 벤저민 디즈레일리 Benjamin Disraeli (제2차)	1874-1880	보수당	빅토리아
윌리엄 글래드스턴 William Ewart Gladstone (제2차)	1880-1885	자유당	빅토리아
제3대 솔즈베리 후작 로버트 개스코인세실 Robert Gascoyne-Cecil The Marquess of Salisbury (제1차)	1885-1886	보수당	빅토리아
윌리엄 글래드스턴 William Ewart Gladstone (제3차)	1886-1886	자유당	빅토리아

제3대 솔즈베리 후작 로버트 개스코인세실 Robert Gascoyne-Cecil The Marquess of Salisbury (제2차)	1886-1892	보수당	빅토리아
윌리엄 글래드스턴 William Ewart Gladstone (제4차)	1892-1894	자유당	빅토리아
제5대 로즈베리 백작 아치벌드 프림로즈 Archibald Primrose The Earl of Rosebery	1894-1895	자유당	빅토리아
제3대 솔즈베리 후작 로버트 개스코인세실 Robert Gascoyne-Cecil The Marquess of Salisbury (제3차)	1895-1902	보수당	빅토리아 에드워드 7세
제1대 밸푸어 백작 아서 밸푸어 Arthur Balfour	1902-1905	보수당	에드워드 7세
헨리 캠벨배너먼 Sir Henry Campbell-Bannerman	1905-1908	자유당	에드워드 7세
제1대 옥스포드와 애스퀴스 백작 허버트 헨리 애스퀴스 Herbert Henry Asquith	1908-1916	자유당	에드워드 7세 조지 5세
제1대 드위포의 로이드 조지 백작 데이비드 로이드 조지 David Lloyd George	1916-1922	자유당	조지 5세
앤드루 보너 로 Andrew Bonar Law	1922-1923	보수당	조지 5세
제1대 뷰들리 백작 스탠리 볼드윈 Stanley Baldwin (제1차)	1923-1924	보수당	조지 5세
램지 맥도널드 Ramsay MacDonald (제1차)	1924-1924	노동당	조지 5세
제1대 뷰들리 백작 스탠리 볼드윈 Stanley Baldwin (제2차)	1924-1929	보수당	조지 5세

램지 맥도널드 Ramsay MacDonald (제2차)	1929-1931	노동당	조지 5세
램지 맥도널드 Ramsay MacDonald (제3차)	1931-1935	국민노동당(거국일치내각)	조지 5세
제1대 뷰들리 백작 스탠리 볼드윈 Stanley Baldwin (제3차)	1935-1937	보수당(거국일치내각)	조지 5세 에드워드 8세 조지 6세
네빌 체임벌린 Neville Chamberlain	1937-1940	보수당(거국일치내각)	조지 6세
윈스턴 처칠 Winston Churchill (제1차)	1940-1945	보수당(연립)	조지 6세
윈스턴 처칠 Winston Churchill (제2차)	1945-1945	보수당(일시대행)	조지 6세
제1대 애틀리 백작 클레멘트 애틀리 Clement Attlee	1945-1951	노동당	조지 6세
윈스턴 처칠 Sir Winston Churchill (제3차)	1951-1955	보수당	조지 6세 엘리자베스 2세
앤서니 이든 Sir Anthony Eden	1955-1957	보수당	엘리자베스 2세
해럴드 맥밀런 Harold Macmillan	1957-1963	보수당	엘리자베스 2세
알렉 더글러스흄 Sir Alec Douglas-Home	1963-1964	보수당	엘리자베스 2세
해럴드 윌슨 Harold Wilson (제1차)	1964-1970	노동당	엘리자베스 2세
에드워드 히스 Edward Heath	1970-1974	보수당	엘리자베스 2세
해럴드 윌슨 Harold Wilson (제2차)	1974-1976	노동당	엘리자베스 2세
제임스 캘러헌 James Callaghan	1976-1979	노동당	엘리자베스 2세

마거릿 대처 Margaret Thatcher	1979-1990	보수당	엘리자베스 2세
존 메이저 John Major	1990-1997	보수당	엘리자베스 2세
토니 블레어 Tony Blair	1997-2007	노동당	엘리자베스 2세
고든 브라운 Gordon Brown,	2007-2010	노동당	엘리자베스 2세
데이비드 캐머런 David Cameron	2010-2016	보수당	엘리자베스 2세
테레사 메이 Theresa Mary May	2016- 현재	보수당	엘리자베스 2세

11) 제국주의

영국은 신사의 나라라고 하지만 국가로서의 영국은 신사와 거리가 멀다. 사실 자국의 이익을 추구하는 국제 관계에서 신사도란 있을 수 없는 지도 모른다. 영국은 전통적으로 국가우선주의가 강한 나라이다. 16세기 유럽 전역에 몰아친 종교개혁 때도 국민들은 신앙과 이념보다는 자국의 이익에 따라 교황을 등지고 국왕의 편이 되었다. 영국의 영광스런 고립이라는 외교정책에서도 자국이기주의가 우선함을 엿볼 수 있다. 특히 영토 확장을 추구했던 19세기의 식민역사에서 영국은 어느 나라보다 앞장서서 침략과 수탈을 감행했다.

(1) 식민지 개척

근대국가로서의 기틀을 마련한 서구의 각 국가들은 앞 다투어 해외 식민지 개척에 나섰다. 스페인과 포르투갈에 뒤이어 식민지 개척에 나선 영국은 19세기에는 세계에서 가장 식민지가 많은 나라로 자리 잡아, "해가 지지 않는 나라"(Empire Under the Sun)라는 별칭을 얻게 되었다. 그 과정에서 영국은 전형적인 식민주의자이며 제국주의자로서 착취적인 면을 드러내었다.

영국은 지리적으로 섬나라이고 국토가 협소하여 일찍이 해상을 통한 해외 진출을 꾸준히 시도하였다. 1607년 북아메리카 동부 해안에 제임스타운(Jamestown)을 건설한 것이 영국의 식민지 개척 사업의 시작이다. 종교적 이유로, 나중에는 경제적인 이유로, 많은 영국인들이 북아메리카로 이주해 정착하였으며, 아프리카에서 들여온 노예를 이용해 대규모 플랜테이션 농업을 경영하였다. 이후 이주식민은 호주, 뉴질랜드, 서인도제도 등으로 뻗어나갔다.

식민지의 확대와 유지를 위해 노력하는 과정에서 영국은 유럽의 다른 식민열강과 갈등을 겪게 된다. 1756년 식민지 무역에 관한 갈등 때문에 프랑스와 7년 전쟁을 치르게 되는데, 이 전쟁은 유럽, 북아메리카, 인도, 서인도 제도 등 여러 나라와 식민지가 참여한 최초의 세계 규모의 전쟁이었다. 이 전쟁의 결과 체결된 파리 조약(Treaty of Paris, 1763)으로 영국은 북아메리카의 13개 식민지와 인도에서의 독점적 지위를 확보한다. 이후 영국은 제국주의 정책과 식민지 건설에 박차를 가한다.

1765년 영국 의회가 북아메리카 식민지에 대한 인지조례(Stamp Act)[72]를 통과시키자 식민지 주민들은 크게 반발했다. 의회가 인지조

72) 식민지 주민에게 영국 군대의 주둔 비용을 분담시키려고 신문, 카드, 공문서, 각종 법률 문서 등에 세금을 부과한 법이다. 인지법은 당시 영국에서도 실시하고 있었고 식민지의 세율은 그보다 더 낮았으나 식민지 의회를 무시한 본국 정부의 강제 과세였기 때문에 거센 반발을 불러일으켰다.

례를 철회하기는 했으나 사탕조례(Sugar Act, 1764)[73], 차조례(Tea Act, 1773)[74] 등의 과도한 세금에 불만이던 식민지 주민들은 영국으로부터의 독립을 주장했다. 1775년 미국 독립혁명이 시작되었고 1776년 미국 식민지 주민은 독립선언을 했으며, 1783년 독립을 인정받게 되면서, 영국은 북아메리카의 식민지를 잃게 된다. 그러나 영국은 1867년 영국북미조약(British North America Acts)을 제정해 캐나다를 자치령으로 만든다. 또 1770년 영국의 탐험가인 제임스 쿡(James Cook, 1728~1779)이 오스트레일리아를 발견하면서 오스트레일리아에 대한 식민지 건설을 시작했고 1900년에는 오스트레일리아를, 1907년에는 뉴질랜드를 자치령으로 만들었다.

영국은 아프리카와 아시아 지역에 대한 식민정책도 계속 진행했다. 디즈레일리(Benjamin Disraeli, 1804~1881) 수상은 이집트의 재정난을 악용해 1869년 개통한 수에즈 운하(Suez Canal)의 주식을 급매하여 운하 소유권을 장악하여 인도로 가는 통로를 확보했다. 이집트의 아메드 오라비 파샤(Ahmed Orabi Pasha, 1841~1911)[75]가 이에 대항하여 반란을 일으키자 출병하여 1882년 이집트를 실질적인 보호국으로 삼았다.

---

73) 식민지의 사탕수입에 과세하기 위하여 제정한 법령. 1733년의 당밀조례(Molasses Act)를 대신하는 것으로 세액은 절반이었으나 징세가 엄해졌기 때문에 그 때까지 영국에 의한 과세를 무시해 왔던 식민지인들에게는 새로운 관세법의 제정으로 인식되었다.

74) 파산 국면에 빠진 동인도회사(East India Company)에게 식민지의 차 독점 판매권을 주기 위해 제정한 법률. 동인도회사의 차에 특별면세조치를 주어 차를 싸게 판매하게 하였기 때문에 식민지 상인들은 분노하여 반대운동이 일어났다. 그 해 말 보스턴 차 사건(Boston Tea Party)은 식민지와 본국의 관계를 더욱 악화시켜 독립전쟁의 도화선이 되었다.

75) 이집트의 "독립의 아버지"라고 불림.

영국은 이집트의 남쪽에 잇닿은 수단(Sudan)과 우간다(Uganda)도 보호령으로 흡수하고 지금의 케냐(Kenya)에 해당하는 지역을 동아프리카(East Africa)로 명명하여 보호령으로 삼았다. 또 남부 아프리카로도 진출했다. 그 지역에는 일찍부터 네덜란드인들의 후손인 보어인(the Boers)이 자리 잡고 있었다. 그들이 세운 트란스발 공화국(Transvaal Republic)에서 금이 생산되고 오렌지 자유국(Orange Free State)에서 다이아몬드가 발견되자 영국은 두 번의 보어전쟁(1899~1920)을 일으켰다. 이 전쟁에서 승리한 영국은 두 나라를 합병하여 남아프리카 연방(Union of South Africa)을 세웠다.

영국은 아시아로 진출할 기회도 노리고 있었는데, 중국 청조(Ching Dynasty) 말의 혼란기는 절호의 기회였다. 동인도회사가 중국과 무역을 하면서 결제수단인 금이 부족한 상황에 직면하자 이를 타개하기 위해 인도에서 생산된 아편을 중국에 공급했다. 중국이 반발하자 영국은 전쟁을 일으키는데 이것이 아편 전쟁(Opium Wars 1839~1842)이다. 전쟁에서 승리한 영국은 난징 조약(Treaty of Nanking 1842)을 체결하고 홍콩섬을 할양받았으며 광둥(Guangdong) 이외의 다섯 항구를 개항하도록 강제하는 성과를 얻어냈다. 이후 영국은 제 2차 아편전쟁(1856~1860), 일명 애로우 전쟁(Arrow War)[76]에서 아일랜드, 프랑스와

76) 청나라 조정이 1차 아편전쟁의 조약을 개정하는 것에 응하지 않자, 영국은 무력을 사용해서 이를 강행하고자 했다. 마침 1856년 10월 광저우(Guangzhou) 앞 주강(Pearl River)에 정박하고 있던 해적선 애로우(the Arrow)호의 영국 국기가 바다에 버려지는 사건이 발생했다. 당시 영국 수상 헨리 존 템플(Henry John Temple)은 이 사건이 전쟁을 도발할 충분한 구실이 된다고 여기고, 의회에 군비와 원정군 증강을 위한 경비를 요구했다. 의회에서는 이처럼 사소한 사건으로 전쟁까지 한다는 것은 실로 부끄러운 일이라며 반대하는 의견도 많아서 상원에서는 통과되었으나 하원에서 부결되었다. 템플 수상은 하원을 해산시키고 총선거를 감행해 신임을 물었고 새로 구성된 하원에서 전쟁에 동의하였다. 불법적인 포교활동을 하고 있던

함께 청나라를 공격하여 불평등 조약인 텐진 조약(Treaty of Tianjin 1858)과 베이징 조약(Convention of Peking 1860)을 체결했다. 이로써 영국은 양쯔강 유역 일대를 세력권에 두어 중국에서의 본격적으로 제국주의 식민정책을 시작했다. 처음에는 조차지[77]를 획득하여 조계[78] 설정으로 행정, 경찰, 사법을 관할하고 이권 활동을 펼치는 방식을 채택하였다. 이후 중국인의 저항을 물리치고 프랑스, 러시아, 일본, 독일과 함께 지역적으로 분할점령 형태를 취하였으며, 홍콩섬을 100년 동안 영국의 세력권에 둘 수 있는 발판을 마련하였다.

양차 대전을 겪으면서 영국의 식민지 정책은 변화를 보인다. 1차 대전 후 영국은 승전국의 지위를 이용해 식민지를 더욱 확장했다. 독일제국의 식민지였던 요르단(Jordan)과 잔지바르(Zanzibar)[79]를 자국의 식민지로 편입했으며, 오스만 제국(Ottoman Empire, 현재의 터키)의 지배를 받던 이라크(Iraq)를 식민지로 편입했고, 사우디아라비아(Saudi Arabia)를 오스만 제국에서 분리시켜 보호국으로 삼았다.[80] 그러나 2차 세계대전이 끝난 후는 판도가 달라졌다. 세계 정치의 상황 상 영국은 식민지를 해방시킬 수밖에 없었다. 영국은 1947년 인도의 독립을 허용했고, 뒤이어 버마, 스리랑카(Sri Lanka, 과거의 실론Ceylon) 또한 독립시켰다.

영국은 군사적으로나 경제적으로 사실상 통제력을 잃은 식민지에

프랑스 선교사를 처형한 사건을 구실로 프랑스도 전쟁을 도발한다.

77) 한 나라가 다른 나라로부터 빌려 통치하는 영토. 영토권은 빌려 준 나라에 속하지만, 통치권은 빌린 나라에 속한다.

78) 19세기 후반에 영국, 미국, 일본 등 8개국이 중국을 침략하는 근거지로 삼았던 개항 도시의 외국인 거주지로 외국이 행정권과 경찰권을 행사하였다.

79) 동아프리카의 탄자니아(Tanzania)의 자치령.

80) 이후 사우디아라비아는 1927년, 이라크는 1932년에 독립하였다.

서 자진 철수함으로써 이후 식민지 국가들과 어느 정도 우호적인 관계를 유지할 수 있었는데, 이것이 노동당 정부가 이룩한 가장 큰 성과 중 하나이다. 1956년 이집트 대통령 나세르가 수에즈 운하를 국유화하자 이든(Anthony Eden, 임기 1955~1957)이 이끄는 보수당 정부는 운하의 재점령을 시도함으로써 제국주의 정책으로 회귀하는 듯이 보였다. 그러나 미국의 반대에 부딪쳤을 뿐만 아니라, 영연방에 속한 나라들 그리고 심지어는 영국 자체에서까지 비판의 소리가 높아져 결국 후퇴하고 말았다.

1947년 인도, 파키스탄을 비롯한 여러 신생 독립국들은 영연방(Commonwealth of Nations, 나중에 British Commonwealth)에 가입하였다. 1950년 영연방 총회는 "영국 국왕은 영연방의 수장(首長)이며 자유로운 결합의 상징"임을 선포하여 영국 국왕에 대한 충성 서약은 사실상 효력을 상실한다. 현재 총 53개의 독립국가가 영연방의 회원국이다.

(2) 인도의 식민화

인도에 대한 유럽인들의 관심은 1498년 바스코 다 가마(Vasco da Gama, c. 1460~1524)의 인도 여행을 기점으로 현실화되었다. 처음에는 포르투갈이 인도와 유럽 사이의 무역을 독점했으나 17세기에 들어서는 영국, 프랑스, 네덜란드도 뛰어들어 유럽열강의 본격적인 인도 침공이 시작되었다.

영국의 식민을 받기 직전의 인도는 이슬람교를 믿는 무굴제국(Mughal Empire)의 통치를 받고 있었다. 1600년에 설립된 영국의 동인도회사는 1639년 첸나이(Chennai) 지역을 탐사하여 그 땅을 마드라스(Madras)라고 칭하고 1640년에는 세인트조지(St. George) 요새를 건설했다. 마드라스에 이어 1661년에는 봄베이(Bombay, 현재의 뭄바이Mumbai), 1690년에 캘커타(Calcutta, 현재의 콜카타Kolkata)를 획득하였다. 그 과정에 역시 인도 진출을 도모하던 프랑스와 충돌하다가 1757년 벵골(Bengal)의 플라시전투(Battle of Plassey)에서 로버트 클라이브(Robert Clive, 1725~1774)가 이끄는 영국 동인도회사가 프랑스 동인도회사의 군대를 격파하고 식민지 경쟁에서 패권을 확립했다. 그 후 〈7년 전쟁〉의 결과를 결정한 1763년의 파리 조약에 의해 프랑스 세력을 인도에서 몰아낸 영국은 동인도회사를 매개로 해서 본격적으로 인도를 식민지화하다가, 1803년경에는 인도 전역을 차지하였고, 1818년에는 인도를 통치하기 시작했다.

동인도회사를 앞세운 영국의 착취를 견디다 못한 인도인들은 세포이 항쟁(Sepoy Rebellion, 1857)[81]을 일으켰다. 그 원인은 복합적으로 얽혀 있다. 1846년 제임스 달하우지 인도지사(Governor-General James Broun-Ramsay, Marquess Dalhousie, 1812~1860)는 인도의 모든 지역에 대한 영국의 직접 지배 정책을 공표하면서, 토착제후들의 모든 권리와 영토에 대한 상속권을 박탈하고 영국정부에 합병시켰다. 1856년에는 아와드 왕국(Awadh 혹은 Oudh)의 왕이 폭정을 한다는 구실로 이 토후국을 강제 합병하였다. 이에 다른 토후국들도 불안을 느꼈으며, 아와드 왕국을 비롯해 여러 북인도 왕국 출신이던 벵골의 용병 세포이들은 신변에 불안을 느끼게 되었다. 이런 불안이 괴소문[82]으로 인해

81) 혹은 "Indian Rebellion of 1857." 영국인의 관점에서는 "세포이 반란"(Sepoy Mutiny).

82) 세포이는 동인도회사의 인도인 용병을 말한다. 1857년 새 탄약통에 이슬람교도들이 싫어하는 돼지기름과 힌두교도들이 신성시하는 소기름을 발라서 세포이들에게 사용하게 했다는 소문이 퍼지면서 폭동이 발생한다.

증폭되어 세포이들이 반란을 일으킨 것이고, 곧 일반 민중의 호응을 얻어 델리(Delhi), 칸푸르(Kanpur), 럭나우(Lucknow) 등으로 퍼져나갔다. 결국 세포이 항쟁은, 영국의 무자비한 경제적 착취와 과도한 토지세, 인도인의 정서를 무시한 법체계와 행정제도 등으로 인도의 전통적인 촌락공동체 기능이 해체된 상황에서, 동인도회사 직원들의 극심한 부정부패, 가난한 인도인에 대한 불법 구타, 고문, 투옥 등의 문제로 인도인의 불만이 극에 달했기 때문에 터진 것이다.

이 항쟁 이후 영국정부는 인도의 전통과 제도를 존중할 것이며 기독교로의 개종을 강요하지 않겠다고 선언했으며, 인도인의 종교와 권익을 존중하는 유화책을 쓴다. 그리고 억압과 착취의 원인을 동인도회사의 부패 때문으로 규정하면서, 영국정부가 인도를 직접 통치해야 한다는 명목으로 1858년 인도정부법(Government of India Act)을 선포하고, 인도를 영국령인도제국(British Empire in India, 혹은 British Raj, 1858~1957)으로 공표하며 빅토리아 여왕을 인도의 황제로 즉위시켰다. 국내 내각에는 인도부(India Office)를 개설하였으며 인도의 책임자를 "지사"(Governor-General)에서 "인도 총독"(Viceroy of India)으로 승격시켰다.

그러나 이런 변화가 있다고 해서 영국의 착취가 멈춘 것은 아니었다. 인도 내부의 분열을 도모하는 더 교묘한 술책을 쓰는 것으로 전환한 것에 불과했다. 1858년 이후 영국은 인도인들의 민족적, 지역적, 계급적, 종교적, 인종적 갈등을 야기하면서 인도인 상호간의 대립과 분열을 조장하는 정책을 구사했다. 이슬람의 토지와 재산을 몰수하는 반면, 힌두인에게는 노골적인 친근감을 보여서 두 종교인들 간의 갈등을 조장했다. 1870년 이후에는 상위계층과 중간계급, 이슬람인과 민족주의 운동을 분열시키는 획책을 꾀했다. 인도지식인층에 대해서는 적대감을 나타내고, 왕족, 제후, 지주계급에 대해서는 친근감을 보여주어 양 계층의 갈등을 조장했다. 영국은 인도를 발판으로 삼아 이후 아프가니스탄(Afghanistan) 왕국과 버마(Burma, 현재의 미얀마Myanmar)를 인도 제국에 합병한다.

영국의 인도 지배를 긍정적으로 보는 측은 영국이 수억 명의 인도 국민들에게 선정을 베풀었고, 자유와 공명정대함을 추구했으며, 영국의 통치는 미개한 인도를 근대화시키는데 일익을 했다고 주장한다. 그러나 그것은 제국주의적인 편리한 합리화에 불과하다. 영국이 프랑스를 몰아내고 인도를 독점하게 된 플라시 전투 이후로 수탈이 대대적이고 무차별적으로 감행될 수 있었기에 영국의 산업혁명이 가능했다는 주장도 있다. 산업혁명을 달성한 영국에게 인도는 싼 원자재의 최고의 공급지였으며, 제조된 공산품의 최고의 소비지였다. 본격적인 제국주의의 시대가 열리기도 전에 이미 인도는 고전적 식민지의 전형을 보여주었고 인도를 기반으로 확립된 영국의 제국주의는 아시아, 아프리카로 확장되었다.

인도에 대한 영국의 관심은 영토의 확장이나 통치가 아니라 순전히 상업적인 이익의 획득에 있었다. 따라서 영국은 최대의 이익을 뽑아내기 위한 최저의 통치라는 목적을 달성하기 위해 동인도회사를 선봉에 내세웠다. 상업적 이익을 구현하는 것이 목적인 동인도회사가 인도의 실질적인 통치를 맡으면서 최소한의 도덕성도 결여된 경제적 수탈이 감행되었다.

인도는 당시에 엄청나게 부유한 나라였다. 로버트 클라이브(Robert Clive, 1725-1774) 인도 지사가 벵골 지방은 전 세계 사람들이 사용할 수 있을 만큼 산물이 풍부한 지상의 낙원이라고 감탄할 정도였다. 그런 인도가 영국의 식민지가 된 지 얼마 지나지 않아 최빈국으로 전락했다. 동인도회사의 직원들이 도덕적 의식이 전혀 없이, 아무런 규제도 받지 않고, 오직 자신들 개인의 이익을 챙기는 수탈에만 몰두했기 때문이다. 클라이브도 이와 같은 무정부 상태와 혼란, 수뢰, 부패, 금품 강요의 현장은 벵골 이외의 어느 곳에서도 본 적이 없었다고 실토한 바 있다. 존 설리반(John Sullivan, 1788~1855) 인도 지사는, "인도에서 영국으로 부가 유출되는 방식은 마치 스펀지로 갠지스 강의 모든 것을 빨아들여 템스 강에 짜 넣는 것과 비슷하다."고 표현했다. 동인도회사의 비인도적이고 탐욕스러운 상업적인 행위는 지상에서 가장 부유한 제국을 빈곤 속으로 몰아넣었던 것이다.

영국의 계속된 식민 통치는 인도 민중의 반발과 국민적 저항을 불러일으킨다. 1885년 최초의 인도국민회의(Indian National Congress)가 개최되었고 모한다스 카람찬드 간디(Mohandas Kramchand Gandi, 1869~1948)를 중심으로 반영투쟁이 점점 힘을 얻었다. 1914년 제1차 세계 대전이 터지자 영국은 인도의 독립을 약속하며 인도의 협조를 요구했고, 인도인들은 영국군대에 입대해서 유럽전선에 파견되어 영국을 도왔다. 그러나 막상 전쟁이 끝나자 영국은 독립시켜주겠다던 약속을 지키지 않았다. 1919년 펀잡(Punjab) 지방 암리차르(Amritsar)[83]에서 식민통치에 반대하는 시위가 벌어지자 무력으로 진압하여 일반 민중을 학살하는 사건이 벌어졌다. 영국은 인도 내에 반영활동이 발생할 경우 체포영장의 발부 같은 적법한 절차 없이 곧바로 체포할 수 있는 롤랫법(Rowlatt Act, 1919)을 제정하여 인도 국민의 저항을 탄압하였다. 이에 간디는 "비폭력 불복종 운동"(Non-violent Civil Disobedience)을 주도하며 반영운동을 전개하면서, 롤랫법 폐지와 완

83) 1604년 시크교 사원인 황금사원(Golden Temple, 혹은 하르만디르 샤히브 Harmandir Sahib)이 들어서면서 시크교의 성지로 여겨진 곳.

전자치를 요구하였다. 영국은 이에 굴복하여 1922년 롤랫법을 폐지하였다. 1935년에는 인도에 자치권이 주어졌으나 군사권과 외교권은 여전히 인도 총독에게 남아있었기 때문에 인도의 완전독립을 목표로 하는 반영운동은 계속되었다. 제 2차 세계 대전이 터지자 영국은 독립을 조건으로 인도의 지원을 요구했으나 간디는 이를 거절하였다. 제 2차 세계 대전이 끝나면서 1947년 힌두교도를 중심으로 한 인도 공화국(Republic of India)이 성립되었고, 이슬람교도는 파키스탄으로 독립했다.[84] 버마도 영국으로부터 독립하면서 영국령인도제국은 해체되었다.

84) 파키스탄은 인도를 사이에 두고 동과 서로 나누어져 있다가 1971년 동파키스탄은 방글라데시로 독립한다.

5 향상심과 신분상승

인간이란 누구나 현재보다 더 나은 삶을 살고 싶은 욕구를 가지고 있다. 그것을 우리는 향상심(aspiring mind), 혹은 야심(ambition)이라고 한다. 이 향상심이 현실적으로 구현될 때 신분상승(rise of status)이라는 결과로 나타난다. 다른 나라의 문학 작품에서도 그렇겠지만 영국의 문학작품에서도 향상심과 신분상승의 주제는 자주 형상화되었다.

영국 문학의 르네상스기라 할 수 있는 16세기와 17세기에 향상심은 현실적이라기보다는 철학적이고 형이상학적인 면을 띠고 있다. 16세기에 향상심을 폭넓게 다룬 작가는 크리스토퍼 말로(Christopher Marlowe, 1564-1593)이다.[1] 말로는 『템벌레인 대왕』(*Tamburlaine the Great,* 1587)에서 절대 권력에 대한 끝없는 욕구를 그리고 있으며, 『말타의 유대인』(*Jew of Malta*)에서 돈에 대한 그치지 않는 욕망을, 『파우스투스 박사』(*Dr. Faustus*)에서는 무한한 지식에 대한 탐욕을 다루고 있다. 이 시극들에서 말로는 끊임없이 전진하려는 충동은 인간의 가슴 속 깊이 새겨진 속성이라고 주장한다. 지식에 대한 향상심을 그린 말로의 『파우스투스 박사』를 살펴보자.

파우스투스 박사는 훌륭한 학자이다. 그는 인간으로서 가질 수 있는 거의 모든 지식을 다 가졌지만 만족하지 못하고 신의 영역에 속하

1) 말로는 1593년 3월 30일 주막에서 술값 시비로 단검에 찔려 살해되었다. 말로가 빚쟁이를 피해서 죽음을 위장한 후 셰익스피어라는 이름으로 작품을 썼다는 설도 있었지만 사실이 아닌 것으로 밝혀졌다.

는 지식까지 가지고 싶다는 욕망에 사로잡힌다. 이를 감지한 악마 메피스토펠레스(Mephistopheles)는 파우스투스 박사에게 신의 지식을 주는 대신 그가 죽을 때 영혼을 가져가겠다고 제안하고 파우스투스는 이를 받아들인다. 파우스투스 박사와 악마의 거래에 대한 이야기는 말로가 독창적으로 만들어낸 것이 아니라 유럽의 여러 나라에 널리 퍼져있던 전설이며 많은 사람들이 익숙하게 알고 있는 이야기이다. 이 이야기를 말로가 극화했고, 또 19세기 독일의 낭만주의 시인인 요한 볼프강 폰 괴테(Johann Wolfgang von Goethe 1749~1832)가 『파우스트 박사 1, 2부』(*Faust Part One, Two*)에서 극화했다.

200 여 년의 세월을 사이에 둔 두 작가는 같은 전설을 다루면서도 전혀 다른 태도를 보인다. 말로는 존재의 대사슬(Great Chain of Being)이라는 수직적 질서가 중시되던 시대의 작가이므로 신의 영역에 도전한 파우스투스를 용서할 수 없는 인간이라고 결론 내린다. 그러나 평등을 기본 이념으로 하는 근대 낭만주의 시대의 작가인 괴테의 시극에서 파우스트는, 비록 신에게 도전했고 악마에게 영혼을 팔았지만, 선행을 베풀고 주변의 도움을 받아 구원받는다. 이 두 시극의 마지막 장면을 비교해보면 두 작가의 시각의 차이가 잘 드러난다. 크리스토퍼 말로의 『파우스투스 박사』의 마지막 부분이다.

> 파우스투스:
> 아, 파우스투스
> 이제 살아있을 시간이 한 시간 밖에 남아있지 않다.
> 그 다음에는 너는 영원히 저주받아야만 한다.
> 끊임없이 움직이는 하늘의 별들아, 움직이지 말아다오.
> 시간이 멈추어 자정이 오지 않도록.
> 태양아, 솟아라, 다시 솟아서 영원한 낮을 만들어다오.

그렇지 않으면 이 한 시간이 일 년, 한 달, 일주일, 아니
하루만이라도 되게 해다오. 파우스투스가 회개를 하고
영혼의 구원을 받을 수 있도록 . . . .
보라, 보라, 그리스도의 피가 창공에 흐르는구나!--
한 방울이면 내 영혼을 구할 텐데--반 방울만이라도! 아 그리스도여! . . . .
산들과 언덕들아, 다가와 내 위로 무너져서,
하느님의 무서운 분노로부터 나를 숨겨다오.
싫어? 싫다고?
그럼 곤두박질하여 땅속으로 숨으리라.
대지여, 입을 벌려라! 오, 대지도 나를 품어주지 않는구나. (5막 2장)

다음은 요한 울프강 괴테의 『파우스트』의 마지막 부분이다.

파우스트:
그렇다! 이 뜻을 위해 나는 모든 걸 바치겠다.
지혜의 마지막 결론은 이렇다.
자유도 생명도 날마다 싸워서 얻는 자 만이
그것을 누릴 자격이 있는 것이다. . . .
그러면 순간을 향해 이렇게 말해도 좋으리라.
〈멈추어라, 너 정말 아름답구나!〉
내가 세상에 남겨놓은 흔적은
영원히 사라지지 않을 것이다--
이같이 드높은 행복을 예감하면서
지금 최고의 순간을 맛보고 있노라. (2부 5막)

한편 향상심과 정반대의 철학인, 인생의 현재를 즐기자는 인생관이 16세기 잉글랜드인의 공감을 얻기도 했다. 현재를 즐기자는 뜻의 라틴어인 카르페 디엠(Carpe Diem)을 주제로 삼은 시 중에서 단순하고 소박하게 이미지를 표현한, 로버트 헤릭(Robert Herrick, 1591~1664)의

시, 「소녀들에게의 충고」를 읽어보자.

할 수 있는 동안 장미 봉오리를 모아라.
늙은 시간은 끊임없이 날아가며
오늘 미소 짓는 이 꽃도
내일이면 죽으리.

하늘의 찬란한 램프, 태양이
높이 솟으면 솟을수록
그만큼 경주는 더 빨리 끝날 것이고
일몰에 더 가까워지리.

젊음과 피가 더 뜨거웠던
첫 시절이 가장 좋고
그것이 사라지면 더 나빠지고, 가장 나쁜
시절이 잇따르리.

그러니 수줍어 말고 시간을 활용하라.
할 수 있을 때 결혼하라.
일단 청춘을 잃고 나면
영원히 기다려야 하리.

향상심은 신분의 이동이 자유로워진 19세기로 오면 현실 사회에서 신분상승을 이루고 싶다는 꿈으로 나타난다. 신분상승의 주제는 동서고금을 막론하고 인간의 상상력을 사로잡았으며 어렵고 힘든 삶을 사는 일반 민중에게 희망을 품게 해주는 꿈이기도 했다.

다른 모든 나라와 마찬가지로 영국의 역사에서도 계급적 구분이 뚜렷이 유지되던 시기가 있었으며, 그 흔적은 아직도 문화와 언어에 남아있다. 19세기 초까지의 영국의 계층은 왕, 귀족(Aristocracy), 젠트리(Gentry), 요먼(Yeoman), 중산층(Middle Class), 농민, 일용노동자로 나누어진다.

피라미드 구조의 정점에 있는 귀족은 중세부터 내려온 가문인 세습귀족과 공을 세워 작위를 받은 일대귀족이 있다. 세습귀족은 공작(Duke), 후작(Marquis), 백작(Earl), 자작(Viscount), 남작(Baron)의 5단계로 나누어진다. 세습귀족의 작위는 장자에게만 상속되므로 그 수는 증가하지 않고 한정되어 있다. 일대귀족은 국왕이 공로자에게 수여하는 준남작(Baronet)과 훈작사(Knight) 같은 작위이며 자식에게 세습되지 않는다. 토지 소유를 기반으로 하는 귀족의 경제적 지위는 산업혁명 후 경제적 변화로 인해, 또 제 1차 세계대전 후에 설정된 고율의 상속세 때문에 많이 줄어들었고, 귀족이 구성하는 상원의 정치적 권한도 많이 줄어들었다. 현재 귀족의 칭호는 실제적인 특권이라기보다는 명예로 여겨지는 것이 되었다.

젠트리 계층은 지방의 상류계급을 구성하는 영국의 독특한 계층으로 귀족과 중산층의 사이에 있는 계층이다. 19세기 초반까지 영국에서 가장 영향력이 있는 계층은 젠트리 계층이었다. 젠트리는 귀족의 작위는 없지만 큰 저택과 영지를 가진 지주 계층이다. 이들은 토지를 소작인에게 임대하여 소작료를 받거나 현금자산의 이자를 받아 수입을 얻는다. 영국은 이자율과 소작률이 오랜 기간 동안 연 5퍼센트로 일정했으므로, 1년의 수입을 알면 이들의 전체 재산을 짐작할 수 있다. 젠트리 계층의 남자인 젠틀맨(gentleman)이 주로 하는 일은 집안의 재산을 관리하는 일이다.[2] 젠틀맨은 다른 직업을 갖지 않는 것이

2) 영지의 구체적인 관리는 집사와 같은 관리인들이 하지만 주인이 집사를 잘 감독하지 못할 경우에 문제가 생기므로 젠틀맨의 미덕은 자신의 영지를 얼마나 잘 관리하는지에 달려 있다.

당연했으나 점차 직업을 가지는 젠틀맨이 늘어난다. 장자 상속제를 통해 장남에게만 저택과 영지 등의 부동산을 전부 다 물려주었으므로 차남 이하의 아들들은 직업을 가져야 했던 것이다. 그들은 주로 법정 변호사, 군인, 목사 등의 점잖은 직업을 선호했다. 그러나 그 직업에서 나오는 수입만으로는 젠트리 계층의 여유로운 삶을 누리는 것이 충분하지 않은 경우가 많았으므로, 보통 지참금을 많이 가져올 수 있는 여성과 결혼하기를 희망했다.

젠트리 내에서도 집안과 재산의 규모에 따라 큰 차이가 있었다. 제인 오스틴(Jane Austen 1775~1817)의 『오만과 편견』(*Pride and Prejudice*, 1813)을 보면, 대저택과 연 10,000파운드의 수입을 내는 영지가 있는 다아시(Darcy)가 맨 위의 층에 있고, 그 다음이 작위와 큰 영지가 있는 레이디 캐더린(Lady Catherine), 상업으로 돈을 벌어 연 5,000파운드의 수입이 있는 빙리(Bingley), 연 2,000파운드 수입으로 딸 다섯을 데리고 적당히 살아가는 베넷 씨(Mr. Bennet), 상업을 해서 시골에 저택을 마련한 루카스(Lucas)가문, 집사의 아들인 위컴(Wickam),[3] 상업을 하는 가드너 씨(Mr. Gardner)에 이르기까지 모두가 젠트리에 속하지만 이들의 차이는 상당히 크다. 따라서 젠트리 계층 내의 결혼도 큰 갈등을 일으키게 되며 그것이 『오만과 편견』에 잘 극화되어 있다.

젠트리 바로 아래에는 요먼계층이 있었다. 요먼은 젠트리보다 소규모 토지를 소유한 자영농이 있으며 건실하고 안정된 생활로 영국사회의 중추를 이루었다. 그러나 사회의 변화에 따라 이 계층은 19세기 중

3) 위컴의 아버지는 다아시 집안의 집사이지만 전직이 사무변호사이다. 큰 자산을 다루기 위해서는 법적인 문제나 경제적인 문제에 있어 전문적인 지식이 필요했기 때문이다.

반에 사실상 소멸하였다.

중산층은 19세기 중반 이후로 수적인 면에서나 영향력 면에서 가장 큰 집단으로 성장하며 빅토리아조의 주도적인 계층이 된다. 일반적으로 중산층은 일정한 수입이 있고 일정한 교육을 받은 계층이다. 따라서 그 범주는 상당히 넓어서 산업자본가나 상업자본가 등의 엄청난 재력가에서부터 말단 서기까지 포함한다. 중산층을 규정짓는 가장 중요한 조건은 육체노동을 하지 않는다는 것이다. 육체노동을 하는 노동자, 농민들은 하층계급에 속했다.

19세기 중반에 이르면 이러한 계급 질서는 상당히 유동적이었다. 원래 중산층이었더라도 재산을 잃고 전락하면 언제라도 하층계급이 될 수 있었다. 찰스 디킨즈의 소설 『데이비드 커퍼필드』(*David Copperfield*, 1850)에서 데이비드는 원래 중산층 출신이었지만 부모를 일찍 잃고 구두약 공장에 취직을 하자 자신이 하층계급으로 몰락했다고 여기며 괴로워한다. 이 일화는 디킨즈의 경험을 어느 정도 반영한 것이다. 디킨즈의 아버지 존 디킨즈는 말단 서기로 중산층이었지만 빚을 져서 감옥에 갇히자 어린 디킨즈는 잠시 구두약 공장에 취직했었다. 디킨즈는 그 시절 느꼈던 불안감을 데이비드에게 투사했다고 한다.

한편 원래 하층계급 출신이라도 일정한 재산이 있고 교육을 받으면 중산층이 될 수 있었다. 19세기의 빅토리아조 사회는 신분 상승을 이론적으로는 장려하는 분위기였다. 사무엘 스마일즈(Samuel Smiles)는 당대에 큰 인기를 얻은 『자립』(*Self-Help*, 1859)에서, 모든 인간이 더 높은 사회적 지위로 오르는 것은 의무라면서 신분상승을 격려하였으며 그 과정에서 개인의 노력이 중요하다고 강조했다.

그러나 막상 가난한 사람들이 빈곤의 악순환을 극복하고 신분상승을 이루는 것이 현실적으로는 결코 쉽지 않았고, 따라서 신분상승의 꿈은 허구적 환상에 불과한 경우가 많았다. 그런 상태에서 신분상승의 이론적인 가능성을 열어놓은 것은 자유방임적인 경제체제를 합리화하려는 중산층 산업자본가들의 전략이기도 했다. 노동자들의 빈곤을 그들의 게으름 탓으로 돌리려는 논리의 일환이었던 것이다. 찰스 디킨즈의 『위대한 유산』은 노동자 출신인 핍(Pip)의 신분상승을 통해서 당대 사회의 모순적인 면을 비판한다.

핍은 가난한 노동자 계층으로 대장장이의 도제이다. 그의 매형인 조(Jo)는 대장장이로서의 자신의 삶에 만족하며, 핍과 비슷한 처지인 비디(Biddy)는 현재의 위치에서 성실하게 노력한다. 그러나 핍은 부자인 미스 해비셤(Miss Havisham)과 에스텔러(Estella)를 만난 후 그들과 어울릴 수 있는 존재로 신분상승을 하고 싶어하면서 특히 신사가 되기를 원한다. 빅토리아조 사회에서 신분상승은 신사가 되는 것과 연결되어 있기 때문이다. 19세기 초까지 신사는 지주계급인 젠트리의 작위가 없는 성인남자를 지칭하는 용어였지만, 빅토리아조에 이르러 중산층 계급의 이상적인 남성상을 일컫는 용어로 확립되었다. 즉 일정한 재산이 있고 적당한 교육을 받아 교양을 갖춘 남자를 가리키는 말이 되면서 경제적 신분과 정신적 덕성을 함께 갖춘 "빅토리아조 신사"라는 새로운 신분이 나타났다. 그로써 신사라는 용어는 이상적 인간이라는 추상적 의미와 안락한 삶이라는 현실적 꿈을 동시에 내포하게 되며, 신사가 된다는 것은 경제적 내지 사회적 특권을 누리는 것을 의미했다.

노동자인 핍이 신사의 신분으로 올라가는 것은 현실에서는 불가능했다. 이것을 잘 아는 핍은 좌절해서 현실에 대한 불만에 휩싸인다. 그러다가 핍은 누군가에게서 유산을 물려받으면서 런던으로 가서 신사교육을 받고 신사가 된다. 그러나 신분상승을 하는 순간 핍은 비도덕적으로 변모하며 타락한다. 디킨즈는 핍의 이야기를 통해서, 신분상승의 꿈 자체를 비판의 대상으로 삼지는 않지만, 신분상승을 하는 과정에서 개인이 필연적으로 타락하게 될 가능성을 시사한다.

6 여성과 결혼

1) 여성의 지위

서구문화에서 여성의 적절한 위치는 기독교 교리와 스콜라 철학(Scholar philosophy)[1]을 통해 확립되었다. 여성은 남성의 갈비뼈에서 나왔으니 남편에게 순종해야 하며, 여성의 원형인 이브는 아담을 유혹하여 죄에 빠트린 존재이므로 속죄해야 한다는 것이 기본적인 여성관이었다. 남성으로서 여성의 유혹을 극복해야 할 필요성을 절실하게 느낀 기독교 성직자들은 자신의 욕구를 여성의 사악한 유혹으로 전이시키면서 여성을 사악한 존재로 부각시켰다.

18세기까지의 세계관을 대표하는 개념인 "존재의 대사슬"(Great Chain of Being)에서 여성은 남성과 동물 사이에 위치하는 것으로 정의된다. 이런 개념은 많은 영문학 작품 속에 반영되어 있다. 『실락원』(*Paradise Lost*, 1667)에서 존 밀턴(John Milton, 1608~1674)은 여성을 사악하고 열등한 존재로 그렸다. 그러나 이 서사시를 쓸 당시 밀턴은 눈이 멀어서 아내와 딸들의 도움으로 완성했으니 아이러니컬한 일이다.

유사과학이 발전하면서 여성의 열등성은 과학적으로 증명되는 듯했다. 뇌의 크기가 종의 우열을 결정짓는다는 과학이론에서 유추하

1) 9세기에서 15세기에 유럽의 정신세계를 지배하였던 철학 사상으로, 기독교의 신학을 기초로 하여 인간이 지닌 이성을 신의 계시로 이해하였다.

여, 남자의 뇌의 평균 무게는 3.5파운드이지만 여성의 뇌의 무게는 2파운드 11온스에 불과하다는 유사과학 이론이 힘을 얻으면서 여성이 열등하다는 통념은 진실인 것처럼 유포되었다.

그러나 여성의 열등성을 강조하는 기록들은, 역설적으로, 창조적인 여성의 힘에 대한 남성의 두려움을 암시한다. 기독교의 경전에서 찾아볼 수 있는 여성 창조에 대한 이야기도 그 중 하나이다. 성경에 포함되지 않은 유대의 경전에서 아담의 첫 아내는 릴리스(Lilith)[2]라고 한다. 그녀는 아담처럼 흙으로 만들어졌는데 아담에게 복종해야 하는 상황을 참지 못하고 달아난다. 이에 아담의 갈비뼈로 다시 만들어낸 여성이 이브이다. 이 이야기는 복종하지 않는 여성에 대한 엄한 처벌을 암시하면서 여성의 순종을 강조하는 동시에, 자신의 욕구를 주장하는 여성의 존재와 그에 대한 남성의 두려움을 시사한다.

영국 문학에서 여성해방의 기수로 등장하는 여성은 13세기의 제프리 초서(Geofferey Chaucer)가 쓴『캔터베리 이야기』(*The Canterbury Tales*)에 나오는 바스의 아낙(Wife of Bath)이다. 바스의 아낙은 정식 결혼을 5번이나 했고 애인도 많다고 자랑하면서 솔로몬 왕과 자신을 비교한다. 아브라함과 야곱도 부인이 둘 이상이었으므로 자기는 잘못한 게 없다면서 자신을 남성과 동등한 관계로 올려놓는다. 그녀는 처음에는 노인들과 결혼해서 재산을 얻었으며 가정에서 주도권을 행사했다고 한다. 그러나 사랑에 빠져 청년 젱킨(Jankin)과 결혼하고서는 주도권도 빼앗기고 얻어맞기가 일수였다.

---

2) 혹은 릴리트. 유대신화, 바빌로니안 탈무드, 메소포타미아 문헌, 외경 등 메소포타미아 문화권 텍스트에서 등장한다. 릴리스는 성관계를 할 때 늘 남성 상위 체위를 하는 것과 아담이 원하면 무조건 성관계에 응해야 하는 것에 불만을 가지고 홍해로 도망가 사막에서 혼자 살면서 많은 남자들을 유혹했다고 한다.

젱킨은 여자에 대한 편견으로 가득 차 있는 남성이다. 그는 책에서 읽은 사악한 아내들(wicked wives) 이야기를 줄줄 읊어댄다. 이브가 사악해서 아담과 그의 자손을 파멸로 이끌었다는 것으로 시작해서, 삼손(Samson)의 아내 데릴라(Delilah)[3], 헤라클레스(Hercules)의 아내 데이아네이라(Deianira)[4], 소크라테스(Socrates)의 아내 크산티페(Xanthippe)[5], 크레타의 왕 미노스(Minos)의 아내 파시파에(Pasiphaë),[6] 아가멤논(Agamemnon)의 아내 클뤼타임네스트라(Clytemnestra)[7] 등의 이야기를 통해서 여성의 사악함과 열등함을 설파한다.

젱킨 때문에 비참하게 살아가던 바스의 아낙은 어느 날 참을 수 없어 그의 책을 빼앗아 던져버렸다가 매를 맞자 죽은 체 하고 젱킨은 놀라서 잘못을 빈다. 아낙은 젱킨의 뺨을 때리고 집과 토지의 관리권을

3) 팔레스티아 여인으로 삼손이 잠든 사이에 삼손의 힘의 원천인 머리카락을 잘라 삼손이 팔레스티아 군대에 잡혀가게 함.

4) 헤라클레스의 사랑을 잃지 않기 위해 사랑의 묘약인 줄 알고 아홉개의 머리를 가진 물뱀 히드라(Hydra)의 독을 뿌린 옷을 헤라클레스에게 입혀서 그를 죽음으로 이끎.

5) 잔소리많은 악처로 유명함.

6) 포세이돈(Poseidon)신이 미노스를 벌주기 위해 하얀 황소를 보내는데 이 황소를 사랑하게 된 파시파에는 명장 다이달로스(Daedalus)에게 부탁해서 만든 나무암소에 들어가 황소와 사랑을 나누었고 후에 황소의 얼굴과 인간의 몸을 한 괴물 미노타우로스(Minotaur)를 낳았다. 미노스는 분개해서 다이달로스를 미궁에 가두지만 그는 날개를 만들어 아들 이카루스(Icarus)와 함께 탈출한다. 너무 위쪽까지 올라간 이카루스의 날개가 녹아 그는 떨어져 죽는다. 미노타우로스는 나중에 테세우스(Theseus)에게 살해된다.

7) 아가멤논은 트로이와의 전쟁에서 승리하고 귀향하지만 딸 이피게니아(Iphigenia)을 전쟁의 제물로 바친 것에 격분한 클뤼타임네스트라가 정부인 아이기스토스(Aegisthus)와 공모해 살해한다. 이후 그의 딸 엘렉트라가 동생 오레스테스(Orestes)를 시켜서 어머니를 살해하게 한다. 그래서 아버지를 사랑하는 딸의 감정을 엘렉트라 콤플렉스라고 한다.

넘겨받아 다시 경제력을 장악한다. 이 일화에는 여성이 경제력과 주도권을 갖는 것이 중요하다는 것이 잘 드러나 있다.

바스의 아낙이 들려주는 기사 이야기도 비슷한 주제이다. 아더 왕 시절 한 기사[8]가 처녀를 강간하여 참수당할 위기에 처한다. 왕비는 그의 처형을 연기해주는 대신, "여성들이 가장 바라는 것이 무엇인가?"에 대한 답을 구해오라고 한다. 기사는 전국을 방랑하면서 해답을 구하려 애쓰지만 서로 상반되는 다양한 대답을 들을 뿐이다. 1년의 기한이 끝나가자 기사는 절망한 채 고향으로 향하다가 끔찍하게 생긴 노파를 만나 사연을 말한다. 노파는 해답을 알려줄 테니 소원을 들어달라고 한다. 기사는 노파가 시키는대로 여성들이 제일 원하는 것은 "자신의 남편에 대한 주도권을 갖는 것"이라고 대답하여 목숨을 구한다.

노파의 소원은 기사의 부인이 되는 것이었기에 기사는 어쩔 수 없이 노파와 결혼한다. 신혼 첫날 밤 기사가 너무 불행해하자 노파는, 못생겼지만 소박하고 진실한 부인을 원하는지, 아니면 젊고 예쁘지만 정숙하지 못한 부인을 원하는지 선택하라고 한다. 기사는 깊이 생각한 후, 못생긴 아내가 겪을 고통이 오히려 클 것이라며 그 선택권을 노파에게 준다. 이에 노파는 기뻐하며 아름다우면서도 정숙한 여성으로 탈바꿈한다. 주도권을 여성에게 넘겼을 때 남성은 더 큰 혜택을 누릴 수 있다는 것을 암시하는 것이다.

최초의 여성해방론자라고 할 수 있는 바스의 아낙의 성공과는 달리 여성의 현실은 대체로 열악하기만 했다. 19세기의 시인인 로버트 브라우닝(Robert Browning, 1812~1889)이 쓴 시 중에 「나의 전처」(My

8) 거웨인(Gawain) 기사라고도 한다.

Last Duchess, 1842)이라는 재미있는 시가 있다. 극적 독백(Dramatic Monologue)의 형식을 취하고 있는 이 시는 가부장적인 남편의 권위가 얼마나 무시무시한지를 잘 드러낸다. 이 시는 실제 사건을 모델로 했다. 5대 페라라[9] 공작(Duke of Ferrara)인 에스테의 알폰소 2세(Alfonso II d'Este)는 25세때 14세인 메디치가 코지모의 루크레치아(Lucrezia di Cosimo de' Medici)와 결혼했다. 결혼 후 공작에게서 버림받고 방치되었던 루크레치아는 17세에 죽었는데 독살된 것으로 의심된다. 그녀가 죽은 후 공작은 다시 결혼했는데, 브라우닝은 공작이 두 번째 결혼을 하려는 시점을 소재로 이 시를 썼다. 이 시의 화자는 페라라 공작이다. 공작은 결혼 중개를 하러 온 사신에게 자신의 집을 직접 구경시켜주던 중에 보통 때는 가려두었던 그림을 보여주며 설명을 한다. 그 그림은 죽은 공작부인의 초상화이다. 초상화의 부인은 사랑하는 사람에게 미소를 짓는 듯하다. 공작은 그녀가 누구에게나 그런 미소를 지었다고 설명한다. 공작은 자신의 권위를 특별하게 여기지 않는 아내에게 분개했고 그래서, "나는 명령을 내렸소./ 그러자 그녀의 미소는 끊기게 되었소."라고 설명한다. 자신의 명령으로 그녀가 살해당했다는 것이다.

19세기에도 여성의 지위는 별반 나아진 바가 없었다. 산업사회의 가정에서 여성은 경제권을 가지지 못했다. 결혼할 때 여성이 가지고 간 지참금은 결혼 즉시 남편의 재산으로 귀속되었고, 여성은 남편에게서 용돈을 타서 써야 했다. 기혼여성 재산법(Married Women's Property Acts)은 1870년부터 조금씩 개선되다가 1908년에야 완성되었다. 1839년까지 여성은 이혼할 때 자녀 양육권이 전혀 없었으며, 1873

9) 이탈리아 북부에 위치한 공국.

년에야 17세까지의 자녀에 대한 양육권이 인정되었다.

여성이 받는 교육도 남성에 비해 제한적이었다. 1853년에야 처음으로 여성대학(Ladies' College)이 생겼으며, 1880년에야 런던대학교에서 처음으로 여성에 대한 학위가 인정되었고, 1869년과 1879년에 각각 케임브리지와 옥스퍼드 대학에서 여성대학을 세웠지만 학위를 수여한 것은 1920년과 1921년에 이르러서였다. 여성의 선거권도 유보되다가 1918년 국민대표법(Representation of the People Act)으로 모든 성년남자와 30세 이상의 여자에게 투표권이 부여되었다. 새로 생긴 8백만 유권자 중 6백만이 여성이었다. 1928년에야 여성도 남성과 같은 연령에서 투표를 할 수 있게 되었다.

18세기 말 프랑스 혁명(French Revolution, 1789)과 그 이론적 근거가 된 낭만주의 사상(Romanticism)에서 모든 인간의 평등을 주창했지만 인간이라는 범주에 여성은 포함되지 않았다. 낭만주의의 이론적인 선구자인 장 자크 루소(Jean-Jacques Rousseau, 1712~1778)는 『에밀: 교육론, 1762』(*Émile: or, On Education*)에서 이상적인 인간으로 에밀(Emile)을 창조하면서, 에밀의 배우자인 소피(Sophie)는 순종적이고 감성적이어야 한다고 주장했다. 여성을 이성적인 남성에 비해 열등한 감성적인 존재로 보는 18세기까지의 여성관을 되풀이하는 것이었다.

여성의 정당한 지위를 주장한 계몽적 여성해방론은 메리 울스턴크래프트(Mary Wollstonecraft, 1759~1797)에서 그 이론적 기초를 얻게 된다. 울스턴크래프트는 『여성의 권리옹호』(*A Vindicaion of Women's Right,* 1792)에서 여성이 남성의 정당한 반려가 되기 위해서는 여성도 이성적인 교육을 받을 필요가 있다는 주장을 펴서 여성해방론의 기수가 되었다. 공리주의 철학자이며 19세기 중산층의 편협한 도덕으로부터의 자유를 주장한 『자유론』(*On Liberty,* 1859)을 쓴 존 스튜어트 밀(John Stuart Mill, 1806~1873)은 『여성의 종속』(*The Subjection of Women*, 1869)에서, 여성이 종속되는 상황을 타파하고 남녀가 평등한 관계를 이루어야 한다고 역설했다. 밀은 인류의 역사를 통해서 남편의 역할은 언제나 법적으로 폭군이었다며, 인류의 반쪽이 노예의 상태에서 떳떳한 자유인의 신분으로 해방될 수 있도록 법률과 여론을 바꾸자고 주장했다. 또 밀은 "내 글 속에서 가장 훌륭한 부분은 아내에게서 영감을 얻은 것이므로 내 글의 일부는 그녀가 쓴 것이나 다름없다."고 고백했다.[10] 19세기 말의 소설가 조지 메러디스(George Meredith, 1828~1909)는, 문명의 척도는 남성들이 여성과 대등한 입장에서 대화하는 것을 수락하는 정도에 따라 매겨진다고 주장했다.

여성의 상황에 대한 이런 각성은 20세기에 이르면 본격적인 운동으로 발전하며 그 기반을 확립한 사람이 프랑스의 실존주의 철학자 시몬 드 보부아르(Simone de Beauvoir, 1908~1986)이다. 그녀의 『제 2의 성』(*Le Deuxième Sexe*, 1949)이 몇 주 만에 20,000권이 판매되는 베스트셀러가 되었다는 것은 여성들이 그만큼 자유에 목말라 있었다는 것을 시사한다. 보부아르는 이 저서에서, 남성을 인간의 원형으로 보면서 남성이 긍정적 규범이며 여성은 부정적인 결함이라고 상정하는 인류문화사와 지성에 총체적 비판을 가했다. 보부아르는 "여자는 결혼함으로써 세계의 작은 일부분을 자기의 영지로 분배받는다. 그리고 법률이 그녀를 남자들의 행패로부터 보호해 주지만, 그 대신 그녀는

10) 밀과 그의 아내 해리엇 테일러(Harriet Taylor)의 독특한 관계가 아마 밀의 이론의 뒷받침이 되었을 것이다. 밀이 해리엇과 만났을 때 그녀는 유부녀였다. 그들은 21년 동안의 정신적인 교제 끝에 그녀의 남편이 죽은 후 1851년 정식으로 결혼했다. 해리엇은 명석한 여성으로 밀의 사상에 큰 영향을 주었다. 『자유론』은 해리엇의 영향 아래 많은 수정이 이루어졌고 『여성의 종속』에서도 해리엇의 영향이 암시된다. 두 사람이 결혼한 7년 후 해리엇은 프랑스를 여행하던 도중에 사망했다.

남편의 신하가 된다."고 주장했다. 여성은 태어나는 것이 아니라 길러진다고 보았다는 점에서 생물학적 성(sex)과 사회문화적 성(gender)을 구분하는 현대 페미니즘(Feminism)을 시작했다고 할 수 있다.

2) 사랑과 결혼

여성과 남성의 관계, 사랑과 결혼의 관계에 대한 질문과 각성은 문학 작품에서 다양하게 나타나면서 비판적 통찰을 제시한다. 16세기의 윌리엄 셰익스피어(William Shakespeare, 1564~1616)의 시극에서 사랑과 결혼, 여성의 의미는 다양하게 재현된다. 사랑의 결과가 가장 비극적으로 끝나는 『로미오와 줄리엣』(*Romeo and Juliet*, 1591)은 순수한 사랑을 형상화한 시극으로 여겨진다. 그러나 『로미오와 줄리엣』에서도 주도권 다툼은 치열하게 전개되고 있다.

로미오의 첫 사랑의 대상은 로절라인(Rosaline)이었다. 로미오의 친구는 로미오에게 그녀보다 더 아름다운 여자도 있으니 주위를 둘러보고 다른 여자를 찾아보라고 충고하지만 로미오는, "모든 걸 다 보는 태양도/ 그녀[로절라인]에게 필적할 여자는 태초 이래 못 봤어."(1막 2장) 라며 절대로 그럴 수 없다고 대답한다. 그러나 이처럼 열렬했던 로미오가 줄리엣을 보자마자, "내가 지금껏 사랑을 했었다고? 시각이여 부인하라,/ 오늘까지 나는 진정한 아름다움을 본 적이 없었으니."(1막5장)라며 순식간에 마음을 바꾸는 데서 사랑이 얼마나 믿을 수 없는 것인지 알 수 있다.

사랑을 고백하는 남성을 대하는 여성들의 태도도 대조적이다. 로절라인은 로미오의 애원을 들은 체도 하지 않는다. 로미오는 그녀를 정절의 상징으로 비유하면서도 그것이 허무한 낭비라고 비판한다. 반면 줄리엣은 자신의 욕구를 정확히 파악하고 자신의 사랑을 과감하게 주장하는 열정적인 여성으로 등장한다.

또 다른 기억할만한 여성은 『베니스의 상인』(*The Merchant of Venice*)에 나오는 포셔(Portia)이다. 이 극에서 가장 인상 깊은 이야기는 돈을 갚지 않자 그 대가로 생살을 1파운드 도려내겠다고 고집하는 앙심 깊은 유대인 샤일록(Shylock)이지만, 이 극의 다른 축은 포셔와 바사니오(Bassanio)의 사랑이며, 포셔의 담대함과 총명함은 길이 기억될 만하다.

포셔는 세 개의 상자 중에서 올바른 상자를 고른 사람을 신랑으로 맞으라는 아버지의 유언을 알게 되자 고민한다. 그녀는 바사니오를 사모하고 있으므로 다른 사람이 올바른 상자를 고른다거나 바사니오가 제대로 된 상자를 고르지 못한다면 불행한 결혼을 할 수 밖에 없다. 황금상자에는, "나를 택한 자는 많은 사람이 원하는 걸 얻으리라. 반짝이는 것 모두가 금은 아니다."라는 두루마리와 해골의 모형이 들어 있다. 은상자에는 "나를 택한 자는 그 가치에 합당한 것을 얻으리라."는 말과 함께 반짝이는 얼간이의 초상화가 들어 있다. 보잘것없어 보이는 납상자에는 "나를 택한 자는 그 가진 바 모든 것을 주고 모험을 해야 하노라."는 말과 포셔의 초상이 들어있다. 다행히도 공작과 왕자 등 현실적인 조건은 좋으나 그녀가 원치 않는 남자들은 금과 은상자를 선택하지만 바사니오가 납상자를 선택해서 두 사람은 행복한 결혼을 한다.

여기까지의 포셔는 아버지의 권위에 눌려 자신의 운명을 우연에 내맡긴 여성의 모습에 불과하다. 그러나 바사니오 때문에 샤일록에게 돈을 빌린 안토니오(Antonio)가 생명을 잃을 위기에 처하자 포셔는 남장을 하고 법학박사로 등장한다. 포셔는 피를 흘리지 말고 정확하게 1파운드의 살덩이를 잘라내지 못하면 엄벌을 내린다는 현명한 판결로 안토니오를 구해낸다. 포셔는 감사의 표시를 주겠다는 바사니오에게서 결혼반지를 받아내고 이 사건을 계기로 남편의 복종을 받아 내므로 바스의 아낙을 연상시킨다.

빅토리아조에 이르면 급속히 발전하는 산업자본주의사회에서 남성이 마음 놓고 활동하기 위해서는 내조자로서 여성의 역할이 절실히 필요했다. 남성의 내조자이며 자식들의 주된 교육자인 여성을 동물과 같은 열등한 존재로 둘 수 없으므로 집안의 천사(Angel of the House)라는 숭고한 이미지가 만들어진다. 여성에게는 상냥한 이해심, 비세속성, 순진함, 가정적인 애정, 자기 분수에 맞는 순종심이 있어야 한다고 강조되었다.

그러나 자의식과 내적 열정을 가지고 있던 여성들은 가정의 천사라는 이데올로기로 인해 갈등을 겪고 고통받았다. 플로렌스 나이팅게일(Florence Nightingale, 1820~1910)은 가정이라는 영역에 한정되는 삶이 아니라 의미 있는 목표를 성취하고 싶다는 강력한 욕구가 있었지만 상류층 여성으로서의 삶을 살아야 했다. 그녀는 결국 권태로운 삶의 무게를 이기지 못하고 여러 번 자살을 시도했다. 나이팅게일은 전쟁터에서 간호원으로 활동하면서 비로소 심적인 안정을 되찾게 된다. 이처럼 할 일은 없고 여가시간은 많았던 중상류층의 여성들은 권태에 시달리거나 자살 충동, 히스테리 등을 일상적으로 앓았다.

하층계급의 여성들은 현실적인 고통에 시달렸다. 1849년 무렵 영국 여성의 20분의 19에 해당되는 여성들이 하녀, 재봉사, 공장직공, 농장 노동자 등으로 열악한 상황에서 노동을 하는 상황에 있었다. 이들에게는 가정의 천사로서 우아하게 사는 것이 허용되지 않았다. 공장에서 힘든 노동을 해야 했고 집에 돌아와서는 가사를 도맡았으며, 술에 취한 남편의 폭력도 견뎌야 했다. 중산층 이상의 여성에게는 여성다운 허약함과 부드러움이 강조된 반면, 하층계급의 여성에게는 강인함과 튼튼함이 미덕으로 강조되었다. 여성의 신분에 따라 이중적인 가치가 부여되고 있었던 것이다.

19세기 문학은 대부분 중산층 여성의 결혼문제를 중심적으로 다룬다. 대표적인 소설로 샬롯 브론테(Charlotte Brontë, 1816-1855)의 『제인 에어』(*Jane Eyre*, 1847), 에밀리 브론테(Emily Brontë, 1816-1855)의 『폭풍의 언덕』(*Wuthering Heights*, 1847), 토머스 하디(Thomas Hardy, 1840~1928)의 『더버빌 가의 테스: 순결한 여인』(*Tess of the d'Urbervilles: A Pure Woman,* 1891) 등이 있다.

『제인 에어』에서 주인공 제인 에어는 원래 중산층이었으나 일찍 부모를 잃고 재산도 없어 거의 하층계급으로 떨어지기 직전에 있다. 다행히도 친척의 도움으로 다소의 교육을 받은 후 부유한 대지주인 로체스터(Rochester)의 저택인 손필드(Thornfield)에 가정교사로 갔다가 로체스터와 결혼하게 된다. 이 이야기는 동서고금을 통해 가장 인기 있는 판타지인 신데렐라의 꿈을 실현하는 듯하다. 그러나 이 소설의 혁명적인 면은 사무엘 리처드슨(Samuel Richardson, 1689~1761)의 『파멜라: 보상받은 정조』(*Pamela, or Virtue Rewarded,* 1740)와 비교하면 확실해진다. 파멜라는 가난한 농부의 딸로 부자지주인 B씨의 집에 하녀로 갔다가 그의 정부가 되라는(부인이 아니라) 끈질긴 유혹을 받지만 끝내 유혹을 물리친다. 그제야 지주는 그녀의 절개에 감동해서 정식으로 결혼 신청을 하고 파멜라는 "네, 감사합니다. 주인님."이라며 결혼한다. 이렇게 신데렐라와 같은 신분상승을 이룬 파멜라의 이야기는 당시 엄청난 인기를 얻었으나, 한편으로는 파멜라가 일회성에 불과한 정조를 가장 비싸게 팔기 위해 교활한 술수를 쓴 비열한 여인이라는 비판을 받기도 했다.

가난한 여성이 대지주와 결혼하는 비슷한 소재의 『제인 에어』는 『파멜라』와 완전히 다른 전개를 드러낸다. 제인은 로체스터를 사랑하지만 막상 그의 청혼을 받고 결혼을 앞둔 시점에서는 매우 불편해한다.

> "나는 세상 사람들에게 당신이 미인이라는 걸 알릴 작정이야." 그는 말을 계속했다. 그러나 그가 하는 말이 나는 정말로 불편해졌다. 그가 스스로를 속이고 있던가, 아니면 나를 속이려고 하는 것이라고 생각되었기 때문이다. "나의 제인에게 비단과 레이스로 된 옷을 입히고, 머리에는 장미를 달아줄 테야. 내가 가장 소중하게 생각하는 머리 위에는 가장 값비싼 베일을 씌워주고."
>
> "그렇게 하면 저를 몰라볼 거예요, 당신이 좋아하는 제인이 아니라 어릿광대 옷을 입은 원숭이거나 아니면 남의 깃털을 빌린 어치새에 지나지 않을 거예요. 궁중 미인으로 성장한 제 모습을 보느니 차라리 무대의상으로 분장한 로체스터 씨의 모습을 보는 편이 나을 거예요. 저는 당신을 무척 사랑하지만 당신을 미남이라고 하지는 않아요. 거짓으로 추켜세우기에는 당신을 너무 사랑하거든요. 저를 거짓으로 추켜세우지 마세요." . . . . 그는 미소를 지었다. 그의 미소는 마치 즐겁고 기분 좋을 때 술탄이 자신의 황금과 보석으로 치장한 노예를 바라볼 때 던지는 그런 미소와 같다는 생각이 들었다. (24장)

로체스터에게 이미 아내가 있다는 것을 알게 된 제인은 마치 기다렸다는 듯이 로체스터의 집을 떠난다. 제인은 나중에 유산을 받은 후에 다시 돌아와 팔이 다치고 눈이 멀게 된 로체스터와 결혼해 그를 돌보며 살아간다. 재산을 잃어버리고 힘이 없어진 로체스터를 제인이 구원해 주는, 반신데렐라의 꿈을 완성한다는 점에서 이 소설은 여성해방을 주장한다고 여겨진다.

에밀리 브론테의『폭풍의 언덕』은 안정된 결혼에 대한 염원이 사랑의 감정과 충돌하면서 여성의 선택을 좌우하는 현실을 잘 보여준다. 캐서린 어언쇼(Cathrine Earnshow)는 집에서 하인으로 일하는 히스클리프(Heathcliff)를 사랑한다. 그러나 그와 결혼하면 중산층에서 떨어져 노동자계층이 될 것이므로 자신에게 안락한 미래를 보장해 줄 중산층 지주 에드거 린튼(Edgar Linton)과 결혼하려는 생각이다. 캐서린은 에드거의 청혼을 받아들인 후 가정부 넬리(Nelly)에게 자신의 심정을 토로하는데, 사랑과 안정 사이에서 갈등하는 여성의 심리를 잘 보여준다.

> "내가 천국과 어울리지 않듯이 에드거 린튼과의 결혼도 내게 어울리지 않아. 저기 저 몹쓸 인간[오빠 힌들리]이 히스클리프를 천덕꾸러기로 만들지만 않았더라면 나도 에드거와 결혼할 생각을 하지 않았을 거야. 지금 히스클리프와 결혼하면 내 위치가 떨어지고 말거야." (9장)

19세기 말의 소설가 토머스 하디는 산업사회에서 몰락해가는 농촌과 농민들의 문제를 다룬『더버빌가의 테스: 순결한 여인』에서 여성의 순결과 결혼에 대한 질문을 던진다. 테스는 가난한 농민의 딸인데 집안을 돕기 위해 대지주의 하녀로 갔다가 그 집 아들인 알렉(Alec)에게 순결을 빼앗기고 아이를 임신한 채 집으로 돌아온다. 태어난 아이가 곧 죽자 테스는 새 출발을 하려고 낙농장에 취직해서 젖 짜는 일을 한다. 그곳에서 목사의 아들이지만 농업 수업을 받으러온 새로운 사고방식의 청년 에인젤(Angel)을 만나 그의 사랑을 받는다. 결혼 첫날 에인젤이 다른 여자와 맺었던 불륜의 사랑을 고백하며 용서를 빌자 용기를 얻은 테스는 자신의 과거를 고백한다. 그러나 그 순간 에인젤은 충격을 받고, "내가 사랑했던 여인은 당신이 아니오. . . . 당신 모습을 한 다른 여인이오."(5부 35장)라고 실토한다. 에인젤은 테스를 젖짜는 시골 처녀가 아니라 마치 여성의 신비로운 정수인 것처럼 신비화했던 것이다. 에인젤에게 버림받은 테스는 노동자로 전전하다가 다시 알렉의 정부가 된다. 뒤늦게 뉘우친 에인젤이 찾아오자 테스는 알렉을 살해하고 에인젤과 도주하다가 잡혀서 사형에 처해진다. 이 비극적인 이야기에 여성을 자신의 잣대로 판단했던 남성의 허위의식이 잘 드러나 있다.

그렇다면 진정한 사랑이란 어떤 것일까? 진정한 사랑을 노래한 19세기의 유명한 여성시인 엘리자베스 바렛 브라우닝(Elizabeth Barrett Browning, 1806~1861)과 20세기의 윌리엄 버틀러 예이츠(William Butler Yeats, 1865~1939)를 살펴보자.

엘리자베스 바렛은 8살 때 그리스어로 호메로스(Homer)[11]의 작품을 읽고 14살 때 첫 시를 발표할 정도로 조숙한 천재였지만 이기적이고 독선적인 아버지 밑에서 복종적인 삶을 살고 있었다. 바렛의 아버지는 그녀가 병약하다는 이유로 거의 집안에 가두어두었기에 시를 쓰는 것이 그녀의 유일한 낙이었다. 바렛이 38세 때 시집을 출판하여 대단한 찬사를 받았는데, 이때 그녀보다 6살 연하이며 신참시인이던 로버트 브라우닝(Robert Browning)도 감명을 받고 그녀를 방문했다. 서로 편지를 주고받던 두 사람은 사랑에 빠져 도망쳐서 결혼에 성공했다. 바렛은 다양한 시를 많이 썼는데 그 중에서 『포트투갈인의 소네트』(*Sonnets from the Portuguese*)[12]는 사랑을 주제로 한 연작시집이다.

11) 고대 그리스의 유랑시인으로 『일리어드』(*Iliad*)와 『오디세이』(*Odyssey*)의 작가이다.

12) 바렛이 다소 까무잡잡하다고 해서 브라우닝이 포르투갈인이라는 별명으로 불렀기에 붙인 제목이다.

다음은 4번 시 「당신이 나를 사랑해야 한다면」이다.

> 당신이 날 사랑해야 한다면 오직 사랑만을 위해 사랑해 주세요.
> 그녀의 미소 때문에, 그녀의 모습,
> 그녀의 부드러운 말씨, 그리고 내 맘에 꼭 들고
> 힘들 때 편안함을 주는 그녀의 생각 때문에
> "그녀를 사랑해."라고 말하지 마세요.
> 사랑하는 이여, 이런 것들은 그 자체로나
> 당신 마음에 들기 위해 변할 수 있는 것,
> 그리고 그렇게 얻은 사랑은 그렇게 잃을 수도 있는 법.
> 내 뺨에 흐르는 눈물을
> 닦아 주고픈 연민 때문에 사랑하지도 말아 주세요
> 당신의 위안을 오래 받으면 눈물을 잊어버릴테고,
> 그러면 당신 사랑도 떠나갈 테죠.
> 오직 사랑만을 위해 사랑해 주세요.
> 사랑의 영원함으로 당신 사랑 오래오래 지니도록.

영문학사에 위대한 문학적 결실을 가져온 또 하나의 유명한 사랑 이야기는 윌리엄 버틀러 예이츠[13]와 연극배우 모드 곤(Maud Gonne, 1866~1953)의 사랑이다. 예이츠가 모드 곤을 처음 만난 것은 1889년이었으며, 모드 곤은 1902년 예이츠와 레이디 그레고리(Lady Gregory)가 쓴 희곡 『훌리안의 딸 캐슬린』(Kathleen ni Houlihan)[14]의 더블린 초

---

13) 아일랜드인으로서 처음 노벨문학상(1923)을 받았다. 노벨 위원회는 "고도의 예술적인 양식으로 전체 나라의 영혼을 표현한, 영감으로 가득 찬 시"라는 평가를 남겼다.

14) 아일랜드의 예술작품에 자주 등장하는 캐슬린은 집을 빼앗기고 떠도는 늙은 여인으로, 자신을 위해 싸워줄 젊은이를 요구하며, 그녀를 위해 싸우던 젊은이들은 순교한다. 캐슬린은 아일랜드를 상징하며 아일랜드의 자유를 위해서는 피의 희생이 필요하다는 암시이다.

연에서 캐서린 역을 맡았다. 예이츠는 모드 곤을 열렬히 사랑했으나, 그녀를 만난 순간부터 "내 인생의 고뇌는 시작되었다."라고 기술할 정도로 그 사랑은 힘들었다.[15] 그러나 모드 곤과의 사랑은 예이츠 시의 원천이 되었다. 모드 곤은 자신이 예이츠의 사랑을 거절한 것을 세상 사람들이 감사할 것이라고 말한 바 있다. 예이츠의 모든 시에는 모드 곤에 대한 사랑, 절망, 원망, 체념 등이 번갈아 나타난다. 그 중에서 「그대 늙거든」(When You Are old)의 한 구절이다.

> 얼마나 많은 사람들이 그대의 매력적인 순간들을 좋아했으며,
> 진정으로든 거짓으로든 그대의 아름다움을 사랑했는지를.
> 그러나 한 사람은 그대의 유랑혼을 사랑했고,
> 그 변해가는 얼굴의 슬픔을 사랑했다는 것을.

20세기에 남녀의 사랑과 결혼이 어떤 의미가 있는 지에 대해 가장 관심을 가지고 탐구한 작가는 D. H. 로렌스(David Herbert Lawrence, 1885~1930)이다. 로렌스는 기계문명이 인간의 근본적이고 건강한 관계를 방해하고 있으며, 현대의 인간들은 소외와 단절의 상황에 놓여있다고 보았다. 로렌스는 각 개인이 인간 본연의 자세로 돌아가서 자신의 정체성을 확립하고, 그러한 모습으로 타인과 온전한 관계 맺기를 해야 한다고 주장했다. 특히 남자와 여자가 각자 단단한 자아를 지닌 채 상대방과 건강한 관계를 맺어야 한다고 보았다. 그러나 현실에서는 이런 관계가 결코 쉽지 않다는 인식이 그의 소설에 나타

15) 모드 곤은 1891년에서 1901년 사이에 적어도 4번의 예이츠의 청혼을 거절했다. 열렬한 민족주의자이던 곤은 1903년 같은 민족주의자이던 존 맥브라이드 대령(Major John MacBride)과 결혼했는데 그는 1916년 아일랜드 부활절 봉기의 주모자 중 한 사람으로 체포당해 사형되었다.

나 있다.

로렌스는 광부인 열정적인 아버지와 지적이며 신분상승을 꿈꾸는 어머니 사이에서 자란 자신의 경험을 통해, 남편에게 불만을 느끼는 어머니가 아들에게 온 애정을 쏟을 때 어떤 갈등이 생기는지를 『아들과 연인』(*Sons and Lovers*, 1913년)에서 사실적으로 다루었다. 폴 모렐(Paul Morel)이 미리엄 리버스(Miriam Leivers)를 사귀게 되자 어머니가 느끼는 감정을 살펴보자.

> "저 여자애는 기뻐 날뛰는군 . . . . 폴을 내게서 빼앗아가면서 기뻐서 날뛰는군." 모렐 부인은 폴이 나갔을 때 가슴속으로 울부짖었다. "저 애는 보통 여자애와 달라서 내게 폴을 조금도 남겨주지 않아. 저애는 폴을 흡수해 버리려고 해. 저 애는 폴에게서 죄다 끌어내어서 아무 것도 남지 않을 때까지, 심지어 폴의 몫도 없을 때까지 흡수해 버릴 거야. 폴은 결코 자기 발로 설 수 있는 남자가 못 될 거야. 저 애가 내 아들을 다 빨아들이고 말 거야." 어머니는 앉아서 속을 썩으며 비통한 생각에 잠겨 있었다. (9장)

많은 문학 작품이 사랑과 결혼을 다루면서 남녀관계의 위상에 대한 질문을 던지고 있는데, 노동자 시인 박노해가 오래 전에 쓴 「이불을 꿰매면서」라는 시가 그 대답을 시사해주는 것 같다. 노동자인 시인은 자신이 노조일을 하며 "전제적인 기업주"에게 저항하면서야 비로소 가정에서의 자신과 아내의 역할에 대해 각성하게 되었음을 실토한다. "똑같이 공장에서 돌아와 자정이 넘도록/ 설거지에 방 청소에 고추장단지 뚜껑까지/ 마무리하는 아내에게/ (나는) 그저 밥 달라 물 달라 옷 달라 시켰"던 자신은 "대접받는 남편의 이름으로" 아내에게 못된 기업주와 같은 짓을 하고 있었다는 것을 깨달았다는 것이다. 그래서 이제 그는, "아내는 나의 몸종이 아니고/ 평등하게 사랑하는 친구이며 부부라는 것을/ 우리의 모든 관계는 신뢰와 존중과/ 민주주의적이어야 한다는 것"을 실감하면서, 아내 대신 이불을 빨아 호청을 꿰매면서, "아픈 각성의 바늘을 찌른다"고 고백한다.

II

미국문화 탐구

1 미국과 미국인

1) 미국의 구성

미국의 정식 명칭은 아메리카 합중국(United States of America)이다. 약어로는 "USA" 혹은 "U.S.A."이다. 통상적으로 "the United States"(약어로 US 혹은 U.S.), 혹은 "America"로 지칭되며, 때로 "the States"라고 지칭된다.

미국은 남북으로 길게 뻗어있는 아메리카 대륙 중 북아메리카 대륙의 절반을 차지하는 거대한 국가이다. 아메리카 대륙의 존재를 최초로 파악한 사람은 크리스토퍼 콜럼버스(Christopher Columbus, 1450?~1506)로 알려져 있다. 그러나 사실 콜럼버스가 도달한 곳은 아메리카 대륙 자체가 아니라 근처의 섬으로, 오늘날 서인도 제도(the West Indies/the Caribbean)로 알려진 곳이다. 1492년 인도로 가는 항로를 개척하기 위해 스페인을 떠나 항해 중이던 콜럼버스는 이곳을 발견하고 인도로 착각한다. 그래서 아메리카 대륙의 원주민은 인디언(Indian)[1]이라는 이름을 얻게 되었다. 실제 아메리카 대륙을 발견한 사람은 1499년에서 1502년 사이에 남아메리카로 항해했던 이탈리아의 상인 아메리고 베스푸치(Amerigo Vespucci, 1454~1512)였고 그의 발견을 기념해서 이 신대륙을 아메리카라고 부르게 되었다.

아메리카 합중국은 아메리카 대륙에서 북아메리카의 남쪽 지역인

---

1) 현재의 공식적인 명칭은 아메리카 원주민(Native Americans)이다. 이 책에서는 상황에 따라 인디언, 아메리카 원주민, 혹은 원주민으로 지칭한다.

총면적 9,518,323㎢에 이르는 광활한 지역을 차지하고 있다. 북아메리카 대륙의 본토에 48개 주(state)가 있으며, 북아메리카의 북서쪽 끝에 따로 떨어져 있는 알래스카 주와 군도로 이루어진 하와이 주를 합쳐 50개의 주로 구성된 연방공화국(federal republic)이다. 50개 주 외에, 수도인 워싱턴 D. C.와 푸에르토리코(Puerto Rico), 미국령 사모아(American Samoa),[2] 괌(Guam), 미국령 버진 제도(Virgin Islands of the United States)[3] 등의 해외 속령, 국제연합(United Nations)의 신탁통치령인 캐롤라인 제도(Caroline Islands)[4] 등을 보유하고 있다.

합중국은 대륙의 동부에 있는 버지니아 식민지를 비롯한 13개주로 시작되었으나, 아메리카 원주민을 밀어내면서 점차 서부로 영토를 확장해나갔으며, 프랑스에게서 루이지애나를 매입하였고, 멕시코와 전쟁을 벌여 캘리포니아 부근 지역을 점령했으며, 소련에게서 알래스카를 매입하고, 하와이를 편입하여 오늘과 같은 형태를 갖추게 되었다.

50개의 주 중에서 캘리포니아가 가장 인구가 많으며, 와이오밍의 인구가 가장 적다. 면적으로 볼 때 가장 큰 주는 알래스카이며 가장 작은 주는 로드아일랜드이다. 미국의 광활한 영토는 그 특징에 따라 북동부(뉴잉글랜드와 중부대서양 지역), 남부(남대서양 연안과 동남중부, 서남중부), 중서부(동북중부와 서북중부), 서부(태평양 연안과

---

2) 독립국인 사모아와 구별하기 위하여 미국령 사모아 또는 동사모아(East Samoa)라고 불린다.

3) 버진 제도는 카리브 해 서인도 제도 남쪽의 리워드 제도(Leeward Islands)에 속해 있는 160여개의 화산섬과 암초로 이루어진 제도이다. 영국령과 미국령으로 나뉜다.

4) 서태평양에 위치한 제도로, 500여 개의 작은 산호섬들로 구성되어 있다. 뉴기니 섬 북쪽과 필리핀 동쪽에 위치하며 서반부는 팔라우공화국(Republic of Palau), 동반부는 미크로네시아 연방(Federated States of Micronesia)의 영토이다.

산악지역) 등으로 구분한다.

미국의 영토는 가로로 광활하게 퍼져 있으므로 4개의 표준시, 즉 〈태평양 표준시〉(Pacific Standard Time, PST, UTC-08),[5] 〈산악 표준시〉(Mountain Standard Time, MST, UTC-07), 〈중부 표준시〉(Central Standard Time, CST, UTC-06), 〈동부 표준시〉(Eastern Standard Time, EST, UTC-05)로 나누어 사용한다. PST는 〈LA 시〉, EST는 〈뉴욕 시〉라고도 한다.

미국의 국가는 〈성조기〉(Star-Spangled Banner)이며,[6] 국기는 〈성조기〉(Stars and Stripes)이다.[7] 미국의 국화는 장미로, 1986년 로널드 레

---

5) UTC-08(Coordinated Universal Time, 협정 세계시-08)은 그리니치 천문대의 표준 시간에서 8시간을 뺀다는 뜻이다.

6) 프랜시스 키(Francis Scott Key)가 쓴 시 〈맥헨리 요새의 방어〉(Defence of Fort McHenry, 1814)에다 존 스미스(John Stafford Smith)가 작곡한 〈천국의 아나크레온에게〉(To Anacreon in Heaven)의 곡을 붙인 것이다. 키는 1812년 〈영미 전쟁〉 중에 현재의 메릴랜드 주 볼티모어의 해안가에 있는 별 모양의 요새인 맥헨리 요새가 영국 해군의 전함에 의해 폭격당하는 것을 목격한 후 이 시를 썼다. 아나크레온(570?~480? B.C.)은 사랑과 술을 찬미한 그리스의 서정 시인이다. 이 노래는 1889년 미해군에서 처음 공식적으로 사용했고, 1916년 우드로 윌슨 대통령의 인가를 받았으며, 1931년 의회에서 결정하고, 허버트 후버 대통령에 의해 공식국가로 인정되었다. 1931년 이전에는 〈컬럼비아 만세〉(Hail, Columbia), 〈나의 나라는 그대의 것〉(My Country, 'Tis of Thee) 등이 국가로 쓰이기도 했다.

7) "Old Glory," "Star-Spangled Banner"라는 별칭으로 불리기도 한다. 맨 위에 붉은 가로줄로 시작해서 흰 색 줄이 교대로 나오다가 맨 마지막에 붉은 색 줄로 끝나는 13개의 수평선은 미국이 13개 주로 시작했음을 의미한다. 왼쪽 상단의 푸른색의 작은 구획에는 50개의 별이 들어있는데, 이것은 미국의 50개 주를 나타낸다. 독립전쟁 당시에는 대륙 회의(Continental Congress)에서 〈대륙기〉(Continental Colors)를 공식적으로 사용했다. 1777년 2차 대륙 회의에서 〈국기 조례〉(Flag Resolution)를 통과시키면서, "13개의 빨간 색과 흰 색 직선, 푸른 바탕에 13개의 흰 별"이 있는 국기가 확정되었다. 한편 국기의 구체적인 디자인은 각양각색이었다. 한 일화로는 베치 로스(Betsy Ross)라는 여성이 워싱턴 장군의 스케치를 받아 바느질로 최초의 국기를 만들었다고 한다. 〈독립 선언문〉(Declaration of Independence)의 발

이건(Ronald Reagan) 대통령 재임 시에 채택되어 법으로 제정되었다. 특별한 품종이 지정되지는 않았지만 대체로 아메리칸 뷰티(American Beauty)라는 이름의 붉은 장미를 가장 많이 사용한다.[8] 미국을 상징하는 새는 흰머리수리(bald eagle)[9]이다. 1782년 대륙 회의에서 13개의 활과 13개의 올리브 잎을 발톱으로 잡고 있는 흰머리수리를 미국의 국장(Great Seal)의 디자인으로 결정했다.

* 워싱턴 D.C. (Washington, D.C.)

공식적으로는 "컬럼비아 특별구"(District of Columbia), 간단히 "워싱턴," "특별구"(District), 혹은 "D.C."라고도 한다. 포토맥 강(Potomac River) 북쪽 유역에 자리 잡고 있으며, 남서쪽으로 버지니아 주, 다른 쪽으로는 메릴랜드 주와 맞닿아 있다. 1871년 어느 주에도 속하지 않고 연방의 특별 관리를 받는 "컬럼비아 특별구"(District of Columbia)를 설정하고,[10] 초대 대통령인 조지 워싱턴의 이름을 따서 워싱턴이라고 명칭을 붙였다. 최초의 수도는 뉴욕이었으나 〈헌법〉(Constitution) 제1조에서 워싱턴 D.C.를 독립된 행정 구역으로 규정하고 영구적인 수도로 지정하

기인 중 한 명인 프랜시스 홉킨슨(Francis Hopkinson)은 1777년, 6각형 별을 도안한 국기를 발표하며 특허권을 주장했다. 1818년 의회에서 최종적으로, "13개의 직선에 20개의 5각형 별"로 확정하였고, 이후 주가 늘어날 때마다 별이 추가되는 것으로 결정되었다. 성조기의 도안은 1777년 13개의 별로 시작된 이래 공식적으로 26회의 변화를 겪었다. 48개의 별이 표시된 성조기가 47여 년 간 쓰이다가 1957년 7월 4일 49개 별로 바뀌었고, 1960년 50개 별로 확정된 후 계속 유지되고 있다.

8) 아메리칸 뷰티는 수도인 워싱턴 D. C.를 상징하는 꽃이며, 백악관이 위치한 컬럼비아 거리를 상징하는 꽃으로 선정되었다. 일부 주도 주화(state flower)로 장미를 선택했다. 아이오와 주는 야생 장미(wild rose)를, 노스다코타 주는 들장미(wild prairie rose)를 선정했다.

9) "bald" 때문에 대머리수리로 자주 번역되나 더 적절한 명칭은 흰머리수리이다. 원래 북아메리카의 원주민 문화에서 흰머리수리는 신과 인간 사이의 메신저 역할을 하며, 목표를 달성한 영예, 다산, 평화의 상징으로 여겨지는 신성한 새이다.

10) 문학에서 미국은 주로 컬럼비아라는 여성형으로 표현되었다.

였다. 약 170 미터인 "워싱턴 기념비"(Washington Monument)보다 높은 건축물을 건설하지 못하도록 하여 초고층 건물이 드물다. 백악관(White House), 국방부 건물인 펜타곤(Pentagon), 연방 의사당(Capitol) 등 미국의 주요 정부 기관이 모여 있다. 연방주가 아니므로 상원 의석을 할당받지는 못했으나, 하원 의석 1석과 대통령 선거인단 3표를 확보하고 있다.

2) 미국인의 정체성

2016년 현재 미국인은 약 322,000,000명에 이르며, 아메리카 원주민(Native Americans), 백인(White people), 아프리카계 미국인(African Americans),[11] 아시아계 미국인(Asian Americans), 히스패닉계 미국인(Hispanic Americans) 등 다양한 인종, 다양한 민족으로 구성되어 있다. 이중 원래 1,500,000명에 이르던 아메리카 원주민은 미국의 식민, 건국, 발달 과정에서 거의 도태되어 현재는 극히 적은 수가 주로 인디언 거류지(Indian Reservation)에서 전통문화를 지키며 살아간다.

미국인의 주 인종은 유럽 대륙에서 대규모로 이주해 온 백인들이다. 처음에는 주로 스페인 사람들이 현재 미국의 남서부 지역에서 멕시코 이남의 중남미 지역까지 자리를 잡았다. 19세기 초에는 영국을 비롯한 북서유럽의 백인들이 대규모로 이주를 했다. 그래서 대체로 미국의 동부 지방에는 영국인, 미시시피 강 유역에는 프랑스인, 서부에는 스페인 이민자들이 식민지를 건설했다. 그 중 미국 동부 지역에

11) 처음에는 "니그로"(Negro)(Nigger는 경멸적인 호칭)라고 지칭되었으나 1960년대에 인종 차별적 편견을 벗어나기 위해 "흑인"(Blacks)이라고 부르다가, 현재는 인종적 기원을 존중해 "아프리카계 미국인"을 공식적인 명칭으로 쓴다. 이 책에서는 상황에 따라 흑인과 아프리카계 미국인을 함께 사용한다.

자리 잡은 영국계식민지가 미국의 독립과 건국에 중심 역할을 하면서 영국계이민자들이 미국인의 주류를 이루게 되었다. 오늘날까지도 "와스프"(WASP, White Anglo-Saxon Protestant)라고 불리는 영국계 신교도들이 미국의 정치, 경제, 문화를 주도하는 주류 집단을 형성하고 있다.

미국이 독립 국가로서 자리매김하고 국내의 산업이 발전하여 공장이 증가하고 도시가 커지면서 이민의 양태가 달라진다. 농업 이민이 주류를 이루던 초기와 달리 공장에서 일하려는 노동 이민이 더 많아지게 되었고, 동유럽과 남유럽 출신의 이민자들이 증가하는 추세를 보였다. 미국은 1927년까지 이민자에 대한 개방정책을 유지하여, 1880년에서 1930년 사이에 약 27,000,000명의 이민자들이 미국에 정착했다. 1840년에서 1890년대까지는 약 5,000,000명의 아일랜드 이민이 영국의 식민 통치와 억압을 피해서, 또 유례없는 흉년과 극도의 기근을 피해서 미국으로 건너왔다. 마찬가지로 빈곤과 정치적 불안정에 시달리던 이탈리아인 5,000,000명 정도가 미국으로 몰려들었고, 러시아, 폴란드, 기타 동구권 국가에서도 수백만 명이 일자리와 자유를 찾아 미국으로 건너왔다. 이들은 주로 뉴욕, 보스턴, 혹은 시카고 같은 동부의 대도시의 공장에서 일자리를 찾거나 중서부의 개척지에서 새로운 땅을 개간했다.

백인 이민자들 사이에서도 경제적 차이, 민족적 차이로 인한 차별과 갈등이 발생했다. 이민의 선발 주자인 서유럽 이민자들은 이미 정착을 완료하여 안정된 삶을 누리고 있었으므로, 가난하고 대부분 가톨릭이며 미국의 공식어가 된 영어를 제대로 하지 못하는 후발 이민자들을 멸시하는 경우가 많았다. 공장에 취직한 후발 이민자들은 저임금을 받았고 이미 기반을 다진 노동자들로 구성된 노동조합에서 배척을 받기도 했다. 기존의 이민자들에게서 위화감을 느낀 후발 이민자들은 자기들끼리 더 협조하면서 뭉치게 되었고 그 과정에서 리틀 이탈리아(Little Italy) 같은 집단 구역이 형성되었다. 또 후발 이민자들은 이미 개발과 정착이 완료된 동부를 떠나서 미지의 개척지인 서부에서 새로운 삶의 기회를 포착하고자 했다. 윌라 캐서(Willa Cather)의 소설『나의 안토니아』(*My Ántonia,* 1918)는 체코를 떠나 서부의 네브래스카에 정착한 안토니아 쉬메르다(Ántonia Shimerda) 가족의 이민사를 통해 1세대 이민자와 2세대 이민자의 갈등을 보여준다.

미국의 중요한 인종적 구성원인 아프리카계 미국인은 아프리카에서 자신의 의지와 상관없이 강제로 끌려왔다는 점에서 좀 다른 의미의 이민자이다. 이들은 노예로 잡혀와 주로 미국의 남부 지방에서 면화를 재배하는 대규모 플랜테이션에서 필수 노동력으로 이용되었고, 인간이 아닌 동물로 취급되면서 말로 표현할 수 없는 갖은 고초를 겪었다. 19세기 중반에 벌어진 남북전쟁(Civil War)에서 노예 해방을 정책으로 내세운 북부의 연방군이 승리한 결과, 흑인은 미국인의 주요 구성원이 되었다. 남부의 대규모 농장 지역에 주로 거주했던 흑인들은 남북전쟁 이후 남부인들의 인종 차별과 박해를 피해서, 또 일자리를 찾아서, 공장이 많은 북부와 캘리포니아 등지로 이주하였으므로 현재는 남부보다 북부에 더 많은 흑인이 살고 있다.

19세기 중반부터 20세기 초에는 정치적, 경제적 이유로 아시아의 이민이 대거 발생했다. 이들은 중국, 일본, 한국 등 사실상 서로 다른, 심지어 배타적인 민족적 정체성을 가지고 있지만 정치적 이유로 아시아계 미국인으로 지칭되는 것을 받아들였다. 최초의 대규모의 아시아계 이민은 주로 중국인들이었다. 19세기 중엽 미국 정부가 서부 개척에 따른 노동력의 부족을 보충하기 위한 저임금 노동자로 중국인들의 대대적인 이민을 허용했기 때문이다. 1848년 캘리포니아에서 다량의 금이 발견되자 너도 나도 금을 캐는 사업에 뛰어드는 골드러시(Gold Rush)가 일어나는데 이때 동원된 중국인 노동자는 약 300,000명에 달했고, 대륙 횡단 철도의 건설이 시작되면서 더 많은 중국인 노동자가 유입되었다.

그러나 중국인 노동자들은 백인 노동자들에 비해 월등히 낮은 임금을 받았으며 시민으로서의 권리도 없었다. 노동자의 수요가 어느 정도 충족되자 미국 정부는 더 이상 중국인 노동자의 이민을 원하지 않았다. 1차 세계 대전 후에는 캘리포니아처럼 동양인이 많이 거주하는 태평양 연안 지역에서 황화론(Yellow Peril)[12]이 퍼졌고, 정부에서는 중국계 이민을 억제하는 〈중국인 제외법〉(Chinese Exclusion Act, 1882)을 제정하여 중국인의 이민을 금지시켰다. 뒤 이어 미국 정부는 아시아계 이민 자체를 제한하는 〈이민법〉(Immigration Act, 1924)을 제정하는 등 인종 차별적 정책을 시행했다. 1965년 〈이민법〉의 개정으로 아시아계 이민에 대한 금지가 풀리면서 아시아계 이민은 다시 증가했고, 베트남이나 캄보디아 등 전쟁이나 독재로 인해 정치적 불안정을 겪던 동남아시아의 이민이 크게 증가하면서 민족적 구성이 다양해졌다. 아시아계 미국인은 2010년 통계로 볼 때[13] 미국 인구의 약 4.6 퍼센트이며,[14] 캘리포니아 인구의 13%를 넘는다. 캘리포니아의 명문 대학

12) "Yellow Terror." 황색 인종이 서구의 백인 사회를 위협하는 시대가 올 것이라는 주장이다. 〈청일 전쟁〉 말기인 1895년경 독일 황제 빌헬름 2세(Kaiser Wilhelm II)가 중국을 침략하기 위한 구실로, 동양인은 위험하므로 미리 제거해야 한다고 주장했다. 미국에서는 동양인 노동자들이 백인 노동자의 일자리를 빼앗고 백인 노동자의 임금과 노동 조건을 낮추는 요인이 된다면서 동양인을 내쫓자는 주장으로 발전했다.

13) 미국의 인구조사는 10년을 주기로 이루어진다.

14) 백인은 72.4, 흑인은 12.6퍼센트이다.

인 캘리포니아대학 버클리분교(University of California at Berkeley)에 가면 아시아계 학생이 전체 학생의 거의 절반을 이루고 있어 마치 동양의 어느 대학에 와 있는 느낌이 들 정도이다.

20세기 후반부터 가장 많은 이민자는 스페인어를 하는 나라들, 즉 멕시코나 푸에르토리코 등 중남미권의 나라 출신이다. 이들을 히스패닉(Hispanic 혹은 Latino)이라고 한다.[15] 이들은 자국의 경제적 빈곤과 정치적 억압을 피해서 미국으로 이주하며, 심지어 목숨을 걸고 불법 이민도 감행한다. 1980년 이후로 히스패닉은 60,000,000명 이상이 들어와 있으며 향후 미국의 가장 큰 구성원이 될 것으로 전망된다. 현재 스페인어는 미국의 제 2의 언어이다.

미국은 이론적으로는 인종과 문화의 다양성을 기본적인 특성으로 인정하지만 사실 미국을 주도하는 인종은 백인이며, 백인 중에서도 와스프, 즉 영국계 백인 신교도라는 엄연한 현실을 부정할 수 없다. 현재 미국의 인구 구성을 보면 영국, 독일, 아일랜드 등 유럽 출신의 백인이 압도적으로 많고, 사실상 경제적·정치적 주도권을 잡고 있으며, 백인이 아닌 인종에 대해서는 은연중에 인종 차별이 작용하는 것이 현실이다. 그러나 인종 차별적 과거와 현재에 대해 많은 각성이 이루어지고 있고, 아프리카계 미국인이나 아시아계 미국인들도 점차 경제적·정치적 힘을 결집하고 있다. 히스패닉계 미국인은 아직 강력한 경제적·정치적 입지를 구축하지는 못했지만 그 인구가 기하급수적으로 불어나므로 이후 상당한 힘을 가질 것으로 예상된다.

15) 히스패닉계는 백인 인종도 포함하므로, "white hispanic"과 "non-white hispanic"으로 구별한다.

* 양키 (Yankee)

양키는 미국인을 얕잡아 이르는 호칭이다. 원래는 뉴잉글랜드 지방 사람들을 가리키는 말이었으나, 남북전쟁 당시 남부인들이 북군 병사에 대한 경멸적인 칭호로 사용했다. 이후 양키는 미국인 일반을 가리키는 속칭이 되었다. 어원은 분명치 않으나, 영어의 "존"(John)에 해당하는 네덜란드어로, 허드슨 강 유역의 네덜란드인들이 사용한 데서 유래했다는 설이 유력하다.

3) 미국인의 언어

미국인의 기본 언어는 영어이다. 영어는 연방 정부 차원의 공식적인 언어로 규정되지는 않았지만 가장 보편적이며 공통으로 사용되므로, "사실상의" 미국의 공식 언어이다. 영어는 50개 주 정부 중 30개 주에서 공식적인 지위를 부여 받고 있다.

미국의 실생활에서 사용되는 영어는 처음에는 영국영어(British English)였다. 1607년 영국인이 건설한 버지니아 식민지와 1620년 매사추세츠 식민지의 영국인 이주자들이 미국문화의 주류가 되었기 때문이다. 이후 다양한 인종과 다양한 민족의 이민자들이 영어를 학습하는 과정에서 그들의 모국어와 상호 관계를 맺으면서, 또 광활한 영토에 따른 다양한 지역적 사투리로 발달하면서, 미국인의 영어는 영국영어와 다소 차이가 있는 미국영어(American English)로 발전했다. 그러나 사실 미국영어는 영국영어의 방언이라고 할 정도로 두 영어의 차이는 미미하다. 어휘, 발음, 철자법 등에서 다소의 차이가 있으나 문법의 차이는 극히 사소하여 상호 의사소통에 거의 영향을 끼치지 않는다.

미국영어는 지역에 따라 크게 3개의 방언으로 구별된다. 첫째, 동부 방언으로, 보스턴을 중심으로 뉴잉글랜드 지방에서 사용된다. 동부 방언은 영국의 표준어에 가까우며 오랜 문화를 배경으로 한 세련된 영어로 여겨진다. 둘째, 남부 방언으로, 버지니아 주부터 남서부 일대와 텍사스 동부에 이르는 지방에서 사용된다. 남부 방언은 지역에 따라 다시 다양한 소방언으로 나누어진다. 셋째, 일반적으로 미국영어라고 보는 서부 방언으로, 허드슨 강 서쪽의 뉴욕 주와 펜실베이니아 주로부터 태평양 연안에 이르는 광대한 지역에서 사용된다. 여기에는 뉴욕, 필라델피아, 시카고, 샌프란시스코 등의 대도시가 포함된다. 서부 방언은 전국토의 4분의 3, 전인구의 3분의 2가 사용하는 대방언이다. 한편 본토에서 멀리 떨어진 알래스카나 하와이는 다른 방언으로 구별된다. 특히 하와이에서 사용되는 영어를 "하와이 혼성어"(Hawaiian Pidgin)라고 한다. 그 외 교육을 많이 받은 사람들이 공적 생활에서 사용하는 일종의 계급 방언이 있는데 이것을 미국의 표준어로 볼 수 있다.

미국영어와 영국영어가 다소 다르게 발전하는 중에도 뉴잉글랜드 지역의 영어는 영국영어와 가장 유사하다. 뉴잉글랜드의 이주민들은 영국과 접촉하는 빈도가 높았기 때문이다. 또 이들은 문화적으로 우월한 영국의 영어를 모방하려는 성향이 강했기 때문에 영국영어가 변화하면 그 변화를 모방하면서 유사성을 유지했다. 반면 미국 대륙의 내륙에 거주하는 이주민들은 영국과의 접촉이 드물었으므로 영국영어의 변화와 상관없이 자체적인 변화를 이루어나갔다.

미국영어가 영국영어와 가장 달라지는 부분은 "r음을 발음하는"(rhotic) 양식이다. 17세기의 영국영어에서는 "r"음이 발음되었으나 이후 점차로 생략되었다. 그러나 17세기에 영국에서 미국으로 이주한 미국인들은 여전히 "r"음을 고수했다. 영국문화의 영향을 많이 받은 지역인 뉴잉글랜드 동부의 보스턴 지역, 뉴욕 주와 뉴저지 주 주변 지역, 필라델피아 남부, 그리고 남부 지역의 해안 등에서는 "r" 발음을 하지 않는 경향이 있다.

미국영어와 영국영어는 철자법에서 몇 가지 차이가 있다. 1828년 노아 웹스터(Noah Webster)가 발간한 최초의 『미국영어 사전』(*An American Dictionary of the English Language*)은 미국과 영국의 철자법의 차이를 주목했다. 웹스터 사전은 미국영어와 영국영어를 구별 짓는 철자로, 단어의 끝 부분의 "-er(미) / -re(영)," "-ize(미) / ise(영)"[16]를 예로 들었다. "center(미) / centre(영)," "theater(미) / theatre(영)," "meter(미) / metre(영)," "realize(미) / realise(영)" 등이 그 예다. 영국에서는 19세기의 빅토리아조 영국의 친 프랑스적인 성향이 철자에 반영되어 "Programme, manoeuvre, cheque"라고 쓰는데 비해, 미국영어는 "program, maneuver, check"라고 쓴다. 그 외에도 "color(미) / colour(영)," "traveler(미) / traveller(영)" 등 다른 철자법을 보인다.

어휘를 살펴보면, 영국영어는 더 간결한 형태를 사용하는 반면 미국영어는 더 복잡한 과거의 형태를 간직한 면이 있다. 예로 "transportation(미) / transport(영)"를 들 수 있다. 영국의 중세 영어나 근대 영어에서 기원했으나 현재의 영국영어에서는 사라진 어휘가 미국영어에서 살아남은 것도 있다. 예로 "fall"(가을)은 영국에서는 거의 쓰지 않고 "autumn"을 사용하지만 미국영어에서는 자주 사용한다. 영국영어에서 사라졌으나 미국영어에 남아있는 어휘는, "faucet / tap(영)," "diaper / nappy(영)," "candy / sweets(영)" 등이다. "get"의 과거형 "gotten"도 미국영어로 여겨지지만 원래 영국영어였다가 사라진 어

16) 그러나 영국의 옥스퍼드 사전은 "-ize"를 더 선호한다.

휘로, 영국 북서부의 랭커셔(Lancashire)와 북동 잉글랜드(North East England)에서만 아직 사용된다.

미국영어에서 자주 사용되어서 20세기 후반에 다시 영국영어로 자리 잡은 어휘도 있다. "hire(to employ), quit(to stop), I guess, baggage" 등이다. 영국영어는 역성어(back-formation)[17]를 사용하는 경향이 있다. "burglar"에서 나온 동사를 미국영어에서는 "burglarize"로 쓰는데 영국영어에서는 "burgle"로 사용하는 것이 그 예이다. 한편 미국영어는 각종 원주민어와 독일어, 네덜란드어, 스페인어, 프랑스어 등 여러 이민자들의 언어에서 차용한 말이 많다. "gerrymander, teenager, belittle" 등의 신조어는 미국영어에서 만들어진 표현들이다.

미국영어에서는 접속법(subjunctive)[18]을 더 선호한다. 또 동사의 과거형을 미국영어와 영국영어가 다르게 사용한다. 예로 "learned(미)/learnt(영), burned(미)/ burnt(영), snuck(미)/ sneaked(영), dove(미)/dived(영)" 등을 들 수 있다. 집단을 이루는 단수명사를 영국영어에서는 복수로 취급하는 경우가 많지만 미국영어에서는 보통 단수로 취급한다. 정관사를 사용하는데 있어서, "to the hospital(미)/to hospital(영)," "actress Elizabeth Taylor(미)/ the actress Elizabeth Taylor(영)" 등의 차이를 보이며, "in school(미)/ at school(영)"처럼 전치사를 달리 사용하기도 한다.

이런 "미국영어"(Americanisms)에 대한 영국인들의 반응은 다

---

17) 어떤 단어를 다른 단어에서 나온 파생어로 오해하여, 원래의 형태를 찾아가는 것. 예를 들면 "typewriter"가 원래 만들어진 단어인데, "typewrite"라는 동사에 사람을 나타내는 "er"을 붙여서 만든 파생어로 여기는 경향. "editor"도 파생어로 보고 "edit"를 원래 동사로 아는 경향이 있다.

18) "The city Attorney suggested that the case not be closed."의 "that 절"에서 "should" 대신에 동사원형을 쓰는 법.

소 예민하다. 매슈 엥겔(Matthew Engel)이 「관점: 왜 어떤 미국영어는 신경에 거슬리나?」(Viewpoint: Why do some Americanisms irritate people?)[19]에서 영국영어와 미국영어의 차이에 대한 견해를 밝히자 많은 영국인 독자들이 자신들이 거부감을 느끼는 미국식 영어를 소개했다. 그 중 일부를 살펴보자.

미국영어	영국영어
wrench	spanner
elevator	lift
rooky	newcomer
two-time	twice
shopping cart	shopping trolley
alternate	alternative
a million and a half	one and a half million
expiration	expiry
issue	problem
That'll learn you.	That'll teach you.

19) 2011년 7월 13일 자 〈BBC 뉴스 매거진〉(*BBC News Magazine*).

2 미국문화의 미국성

미국은 "인종의 전시장"이라고 할 수 있을 만큼 지구상의 모든 인종과 민족이 뒤섞여 있는 특이한 복수 인종 국가이며 복수 민족 국가로서, 다양성과 복합성을 기본적인 특징으로 한다. 미국의 복합적인 정체성을 표현하는 용어로 "멜팅 팟"(Melting Pot)과 "샐러드 보울"(Salad Bowl)이 있다. 멜팅 팟은 다양한 재료가 하나의 냄비에 들어가서 맛있는 스튜가 되듯이 다양한 민족이 하나로 어우러진 것이 미국적 정체성이라는 의미이다. 요즘은 샐러드 보울이라는 비유가 더 선호된다. 멜팅 팟에서는 각각의 재료가 원래의 모습을 상실하는 데 반해, 샐러드 보울은, 각종 야채와 고기, 치즈 등의 재료가 원래의 모습은 조금도 훼손되지 않은 채 섞여서 새롭고 조화로운 맛을 내듯이, 각 민족이 원래의 고유한 인종성과 민족성을 잃지 않으면서도 미국인으로서의 단일한 조화로움을 추구한다는 것을 강조한다.

이처럼 서로 다른 인종(race)과 민족(nation)이 섞여서 한 국가(state)를 형성한 만큼 모두의 동의를 이끌어낼 수 있는 미국과 미국인의 정체성에 대한 논의가 항상 주요한 화두였다. 미국인의 정체성을 이루는 미국적인 특성을 한 마디로 규정하기는 쉽지 않지만, 거칠게 말해서 미국의 대표적인 특성은 이중성이다. 미국은 대조적인 두 속성을 함께 가지고 있다. 첫째, 긍정적인 특성으로, 미국은 자유의 나라이며, 각 개인이 자신의 능력을 무한히 발휘할 수 있는 곳이며, 민주주의, 개인 존중, 인간성의 해방, 정의의 실현을 의미한다. 또 미국의 거대하고 순수한 자연이 상징하듯 순진함을 대표하며, 그 개념은 "미국의 아담"(American Adam)과 "미국의 꿈"(American Dream)으로 나타난다. 둘째, 부정적인 특성으로, 미국은 물질주의, 실용주의, 기계주의를 대표하며, 기본적으로 전통이 부재한 문화의 불모지로서, 세련되지 못하고 조야하며, 말초적인 오락을 선도하는 타락의 선봉에 서있다.

이 두 이미지는 미국의 정책에서도 나타나며, 미국에 대한 세계인의 시각에서도 노출된다. 미국은 기본적으로 자국의 국민, 자국 정부의 이익을 위해 행동하는 개별 국가이지만, 동시에 자국을 국제 정치의 정의로운 지도자로 설정하여 도덕적 딜레마를 겪는다. 세계인들은 냉혹하고 때로는 비도덕적인 국제 관계에서 미국만은 정의롭기를 요구하면서 미국의 벌거벗은 이기적인 모습에 당혹해한다.

미국문화의 기반은 청교도주의(Puritanism)와 프런티어정신(Frontier Mind)에서 나온다. 미국을 생각하면 곧잘 우리가 떠올리는 미국의 꿈이라는 개념도 이 두 개념과 관계가 있다. 이 세 개념이 미국문화의 미국성을 이룬다고 할 수 있다.

1) 청교도주의

프랑스의 철학자 토크빌(Alexis de Tocqueville)이 저서『미국의 민주주의』(*Democracy in America*, 1835)에서 청교도주의가 미국의 민주주의의 확고한 기초를 제공했다고 말한 것처럼, 청교도주의는 미국의 토대를 이루었다. 청교도주의는 원래 17세기 잉글랜드의 개혁적인 종교적 분파인 청교도(Puritans)[1]를 지칭하는 말이지만, 광의의 의미로는

1) 국교도이지만 국교회의 개혁에 충분히 만족하지 못한 일부 사람들과 개신교 중에서 칼뱅주의(Calvinism)를 믿는 사람들 중 일부는 더 철저한 개혁을 이룬 기독

근면과 인내를 강조하는 도덕적 정신과 실용적 규범을 가리킨다.

영국에서 영국국교회(Anglican Church), 가톨릭교(Roman Catholic Church), 개신교(Protestant Church) 사이의 갈등이 한창이던 제임스 1세(James I, 재위 1603~1625) 시절, 청교도 중의 일부가 자유로운 종교생활을 영위하기 위해 미국으로 향했다. 나중에 필그림 파더스(Pilgrim Fathers)로 불린 이들은 메이플라워 호(Mayflower)를 타고 9주간의 항해 후에 1620년 9월 6일 미국에 도착했다. 이들은 이곳에 고향의 이름을 따 플리머스(Plymouth)라고 부르고 식민지를 건설하여 신정정치에 입각한 청교도 사회를 건설하였다. 이후 미국의 독립 전쟁에서 이 청교도 식민지가 핵심적인 역할을 했으므로 청교도주의는 미국 건국을 뒷받침하는 철학이 된다.

철학으로서의 청교도주의는 금욕, 순수, 근면 등을 이상적인 도덕으로 제시한다. 신세계에서 청교도적 도덕심을 실행하는 미국인은 마치 태초의 아담처럼 순수한 존재로 비유된다. 동시에 지상에서 물질적 성공을 거두는 것은 개인의 미덕의 결과이므로 당연시되었고 존중받았다. 따라서 미국의 아담(Amerian Adam)이 에덴동산 같은 신세계 미국에서 자신의 꿈을 현실화시켜 성공하는 미국의 꿈(American Dream)은 기본적으로 청교도주의와 연결되어 있다.

한편 청교도주의는 도덕적 경직성을 내포하고 있으며 타자의 존재와 타자의 종교에 대한 관용이 부족했다. 식민지의 청교도들은 자신들과 다른 존재를 억압하고 박해했다. 식민 초기에 퀘이커(Quaker)[2]교

교를 추구했는데, 이들을 청교도라고 한다. 청교도들은 대체로 영국의 중산층에 속했고, 신학적으로는 인위적 권위와 전통을 인정하지 않고 성서에 철저할 것을 주장했다. 이들은 예정설, 무의지, 원죄 등을 강조하였다. 도덕적인 순수성을 추구하여 현실에서의 금욕적인 삶과 근면을 강조하고 낭비와 사치를 배격하였다.

2) 1650년대에 영국의 조지 폭스(George Fox)가 창시한 개신교의 한 교파이다. "하

도를 박해한 것이나 마녀 재판으로 사람들을 처형시킨 사건은 청교도들의 도덕적 편협성을 증거한다. 종교의 자유를 주장하면서 다른 사람의 종교를 억압하는 이중성을 드러낸 것이다.

세일럼 마녀재판 (Salem Witch Trials, 1692~1693)은 매사추세츠 주의 세일럼에서 행해진 식민지 초기의 종교 박해 사건이다. 세일럼의 목사 파리스(Samuel Parris)는 두 딸이 이유 없이 발작을 일으키고 고통을 호소하자 이것을 마녀의 소행으로 몰면서 일부 여성들을 고소했다. 식민지 총독이 임명한 위원회는 수백 명을 체포했으며 그 중 유죄판결을 받은 20명을 교수형에 처했는데 이들 대부분이 여성이었다. 작가 너새니얼 호손(Nathaniel Hawthorne, 1804~ 1864)은 자신의 할아버지가 이 재판에 관여했던 치안판사라는 점 때문에 평생 죄의식을 느꼈다.

호손은 대표작 『주홍 글자』(*The Scarlet Letter*, 1850)에서 경직되고 편협하며 가혹한 청교도 사회를 비판했다. 여주인공 헤스터 프린(Hester Prynne)은 남편이 탄 배가 난파된 지 7년이 지났지만 아직 남편의 시체를 찾지 못한 상태이다. 그런 상황에서 헤스터가 누군가와 사랑을 하고 임신을 하자, 청교도 사회는 유부녀인 헤스터가 간통죄를 저질렀다며 법정에 세웠고, 헤스터는 공개적으로 망신을 당하는 처벌을 받았다. 호손은 이러한 처벌이 "초기의 청교도의 준엄한 성격" 때문이라며 비판했다.

나님 앞에서 몸을 벌벌 떤다."는 폭스의 말에서 붙여진 이름이다. 종교 친우회(Society of Friends)라고 한다. 퀘이커는 영국 정부의 탄압을 받자 펜실베이니아로 이주하였다.

2) 프런티어정신

청교도주의와 더불어 미국인의 정신적 근간을 이루는 정신은 프런티어정신이다. 프런티어의 사전적 의미는 개척지와 미개척지의 경계 구역인 변경지대를 가리키지만, 일반적으로 인간의 발이 닿지 않은 미개척지(virgin land)를 통칭한다. 미국에서 원래의 프런티어는 최초의 합중국을 구성한 13개 주 이외의 서쪽 지역을 통틀어 일컬었다. 독립을 성취한 미국인들은 서쪽으로 영토를 확장해 나가서 마침내 태평양 연안에 도달하는데, 이 시기를 "서부 개척 시대"라고 하며, 개척자들의 모험 정신을 프런티어정신이라고 한다. 프런티어에서는 전통, 혈통, 가문이 아니라 오로지 개인의 능력으로만 성공할 수 있으므로, 프런티어정신은 평등을 추구하는 미국의 민주주의의 이상을 가장 잘 대변하는 것이었다.

프런티어정신은 얼핏 청교도주의와 반대되는 개념인 듯 여겨진다. 청교도주의가 어둡고 금욕적이며 내세 지향적인 데 반해 프런티어정신은 밝고 낙천적이며 현실 만족적인 특성을 가지고 있기 때문이다. 그러나 종교의 자유를 찾아서 머나먼 미개척지 미국으로 항해한 청교도들은 불굴의 프런티어정신을 실행한 사람들이다. 또 창의적인 노력을 통해 현실에서 성공하는 것이 신이 부여한 인간의 권리이며 의무라는 청교도주의의 철학은 프런티어정신과 일맥상통한다.

언제라도 개척할 수 있는 프런티어가 서부에 존재한다는 것은 미국인들에게 큰 희망을 주는 사실이었다. 충분한 임금을 받지 못하고 가난에 시달리던 동부의 노동자들과 이민자들은 성공의 가능성을 꿈꾸며 서부의 개척지로 향했다. 프런티어에서는 비교적 싼 값으로, 어떤 경우에는 무료로, 토지를 획득하여 목축을 하거나 자작농이 될 수 있었기 때문이다. 개척기 초기에는 주로 목축이 성행하여 수많은 카우보이들이 개척지에서 활약했다. 곧 농업이 유망해지면서 토지를 개간하여 농사를 짓고자 하는 사람들이 몰려들었고 거대한 땅에 옥수수를 비롯한 각종 농작물이 재배되었다. 1869년에는 대륙횡단철도의 개통으로 서부 개척지의 농산물을 신속하게 동부로 운송하여 판매하는 것이 가능해지면서 프런티어는 더욱 발전해갔다.

한편, 모험을 두려워하지 않는 프런티어정신은 인간의 영웅적인 자질이기도 하지만, 필연적으로 확장과 팽창과 연결되어 있다는 점에서 위험성을 내포하고 있다. 한정된 공간에서 한 존재가 확장하고 팽창하고자 할 때 다른 존재의 권리와 소유를 침해하게 되기 때문이다. 미국의 역사에서 팽창의 직접적인 피해자가 된 대상은 아메리카 원주민이었다.

식민지 정착민이나 서부의 개척민들은 기본적으로 타자를 무시하는 식민주의자의 오만함을 가지고 있었다. 사실 북미 대륙은 서구인들에게 발견되기 오래 전부터 원주민들이 일정한 문화를 이루며 살고 있는 땅이었지만, 서구의 식민주의자들에게 이 대륙은 "비어있는 땅"이었고, 그 땅에 사는 원주민들은 "보이지 않는 존재"였다. 식민주의자들은 원주민들을 그 땅의 나무나 풀이나 동물들처럼 존재는 하지만 땅에 대한 소유권은 없는 존재인 자연의 일부라고 여겼고, 따라서 미국 대륙을 텅 빈 공간이며 누구도 밟은 적이 없는 처녀지로 여길 수 있었다. 미국 대륙은 그들이 발견함으로써, 그들이 신세계(New World)라는 이름을 붙임으로써, 그제야 존재하게 되었다고 여겼던 것이다.

그러나 원주민은 실제로 존재하면서 땅을 "소유"[3]하고 있었기에 자신들의 터전을 빼앗으려는 시도에 격렬하게 저항하면서 백인 이주민

3) 원주민들의 소유 개념은 백인과 달리 "함께 공유"하는 것이었다.

들과 충돌하였다. 개척민들은 자신들의 영역을 확장하는 과정에서 원주민을 잔인하게 몰아내거나 정복했고, 원주민들은 점점 서쪽으로 쫓겨 가다가 결국 정부가 정해준 인디언 거류지에서 우리 속의 동물 같은 존재로 전락해버렸다. 미국인의 프런티어정신은 다른 누군가에게는 침략과 탐욕으로 나타났던 것이다.

미국 내에서 더 이상 개척할 새로운 변경이 없어졌지만 미국인의 프런티어정신은 멈추지 않는 듯 하다. 미국인은 북미 대륙 밖에서 새로운 프런티어를 개척하고자 하며 그 과정에서 필연적으로 전진을 가로막는 타자와 마주치게 된다. 미국이 강대국으로 부상하면서 전 세계로 활동 범위를 넓혀갈 때마다 미국의 가치와 반목하면서 미국의 팽창을 가로막는 새로운 타자는 늘 생겨났다. 냉전시대에는 공산주의 국가들이, 오늘날에는 이슬람권 국가들이 적대적 타자로 존재하며, 아마도 SF 영화에서 볼 수 있듯이, 우주 시대에는 우주인들이 적대적 타자로 등장할 듯하다. 이것이 프런티어정신의 함정이다.

한편 프런티어정신이 추구하는 팽창주의는 내적인 공허와 연결되어 있다. 밖으로 자꾸만 확장하기를 원한다는 것은 역설적으로 자신의 내부가 텅 비어있다는 것을 암시한다. 뭔가가 공허한 사람은 밖에서 활동함으로서 만족을 얻으려 한다. 이런 사람이 많은 성과를 얻는 것도 사실이지만, 동시에 실존의 공허감을 느끼는 사람들도 이런 사람들이다. 내적인 충만감이 없기 때문이다. 그러므로 프런티어정신은 긍정적이면서도 부정적인 미국인의 이중성을 시사한다.

초기의 프런티어정신을 나타낸 소설은 제임스 페니모어 쿠퍼(James Fenimore Cooper, 1789-1851)의 『모히칸족의 최후』(*The Last of the Mohicans,* 1826)이다.[4] 쿠퍼는 미국이 아직 독립하기 전, 영국과 프랑

4) 연작소설 〈가죽양말 이야기〉(Letherstocking Tales) 중의 한 편.

스가 더 많은 식민지를 확보하기 위해 각축을 벌이고 있을 당시의 개척민의 삶과 원주민의 모습을 재현했다. 주인공인 호크아이(Hawk Eye)[5]는 본명이 내티 범포(Natty Bumppo)이며, 자연과 문명, 숲과 정착지, 백인과 원주민의 경계를 오가는 인물이다. 그는 백인이지만 백인의 문명 세계를 거부하고 모히칸족인 칭가치국(Chingachgook)[6]과 그의 아들인 웅카스(Uncas)[7] 같은 인디언과 함께 숲속에서 사냥하는 원주민의 삶을 더 선호한다. 호크아이는 프런티어정신을 대표하는 전형적인 인물이다.

허만 멜빌(Herman Melville, 1819~1891)의 『모비 딕』(*Moby-Dick*, 1851)은 바다라는 프런티어에서 무모할 정도의 모험을 하는 개척자들을 그린 소설이다. 소설의 서술자인 이슈메일(Ishmael)은 늘 새로운 모험을 열망하므로 육지에서의 안정된 생활을 거부하고 새로운 개척지인 바다로 떠난다.

> 입 언저리가 일그러질 때, 이슬비 내리는 11월처럼 내 영혼이 을씨년스러워질 때, 관을 파는 가게 앞에서 나도 모르게 걸음이 멈추거나 장례 행렬을 만나 그 행렬 끝에 붙어서 따라갈 때, 특히 우울증에 짓눌린 나머지 거리로 뛰쳐나가 사람들의 모자를 보는 족족 후려쳐 날려 보내지 않으려면 대단한 도덕심이 필요할 때, 그럴 때면 나는 되도록 빨리 바다로 나가야 할 때가 되었구나 하고 생각한다. 이것이 나에게는 권총과 총알 대신이다.

이슈메일이 탄 포경선 피쿼드(Pequod) 호의 에이허브 선장(Captain

---

5) 그 외에도 "가죽양말," "길잡이"(Pathfinder), "사슴 사냥꾼"(Deerslayer) 등이 있다.

6) 큰 뱀이라는 뜻.

7) 날쌘 사슴이라는 뜻.

Ahab)은 흰 고래 모비 딕을 집요하게 쫓다가 결국 모비 딕에게 목숨마저 잃지만 그의 영웅적인 집념과 장대한 모험은 프런티어정신을 드러낸다.

마크 트웨인(Mark Twain, 1835~1910)은 『톰 소여의 모험』(*The Adventures of Tom Sawyer*, 1876)과 속편인 『허클베리 핀의 모험』(*The Adventures of Huckleberry Finn*, 1884)에서 톰과 허클베리(헉)라는 소년 주인공들을 등장시켜 프런티어정신을 표출했다. 특히 헉의 마지막 선택은 전형적인 프런티어의 정신을 드러낸다. 헉은 보물을 찾았고 마을의 유지인 더글러스 미망인(Widow Douglas)의 양자가 되었으므로 안정된 중산층의 삶을 살 수 있다. 그러나 미시시피 강을 뗏목을 타고 내려가면서 각종 모험을 하며 자유를 실감한 헉은 개척지로 가겠다고 공표한다.

> 그러나 나는 나머지 사람들보다 앞서 〈인디언 부락〉으로 떠나야겠다고 생각했어요. 샐리 아줌마가 [또] 나를 양자로 입양해서 "교양 있게" 만들려고 했거든요. 나는 그 일은 참을 수 없어요. 전에도 그렇게 해 본 적이 있으니 말입니다.

한편 프런티어정신은 서부 개척 시대를 배경으로 한 다양한 대중매체에서 재생산되면서 미국인의 주요한 특성으로 인식되었고 미국인에게 자부심을 심어주었다. 냉전시대인 1950년대와 1960년대에는 프런티어정신을 미국인의 기본 정신으로 새로이 조명하는 홍보용 서부 개척 영화들이 양산되어 애국심을 고취시켰다. 한 가문의 4대(1839~1889)에 걸친 서부 개척의 역사를 조명한 5편의 연작인 〈서부 개척사〉(*How The West Was Won*, 1962)[8]가 대표적인 영화이다.

---

8) 존 포드(John Ford), 헨리 헤서웨이(Henry Hathaway), 조지 마셜(George Marshall)

서부 개척 영화에서 목장주나 농장주 등의 개척민들은 영웅적인 모습으로 그려진다. 반면 개척을 방해하는 인디언들은 벌거벗은 몸에 이상한 칠을 하고 칼이나 도끼를 휘두르는 잔인하고 야만적인 존재로 재현된다. 따라서 영화 관객에게는 개척민이 인디언을 몰아내고 그 땅을 개척하는 것이 정당한 것으로 각인된다. 필자도 어린 시절 텔레비전에서 방영하는 서부 영화를 즐겨 시청하면서, 인디언들을 쫓아내거나 죽이고 서부를 개척하는 카우보이와 개척민들을 숭배하는 시선으로 바라보았고, 말을 타고 괴상한 소리를 지르며 개척민들에게 덤벼드는 인디언들을 제거해야 할 악당으로 여겼던 기억이 난다. 정복자인 개척민들을 순박한 양민이자 희생자로 포장하면서, 삶의 터전을 빼앗긴 희생자인 인디언들을 잔인한 존재로 왜곡한 것이 서부 개척 영화의 일면이다.

서부 개척 영화가 목축업을 하는 카우보이와 같은 남성 개척자들을 주로 다루면서 그 과정에서 인디언과의 투쟁을 부각시켰다면, 농업 개척민의 삶을 다룬 영화나 드라마에서는, 가혹한 자연 환경을 이겨내면서 땅을 개간하는 개척민의 용기와 개척지 내의 빈부 격차를 극복하면서 성공적으로 정착하는 개척민들의 성공신화가 강조되었다. 이런 개척신화는 개척지가 원주민에게서 빼앗은 것이 아니라 개척민들의 힘과 노력의 진정한 결과임을 강조한다. 동화작가 로라 잉걸스 와일더(Laura Ingalls Wilder, 1867~1957)의 동화 시리즈와 그것을 각색해서 만든 텔레비전 드라마 〈초원의 집〉(*Little House on the Prairie*)이 대표적인 작품이다. 와일더의 동화는 1870년대의 서부를

등 3명의 명감독이, 캐롤 베이커(Carroll Baker), 헨리 폰다(Henry Fonda), 그레고리 펙(Gregory Peck), 데비 레이놀즈(Debbie Reynolds), 제임스 스튜어트(James Stewart), 존 웨인(John Wayne) 등의 명배우들과 함께 만들었다.

배경으로 로라 잉걸스와 그녀의 가족이 황량한 개척지를 개간하면서 가족 간의 사랑으로 극복하는 모습을 그렸다. 1974년 NBC는 이 동화를 텔레비전 드라마[9]로 제작하여 개척지 가족의 성실함, 인내심, 정의로움, 가족애를 강조하면서 그것을 미국인의 이상적인 미덕으로 부각시켰다.

3) 미국의 꿈

미국문화에 대한 이야기에서 "미국의 꿈"은 빼놓을 수 없는 중요한 개념이다. 미국의 꿈은 원래 청교도주의를 기반으로 해서, 신세계인 미국에서 유럽의 병폐와 구악을 극복하고 인류해방의 대의에 봉사할 수 있는 새로운 사회를 건설하자는 이상을 말한다. 이런 이상은 이후 미국 정치와 정신사의 기본 방향을 규정했다. 또한 미국의 꿈은 물질적인 성공을 포함한다. 기회가 풍부한 신천지 미국에서는 신분의 귀천에 관계없이 노력하면 성공할 수 있다는 꿈이다. 이 또한 청교도주의와 밀접하게 관련되어 있다. 청교도주의의 사회적 윤리는 근면, 검소, 절약인데, 개인이 청교도 정신에 따라 근면하게 일하고 절약하여 물질적 번영을 이루면 그것은 개인의 성실함에 대한 하나님의 은총의 표시로 여겨졌다. 이처럼 청교도 윤리는 이익 추구의 도덕적 정당성을 지지하므로 청교도들은 물질적 성공을 자랑스러운 것으로 여겼고 따라서 미국의 꿈은 곧 물질적 성공을 의미했다.

미국의 꿈을 대표하는 인물은 벤저민 프랭클린(Benjamin Franklin,

9) 1983년까지 총 10시즌에 걸쳐 방송하여 엄청난 인기를 얻었고, 한국에서도 방영되어 미국인의 개척지 역사에 대한 호감을 심어 주었다.

1706~1790)이다. 그는 17세에 맨손으로 필라델피아에 와서 성공한 사업가가 되었고, 과학자이며 외교관으로 활동했다. 그의 성공담과 성공을 위한 13개 미덕(Thirteen Virtues)을 설파한『벤저민 프랭클린의 자서전』(*Autobiography of Benjamin Franklin,* 1771~1790)은 자수성가에 대한 교본으로 여겨졌다. 프랭클린은 근검, 절약의 미덕을 실천해서 성공한 자신의 실례를 들면서 누구나 노력하면 성공할 수 있다고 주장했다.

템플 대학(Temple University)[10]의 창시자인 러셀 콘웰(Russell Conwell)은「다이아몬드의 지대」(Acres of Diamonds, 1882)라는 유명한 강연에서 주변의 모든 것이 다이아몬드이므로 열심히 노력하면 누구나 부자가 될 수 있다는 성공 신화를 설파하면서, 가난을 본인의 결함으로 돌렸다.

> 여러분은 부자가 되어야 하며 부자가 되는 것은 여러분의 의무라고 저는 주장합니다. . . . 부자가 된 사람들은 이 사회에서 여러분이 볼 수 있는 가장 정직한 사람일 것입니다. 여기서 분명하게 말한다면 미국 부자 100명 중 98명은 정직합니다. 그것이 바로 그들이 부자가 된 이유입니다. 그것이 그들이 돈을 모을 수 있었던 이유입니다. 또한 그것이 그들이 그렇게 많은 기업을 운영하면서 함께 일할 많은 사람들을 찾게 된 이유입니다. 그것은 그들이 정직하기 때문입니다. . . . 나는 가난한 사람들을 동정하지만 동정을 받을 수 있는 사람은 극히 소수입니다. 신이 그의 죄에 대해 벌을 내린 사람을 동정하는 것은 잘못된 것입니다. . . . 미국에는 자신의 결함이 없이 가난해진 사람은 없습니다.

그러나 콘웰의 말은 사실이 아니었다. 실제로 가난한 사람이 부자

10) 1884년에 펜실베이니아 주 필라델피아에서 개교함.

가 되기는 너무나 힘들었다. 1870년대의 직물, 철도, 철강 회사의 중역 300여명을 조사한 결과 몇몇 전설적인 대부호를 제외하고는 90%가 상층 내지 중간층 출신이었다. 원래부터 좋은 집안에서 태어나 기반이 탄탄한 사람이 성공할 확률이 높았던 것이다.

또 물질적으로 성공한 사람이 도덕적으로 올바른 것도 아니었다. 당시의 대규모 사업가들은 노동자들을 저임금으로 부리고, 토지를 반강제로 헐값에 매입하고, 정부의 관세 정책의 보호를 받으면서 대규모 이윤을 남길 수 있었다. 자수성가의 대표로 알려진 철강업자 카네기(Andrew Carnegie, 1835~1919)[11]도 의회에서 수입 강철에 고관세를 부과하여 보호해 준 덕분에 큰 이익을 낼 수 있었다. 모건(J. P. Morgan, 1837~1913)[12]은 남북전쟁 때 결함이 있는 총을 팔아 이윤을 남겼다. 록펠러(John D. Rockefeller, 1839~1937),[13] 카네기, 필립 아머(Philip Danforth Armour, 1832~1901),[14] 제이 굴드(Jason "Jay" Gould, 1836~1892),[15] 제임스 멜론(James Mellon)[16] 등은 모두 돈을 내고 군 면

---

11) 카네기의 성공은 진정한 "신데렐라의 성공"으로 여겨졌다. 카네기는 1889년에 쓴 「야만의 부」(Savage Wealth)에서 자수성가한 신흥 부자들에게, 가난한 사람에게 부를 나누어 주는 인도주의를 실천할 것을 주장했다. 이 글은 「부의 복음」(The Gospel of Wealth)이라는 제목으로 더 잘 알려져 있다.

12) 금융가이며 기업 합병가.

13) 스탠더드 석유 회사(Standard Oil Company)의 공동 창시자. 록펠러는 인도주의자로서 많은 기여를 했지만 동시에 사회적 다윈주의에 기초를 둔 자본주의의 지지자로서, "대기업의 성장은 적자생존에 따를 뿐이다."라고 주장했다.

14) 시카고에 기반을 둔 고기 포장 회사인 아머 앤 컴퍼니(Armour & Company)를 세웠다. 산업혁명기의 "악덕 자본가"(robber baron) 중 한 명으로 여겨진다. "baron"은 대실업가라는 뜻이다.

15) 철도 개발업으로 성공했으며 악덕 자본가의 원형으로 여겨진다. 역대 최악의 CEO에서 8위를 했다.

16) 1869년 멜론 은행(Mellon Bank)을 세운 집안이다.

제를 받았다. 멜론의 아버지 토마스 멜론은 아들에게 보낸 편지에서, "남자는 목숨을 바치거나 건강을 희생하지 않고도 애국자가 될 수 있다. 세상에는 쓸모없는 인간들이 많이 있다."고 당당하게 말했다.

미국 정부는 하층 계급보다는 상층 계급의 이익을 우선적으로 정책에 반영했다. 1877년 클리블랜드 대통령은 가뭄에 처한 텍사스 농민에게 종자 구입 보조금을 지급하자는 의회의 제안에 대해, "연방의 도움은 정부 측의 온정적인 보살핌에 대한 기대를 고무함으로써 우리 국민의 건실성을 약화시킨다."는 이유로 거부했지만, 같은 해 부유한 채권 소유자들의 채권을 액면가 이상으로 사주는데 국고를 사용했다.

이런 풍토에서 흑인 뿐 아니라 가난한 백인들의 삶도 성공을 기약할 수 없을 정도로 힘들었다. 가난한 이민자들은 미국에 건너오는 배삯을 마련하기 위해 일정 기간 동안 무보수로 일하는 계약 노동자로 고용되었다. 이들은 미국에 도착한 후 거의 노예와 같은 노동으로 혹사당했으므로 계약 기간이 끝날 무렵은 건강을 상해서 일을 하기 힘든 경우도 많았다. 그나마 초기의 이민자들은 계약 노동자로서의 기간이 끝난 후 약간의 자본으로, 혹은 무료로 서부의 토지를 분양받을 수 있었다. 개척지의 개간은 힘들었지만 세월이 흘러 중산 자영농으로 자리 잡을 수도 있었다. 그러나 프런티어가 끝나면서 토지를 분양받을 수도 없었다. 〈베이컨 반란〉(Bacon's Rebellion)[17]과 같은 가난한 백인들의 반란이 일어났고, 이를 막기 위해 반란 처벌법이 생겼다. 가난한 백인들은 흑인들과 공조했으므로 이를 막기 위해 임금의 차별을 두어 인종간의 갈등을 악화시켰다. 이런 상황에서 가난한 사람이

17) 1676년 버지니아에서 윌리엄 버컬리 주지사(Governor William Berkeley)의 억압에 반항해서 너새니얼 베이컨(Nathaniel Bacon)의 지도로 정착민들이 일으킨 최초의 반란이다.

성공하는 것은 드문 경우에 불과했다.

물질적인 성공을 거두기도 힘들었지만, 물질적인 성공에 집착하여 미국의 꿈을 추구하는 과정에서 정신적으로 황폐해지는 경우도 많았다. 이 점이 20세기에 들어오면서 미국의 꿈의 타락과 좌절이라는 주제로 문학에서 자주 다루어졌다. 20세기 초의 시어도어 드라이저(Theodore Dreiser, 1971~1945)는 성공의 꿈을 쫒다가 타락한 인간상을 『캐리 자매』(*Sister Carrie*, 1900)[18]와 『미국의 비극』(*An American Tragedy*, 1925)[19]에서 형상화했다. 〈잃어버린 세대〉(Lost Generation)[20]라고 불리는 일군의 작가에 속한 F. 스콧 피츠제럴드(Francis Scott Key Fitzgerald, 1896~1940)의 『위대한 개츠비)(*The Great Gatsby,* 1925)는 1920년대[21]의 젊은이들의 삶과 사랑을 통해서 미국문화의 가장 큰 화두인 "미국의 꿈"의 허구성을 비판했다.

18) 시골 아가씨가 도시로 와서 미모 덕분에 여러 남자의 도움을 받고 성공하지만 성공한 후에는 그 남자들을 가차 없이 버리는 비정한 존재로 변하는 이야기를 그렸다.

19) 시골 청년이 도시에 와서 공장의 노동자로 일하던 중에 같은 공장의 아가씨와 사귀게 되고 그녀는 임신을 한다. 이 무렵 청년은 부잣집 딸과 결혼할 기회가 생기자 임신한 애인을 살해한다. 이 이야기는 이후 많은 멜로드라마의 원형이 되었다. 1951년 조지 스티븐스(George Stevens) 감독, 엘리자베스 테일러(Elizabeth Taylor)와 몽고메리 클리프트(Montgomery Clift) 주연으로 〈젊은이의 양지〉(*A Place in the Sun*)로 영화화되었다.

20) 1차 대전 중에 성인이 되어 함께 활약하던 작가들로, 시대에 대한 환멸을 작품 속에서 드러내었다. 어니스트 헤밍웨이(Ernest Hemingway, 1899~1961)는 당시 그들의 정신적 멘토였던 거트루드 스타인(Gertrude Stein, 1874~1946)이 자신들을 보고 "All of you young people who served in the war. You are a lost generation."라고 한 말을 듣고 전달하여 이 용어를 유행시켰다.

21) 이 시기는 〈재즈 시대〉(Jazz Age)라고 불린다. 1차 세계 대전 이후 전쟁의 경험으로 인한 환멸과 허무감이 지배하고 있었고, 동시에 경제적 호황에 편승한 향락주의가 만연해 있는 시대로, 물질적 풍요와 정신적 빈곤의 괴리가 두드러졌다.

제이 개츠비(Jay Gatsby)는 가난하고 무능한 시골 농부의 아들로 태어난 운명을 떨치고 성공하겠다는 결심으로, 벤저민 프랭클린의 책에서 본 대로 철저한 생활 계획표를 짜서 열심히 노력한다. 하지만 자신의 환경에서 정상적으로 성공할 가능성이 없다는 것을 일찌감치 깨닫고 부모를 떠난다. 개츠비는 우연히 부잣집 아가씨인 데이지(Daisy)를 사귀게 되지만 결국 그녀는 다른 남자와 결혼한다. 그 후 개츠비는 각종 불법적이고 수상한 일을 하여 엄청난 재산을 모아 비싼 저택을 구입하여 화려한 파티를 열면서 데이지의 관심을 끌려고 한다. 개츠비가 데이지에게 이렇게 집착하는 이유는, 데이지는 그에게 단순한 여성이 아니라 미국의 꿈의 상징이며, 과거 로망스의 기사들이 찾아 헤매던 "성배"와 같은 존재이기 때문이다. 그래서 데이지와 데이트를 할 때 개츠비는 보도블록이 사다리를 이루어 나무 위의 비밀스러운 장소로 올라가는 환상을 보면서, 그곳에 올라가면 삶의 경이로운 젖을 빨 수 있을 것으로 여겼던 것이다. 그러나 데이지는 개츠비의 환상을 만족시켜 줄 수 있는 여성이 아니었고, 허영과 싸구려 감상으로 가득 차 있는 허상에 불과했다. 개츠비는 죽기 직전에 데이지의 실상을 깨닫고, 따라서 자신의 꿈의 실패를 직면하므로 개츠비의 삶은 비극적이다.

개츠비의 좌절을 통해서 피츠제럴드는, 물질적인 성공을 추구하는 미국의 꿈이 잘못된 목표, 타락한 수단, 허무한 결말로 연결됨을 보여주었다. 동시에 작가는, 서술자로 등장시킨 닉 캐러웨이(Nick Carraway)를 통해, 개츠비의 꿈은 비록 실패했으나, 데이지나 그녀의 남편 톰 뷰캐넌(Tom Buchanan) 같이 무의미하게 부를 누리고 살아가는 사람들과 비교할 때, 개츠비는 꿈을 향해 나아갔다는 점에서 "위대한" 면이 있다고 주장하여, 여전히 미국의 꿈의 긍정적인 면을 암시했다.

3 미국의 정부

미국 정부는 대통령으로 대표되는 행정부, 의회로 대표되는 입법부, 연방 법원으로 대표되는 사법부로 구성된다.

1) 행정부(Executive branch)

연방 행정부는 대통령 행정실, 일반 행정 부서, 대통령 직속 독립기관으로 구성되어 있다. 〈연합 규약〉과 〈미국 헌법〉을 기초로 1789년 조지 워싱턴 대통령의 취임과 동시에 재무부, 전쟁부, 국무부를 부처로 두고 설립되었다. 2016년 가을 현재 행정부의 수반인 대통령은 버락 오바마이며, 부통령(Vice President) 겸 상원 의장은 조 바이든(Joe Biden)이며 국무장관은 존 케리(John Kerry)이다. 2016년 11월 8일에 치러진 대통령 선거에서 민주당의 힐러리 클린턴(Hillary Clinton)을 제치고 공화당의 부동산 재벌인 도널드 트럼프(Donald Trump)가 승리해서 45대 대통령으로 확정되었다.

(1) 미국의 대통령 선거

4년 임기인 대통령과 부통령을 선출하는 총선은 4년마다 실시되는데, 이 선거에서 하원 의원 전원과 상원 의원의 3분의 1도 선출된다. 대통령 입후보자의 자격은 “미국에서 출생하여 미국에서 14년 이상을 거주한 35세 이상의 미국시민"이어야 한다. 대통령을 뽑을 수 있는 유권자(voter)의 자격은 만 18세 이상의 미국 시민으로 거주하는 주, 카운티, 시의 투표기준에 적합해야 한다.

대체로 미국의 2대 정당인 민주당(Democrats)과 공화당(Republicans)에서 각각 대통령 후보자(candidate)가 등록한다. 대통령 후보자들이 결정되면 각 정당에서는 각 주나 지역에서 조직하는 예비 선거(primary election) 혹은 당에서 조직하는 당원 대회인 코커스(caucus), 혹은 두 과정을 통합한 선거에서, 각 당의 당원 및 유권자들이 참여해서 대의원(delegate)을 선출한다. 아이오와 코커스와 뉴햄프셔 예비 선거가 가장 먼저 치러진다. 이때 대의원들은 대통령 후보자들 중에서 자신이 지지할 후보를 미리 밝히고 그것을 근거로 해서 선출된다. 이들을 서약 대의원(pledged delegate)이라고 한다.[1] 2월이나 3월의 화요일에 대규모의 예비 선거가 한꺼번에 있으므로 이 날을 슈퍼 화요일(Super Tuesday)이라고 한다. 이날 후보자 지명을 따내는 데 필요한 대의원의 절반 이상이 결정되므로 사실상 민주당과 공화당 양당의 후보가 결정이 된다.

예비 선거에서 대의원들이 다 선출되면 대통령 지명 전당 대회(presidential nominating convention)가 열린다. 여기서 슈퍼 대의원들(super delegates)[2]과, 예비 선거에서 선출된 서약 대의원들, 비서약 대의원들이 참가하여 이미 결정된 대통령 지명자(presidential nominee)를 공식적으로 선출한다. 대통령 지명자는 자신의 러닝메이트(running

1) 민주당은 전부가 서약 대의원이나 공화당은 비서약 대의원(unpledged delegates)도 섞여 있다.

2) 선거직 공직자와 상,하원 의원, 주지사 등 전 현직 고위 핵심 인사들로 구성된 당연직 대의원이다. 자신들이 선호하는 후보를 꼭 밝힐 필요는 없다.

mate)인 부통령 후보를 지명한다. 이때부터 공식적인 선거 운동이 시작된다. 대개 야당의 전당 대회가 8월에 열리며 관례상 현직 대통령이 속한 당은 한 달 정도 늦게 전당 대회를 개최한다.

각 정당은 해당 주에 배정된 숫자의 당의 선거인 후보(elector candidate)의 명단을 뽑아 주의 선거 관리 위원회에 제출한다. 선거인단 선거인(Electoral College elector)은 총 538명으로, 각 주에 2명씩 배정된 100명, 인구 비례로 배정된 435명, 수도 워싱턴 D.C.에 배정된 3명이다. 대통령에 당선되려면 과반수인 270명의 선거인단을 확보해야 한다.

11월 대통령 선거일(Election day)이 되면 유권자들은 자기가 속한 주의 선거인을 뽑는 투표를 한다. 연방법의 규정에 따르면 모든 선거인은 같은 날 선출되어야 한다. 그 날은 11월의 첫 월요일 이후의 첫 화요일이며, 따라서 11월 2일보다 이르지 않고 11월 8일보다 늦지 않아야 한다.[3] 이 날 유권자는 대통령이 아니라 선거인을 뽑는 것이지만, 선거인은 자신이 뽑을 대통령 후보를 미리 선언했고 그것을 근거로 선출되기 때문에[4] 선거인의 선출이 확정되는 순간이 바로 대통령 선출이 확정되는 순간이다. 그래서 이 선거인 선거를 대통령 선거라고

3) 2012년의 대선에서는 관례에 따라 11월 6일 새벽 0시 미국 뉴햄프셔주 북부의 산골 마을 딕스빌 노치(Dixville Notch)에서 첫 투표가 시작되었다. 미국은 시간대가 다양하기 때문에 개표 시간도 다르다. 동부 표준시 기준으로 볼 때 오후 7시에 버몬트, 버지니아 등에서 개표가 시작된다면, 오전 1시에 알래스카에서 개표가 시작된다.

4) 유권자의 편의를 위해 투표용지에는 선거인과 그 선거인이 지지하는 대통령 후보 이름이 같이 표기되어 있다. 물론 선거인은 선출된 후 원래 정했던 지명 후보(designated candidate)가 아니라 다른 후보에게 투표할 수도 있다. 그러나 선거 후에 갑자기 지명을 바꾸는 불성실 선거인(faithless elector)은 그 후 당이나 유권자의 신뢰를 잃게 되므로 그런 모험을 하지 않는다. 몇 차례 그런 경우가 있었으나 투표 결과에 영향을 끼치지는 못했다.

하는 것이다.

선거인단 선거는 "승자독식제"(Winner Takes All)의 원칙을 따라 각 주에서 한 표라도 더 얻은 정당이 그 주에 배당된 선거인을 전부 차지한다.[5] 승자독식제 방식 때문에 대통령 후보가 유권자의 직접투표비율에서 이겼지만 낙선한 경우도 있었다. 1824년 민주공화당 존 퀸시 애덤스 대통령, 1876년 공화당 러더퍼드 헤이스 대통령, 1888년의 공화당 벤저민 해리슨 대통령, 2000년 민주당의 엘 고어, 그리고 2016년 힐러리 클린턴이 전체 득표수에서는 이겼지만 패배했다.

선거인단에 대한 투표가 완결되면 사실상 대통령은 정해진 셈이지만, 형식적으로 각 주에서 승리한 정당의 선거인단이 12월 둘째 수요일 다음의 첫 월요일에 모여 투표를 해서 대통령을 확정한다. 선거와 취임식(Inauguration Day) 사이에는 대통령 당선자(President-elect)로 호칭한다.[6] 당선자는 1월 21일 의회 의사당 중앙 발코니 무대에서 열리는 취임식에서 선서하고 축하 퍼레이드를 한 뒤 백악관에 입성하여 공식 업무를 시작한다. 대통령 선거운동에서 최종 대통령 확정까지는 대체로 2년이 걸린다.

* 대통령 선거 과정

직전 해의 봄	후보자들이 참여하겠다는 의사를 표명한다.
직전 해의 여름에서 겨울	예비 선거와 코커스를 위한 토론회
당해 년 1월에서 6월	여러 지역에서 예비 선거와 코커스가 열린다.
7월에서 9월초	후보자 전당 대회
9월 후반에서 10월	대통령 선거 토론회

5) 메인 주와 네브래스카 주는 그 원칙에서 제외된다.

6) 재선(re-election)에서 이긴 현직 대통령(sitting President)이 아닌 경우.

11월 초	선거일
12월	선거인단이 선거인표를 행사한다.
다음 해의 1월 초	의회에서 선거인단의 표를 계산한다.
다음 해의 1월 20일	취임일

* 경합주(swing state)와 안전주(safe state)

대통령 선거는 승자독식제이므로, 특정 정당이 압도적인 지지를 받는 안전주에서는 그 주의 선거인단 전체를 확보했다고 확신하므로 굳이 치열한 선거 운동을 할 필요가 없다. 반대당도 상대방의 안전주에서는 이미 선거인단을 잃었다고 생각하므로 굳이 선거 운동에 열을 올리지 않는다. 반면 특정정당이 압도적인 지지를 얻지 못하여 선거 때마다 치열한 접전이 벌어지는 주를 경합주 혹은 전쟁주(battleground state)라고 한다. 공화당의 상징색인 빨간색과 민주당의 상징색인 파란색을 오가는 주라는 의미에서 보라주(purple state)라고도 한다. 대통령 후보는 선거 운동을 해서 새로 선거인을 확보할 가능성이 있는 경합주에 돈과 에너지를 집중하는 경향이 있다. 1960년의 대선에서는 일리노이, 텍사스가 주요 경합주였으며, 2000년 대선에서는 플로리다, 2004년, 2012년 대선에서는 오하이오, 2016년 대선에서는 플로리다, 오하이오, 펜실베이니아가 경합주로 꼽혔다.

2) 입법부(Legislative branch)

입법부인 연방 의회(Congress)의 구성과 직무는 〈헌법〉 1조에 정해져 있다. 의회는 상원(Senate)과 하원(House of Representatives)의 양원(two chambers)[7]으로 구성된다. 상원과 하원 모두 직접 선거를 통해 선출된다. 각 주당 2명의 상원 의원이 선출되므로 현재 100명의 상원 의원이 있다. 임기는 6년이며, 2년마다 50개주의 3분의 1씩 새로 선출

7) 원래 일원제였으나 4대 대통령 매디슨에 의해 양원제가 주창되었다.

한다.

하원 의원은 435명이며 10년 주기의 인구 조사를 기준으로 인구 비례에 따라 각 주의 의원 수가 정해진다. 캘리포니아 주처럼 인구가 많은 주에서는 53명을 선출하는 반면, 노스다코타, 사우스다코타, 버몬트, 델라웨어, 와이오밍, 알래스카와 같이 인구가 적은 주는 1명을 뽑는다. 하원 의원의 임기는 2년이며 2년 마다 전원을 새로 선출한다. 하원선거 두 번에 한 번은 대통령 선거와 같이 치른다. 대통령 선거와 일치하지 않는 해에 열리는 하원선거를 중간선거(midterm election)라고 한다. 중간 선거는 대통령의 임기 중반에 연방 정치에 대한 유권자의 신임을 묻는다는 의미를 가지고 있다.

* 〈미국 헌법〉(Constitution of the United States)

헌법은 성문 헌법으로서의 헌법전과 불문 헌법으로서의 판례법을 포함하는 소위 헌법률(Constitutional law)을 의미한다. 미국의 성문 헌법은 1788년에 발효된 〈미국 헌법〉을 말한다.[8] 헌법은 전문(Preamble), 총 7개조의 본문(Article), 총 27개의 수정안(Amendment)으로 구성된다. 수정안은 헌법의 본문을 다른 내용으로 개정하거나 또는 본문의 내용을 그대로 유지한 채 새로운 조항을 추가한 것이다. 1789년 10개의 수정안이 덧붙여졌는데 이것을 미국의 〈권리 장전〉(Bill of Rights)이라고 한다. 〈수정안 1조〉는 종교와 언론, 출판, 집회의 자유를 보장하였다.
불문 헌법은 미국의 법원이 〈헌법〉에 관한 해석과 판결을 통하여 정립한 판례상의 원칙이다. 미국 법원은 헌법의 해석을 통해 무수한 불문 헌법을 창조하였으므로 미국에서 성문 헌법은 상징적이고 형식적인 존재에 불과하다. "판사가 헌법이라고 말하는 것이 바로 헌법이다."라는 말까지 있다.

8) 연방 헌법을 개정하려면 연방을 구성하는 주 의회의 4분의 3 이상의 찬성을 얻어야 한다. 헌법 개정을 위한 국민 투표 제도는 없다.

3) 사법부(Judicial branch)

〈헌법〉의 3항은 연방 대법원과 연방 법원의 설립과 제한을 규정하고 있다.[9] 법조인이 아닌 일반 시민이 재판 과정에 참여하여 범죄의 사실 여부를 판단하는 사법 제도인 배심제(jury system)을 채택했다. 정부의 기소남용을 막기 위해 국민이 기소하는 대배심 제도(Grand jury system)를 두었다.[10] 법관의 자의적 판단을 막기 위해 시민이 재판에 참여하는 제도는 소배심 제도(Petty jury system)이다.[11]

(1) 연방 대법원(Supreme Court)

연방 대법원은 최고 법원으로서 사법부를 총괄한다. 워싱턴 D.C.에 건물이 있다. 연방 대법원은 본래 상고 법원이므로, 주의 대법원에서 패소한 원고가 불복할 경우 연방 대법원에 최종적으로 항소할 수 있다. 소수의 사건에서는 1심 재판의 관할권도 있다.

대통령이 지명하고 상원의 청문회에서 동의를 거쳐 임명되는 대법원장(Chief Justice)과 8명의 대법관(Associate Justice)으로 구성되어 있다. 일단 대법관으로 임명되면 "선한 행동을 하는 동안" 대법관직을 수행하는 종신직으로, 사망, 사직, 은퇴, 의회에 의한 탄핵의 확정에 의해서만 물러난다. 연방 대법원에서는 대법원 변호사 명단에 올라온

9) 그래서 연방 법원을 "3조 법원"(Article III courts)이라고 한다.

10) 23명 이상으로 구성된 일반인들이 정부나 주의 법무관의 감독 아래 일정 기간에 걸쳐 여러 사건에 대한 논의를 한다. 위법 수집이라서 법원에서는 배제되거나 전문증거로 증거능력이 없는 증거도 대배심에서는 사용이 가능하다.

11) 특정한 하나의 사건의 공판에서 사실 문제를 결정하는 배심으로 12인의 배심원으로 구성된다.

변호사만 소송사건을 변호할 수 있다.

(2) 연방 법원 제도(Federal Court System)

연방 지방 법원(federal district court)은 약 94개의 연방 사법 구역(federal judicial districts)에 하나씩 있으며, 헌법과 연방법을 적용하여 사건을 판결한다. 연방 법원의 판사는 대통령이 상원의 승인을 얻어 임명하며 임기는 종신이다. 연방 지방 법원의 판결에 불복하면 항소 법원(appellate court)에 상고하는데, 13곳의 연방 항소 법원에서 모든 항소 사건에 대한 의무 심리를 하도록 되어 있다. 연방 항소 법원의 판결에 불복하면 연방 대법원에 상고할 수 있지만, 연방 대법원은 상고 사건을 모두 처리할 의무가 없으므로 매년 10,000건 이상 신청된 상고심 중에서 100건 이하만 선택하여 처리한다. 따라서 연방 항소 법원의 판결을 최종심이라고 보는 것이 상식이다.

(3) 법 집행(Law enforcement)

법 집행 기관인 경찰(police)은 법원, 교정 시설과 함께 형법 제도의 세 요소를 이룬다. 각 기관은 독립적으로 작용하면서도 함께 연결되어 범죄 행동의 혐의에 대한 조사에서 판결, 처벌까지 다룬다. 연방 차원의 법집행은 법무부(Department of Justice, DOJ)가 관할하는데, 그 산하에 연방 수사국(Federal Bureau of Investigation, FBI)[12]을 비롯

12) 연방 수사국은 수사 기관이자 정보 기관으로서, 범죄 수사와 미국 내의 정보 수집 업무를 담당하고 있다. 1908년에 법무부 검찰국(Bureau of Investigation, BOI)으로 발족하였고 1935년 연방 수사국(FBI)으로 개칭되었다. 본부는 워싱턴 D.C.에

한 여러 부서가 있다. 연방 정부는 비연방적인 범죄에 관해서는 관할권이 없지만 범죄자가 주 경계를 넘으면 〈연방 주간 도주법〉(Federal Law of Interstate Flight)을 범했으므로 연방의 관할이 된다.

미국 경찰은 근본적으로 영국의 제도를 본받은 자치제 경찰이지만 세계에서 가장 복잡한 경찰 제도이다. 각 주에는 공공안전부(Department of Public Safety) 산하에 주 경찰(State Police), 주 순찰대(State Patrol), 고속도로 순찰대(Highway Patrol) 등이 있다. 카운티(county), 패리쉬(parish), 버로우(borough)에는 보안관(sheriff)이나 카운티 경찰(county police)이 법을 집행한다. 콘스타블(constable)이 있는 경우도 있다. 시 경찰(Municipal police)은 수천 명의 경찰을 거느린 뉴욕 시 경찰국(New York City Police Department)을 비롯해 아주 적은 수의 경찰이 있는 곳까지 다양하다. 경찰 업무 수행에서 가장 중요한 것은 연행의 이유, 변호인의 도움을 받을 수 있는 권리, 진술을 거부할 수 있는 권리 등이 있음을 알려 주는 "미란다 원칙"(Miranda rule)[13]

위치하고 있으며 범죄의 국제화에 대비해 전 세계적으로 지부를 두고 있다.

13) = Miranda warning = Miranda rights. 1966년 연방 대법원의 〈미란다 대 애리조나〉(Miranda v. Arizona) 소송에서 확립된 판결이다. 1963년 3월, 애리조나 주 피닉스 시 경찰은 멕시코계 미국인 어네스토 미란다(Ernesto Miranda)를 납치와 강간 혐의로 체포했다. 경찰서로 연행된 미란다는 변호사를 선임하지 않은 상태에서 2명의 경찰관에 의해 조사를 받았다. 미란다는 처음에는 무죄를 주장했으나, 피해자에 의해 범인으로 지목되었고, 약 2시간의 심문을 받고 범행을 인정하는 구두 자백을 했고 범행 자백 자술서를 제출했다. 그러나 재판이 시작되자 미란다는 자백을 번복했고 진술서를 증거로 인정하는 것에 이의를 제기했다. 이를 무시하고 애리조나 주 법원에서는 중형을 선고했고 상고한 애리조나 주 대법원에서도 유죄가 선고되었다. 미란다는 연방 대법원에 상고하면서, 〈수정안 5조〉에 보장된, 불리한 증언을 하지 않아도 될 권리와 〈수정안 6조〉에 보장된 변호사의 조력을 받을 권리를 침해당했다고 주장했다. 연방 대법원은 1966년 미란다가 진술 거부권과 변호인 선임권 등의 권리를 고지 받지 못했기 때문에 무죄라고 선고했다. "미란다 판결"은 대법원이 범죄 예방이나 범죄 피해자의 권리보다 범죄자의 권리를 더 존중하고 있다

을 통지하는 일이다. 경찰은 대부분 권총을 항시 휴대하며 그 사용은 영국에 비해 자유로운 편이다.

* 금주법(Prohibition Law)

주류의 양조, 판매, 운반, 수출입을 금지하는 법으로 1919년 1월 제정되어 1933년 폐지되었다. 금주법[14]의 취지는 알코올 중독과 범죄를 줄이기 위한다는 것이었으나, 사실은 1차 대전 중에 주로 양조업에 종사하는 독일계 이민자들이 부를 쌓는 것을 견제하려는데 목적이 있었다. 이 법은 당시의 풍요롭고 자유로운 사회 분위기를 퇴폐적이라고 여긴 기독교 근본주의자들과 보수적 복음주의자들의 지지를 얻었다. 이들은 인간의 죄를 개인의 음주, 흡연, 성적 문란 때문이라고 한정지었고 그 악덕의 원인이 되는 술을 금지시키는데 찬성했다. 그러나 술에 대한 수요는 여전히 많았으므로, 주류 밀거래, 무허가 술집 개업 등 불법이 난무했고, 폭력 조직배가 만들어져 폭력 행사가 줄을 이었다. 유명한 범죄 조직의 우두머리로 알 카포네(Al Capone, 1899~1947)가 있다.

미국의 주류법은 주에 따라 다소 다르다. 어떤 주는 주류를 식료품과 함께 진열해두고 팔지만 대체로 주류의 종류에 따라 파는 가게가 제한되어 있다. 주류를 구매할 수 있는 최저 나이는 주에 따라 달랐지만, 〈전국 음주 최소 연령법〉(National Minimum Drinking Age Act, 1984)이 발효되면서 1988년부터 50개 주 모두 21세로 결정되었다.[15]

는 비난을 받았지만, 이후 수사관들이 피의자를 체포하거나 심문할 때 반드시 경고문을 읽어 주는 전통이 확립되었다.

14) 금주법과 같이 제한을 하는 법을 청색법(Blue laws)이라고 한다. 원래 청색법은 일요일에 물건을 사고 파는 일을 제한한 일요일법(Sunday laws)을 말했다. 뉴저지의 버건 카운티(Bergen County)는 옷, 구두, 가구, 가전제품 등을 일요일에 팔 수 없게 한 청색법으로 유명하다.

15 연방법의 허점을 이용해서 미성년 음주를 일부 허용하는 주도 있다. 테네시와 워싱턴은 종교적 이유에서의 미성년의 음주를 허락한다.

4 미국의 역사

1) 신대륙의 발견과 식민지 시대

14세기에 이르러 유럽에서는 암흑의 중세 시대가 막을 내리고 이탈리아 반도를 중심으로 르네상스가 꽃피었으며, 포르투갈과 스페인에서는 항해 기술이 발전하여 바야흐로 먼 바다까지 항해를 감행하는 모험의 시대가 막이 올랐다. 이탈리아 출신의 상인인 마르코 폴로(Marco Polo, 1254~1324)가 17년 동안 중국에 머물면서 주변국을 여행했던 경험을 기록한『동방 견문록』(*Book of the Marvels of the World,* c. 1300)은 그러한 모험의 꿈에 불을 지폈다.

이탈리아인 크리스토퍼 콜럼버스는 인도를 비롯한 아시아를 발견하여 돈을 벌겠다는 원대한 포부를 갖고서 자신의 항해에 자금을 지원해 줄 투자자를 물색했다. 포르투갈의 왕 주앙 2세(John II)는 이를 거절했으나 그와 경쟁관계에 있던 카스티야(Castile)의 여왕 이사벨 1세(Isabel I)[1]와 여러 귀족에게서 마침내 후원을 받을 수 있었다. 콜럼버스는 1492년 인도를 향해 출항했지만 먼 바다의 항해는 쉽지 않았다. 오랜 항해에 지친 선원들이 거의 선상 반란을 일으킬 정도의 상황에 이르렀을 시점에 다행히도 육지가 발견되었고 콜럼버스는 그것이 인도라고 확신했다. 그 믿음은 1506년 그가 죽을 때까지 변하지 않았다. 그러나 그들이 발견한 것은 인도가 아니라 당시의 유럽인들이 알

1) 아라곤(Aragon)의 왕 페르난도 2세(Ferdinand II)와 결혼하여 통일 스페인의 기반을 닦았다.

지 못했던 새로운 땅으로, 현재의 아메리카 대륙의 초입에 있는 서인도 제도였다. 아메리카 대륙 자체는 1499년 이탈리아의 상인인 아메리고 베스푸치에 의해 발견되어 아메리카로 명명되었다.

아메리카 대륙에는 황금이 널려있다는 잘못된 소문을 믿고서, 또 아메리카 원주민을 노예로 팔아 이익을 챙기겠다는 욕심으로 유럽의 많은 모험가들이 아메리카 대륙으로 몰려들었고 이들은 원주민을 상대로 약탈과 학살에 거리낌이 없었다.[2] 곧이어 각 국가들이 국가적 차원에서 본격적으로 아메리카 대륙에 식민지를 건설하는 작업에 뛰어들었다. 콜럼버스에서 시작된 스페인의 식민지 건설에 뒤이어 포르투갈, 영국, 프랑스가 아메리카 대륙에 대규모의 식민지를 건설했다. 북아메리카에서는 특히 영국과 프랑스의 경쟁이 치열하게 이루어졌다. 영국인 존 캐벗(John Cabot, 1450?~1499)[3]이 북미대륙의 동해안을 탐사했으므로 영국은 이 지역을 뉴잉글랜드 식민지로 점유했고, 프랑스인 자끄 까르띠에(Jacques Cartier, 1491~1557)[4]는 세

2) 콜럼버스의 상륙을 기념하는 "콜럼버스의 날"(Columbus Day)인 10월 12일은 오늘날 인디언 학살의 상징일로 정해져서, 매년 이날 아메리카 원주민들은 시위를 벌인다. 중앙아메리카의 여러 나라에서는 이 날의 명칭을 "원주민 저항의 날"로 바꾸자는 움직임도 있다.

3) 원래 이름은 조반니 카보토(Giovanni Caboto)라는 이탈리아인이다. 영국에서 헨리 7세의 인가를 받아 아시아 항로를 개척하려고 서쪽으로 향하다가 1497년 현재의 캐나다 노바스코샤(Nova Scotia = "새 스코틀랜드") 주에 속하는 케이프브레튼 섬(Cape Breton Island)을 발견한 후 이곳을 아시아 동부의 해안으로 착각하고 귀향했다. 다음 해 다시 대서양을 건너 뉴펀들랜드 섬(Newfoundland Island)에 상륙했다. 영국은 영국 정부의 인가를 받은 캐벗이 뉴펀들랜드 섬에 최초로 상륙한 유럽인이라는 주장을 근거로 캐나다 지역의 소유권을 요구하였다.

4) 1534년 세인트로렌스 만과 세인트로렌스 강변을 발견했고, 다음 해의 항해에서 캐나다(Canada)라고 이름 지었다. 캐나다는 인디언 말로 "정착," "마을," "땅"의 의미이다.

인트로렌스 강(Saint Lawrence River)[5]과 주변을 탐험했으므로 프랑스는 이 지역의 영유권을 주장했다. 캐나다의 퀘백(Quebec) 지역과 현재의 루이지애나가 프랑스령이 되었고, 버지니아와 캐롤라이나, 뉴잉글랜드를 비롯한 동부의 대부분 지역은 영국의 식민지로 확립되었다. 그 외 뉴욕과 뉴저지는 네덜란드가 뉴네덜란드로, 델라웨어는 스웨덴이 뉴스웨덴으로, 스페인은 플로리다에 각각 식민지를 구축했다.

영국의 식민지가 본격적으로 세워진 것은 1607년 영국 왕 제임스 1세(James I, 재위 1603~1625) 때 현재의 버지니아 주에 제임스타운(Jamestown)을 건설하면서이다. 버지니아 식민지인들은 영국 국교회를 믿었고, 본국을 모방한 대의제 의회를 채택했으며, 본국인과 똑같은 권리를 가지고 자치를 행하였고, 흑인 노예의 매매를 실시했다. 버지니아 식민지의 제도는 다른 영국계식민지에서도 그대로 채택되었다.

1620년에 다른 중요한 식민지가 세워졌다. 102명의 영국 청교도들이 메이플라워 호를 타고 현재의 매사추세츠 주 플리머스에 도착했던 것이다. 나중에 필그림 파더스(Pilgrim Fathers)라고 지칭되는 이들은 11월 11일 육지에 상륙하기에 앞서 성인남자 전원이 참가한 회의에서, 자주적 식민지정부를 수립하고 다수결 원칙에 따라 운영할 것을 결정하는 계약을 체결하였다. 이를 〈메이플라워 서약〉(Mayflower Compact)이라고 한다. 이 계약은 플리머스 식민지의 기본법이 되었고 미국의 사상의 근간을 이루게 되었다. 이후 영국의 식민지는 차츰 범위가 커졌고 1732년경에는 대서양 연안에 13개의 식민지를 만들어 북아메리카에서 가장 큰 식민세력으로 부상했다.

---

5) 현재의 캐나다의 온타리오 주와 퀘벡 주, 미국의 뉴욕 주 사이의 국경을 지나가며 오대호와 대서양을 잇는 강이다.

2) 독립국가 미국의 건국

북아메리카 대륙의 13개 영국 식민지들은 영국 국왕에게 충성을 약속했고, 영국의 사상과 정치제도를 모델로 삼았으며, 영국의 전통을 존중했다. 그러나 영국은 식민지의 자치를 억압했고, 식민지의 산업발전을 방해했으며, 식민지인들이 서쪽 프런티어로 진출하지 못하게 저지하는 정책을 집행했다. 또 중상주의(mercantilism)[6]를 실행하면서 식민지를 본국의 이익을 위해서만 존재하는 착취의 대상으로 여겼으며, 식민지인들의 동의 없이 과다한 과세를 결정하였다. 영국의 부당한 정책에 대한 누적된 불만은 점차 정치적인 저항으로 발전하게 되어 식민지의 독립이 추진되었다.

미국 독립 전쟁(American Revolutionary War, 1775~1783)의 직접적인 원인은 일련의 과세에 대한 식민지의 저항에서 시작되었다. 영국은 당시 유럽에서 벌어진 〈7년 전쟁〉(Seven Years' War, 1756~1763)[7]의 일환으로 북아메리카의 〈프렌치-인디언 전쟁〉(French and Indian War)을 수행하면서 많은 채무를 안게 되었고, 이를 충당하기 위해 식민지에 〈인지세법〉(Stamp Act, 1765) 등 각종 세금을 부과하였다. 무리한 과세에 반발한 식민지인들은 영국의 과세 결정은 아메리카 식

---

6) 16세기에서 18세기에 유럽을 주도했던 경제이론이며 실천이다. 중상주의는 국가의 힘을 증대시킬 목적으로 경제에 대한 정부의 규제를 강화하는 것이며, 정치적 전제주의와 상응하는 제도이다. 역사적으로 중상주의는 전쟁과 식민지 확장으로 이어졌으며, 가장 보편적인 특징이 고관세이다. 영국은 미국식민지를 자국의 공산품을 소비하는 시장으로 보았고, 각종 고관세로 식민지인들의 자유로운 수출입을 규제했다. 식민지인들은 밀수출과 밀수입으로 이에 대응했다.

7) 오스트리아와 프로이센의 전쟁으로, 유럽의 거의 모든 나라가 참여하였고, 그 연장으로 식민지에서도 전쟁이 벌어졌다. 그중 영국과 프랑스가 아메리카 대륙에서 벌인 전쟁이 〈프렌치-인디언 전쟁〉이다.

민지의 대표들이 참여하지 않은 채 이루어졌다는 이유로, "대표의 참여 없는 세금 부담은 무효"(No taxation without representation)라고 주장하였다. 13개 식민지가 〈인지세법〉 폐지를 강력히 주장하자 영국은 할 수 없이 다음 해에 〈인지세법〉을 철폐했다.

영국은 다시 〈차법〉(Tea act, 1773)[8]을 제정하여 차의 무역을 독점하려고 했다. 이에 격분한 일단의 식민지인들은 1773년 12월 보스턴 항구를 습격하여 배에 실린 차 상자를 전부 바다에 내던졌는데 이것이 〈보스턴 차 사건〉(Boston Tea Party)이다. 영국정부가 보스턴 항구를 폐쇄하고 군대를 보내 저항하는 주민들을 강경하게 진압하자 식민지인들은 민병대를 조직하였고, 매사추세츠 주의 렉싱턴(Lexington)과 콩코드(Concord)에서 영국군대와 맞서 전투를 벌였다. 이후 보스턴 근처의 〈벙커힐 전투〉(Battle of Bunker Hill) 등을 기점으로 독립 전쟁이 시작되었다.

13개 식민지의 대표들은 영국에 대항하기 위한 독자적인 의회의 구성에 합의하였고 1774년 1차 대륙 회의(Continental Congress)를 개최하였다. 1776년 7월 4일 필라델피아에서 열린 제2차 대륙 회의에서는 13개 식민지의 대표들이 토마스 제퍼슨이 초안한 〈독립 선언문〉(Declaration of Independence)에 서명하였고, 새로운 국가인 미합중국을 수립하였다. 이 선언문에서 토마스 제퍼슨은 영국 국왕 조지 3세가 약속을 지키지 않았다고 비판하면서, 미국인은 "생명과 자유와 행복

---

8) 영국의 〈동인도 회사〉가 미국 식민지에서 관세를 물지 않고 차를 팔 수 있게 하는 법이다. 이 법에 의해 〈동인도 회사〉는 식민지 상인과 밀무역업자보다 싼 가격으로 홍차를 공급할 수 있으므로 차 시장을 독점할 수 있게 된다. 당시 유럽 시장에서 경쟁력을 상실한 〈동인도 회사〉를 구제하려는 법안이었다. 〈차법〉이 차에 대한 과세를 강화한 것은 아니었지만, 많은 식민지 개척민들이 밀무역으로 생계를 유지했기 때문에 〈동인도 회사〉에 특권을 주는 것에 반발했다.

추구의 권리"가 있다고 선언하였다. 독립 전쟁 중에 처음으로 "미합중국"(United States of America), "미국인"(American)이라는 용어가 사용되었고 미국의 국기인 "성조기"(Stars and Stripes)가 만들어졌다.

미국 독립군인 대륙군(Continental Army)[9]은 전쟁 초기에는 영국군에게 일방적인 패배를 당했다. 그러나 총사령관 조지 워싱턴 장군의 뛰어난 지략과, 일부 영국인들의 지지와 동조, 동맹을 맺은 프랑스의 적극적인 군사적 지원 등에 힘입어 점차 많은 전투에서 승리를 거두게 되었다. 미국군은 1777년 새러토가(Saratoga), 1781년 요크타운(Yorktown) 전투에서 대영 제국의 군대에 승리하면서 영국군의 투쟁 의지를 꺾어 놓았다. 결국 1783년 9월 3일 프랑스 파리에서 〈파리 조약〉(Treaty of Paris)으로 평화 협정을 맺으면서 미합중국은 국제적으로 독립을 승인받았다.

* 〈독립 선언문〉

다음과 같은 사실을 자명한 진리로 받아들인다. 즉 모든 사람은 평등하게 태어났고, 창조주는 몇 개의 양도할 수 없는 권리를 부여했으며, 그 권리 중에는 생명과 자유와 행복의 추구가 있다. 이 권리를 확보하기 위하여 인류는 정부를 조직했으며, 이 정부의 정당한 권력은 인민의 동의로부터 유래하고 있는 것이다. 또 어떤 형태의 정부이든 이러한 목적을 파괴할 때에는 언제든지 정부를 개혁하거나 폐지하여 인민의 안전과 행복을 가장 효과적으로 가져올 수 있는, 그러한 원칙에 기초를 두고 그러한 형태로 기구를 갖춘 새로운 정부를 조직하는 것이 인민의 권리이다.

9) 1775년 대륙 회의의 결의에 기초해 영국군에 대항하기 위해 결성된 군대이며, 〈파리 조약〉이 체결된 후 해산되었다.

3) 독립국가 미국의 성장

1787년 필라델피아 회의에서 〈미합중국 헌법〉(Constitution of the United States of America)이 선포되고 조지 워싱턴이 초대 대통령으로 당선되었다. 강력한 지도자인 워싱턴 대통령은 연방 정부의 중요성을 믿는 연방주의자(federalist)로서, 재무장관(Secretary of the Treasury)으로 알렉산더 해밀턴(Alexander Hamilton), 국무장관(Secretary of State)으로 토마스 제퍼슨을 임명하며 초대 행정부를 구성하였다. 초대 행정부의 정책 방향은 이후 연방 국가로서의 미국의 방향을 제시하였다.

해밀턴은 워싱턴과 함께 상공업자의 이익을 대변하면서, 연방 정부의 권한을 강화하여 능률적이고 질서 있는 정책을 실행할 것을 주장하였다. 해밀턴의 정책을 지지하는 사람들은 〈연방당〉(Federalist Party)을 창설했다. 반면 제퍼슨은 농민의 이익을 대표했고, 연방의 중앙 집권적인 힘을 경계하는 반연방주의자(anti-federalist)로서, 개별 주의 권한을 더 인정할 것을 주장하면서 제임스 메디슨과 함께 〈공화당〉(Republican Party)[10]을 창당했다. 제퍼슨 민주주의(Jeffersonian Democracy)의 핵심은 각 개인은 "절대권"인 자유를 가지고 있으며, 그 자유는 누구도 뺏을 수 없고, 정부는 다른 사람의 자유를 침범하는 사람들을 규제해야 할 뿐만 아니라, 정부 자체도 개인의 자유를 제한하지 말아야 한다는 것이었다. 연방당과 공화당의 대조적인 두 정책 방향은 이후 협조와 갈등을 반복하면서 정책의 근간을 이루었다.

10) 〈민주공화당〉(Democratic-Republican Party)이라고도 하며 〈제퍼슨공화당〉(Jeffersonian Republicans)이라고도 한다.

(1) 수도의 이전

독립 당시 미국의 수도는 뉴욕이었으나 1790년 필라델피아로 이전했다. 그러나 수도가 북쪽에 치우쳐 있다는 남부 주민들의 비판에 따라, 당시 미국의 중심부에 해당하는 메릴랜드와 버지니아 주 경계의 포토맥 강 유역에 토지를 마련하여 컬럼비아 특별구를 설정하고, 새로운 수도를 건설하였다. 1801년 정부 기관이 이전하였으며, 초대 대통령 조지 워싱턴을 기념하여 워싱턴 시로 이름 지었다.

(2) 〈위스키 반란〉(Whiskey Rebellion, 1794)

서부의 개척민들이 주류에 대한 연방세 부과에 항의한 폭동이다. 재무장관 해밀턴은 증류주의 제조와 운송비용에 과세하는 법안을 의회에서 통과시켰다. 독립 전쟁 때 정부가 진 빚을 갚겠다는 이유에서였지만, 과세를 사회적 규제 수단으로 정당화하여 연방 정부의 권력을 강화하려는 의도가 있었다. 위스키에 대한 과세가 진행되자 변경 지역의 개척민과 농부들이 반발했다. 이들은 남은 곡물로 위스키를 만들어 물물 교환의 수단으로 이용했기 때문에 과세는 불공평하다고 여겼다. 게다가 의회가 고안한 세법은 대규모 증류업자보다 개척민과 농부 같은 소규모업자들에게 훨씬 불리한 조건이었다. 결국 이들의 불만은 폭동으로 번졌고, 이 사건은 연방 정부가 처음 맞는 큰 시련이었다. 워싱턴은 민병대를 소집해서 직접 군대를 이끌며 반란군을 분쇄시키고 공권력을 확립했다.

(3) 〈유사 전쟁〉(Quasi-War, 1798~1800)

미국은 독립 전쟁 때 영국과 적대 관계에 있던 프랑스의 루이 16세(Louie XVI, 재위 1774~1792)에게서 많은 지원을 받았다. 그러나 1789년 시민혁명(French Revolution)으로 루이 16세를 처형하고 설립된 프랑스 총재정부(Directory, 1795~1799)와의 관계가 악화되면서 미국과 프랑스는 선전포고 없이 일련의 해상 전쟁을 벌였다. 이것이 〈유사 전쟁〉이다. 1799년 나폴레옹 보나파르트(Napoléon Bonaparte, 1769~1821, 재위 1804~1815)가 총재정부를 무너뜨린 후 존 애덤스 대통령이 평화사절을 파견하여 전쟁이 끝났다.

1. 조지 워싱턴 (George Washington, 임기 1789~1797)

조지 워싱턴(1732~1799)은 생전에도 "나라의 아버지"라고 불릴 정도로 존경을 받았으며 역사학자들은 그를 가장 훌륭한 미국 대통령 중 한 사람으로 꼽는다. 혁명 동지였던 헨리 리(Henry Lee)는 장례식 연설에서, 워싱턴이 "전쟁에서 일등, 평화에서도 일등, 동포의 가슴 속에서도 일등"이라고 칭송하였다. 3선 연임을 거절하여 3선 연임 불가를 미국의 불문율로 남겼다. 워싱턴의 생일은 연방 공휴일인 대통령 날(Presidents' Day)로 지정되어 2월 3번째 월요일에 준수된다.

워싱턴은 대통령 재임시 정부의 각 부서의 관례와 임무를 마련했고, 강력한 중앙정부를 수립할 계획을 수립하였으며, 국가 부채를 갚기 위한 자금을 조성하였고, 효율적인 세금 제도를 시행하였으며, 국립 은행인 〈미국 제1 은행〉(First Bank of the United States)을 창설하였다. 1794년 영국과의 전쟁을 피하기 위해 제퍼슨주의자들의 반대를 무릅쓰고 영국과 〈제이 조약〉(Jay Treaty)[11]을 맺었다.

11) 〈우호 조약〉(Treaty of Amity), 〈1794 런던 조약〉(Treaty of London of 1794)이라고도 한다. 영국이 미국과 프랑스의 무역을 방해하려고 하여 미영 관계에 긴장이 고조되자 워싱턴이 존 제이를 영국에 특사로 파견하여 영국과의 관계 개선을 도모한 조약이다.

2. 존 애덤스(John Adams, 1797~1801)

존 애덤스(1735~1826)는 연방주의자였다. 그런데 두 번째로 득표수가 많은 후보를 부통령으로 임명하는 당시의 제도에 따라 자신과 정반대의 정치 철학을 가진 공화주의자 토마스 제퍼슨을 부통령으로 임명해야 했고 임기 내내 제퍼슨의 반대로 정책을 수행하는데 어려움을 겪었다. 애덤스가 당면한 가장 심각한 문제는 강대국인 영국과 프랑스와의 관계를 조정하는 일이었다. 미국이 독립한 후에도 영국과 프랑스는 북아메리카 대륙의 많은 부분을 차지하고 있었고 계속 영향력을 확대하려고 경쟁했다. 영국은 미국의 배를 나포하는가 하면 미국 선원들을 영국군으로 강제 징용하는 등 폭력을 행사했다. 애덤스는 영국과 전쟁 상태인 프랑스에 세 명의 비밀 특사를 보내서 도움을 요청했으며 이것이 XYZ사건(XYZ Affair)[12]이다. 이때 프랑스 외무장관 딸레랑(Charles-Maurice de Talleyrand-Périgord)이 거액의 뇌물을 요구한 일이 알려지면서 미국인들은 분노했다. 해밀턴을 비롯한 친영 반프랑스 세력은 프랑스에 대한 강력한 응징을 요구했고 미국은 선전포고 없이 프랑스와 전쟁에 돌입했는데 이것이 〈유사 전쟁〉(1798~1800)이다. 이때 프랑스를 비롯한 외국에 협조한 자들을 처벌하는 〈외국인과 선동 방지법〉(Alien and Sedition Acts, 1798)도 통과시켰는데, 친프랑스 세력인 제퍼슨주의자들로부터 비민주적인 법이라는 비판을 받았다.

(4) 〈루이지애나 매입〉(Louisiana Purchase, 1803)과 루이스-클라크 탐험(Lewis and Clark Expedition, 1804~1806)

미국의 독립을 인정한 〈파리 조약, 1783〉에서 미국의 영토는 스페인령의 플로리다 반도 일대를 제외한 미시시피 강 동쪽의 영토로 확정되었다. 미시시피 강에서 서쪽으로 로키 산맥(Rocky Mountains)까지 이르며 남북으로 길게 뻗은 광대한 땅인 루이지애나는 원래 스페

12 "X, Y, Z"는 애덤스 정부에서 발간된 문서에 나온 프랑스 외교관 이름에서 딴 것이다.

인의 식민지였으나 1800년 나폴레옹이 스페인을 정복하면서 프랑스의 식민지가 되었다. 프랑스는 교통상의 요로인 미시시피 강을 무시로 항행하면서 강 하구인 뉴올리언스에서 화물을 적재했다. 제퍼슨 대통령은 프랑스의 이런 행동에 위협을 느꼈으며, 또한 서부로 영토를 확장하고자 했으므로 제임스 먼로를 프랑스에 파견하여 루이지애나의 매입을 교섭하였다. 당시 영국과의 전쟁을 준비하고 있던 나폴레옹은 전비를 조달할 목적으로, 또 미국의 협조가 필요했으므로, 프랑스 땅의 5배에 달하는 광대한 루이지애나를 15,000,000달러라는 싼 가격에 양도하였다. 루이지애나 매입으로 미국은 프랑스의 잠재적 위협을 해소할 수 있었을 뿐만 아니라, 미국 영토를 2배로 확대하게 되었고, 미시시피 강 서쪽으로 새로이 개척할 프런티어를 가지게 되었으니, 이 사건은 보기 드문 외교적 성과이다.

루이지애나 매입 후 제퍼슨 대통령 지시로 메리웨더 루이스(Meriwether Lewis) 대위와 윌리엄 클라크(William Clark) 소위의 지휘 하에 1804년 5월부터 1806년 9월까지 탐험이 이루어졌다. 루이스와 클라크는 대륙의 서부를 가로지르는 길을 개척하면서 각 지방의 동식물의 생태계와 천연자원들을 연구했고 그 결과 그 땅이 미국의 영토임을 주장할 수 있었다. 여기서 얻은 수많은 정보와 지도는 1806년 제퍼슨 대통령에게 전달되었다.

3. 토마스 제퍼슨(Thomas Jefferson, 1801~1809)

토마스 제퍼슨(1743~1826)은 가장 존경받는 대통령 중의 한 명이며, 재임 기간 동안 의회의 법안에 대해 한 번도 거부권을 행사하지 않은 유일한 대통령이다. 제퍼슨은 박학다식하며 모든 분야에 탁월한 재능을 발휘하였으므로 벤저민 프랭클린과 더불어 18세기 미국의 "르네상스적인 인간"(Renaissance Man)으로 평가된다.

영국과 프랑스의 계몽사상(Enlightenment)16을 기본 철학으로 삼은 제퍼슨은 인권을 중시하면서, "모든 인간은 신 앞에 평등하다."고 역설하였다.

그러나 그의 신조가 실생활이나 대통령으로서의 정책에 모두 반영되지는 못했다. 200여 명의 노예를 둔 농장주였던 제퍼슨은 흑인 여성인 샐리 해밍스(Sally Hemings)가 낳은 자식들을 인정하지도 않았고 해방시키지도 않았다.[13] 1807년 북부 의원들이 노예무역을 영구히 금지하는 법안을 제출하자 이를 승인하였다가 남부 의원들의 반대에 부딪치자 노예무역은 금지하되 노예제의 실시 여부는 각주에서 관장하자는 타협책을 제시했다.

원주민에 대한 정책에서 제퍼슨은 철저히 백인 이주민의 편이었다. 오하이오 계곡의 원주민 부족이 정부에 대항하자 제퍼슨은 미시시피 강 동부 지역을 미국의 영토로 선언하면서, 동부의 인디언들을 미시시피 강 서부로 이주시키는 정책을 추진했다. 백인들의 조건을 받아들인 문명화된 다섯 부족[14]은 영토를 유지하게 했으나, 떠나기를 거부하는 앨라배마의 크리크족에 대해서는 앤드루 잭슨을 시켜 가차 없이 살육하게 했다.

(5) 〈영미 전쟁〉(War of 1812, 1812~1815)

미국이 루이지애나를 인수한 후 나폴레옹이 이끄는 프랑스와 영국이 전쟁에 돌입하자 미국의 입장은 다소 복잡했다. 미국은 영국과 감정적 유대를 느끼고 있었지만 독립을 도와준 프랑스를 무시할 수 없었다. 경제적인 측면에서도 양국 모두와 좋은 관계를 유지할 필요가 있었다. 미국의 경제는 농산물 수출에 절대적으로 의존하고 있었기 때문이다. 미국은 중립적 자세를 견지하면서 영국과 프랑스 양국에, 또 카리브 해에 있는 양국의 식민지에 수출을 계속 했지만 영국과 프랑스는 자국의 이익에 따라 미국의 무역을 허용하기도 하고 금지하기

13 제퍼슨은 1822년 위의 두 자식이 도망가도록 방조해서 자유인이 되게 했고 아래의 두 자식은 1826년의 유언에서 해방시켰다.

14 체로키족, 촉토 족, 머스코지 족, 치카소 족, 세미놀족.

도 했으므로 미국은 곤혹스러운 상황에 빠져 있었다.

1805년 〈트라팔가 해전〉(Battle of Trafalgar)[15]에서 프랑스를 대패시킨 영국은 프랑스 해상을 봉쇄하면서 미국 무역선에 대해서도 해상 봉쇄를 실시했고 이로 인해 미국의 농산물 수출은 큰 타격을 받았다. 또 영국은 아직 미합중국에 편입되지 않은 북서부 지역의 원주민들이 미국 정부와 개척민들에게 저항할 수 있도록 무기를 공급해 주었다.

뉴잉글랜드 지방은 영국과 무역을 하여 이익을 얻어야 했으므로 영국과의 전쟁에 반대하는 입장이었지만, 남부와 서부의 개척민들은 원주민들의 땅을 빼앗을 수 있고 또 농산물의 수출이 확대될 것을 기대해서 전쟁을 지지했다. 1812년 6월 미국 정부는 영국이 미시시피 강 서부와 캐나다 원주민을 지원했다는 구실로 영국에게 선전 포고를 했으며 이로써 〈영미 전쟁〉이 시작되었다.

영국은 이미 승기를 잡았다고 본 나폴레옹 전쟁에서 남은 병력을 미국과의 전쟁에 투입할 수 있었고, 군대의 장비와 훈련 면에서 미국보다 앞서 있었으므로 전쟁 초기에는 미국이 불리했다. 영국군은 메인 주를 공격해서 점령했고 1814년에는 워싱턴을 함락했다. 그러나 미국군은 곧 볼티모어에서 승리를 거두었고, 1815년 초 앤드루 잭슨이 뉴올리언스 전투에서 대규모의 영국군을 대패시켰다. 그 후 나폴레옹이 패배하면서 영미 간의 갈등의 원인이 소멸되었으므로 미국과 영국 사이에 화해 분위기가 조성되어 전쟁이 끝났고, 영토를 전쟁 이전의 상태로 되돌린다는 협정이 맺어졌다.

이 전쟁을 통해 미국은 자국의 위상에 대해 자부심을 얻게 되어 영

---

15) 스페인 남서쪽의 트라팔가 갑에서 영국 해군이 프랑스-스페인 연합 함대를 상대로 결정적인 승리를 거두었다. 이 승리를 이끈 호레이쇼 넬슨 제독(Admiral Horatio Nelson, 1758~1805)은 전투 중에 전사했다.

국으로부터 정신적인 독립을 이루게 되었다. 이후 미국은 국수주의적인 정책에 따라 보호 관세를 제정하여 자국의 공업을 발전시키면서 경제 발전을 이룩했다. 따라서 영미 전쟁은 미국의 "제 2의 독립 전쟁"으로 평가된다. 그러나 아메리카 원주민들은 독립 국가를 보장하겠다던 약속을 믿고 영국을 도왔다가 개척민들에게 중서부의 땅을 빼앗기고 쫓겨나게 되면서 가장 큰 손실을 입었다.

4. 제임스 매디슨(James Madison, 1809~1817)

제임스 매디슨(1751~1836)은 제퍼슨의 정치적 동지이며 루이지애나 매입을 실행했다. 대통령이 되자 미국의 경제권을 보호하기 위해 1812년 영국과 전쟁을 시작했으며, 처음의 입장과 달리 연방의 권한을 강화하는 정책을 시행했다. 1815년 매디슨은 〈제2 미국 은행〉을 설치했고, 강력한 군대를 창설했으며, 전쟁 중에 새롭게 문을 연 공장들을 보호하기 위해 높은 관세를 매기는 정책을 시행했다.

(6) 서부 개척시대

13개주로 시작한 미합중국은 독립 직후부터 서부의 프런티어로 영토를 확장하는 정책을 시행했다. 서부의 개척지는 처음에는 거대한 목장이 주를 이루었으나 점차 농업 개척민들이 증가했다. 개척민에게 160에이커(약 20만평)의 농장 부지를 무상으로 공급하는 〈홈스테드법〉(Homestead Act, 자영 농지법, 1862)[16]은 농업개척을 더욱 증가시켰다.

16) 요먼(Yeoman, 독립자영농)의 수를 늘리려는 정책이므로 플랜테이션(대규모 농장) 농업을 하는 남부의 노예 제도를 위협할 소지가 있어서 남부는 이 제도에 강력히 반발했다. 따라서 이 법은 1860년에 1차로 연방 의회를 통과하였으나 남부 출신인 뷰캐넌 대통령에 의해 저지되었고, 이후 남부가 연방에서 탈퇴한 후인 1862년 링컨 대통령이 발효시켰다. 1976년 〈연방 토지 정책 및 관리법〉(The Federal Land

서부 개척에는 다양한 사람들이 참가했다. 종교 박해를 피하려는 모르몬 교도들, 골드러시(Gold Rush)에 금광을 채굴하려는 사람들, 넓은 농토를 가지려는 사람들, 모국의 가난을 피해온 이민자들 등 각양각색의 사람들이 대거 서부로 이주하여 개척의 역사를 열었다. 이 개척의 역사에서 유명한 사건으로는, 오리건 통로(Oregon Trail)[17] 같은 개척로의 개설, 1846년부터 1847년에 걸친 모르몬 교도들의 유타 이주,[18] 1849년 캘리포니아 주에서 골드러시 기간에 이주한 사람들인

Policy and Management Act)에 의해 폐지되었다.

17) 미국 개척 사상 가장 유명한 이주 도로로 개척민들의 서부 이주에 크게 기여했다. 오리건 통로는 1820년대에는 사냥꾼이나 상인, 선교사들만 통행하던 험한 길이었으나, 1840년대 초 골드러시 때 금을 캐러 집단으로 이동하는 사람들, 캘리포니아로 가는 개척민들, 유타로 향하던 모르몬 교도들, 목장주들, 카우보이들이 이용하면서 발달하게 되었다. 동쪽에서 서쪽으로 3,200킬로미터에 걸친 마차 길로 미주리 강에서 오리건의 계곡으로 이어진다.

18) 모르몬교의 정식명칭은 예수 그리스도 후기성도 교회(Church of Jesus Christ of Latter-day Saints)이다. 1830년 뉴욕 주에 살던 조셉 스미스 2세(Joseph Smith II, 1805~1844)가 하나님께 기도하던 중 나타난 천사에게서 고대의 예언자 모르몬(Mormon)이 기록한 금판을 받았으며, 이 금판을 영어로 번역한 〈모르몬 경〉(*Book of Mormon*)을 바탕으로 모르몬교를 설립했다. 모르몬교는 미국에서 자생한 탓에 기성 기독교와 끊임없이 마찰을 겪었다. 스미스가 일부다처제를 주장하면서 금욕적인 청교도 주민들과의 갈등은 더욱 심해졌다. 교회는 주민들의 핍박을 피하기 위해 오하이오 주 커트랜드(Kirtland)에서 미주리 주 파 웨스트(Far West)로, 일리노이 주 노부(Nauvoo)로 이동했으나, 반역죄로 수감되어 있던 조셉 스미스 2세가 폭도들에게 살해되자 새 지도자 브리검 영(Brigham Young)은 서부의 개척지로 이주하기로 결정했다. 모르몬 개척자(Mormon pioneers)라고 불리는 일단의 모르몬 교인들은 네브래스카를 거치는 험난한 길을 지나갔으며, 이 길을 "모르몬 개척자 길"(Mormon Pioneer Trail)이라고 한다. 이들은 1847년 유타 준주(Utah Territory)에 정착하였다. 현재까지 모르몬교의 본산이 유타 주의 솔트레이크 시에 있다. 모르몬교의 일부다처제는 1878년 미국 연방 법원에서 위헌으로 판결되었고, 1890년 미국 연방 정부가 모르몬 교회의 재산을 동결하자 모르몬교의 회장인 윌포드 우드러프(Wilford Woodruff)는 일부다처제를 인정하지 않는다는 선언을 공표했다.

포티나이너스(Forty-niners), 1859년 콜로라도 주의 골드러시 등이다.

서부 개척의 중요한 전환점은 1869년 대륙 횡단 철도의 개통이다. 19세기 중반 무렵 미국의 영토는 이미 태평양 연안까지 도달했고 골드러시로 서부의 인구는 급증했지만 기간산업의 발전이 늦어 서부는 마치 섬과 같은 상태였다. 동서 교통은 여전히 마차나 선박에 의존했는데, 육상 교통인 마차를 이용하면 대평원(Great Plains)[19]과 로키 산맥을 넘어야 했는데, 원주민의 공격을 받을 수도 있었고, 거의 반년이 소요되었다. 선박을 이용할 경우 동부에서 서부로 가기 위해서는 남아메리카의 남단을 돌아야 했으므로 4개월이 걸렸고, 남단의 해역이 파도가 높고 거칠어 전복 사고가 빈번하게 발생했다.

링컨 대통령은 남북의 갈등을 겪고 있는 상황이었지만 동서의 분열을 방지하기 위해서라도 대륙 횡단 철도를 시급히 건설하기로 결정했다. 대륙 횡단 철도를 건설하기 위해 정부는 원주민들을 내쫓았고, 부족한 철도 노동자를 보충하기 위해 중국인 노동자의 이민을 승인했다. 여러 난관을 뚫고 마침내 대륙 횡단 철도가 개통되자 마차행렬로 5~6개월이 걸리던 여행이 6일이면 가능해졌다. 이로 인해 동부와 서부의 물류 교류가 활발해지면서 서부의 농산물은 동부로 쉽고 빨리 운송되었고 동부의 공산품은 서부에서 시장을 찾을 수 있었으므로, 서부 개척의 속도는 획기적으로 빨라졌다.

그러나 서부의 발달은 적지 않은 부작용을 낳았다. 동부는 신정정치 식민지로 시작되어 비교적 단일하고 안정된 사회로 발달했지만,

---

19) 북아메리카의 중앙, 로키 산맥의 동쪽에 위치한 대평원이다. 미국의 네브래스카 주, 노스다코타 주, 뉴멕시코 주, 몬태나 주, 사우스다코타 주, 오클라호마 주, 와이오밍 주, 캔자스 주, 콜로라도 주, 텍사스 주와 캐나다의 매니토바 주, 서스캐처원 주, 앨버타 주에 걸쳐있다.

여러 민족과 여러 계층, 여러 성향의 이주민들이 모여든 서부의 개척지에서는 갱과 도둑 등 총을 든 무법자들이 활개를 쳤다. 서부 개척사는 미국 역사에서 가장 극적이며 흥미로운 이야기를 담고 있어 영화의 단골 주제가 되었다.[20]

한편 서부 개척은 이질적인 민족들이 하나의 미국인이라는 정체성을 얻게 된 과정으로 평가되기도 한다. 역사학자 프레데릭 터너(Frederick Jackson Turner)는 〈프런티어 명제〉(Frontier Thesis)[21]라는 개념을 통해, 프런티어가 "유럽인"을 새로운 민족인 "미국인"으로 변형시키는 계기가 되었다고 설명했다. 이 새로운 민족인 미국인의 가치는 평등, 민주주의, 낙관주의와 더불어, 개인주의, 자신감, 심지어 폭력도 포함하고 있다는 것이 그의 주장이다.

(7) 아메리카 원주민과의 충돌

백인 개척민들이 몰려들면서 원래 그 땅에 거주하던 아메리카 원주민들은 살던 터를 빼앗기고 강제로 쫓겨나야 했다. 미국 정부는 철저

---

20) 에드윈 포터(Edwin S. Porter)의 무성영화인 〈대 열차 강도〉(*The Great Train Robbery*, 1903) 이후 서부극은 단일한 장르로 발전하면서 많은 작품을 양산했고, 존 웨인(John Wayne) 등 서부극의 전문 배우들과 존 포드(John Ford) 같은 서부극 전문 감독이 배출되었다. 포드 감독의 〈역마차〉(*Stagecoach*, 1939), 〈황야의 결투〉(*My Darling Clementine*, 1946)가 유명하며, 프레드 진네만(Fred Zinnemann) 감독의 〈하이눈〉(*High Noon*, 1952〉, 조지 스티븐스(George Stevens) 감독의 〈셰인〉(*Shane*, 1952〉은 서부극의 고전으로 평가된다. 1960년대에 접어들어 백인의 시각에서 본 서부 개척사를 반성하는 서부극이 제작되었으며, 대표작으로 아서 펜(Arthur Penn) 감독의 〈작은 거인〉(*Little Big Man*, 1970〉이 있다.

21) 논문「미국 역사에서 프런티어의 중요성」(The Significance of the Frontier in American History, 1893)에서 주장함.

히 개척민의 편이었으므로 원주민을 강제로 이주시키거나, 군대를 통해 대규모 학살을 감행하거나, 원주민의 식량인 들소를 절멸시켜 원주민을 고사시키는 정책을 쓰면서 원주민의 저항을 격퇴시켰다. 플로리다의 세미놀족은 서부로 이주하기를 거부하면서 오랫동안 먼로정부에 대항하였지만 3차에 걸친 〈세미놀 전쟁〉(Seminole War)[22]에서 앤드루 잭슨 장군에게 패하고 말았다.

정부는 원주민의 땅을 합법적으로 빼앗기 위해 원주민을 인디언 거류지(Indian Reservation)에 강제로 수용시킬 수 있는 〈인디언 이주법〉(Indian Removal Act, 1830)을 통과시켰다. 이 법은 동부의 원주민의 땅을 미시시피 강 서쪽의 땅과 교환하는 협상권을 대통령에게 주어서, 개화된 다섯 부족(Five Civilized Tribes)[23]을 포함한 원주민들을 쫓아내고 그 땅을 개척민에게 줄 수 있게 한 법이었다. 원주민들은 저항했고 휘그당(Whigs)과 종교 지도자들은 비인간적인 이주를 반대했지만 잭슨 대통령과 지지자들인 민주당은 강제로 법을 집행했다. 원주민들의 강제 이주가 시작되었고 이렇게 재배치(relocation)를 하는 과정에 수천 명의 원주민이 목숨을 잃었다.

〈체로키족의 눈물의 길〉(Cherokee Trail of Tears)은 〈인디언 이주법〉에 따라 체로키국(Cherokee Nation) 전체가 1836년에서 1839년까지 자신들이 살던 조지아, 사우스캐롤라이나, 노스캐롤라이나, 테네시, 텍사스, 앨라배마를 떠나서 현재의 오클라호마 지역에 있던 인디언 준

22) 1818년부터 1858년까지 3차에 걸친 전쟁으로 〈플로리다 전쟁〉(Florida Wars)이라고도 한다. 미국이 개입했던 전쟁 중 〈베트남 전쟁〉 만큼이나 오랫동안 계속된 전쟁이어서 오늘날 아메리카 원주민들은 이 전쟁을 〈인디언의 베트남 전쟁〉이라고 한다.

23) 체로키(Cherokee), 칙소(Chickasaw), 촉토(Choctaw), 크릭(Creek), 세미놀(Seminole) 족. 이들은 식민지인들과 다소 좋은 관계를 유지하면서 그들의 관습을 받아들였기 때문에 이들을 개화되었다고 했다.

주(Indian Territory)의 인디언 거류지로 강제로 이동했던 과정을 말한다. 이주를 하는 중에 15,000명의 체로키족 중 약 4,000명이 숨졌다. 체로키족의 언어로 이 이주 과정은 "우리가 울었던 길"로 불린다.

인디언 거류지에 도착한 후에도 원주민들의 고통은 계속 되었다. 1862년 인디언 거류지에서 굶주림에 시달리던 다코타수족(Dakota Sioux)은 폭동을 일으켰다가 38명의 전사들이 일제히 교수형을 당했는데, 이 기록은 아직도 미국 역사상 단일 교수형으로 최대의 기록으로 남아있다.

미국 문학에서 최초로 아메리카 원주민의 삶을 본격적으로 다룬 작가는 제임스 페니모어 쿠퍼이지만 백인 작가이기 때문에 그의 원주민 묘사는 부적절한 면도 있다. 『모히칸족의 최후』에서 영국편인 칭가치국과 웅카스는 순수하고 용감한 인디언 전사로서 고결한 야만인(noble savage)을 대표하는 원주민으로 그려졌지만 프랑스군의 첩자로 활약한 마구아(Magua)는 악독하게 묘사되었다고 비판된다.

맥루한(T. C. McLuhan)의 『대지와 더불어』(*Touch the Earth: A Self Portrait of Indian Existence*, 1971)는 드물게 원주민의 시각에서 바라본 미국의 개척의 역사를 보여준다. 맥루한은 원주민의 어록을 채집하여 당시의 원주민의 목소리를 일부 복원하였다. 다음은 1879년 조셉 추장(Chief Joseph, 1840~1904)[24]이 인디언 거류지에 살기를 거부하면서, 죽어가는 부족민들을 북서부의 고향으로 돌아가게 해 달라고 헤이스 대통령에게 요구하는 글이다.

> 백인이 인디언과 평화로이 살고자 하면 평화로이 살 수 있소. 옥신각신 할 것 하나 없소. 모든 사람을 똑같이 다루시오. 모든 사람에게 똑같

---

24) 원래 이름은 "산 아래로 구르는 천둥"(Thunder rolling down the mountain).

은 법을 주시오. 모든 사람에게 생활하고 자라나는데 평등한 기회를 주란 말이오 . . . . 자유로이 태어난 사람이 울타리 안에 갇혀서 마음대로 다닐 자유를 빼앗기고서도 만족하리라고 기대한다면, 그것은 강이 거꾸로 흘러가 줄 것을 기대하는 것이나 마찬가지요. 말을 말뚝에 그냥 매어둔다면 그 말이 살찔 것이라고 생각하오? 조그만 땅덩어리에 인디언을 가둬두고 거기에만 있으라고 강요한다면, 그는 만족하지 못하며 제대로 자라지도 못하고 제대로 살 수도 없을 것이오.

5. 제임스 먼로(James Monroe, 1817~1825)

제임스 먼로(1758~1831)가 1823년 의회의 일반교서에서 밝힌 〈먼로독트린〉은 이후 미국 외교 정책의 근간이 되었다. 미국은 유럽 열강이 아메리카 대륙을 식민지화하거나 아메리카 대륙에 있는 주권 국가에 대해 간섭하는 것을 거부하며, 대신 미국도 유럽이든 식민지에서든 유럽 열강 간의 전쟁에 대해 중립을 표명하지만, 단 아메리카 대륙에서 일어나는 전쟁은 미국에 대한 위협으로 간주하고 대응한다는 것이었다. 먼로독트린은 신세계에 대한 유럽의 정치적 영향력을 억제하려는 것이지만, 동시에 미국이 아메리카 대륙 전체로 팽창할 근거를 제시한 적극적이고 공격적인 선언이기도 하다.

6. 존 퀸시 애덤스(John Quincy Adams, 1825~1829)

존 퀸시 애덤스(1767~1848)는 2번째 대통령인 존 애덤스의 아들로서 미국제도(American System)[25] 정책을 지속하여 미국을 강대국으로 성장시키려고 노력했다. 1828년 〈관세법〉을 발효하자 남부는 면화수출이 줄어들었는데 오히려 비싼 국산

25) 미국 제도는 헨리 클레이 의원이 주창한 경제 계획으로 19세기 전반기의 미국 정책에서 중요한 역할을 했다. 알렉산더 해밀턴의 "미국 학파"(American School)에 뿌리를 두고 있는 이 정책은, 미국의 산업을 보호하고 향상시키는 높은 관세 부과, 상업을 육성시키기 위한 국립 은행의 창설, 농민의 이익 보장에 필요한 시장을 활성화시킬 수 있는 도로와 운하 등의 기간산업 개선을 위한 연방 보조금(federal subsidies) 부여 등의 내용이었다.

공산품을 구매하게 되었다. 남부는 정부가 북부의 산업만 보호한다고 비판하면서 이 법을 〈증오의 관세〉(Tariff of Abominations)라고 불렀다.[26]

원주민에 대해 관대한 정책을 시행했고 노예제를 강력히 반대했던 애덤스는 대통령직을 마친 후 〈미국 정부 대 아미스타드 호〉(United States v. The Amistad, 1841) 사건에서 흑인 노예들의 변호를 맡아 그들을 자유의 몸이 되게 했다.[27]

7. 앤드루 잭슨(Andrew Jackson, 1829~1837)

최초의 아일랜드계 대통령인 앤드루 잭슨(1767~1845)은 군인으로 뛰어난 활약을 펼쳐서 "오래된 히커리 나무처럼 강인한" 사람이라는 평판을 얻었으나 그 강경한 성격으로 인해 "앤드루 1 세"라는 야유를 받기도 했다. 잭슨은 "명백한 천명"에 따른 영토 확장을 당연한 권리로 여겼으므로 그 과정에서 원주민이 희생되는 것에 대해 거리낌이 없었다. 잭슨의 잔인하고 냉혹한 모습에 놀란 세미놀족은 잭슨을 "예리한 칼"(Sharp Knife)이라고 불렀다. 그러나 권력이 엘리트의 것이 아니라 일반 유권자의 것이어야 한다는 잭슨 민주주의 체제를 확립시켰고, 그 일환으로 일반인을 백악관에 초대한 최초의 대통령이기도 하다.

---

26 차기 대통령 앤드루 잭슨 때에 사우스캐롤라이나는 〈연방법거부 포고〉 (Ordinance of Nullification, 1832)로 맞서면서, 연방의 관세가 비합헌적이며 무효라고 선언했다. 남부와 연방 정부의 이 갈등을 "연방법거부 위기"(Nullification Crisis)라고 한다. 잭슨 대통령은 사우스캐롤라이나에 연방 군대를 파견해 진압하겠다는 〈군대법〉(Force Bill)과 남부인의 사정을 고려한 〈타협 관세〉(Compromise Tariff)를 통과시켜 위기를 극복했다.

27 1839년, 일단의 흑인들이 시에라리온(Sierra Leone)에서 포획되어 불법으로 노예로 팔려 스페인 배 〈라 아미스타드〉(La Amistad)에 실려 쿠바로 옮겨지던 도중, 카리브 해의 선상에서 두 명의 백인을 죽인 후 선원들을 위협해 다시 아프리카의 고향으로 향하다가 체포되었다. 이들은 살인죄와 폭동죄로 기소 당했고 1841년 연방 대법원에서 재판이 벌어졌다. 애덤스는 모든 사람들은 자유를 지킬 권리가 있으며, 정부는 노예를 해방시켜야 할 권리가 있다고 역설하여, 흑인 노예들에게 무죄가 선언되었고 이들은 고향으로 돌아갔다. 영화 〈아미스타드〉가 이 사건을 재현했다. 에이브러햄 링컨의 〈노예 해방 선언〉은 애덤스의 이론에 기초를 두고 있다.

* 경제 공황(Panic of 1819 and 1837)

미국은 서부 개척과 급속한 산업 발전으로 번영을 구가하던 중에 1819년 경제 공황을 맞게 된다. 나폴레옹 전쟁의 후유증으로 인한 국제 시장의 조정, 공용 대지에 대한 과도한 투기, 다량으로 찍어낸 종이 화폐 등으로 인해 미국 경제가 전반적으로 무너졌으며, 1821년까지 계속되었다. 이 공황을 겪은 후 미국 경제는 유럽을 상대하는 식민지적 상업에서 벗어나 자유주의 자본주의(Laissez-faire Capitalism)의 원칙을 따르게 된다.

미국은 1837년에 다시 한 번 금융 위기를 맞이하여 1844년까지 지속되는데, 일반적으로 임금과 가격의 디플레이션(deflation) 시기였다. 1934년에서 1936년 중반까지는 토지, 면화, 노예의 가격이 상승하면서 국내경기가 활황을 이루었으나, 이후 면화 가격의 폭락, 토지 거품의 붕괴, 국제 정금 유통(international specie flows), 영국의 제한적 대출 정책 등으로 경제가 불안해졌다. 1837년 5월 10일 뉴욕 시의 은행들이 일제히 정금 지불(specie payments)을 중지했다. 기업 어음(commercial paper)을 액면가의 정금으로 바꾸어줄 수 없다는 것이었다. 사업체는 부도가 나고 가격은 폭락하고 은행이 망하고 수천 명의 실업자가 생겼다.

(8) "명백한 천명"(Manifest Destiny)과 〈멕시코-미국전쟁〉(Mexican-American War, 1846~1848)

식민지이던 미국이 식민 제국으로 변모한 것은 20세기로 들어오면서이지만 미국이 북아메리카에서 영토를 확장한 과정은 식민 제국의 역사와 별반 다를 바 없다. 미국의 정신적 기조를 이루는 프런티어정신은 개척민의 용기와 모험 정신을 미화하면서 원주민 착취의 역사를 외면한다. 서부극에서 개척민은 총으로 무장하여 원주민을 물리치면서 공동체적 가치를 수호하는 존재로 부각되며, 이 과정에서 폭력과 총이 정당화되었다. 원주민을 잔인한 야만인으로, 개척민을 근면하고 정의로운 존재로 설정한 팽창의 역사는 "명백한 천명"[28]이라는 개념으로 미화되었다.

매사추세츠 만 식민지(Massachusetts Bay Colony)의 최초의 주지사였던 존 윈스럽(John Winthrop, 1588~1649)은 매사추세츠 만 식민지가 "언덕 위의 도시"가 되어 그 외의 세계에 자유와 신을 숭배하는 사회가 어떤 것인지 보여줄 것이며, 미국이 모든 북미대륙을 차지하는 것은 신성한 임무(divine imperative)라고 주장했다. 이 개념은 이후 더 견고해지면서 미국의 땅이 서부로 계속 확장되어 대륙 전체를 차지하는 것이 미국인의 "명백한 천명"이며, 그 운명은 미국인의 자유로운 발전을 위하여 신이 베풀어 주신 은혜라고 주장되었다. 이 논리에 따르면, 영토를 확장해 나가는 과정에서 필연적으로 원주민의 영토를 수용하는 행위는 침탈이나 약탈이 아니라 자신들이 천명에 의해서 받은 당연한 권리를 주장하는 행위이다. 이것이 바로 미국인들이 영토 확장 과정을 합리화한 특이한 논리이다. 넓은 땅을 원하는 개척민들에게, 또 영토 확장을 원하는 정치가들에게 명백한 천명이라는 논리는 자신들의 약탈을 합리화시켜주는 멋진 이론이었다.

독립 후 미국은 영토를 확장하는 과정에서 온 나라가 "명백한 천명"의 최면에 걸린 듯이 행동했다. 이런 논리로 4번째 대통령 제임스

28) 1845년 뉴욕 시의 저널리스트 존 오설리번(John O'Sullivan)이 이 용어를 처음 소개했다.

매디슨과 민주당의 주전파(War hawk)들은 팽창주의를 시행했다. 〈젊은 아메리카 운동〉(Young America movement)[29]도 명백한 천명의 논리를 기반으로 했다.

1844년 민주당이 정권을 잡으면서 팽창주의는 더욱 강해졌다. 미국의 동북부를 기반으로 한 휘그당은 도시에 공장을 더 많이 지어 공업의 발전을 꾀하고자 했으므로 영토 확장 정책을 반대했지만, 농민을 기반으로 한 민주당은 서부로의 진출을 강력하게 주장했던 것이다. 11번째 대통령인 제임스 포크는 의회에서 서부로의 팽창을 더 강력하게 수행할 것이라고 선언했다. 그의 선언은 멕시코에 속한 광대한 캘리포니아의 편입을 염두에 둔 것이었다.

1821년 스페인에서 독립한 멕시코 합중국(United Mexican States)은 현재의 멕시코 뿐 아니라 현재 미국의 주들인 텍사스, 뉴멕시코, 유타, 네바다, 애리조나, 캘리포니아, 콜로라도 일부를 포함한 광대한 나라였다. 멕시코와 국경을 접한 미국은 일단 텍사스 지역에 원조를 하여 긴밀한 유대를 맺으면서 텍사스가 멕시코로부터 독립하도록 유도했다. 텍사스는 〈알라모 전투〉(Battle of the Alamo, 1836)를 비롯한 독립 전쟁 끝에 1836년 텍사스 공화국(Republic of Texas)으로 독립했다. 멕시코는 텍사스의 독립은 어쩔 수 없이 인정했지만 텍사스가 미국에 통합되는 것은 승인하지 않았다. 그러나 텍사스 공화국과 미국의 이해가 합치되면서 텍사스는 1845년 28번째 주로 미합중국에 가입했다.

전형적인 팽창주의자인 포크 대통령은 텍사스의 병합에 만족하지 않고 비옥한 캘리포니아를 미국에 편입하기를 원했다. 포크의 정책은 남부의 목화 재배지를 확대하고 싶었던 대농장주들과 언론의 열렬한

29) 유럽의 개혁 운동에 자극받아 1845년 정치 조직으로 만들어졌다. 자유 무역, 사회 개혁, 영토 확장, 해외의 공화주의 운동에 대한 지지 등을 강령으로 했다.

지지를 받았다. 캘리포니아의 비옥한 땅을 열등한 멕시코보다는 미국 같이 훌륭한 나라가 가져야 한다는 주장이 여러 언론에서 제기되었다.

> 이 아름다운 정원이 거칠고 쓸모없는 황야로 잠자게 내버려 둘 것인가?. . . . 진취적인 수만의 미국인들이 풍부하고 매력적인 대초원으로 몰려들 것이다. 계곡에서는 앵글로-아메리칸의 산업이 발전하는 우렁찬 함성이 들려오고, 평원과 해변에는 도시가 세워질 것이며, 국가의 자원과 부가 한없이 증가할 것이다. 〈일리노이 스테이트 레지스터〉(*Illinois State Register*)

> 보편적인 양키 민족은 2, 3년 만에 멕시코인을 갱생시키고 해방시킬 수 있으며, 우리는 그 아름다운 나라를 문명화시키는 것이 신이 우리에게 부여한 운명의 일부임을 믿는다. 〈해럴드〉(*Harold*)

1845년 포크 대통령은 멕시코 정부와 캘리포니아 매입 협상을 벌였으나 실패하자 전쟁을 치르기로 결심했다. 포크는 재커리 테일러(Zachary Taylor) 장군의 군대를 리오그란데 강(Rio Grande River)으로 이동시키라고 명령했다. 멕시코와 미국의 국경은 뉴세스 강(Nueces River)이었고 리오그란데 강은 멕시코 영토 안에 있었으므로 그 명령은 멕시코의 공격을 유발하는 행동이었다. 예상대로 멕시코가 응전해서 미군 장교와 순찰병이 죽게 되자 포크는, "전쟁을 피하려는 미국의 노력에도 불구하고 멕시코의 도발로 전쟁을 하지 않을 수 없다."고 선언하면서, 1846년 5월 11일 멕시코에 대하여 전쟁을 선포하였다. 이 전쟁에서 승리한 미국은 1848년 〈과달루페이달고 조약〉(Treaty of Guadalupe Hidalgo)에서, 리오그란데 강을 두 국가의 경계로 설정하기로 결정했고, 텍사스 병합을 인정받았으며, 캘리포니아와 뉴멕시코의 땅을 확보했다. 이 전쟁으로 광대한 토지를 얻게 되어 경제력이 급성장한 남부의 발언권이 증대되면서 노예제를 둘러싼 남북의 논쟁이 더욱 격화되었다.

8대 대통령 마틴 밴 뷰런(Martin Van Buren, 1782~1862, 재임 1837~1841)은 첫 네덜란드계 출신이며, 영어가 아닌 네덜란드어를 모국어로 하는 대통령이다. 민주당인 밴 뷰런은 남부를 지원하기 위해 저관세와 자유 무역을 주장했지만 1837년 임기와 함께 시작된 경제 공황을 맞아 마땅한 경제 정책을 내놓지 못해 휘그당에게서 "마틴 밴 폐허"(Martin Van Ruin)라고 비웃음을 샀다.

9대 대통령인 윌리엄 해리슨(William Harrison, 1773~1841)은 대통령 취임 연설 때 급성 폐렴에 걸려 한 달 만에 사망했다. 10대 대통령 존 타일러(John Tyler, 1790~1862, 재임 1841~1845)는 해리슨의 사망으로 대통령직을 승계하였으나 별로 지지를 받지 못하면서, "대리 대통령"(Acting President), "우연 각하"(His Accidency)라고 조롱당했다.

11. 제임스 녹스 포크(James Knox Polk, 1845~1849)

제임스 포크(1795~1849)는 1845년 텍사스 공화국을 미국의 28번째 주로 승인했고, 〈멕시코-미국 전쟁〉으로 영토를 확장했고, 오리건이 미국의 영토라고 주장했다. 민주당인 포크의 업적은 관세의 삭감, 독립 재무성 제도(Independent Treasury System)[30]의 설립, 오리건 식민지(Oregon Country)의 경계 확정, 캘리포니아와 뉴멕시코의 획득이다.

30) 1846년에서 1921년 연방준비제도(Federal Reserve System)가 설립될 때까지 계속되었다.

4) 남북전쟁

남북 갈등은 노예폐지(Abolitionism)에 대한 논란에서 시작되었다. 영국에서는 1807년에 노예무역이 폐지되었고, 1833년에는 대영 제국 전체의 노예제가 폐지되었다. 유럽의 거의 모든 나라에서는 1840년에서 50년 사이에 노예제가 폐지되었다. 당연히 미국에서도 노예제를 폐지하자는 주장이 대두되었다.[31] 그러나 남부의 노예 소유주들은 노예로 인해 얻는 막대한 이익을 포기할 생각이 없었다. 일부 종교 지도자들도 흑인을 노예로 부리는 것이 성경에서 지지받고 있다고 주장했다. 1831년 노예인 냇 터너(Nat Turner)가 반란을 일으킨 사건으로 노예폐지론이 약화되면서 노예에 대한 억압이 더 심해졌다. 1840년 이후 〈제 2 대각성〉(The Second Great Awakening)[32]으로 노예폐지 운동이 다시 촉발되었다. 노예를 소유하는 것이 죄(sin)[33]라는 인식이 커지면서 북동부 지역의 신앙심이 깊은 여성들이 노예폐지에 적극적으로 나

31) 1777년 버몬트를 시작으로 해서 오하이오 강과 〈메이슨-딕슨 경계선〉 위쪽의 주들은 점진적으로 노예를 해방시켰다. 노예를 그대로 둔 경우도 있었지만 자식은 자유인으로 규정했다. 1806년 제퍼슨 대통령은 국제 노예무역을 범죄로 규정했다. 해방노예 중 일부는 아프리카 대륙으로 귀환하여 1847년 아프리카 서해안에 라이베리아 공화국(Republic of Liberia)을 세웠다.

32) "대각성"은 미국인의 삶에 큰 영향을 끼친 신교도 부흥 운동(Protestant revival movement)이다. 〈제 1 대각성〉이 1730년에 시작되어 1743년경에 끝났고, 〈제 2 대각성〉은 1790년경에 시작되어 1840년대에 전성기를 맞았다. 이때 종교적인 각성을 한 수백만 명의 사람들이 기존의 복음주의 종파(evangelical denominations)에 등록하거나 새로운 종파를 만들었고, 많은 개혁 운동도 일어났다. 절제, 노예제 폐지, 여성의 권리에 대한 주장이 제기되었다.

33) 반면 링컨을 비롯한 많은 노예폐지론자들은 노예제가 죄가 아니라 사회악(crime)이라는 견해였다.

서게 된 것이었다. 노예폐지를 주장하는 신문도 발간되었다.[34] 해리엇 비처 스토(Harriet Beecher Stowe, 1811~1896)가 쓴 『톰 아저씨의 오두막』(*Uncle Tom's Cabin,* 1852)은 많은 독자를 확보하면서 노예폐지론에 대한 공감을 이끌어내었다.

그러나 노예폐지론은 인도주의 운동이 아니라 경제적 상황과 정치적인 전략 덕분에 힘을 얻게 된다. 미국의 영토가 확장되고 산업이 발달하는 과정에서 북부와 남부의 경제 지향점이 달라졌고 따라서 노예제 폐지 문제가 중심적인 논란이 되었던 것이다. 북부는 산업, 공업, 어업을 근간으로 하여 발전한 반면, 토지가 비옥한 남부는 대규모 농장인 플랜테이션 농업을 통해 발전했다. 따라서 노예제에 대한 남북의 의견은 첨예하게 대립했다. 남부는 플랜테이션 농업을 지탱해 줄 노예가 필요했지만 북부에서는 공장의 노동자로 일할 자유 흑인이 필요했던 것이다. 북부 출신의 정치가인 링컨은 노예 해방을 선거의 공약으로 삼았고 그가 대통령으로 당선되면서 노예제 폐지를 둘러싼 남북의 갈등이 전쟁으로 비화한다.

(1) 남북전쟁의 배경

미국의 북부와 남부는 식민지 건설 때부터 차이가 많았다. 북부의 식민지에는 서부 유럽 및 북부 유럽의 이민자들이 섞여 있었으므로 북부인들은 자신들이 혼합된 민족으로서 새로운 미국인이라는 정체성을 형성했음을 인지했다. 반면 주로 영국인 이민으로 구성된 남부

34) 윌리엄 개리슨(William Lloyd Garrison)의 〈해방자〉(*The Liberator*, 1831), 도망 노예였던 프레데릭 더글러스(Frederick Douglass)가 창간한 〈북극성〉(*North Star*, 1847) 등이 있다.

에서는 영국의 전통을 그대로 고수하면서 자신들을 북부인과 다른 존재로 느끼고 있었다. 이런 차이는 경제적인 갈등으로 인해 더 심화되었다. 북부는 중공업화가 급속하게 진행되면서 산업혁명의 과정을 거친 반면, 남부는 면화 생산을 주요 산업으로 하는 농업경제에 머물러 있었다. 북부의 공업지대는 유럽과 경쟁해야 했으므로 정부가 영국 등 유럽의 수입품에 관세를 부과하는 보호무역을 실행해 자국의 산업을 보호해 줄 것을 요구했다. 반면 남부의 농업 지역은 유럽에 자유롭게 면화를 수출하고 싶었기 때문에 관세 철폐를 요구하는 자유무역을 주장했다. 북부의 공장은 공장에서 일한 노동자로서 해방된 흑인이 필요한 반면 남부에서는 대규모로 면화 재배를 하기 위해 흑인 노예의 노동력에 의존해야 했다. 노예 제도는 대통령이나 연방 의회의 권한이 아니라 각 주의 권한이었지만 우선은 메이슨-딕슨 경계선(Mason and Dixon Line)[35]을 경계로 하여 북부는 노예제를 인정하지 않는 "자유주"(free state)로, 남부는 노예제를 고수하는 "노예주"(slave state)로 하기로 봉합된 상태였다.

그런데 서부의 영토가 합중국에 편입되고 인구가 증가하면서, 새로 통합된 주에 대해 어떤 기준을 적용할 것인가에 대해 남북의 의견이 팽팽히 맞서게 되었다. 북부에서는 합중국 내에 노예주가 증가하는 것을 저지하려고 했고, 남부에서는 노예주를 증가시키려고 했다. 1820년 노예 제도를 인정하는 미주리 준주(Missouri Territory)가 합중국의 주로 편입하려고 하자 북부와 남부의 갈등이 표면화 되었다. 먼로 정부는 미주리 준주를 노예주로 영입하기 위해 타협책으로 메인 주를 자유주로 통합하여 남북의 균형을 유지하는 〈미주리 합의〉

35) 1763년에서 1767년 사이에 영국의 천문학자이자 측량사인 찰스 메이슨(Charles Mason)과 제레마이어 딕슨(Jeremiah Dixon)이 식민지 간의 경계를 결정한 선이다.

(Missouri Compromise, 1820)를 도출했다. 또한 주를 새로 편입할 때 미주리 주의 남쪽 경계인 북위 36°30′ 이북에는 노예주의 신설을 인정하지 않기로 결정하였다.

1846년의 〈멕시코-미국 전쟁〉의 결과로 캘리포니아와 뉴멕시코 지방이 미국의 영토가 되면서 이 지역의 노예제 여부가 부상하자, <1850년 타협>(Compromise of 1850)으로 일단 타협이 이루어졌다. 멕시코로부터 얻은 영토를 전부 다 자유주로 해야 한다는 노예폐지론자들의 주장을 무시하고 캘리포니아주를 자유주로 인정하면서 유타와 뉴멕시코는 노예 제도의 존폐를 결정하지 않고 준주(Territory)로 인정하며, 워싱턴 시에서는 노예매매를 금지하고, 〈도망 노예법〉(Fugitive Slavery Law)[36]을 강화한다는 것이었다.

그러나 이 합의는 머지않아 〈캔자스-네브래스카법〉(Kansas-Nebraska Act, 1854)의 제정으로 무효가 되고 말았다. 〈캔자스-네브래스카법〉은 캔자스 준주와 네브래스카 준주의 창설에 대한 법으로, 주민이 직접 결정한다는 "국민 주권"(popular sovereignty)[37]에 따라 준주

36) 1793년에 제정된 〈도망 노예법〉은 도망 노예에 대한 원소유주의 권리를 보장하는 법이었다. 그러나 1850년의 수정법에서는 자유주 정부와 주민이 도망 노예를 잡아서 송환시킬 의무가 있다는 항을 삽입하여 노예폐지론자들과 인도주의자들의 분노를 일으켰다.

37) 남북전쟁의 원인은 노예제 문제 뿐 만 아니라, 연방에 대한 북부와 남부의 시각이 달랐기 때문이라고 볼 수 있다. 민주당이 주축이 된 남부는, 주가 국가보다 먼저 이루어졌고, 〈연방 헌법〉은 주와 주 사이의 계약에 불과하므로 합중국의 어떤 주든지 연방에 불만이 있으면 연방 합중국에서 탈퇴할 수 있다고 주장하였다. 그러나 공화당이 주축인 북부는, 〈연방 헌법〉의 전문에, "우리들 합중국의 인민은… 이 〈헌법〉을 제정하고 확립한다."고 명시되어 있으므로, 〈헌법〉은 인민 상호간의 계약이고 따라서 주가 탈퇴하는 것은 위법이라고 주장했다. 즉 남북전쟁은 〈헌법〉에 나타난 연방과 주, 개인의 권리와 의무에 대한 해석의 차이에서 비롯된 싸움이기도 했다. 남북전쟁이 연방의 우선권을 주장하는 북쪽의 승리로 끝나면서,

개척민들은 노예제의 운용을 스스로 결정할 수 있다는 것이었다. 그에 따라 캔자스 주민들은 캔자스를 노예주로 결정했다. 그러나 이것은 〈미주리 합의〉를 정면으로 위반하는 것이었다. 1854년에서 1861년 사이에 캔자스 준주에서는 노예제 폐지를 주장하는 정착민들과 옹호를 주장하는 정착민들 사이에 충돌이 자주 일어났고 그로 인해 캔자스는 "피 흘리는 캔자스"(Bleeding[Bloody] Kansas)라는 별명을 얻게 되었다. 1861년 캔자스는 최종적으로 자유주로 연방에 합류하기로 승인되었다.[38] 일단 갈등은 봉합되었지만 약 3개월 후 〈섬터 요새 전투〉(Battle of Fort Sumter)가 터지면서 남과 북은 전쟁에 돌입하였다.

남부인이지만 노예제의 확장을 원하지 않았던 12대 대통령 재커리 테일러(Zachary Taylor 1784~1850, 재임 1849~1850)가 〈1850년 타협〉을 준비하던 중에 갑자기 사망하자, 온건한 폐지론자였던 13대 대통령 밀러드 필모어(Millard Filmore 1800~1874, 재임 1850~1853)가 이어받아 성사시켰다. 그러나 14대 대통령 프랭클린 피어스(Franklin Pierce 1804~1869, 재임 1853~1857)는 북부의 민주당이며 "친남부적인 북부인"으로서 노예폐지론이 국가의 통합을 해치는 위협이라고 주장했다. 피어스는 〈캔자스-네브래스카법〉을 통과시키고, 〈도망 노예법〉를 강화하여 갈등을 증폭시키고 남북의 분열을 조장한, 미국 역사상 최악의 대통령 중 한 사람으로 여겨진다. 뒤를 이은 15대 대통령 제임스 뷰캐넌(James Buchanan 1791~1868, 재임 1857~1861)은 개인적으로는 노예 제도를 반대했지만 대통령으로서 노예 제도를 보호하는 〈헌법〉을 존중해서 "도우페이스"(doughface)[39]라고 비판받았다. 그는 퇴임 후에 남부에서 노예를 사들여 북부에서 해방시켜서 자신의 개인적 신념을 실천에 옮겼다.

남부의 국민 주권론은 굴복되었다.

38) 네브래스카 주는 1867년 남북전쟁 이후에 자유주로 승인되었다.

39 남부에 동정적인 북부인이라는 뜻. 줏대가 없는 사람이라는 뜻이기도 하다.

(2) 남북전쟁의 경과와 결과

1860년 말에 치러진 대통령 선거에서 노예제 폐지를 공약으로 제시한 공화당의 에이브러햄 링컨이 당선되었다. 남부로서는 링컨의 당선은 노예제 폐지의 수용과 그로 인한 경제적 퇴보를 의미했으므로 절대로 수용할 수 없었다. 그 해 12월 남부의 사우스캐롤라이나 주가 연방(Union)에서의 분리(Secession)를 선언하자 1861년 2월 앨라배마, 플로리다, 조지아, 루이지애나, 미시시피, 텍사스 등 6개 주가 이를 지지하여 〈아메리카 연합〉(Confederate States of America), 즉 남부연합(Southern Confederation)을 결성하고 제퍼슨 데이비스(Jefferson F. Davis)를 대통령으로 선출했다. 이후 링컨이 남부의 주에서도 연방군을 징집하겠다고 하자 버지니아, 아칸소, 테네시, 노스캐롤라이나 등 4개 주가 남부연합에 합류해서 총 11개주가 남부연합을 구성했다. 북부에 속한 주는 20개의 자유주와 5개의 경계주(border states)[40]였다. 북부의 링컨 정부는 남부의 분리와 남부연합의 실체를 인정하지 않았으므로 계속 연방으로 지칭했다. 국제 관계에서도 남부연합은 국가로 인정받지 못했고 연방이 미국을 대표했다.

1861년 3월 4일 링컨은 취임 연설에서, 〈미국 헌법〉은 독립 전쟁 때 만들어졌다가 폐기된 〈연방 규약〉(Articles of Confederation and Perpetual Union)[41]과 달리 더 완벽한 연방을 강제하므로, 연방은 의무

---

40) 델라웨어, 켄터키, 메릴랜드, 미주리, 웨스트버지니아. 경계주는 노예주이면서 지리적으로 자유주와 접해있고 연방에서 분리를 선언하지 않은 주이다.

41) 독립 전쟁에서 13개 식민지의 상호 우호 동맹을 정한 약관으로 최초의 연방법이다. 1777년 대륙 회의에서 채택되어 1781년 13주가 모두 승인하여 발효했다. 이 법은 연방에 외교, 군사 등의 권한을 인정하지만, 13개 식민지 각각의 절대적인 주권을 인정했으므로 독립 후 내정 혼란이 나타났다. 그래서 강력한 중앙 정부를 규정

적이고 영구적이며, 남부의 분리는 "법적으로 무효"라고 선언했다. 링컨은 남부를 공격할 의도가 없고 남부에 현재 존재하는 노예제를 끝낼 의도도 없다고 하면서, 분리된 주들이 무조건 연방으로 복귀할 것을 호소했다. 하지만 링컨은 남부연합을 합법적인 정부로 인정하지 않았으므로 남부연합의 대표와의 협상을 거부했다.

1861년 4월 6일 링컨은 사우스캐롤라이나의 수도 찰스턴 항구에 있는 연방군의 점유지인 섬터 요새(Fort Sumter)에 식량을 보내려고 했다. 남부연합에 속한 사우스캐롤라이나는 이 행위를 북부 연방의 군사 지원으로 규정하여 섬터 요새를 폭격했고, 이 전투로 남북전쟁이 시작되었다. 모두 곧 끝날 전쟁이라고 예상했지만 남북전쟁은 장기전이 되었고 많은 재산과 인명 피해를 내면서 미국 역사의 부끄러운 상처로 남게 되었다.

1862년 북군은 남부연합의 수도 리치먼드를 함락하려고 했으나 남부군의 뛰어난 장군인 로버트 리(Robert E. Lee, 1807~1870)에 의해 격퇴되었다. 북부로 진격한 리 장군은 남북전쟁 중 최대의 격전으로 불리는 펜실베이니아의 게티즈버그 전투(Battle of Gettysburg)에서 패배했다. 1863년 7월 1일에서 3일까지 벌어진 게티즈버그 전투에서는 수천 명이 전사했다. 수천의 시체와 말의 사체가 뒹굴며 썩는 것을 보다 못한 시에서 전사자들을 위한 국립묘지를 만들었고 봉헌식에 링컨을 초빙했다. 이때 링컨이 한 짧은 연설은 미국 역사상 가장 위대한 연설이며 가장 많이 인용된 연설 중 하나로 꼽힌다. 채 300 단어가 안 되는 이 연설에서 링컨은, 독립선언문에 나타난 인간 평등의 원칙을 상기시키면서, 남북전쟁이 국민들에게 참 평등을 가져다 줄 "자유

한 〈미국 헌법〉이 1787년 새로 제정되었고 1790년 13개 주 모두 이 〈헌법〉을 비준하여 〈연방 규약〉은 소멸되었다.

의 재탄생"을 위한 투쟁이라고 역설했다. 링컨의, "인민의, 인민에 의한, 인민을 위한 정부"(government of the people, by the people, for the people)라는 구절은 명구절로 남아있다.

링컨은 남북전쟁 중인 1862년 9월 〈노예 해방 예비 선언〉(Preliminary Emancipation Proclamation)을 발표한 후 1863년 1월 1일, 반란 상태에 있는 여러 주의 노예를 전부 해방하며, 해방된 흑인은 폭력을 삼가고 적절한 임금으로 충실히 일해야 하고, 흑인에게 연방 군대에 참가할 기회를 준다는 내용의 〈노예 해방 선언〉(Emancipation Proclamation)을 발표했다.

1864년 서부전선에서 연방군의 셔먼 장군(General William Tecumseh Sherman, 1820~1891)은 애틀랜타를 함락시켰고 곧이어 "바다로의 행군"(March to the Sea) 작전으로 불리는 〈서배너 전투〉(Savannah Campaign)에서 서배너를 함락했다, 1865년 동부 전선에서 율리시즈 그랜트(Ulysses S. Grant, 1822~1885) 장군이 〈파이브폭스 전투〉(Battle of Five Forks)에서 남부군의 리 장군에게 항복을 받으면서 전쟁이 끝나게 되었다.

북군의 발전된 공업력과 강화된 해군력은 남북전쟁에서 큰 역할을 했다. 남북전쟁이 시작될 무렵 40여 척의 목조 전함 뿐이던 북군은 신속히 해군력을 강화하여 1863년경부터 남부 해안을 봉쇄했다. 해안 봉쇄로 인해 남부는 면화의 유럽 수출과, 탄약, 의류, 의약품 등의 수입을 방해받게 되어 궁지에 빠지게 되었다.

남북전쟁은 처음 예상과 달리 장기전으로 변했으며 전투 양상이 격렬하여 남북 쌍방이 입은 인명피해는 막대했다. 패배한 남부는 경제적으로 큰 타격을 입었다. 남부의 대부분 지역은 전쟁의 여파로 황폐해졌고 무조건 노예를 해방시켜야 했으므로 면화 농업이 파탄에 이르렀다. 이후 남부는 경제력이 탄탄한 북부의 경제적 식민지의 입장에 놓이게 되었다.

종전 직후인 1865년 4월 14일 워싱턴 D.C.의 포드 극장(Ford's Theatre)에서 링컨이 남부의 동조자인 배우 존 부스(John Wilkes Booth)에게 암살되었다. 이로 인해 링컨이 추진하려고 했던 관대한 남부 재건안은 취소되고 강경한 남부 억제책이 시행되었다. 남부연합에 속했던 주들은 차례로 연방에 복귀했지만 북부에 의해 굴욕을 당했다고 느꼈으므로 북부와 공화당을 불신하면서, 거의 무조건적으로 민주당을 지지했다. 이렇게 결속된 남부를 "솔리드 사우스"(Solid South)라고 한다.

전쟁 중의 인간이 겪는 고통과 갈등은 문학의 변치 않는 주제가 되므로 남북전쟁은 이후 많은 문학 작품과 영화의 소재가 되었다. 소설로는 스티븐 크레인(Stephen Crane, 1871~1900)의 『붉은 무공 훈장』(*The Red Badge of Courage*, 1895)과 마거릿 미첼(Margaret Mitchell, 1900~1949)의 『바람과 함께 사라지다』(*Gone with the Wind,* 1936)[42]가 유명하다.

이 소설은 남북전쟁이 터지기 직전의 조지아 주 애틀랜타를 배경으로 타라(Tara) 농장의 장녀로서 천방지축인 스칼렛 오하라(Scarlett O'Hara)의 사랑과 결혼에 대한 이야기를 통해서, 남북전쟁을 바라보는 남부인들의 시각을 담아내었고, 전쟁으로 인해 고통 받는 여성들, 또 전쟁을 극복하고 살아남는 여성들의 모습을 감동적으로 그리고 있다.

영화로는, 마이클 사라(Michael Shaara)의 소설 『죽음의 천사들』(*The Killer Angels*, 1974)을 영화화한 〈게티즈버그〉(1993), 그 아들인

42) 1937년 퓰리처 상(Pulitzer Prize)을 수상했다. 1939년 빅터 플레밍(Victor Lonzo Fleming, 1889~1949) 감독에 의해 영화화되어 대중적 인기를 누렸다.

제프리 사라(Jeffrey Shaara)의 소설 『신과 장군들』(*Gods and Generals*, 1996)의 동명의 영화(2003), 최초의 흑인 연대인 매사추세츠 54연대를 다룬 〈영광의 깃발〉(*Glory*, 1989), 찰스 프레지어(Charles Frazier)의 소설 『콜드 마운틴』(*Cold Mountain*, 1997)의 동명의 영화(2003), 근래에 나온 〈링컨〉(*Lincoln*, 2012)이 있다.

존 제이크스(John Jakes, 1932~)의 3부작(Trilogy) 소설 『남과 북』(*North and South, 1982)*은 ABC 방송에서 미니시리즈로 제작하여 방영했다. 사우스캐롤라이나의 노예 소유 농장주의 아들 오리 메인(Orry Main)과 펜실베이니아의 제조업 가정의 조지 헤저드(George Hazard)는 〈웨스트포인트 미합중국 군사 학교〉(United States Military Academy at West Point)의 절친한 동급생이었지만 전쟁이 터지면서 반대편에 서서 싸우게 된다.

16. 에이브러햄 링컨(Abraham Lincoln, 1861~1865)

에이브러햄 링컨(1809~1865)은 공화당 상원 의원 시절부터 "끔찍하도록 정의롭지 못한 노예제"를 공개적으로 반대했다. 그러나 정치가로서의 링컨은 노예제에 대해 복잡한 태도를 드러내었다. 링컨은 노예 해방을 선언하여 노예제를 폐지하는 것이 〈헌법〉에 위배된다고 보았다. 대신 새로 미국영토가 된 주에는 노예제 도입을 금지하고, 각 주의 노예 소유주들에게 노예 해방의 대가를 지급하는 유인책을 써서 노예제를 축소한 후, 결과적으로 노예 제도가 점진적으로 폐지되게 하는 것이 개국 정신에 부합한다고 보았다. 또 링컨은 노예 제도의 정당성에 대한 철학적인 논쟁보다는 노예제의 존폐 문제로 대립하던 남부와 북부의 통합을 이루는 것에 더 관심이 있었다.

5) 남북전쟁 후

(1) 재건시대(Reconstruction Era)

재건시대는 1863년의 〈노예 해방 선언〉에서 〈1877년 타협〉(Compromise of 1877)까지로, 남북전쟁의 상처를 극복하고 남부와 북부가 연합하여 미국의 발전을 위해 노력한 시기를 일컫는다. 그러나 재건은 승리한 북부의 관점에서 진행되면서 남부의 불만을 일으키고 이후 갈등의 원인이 되었다.

종전이 되면서 남부의 주들은 차례로 분리를 철회했고, 흑인의 권리를 인정하는 〈수정안 13조〉를 승인했지만, 북부의 정부를 장악한 공화당은 남부가 과연 이를 이행할 것인지 의심했다. 링컨은 공화당의 온건파로서 관대한 정책으로 남부를 재건하여 국가의 결속을 강화하려고 했다. 그러나 그가 암살되면서 세력을 장악한 공화당 급진파(Radical Republicans)는 연방군을 주둔시켜서 남부를 통제하고 압박했다. 공화당은 투표권을 가지게 된 해방 노예, 스캘러왜그(Scalawag)[43]와 카펫배거(Carpetbagger)[47]들을 이용해서 남부의 주 정부와 주 의회의 권력을 장악했다. 원래 남부의 공직을 차지했던 백인 토착 유지들은 거의 다 자리에서 쫓겨났다. 이에 반발한 남부인들은

---

43) 원래 깡패, 건달이라는 뜻으로, 남부의 백인이면서 남부에 대한 북부의 재건 정책을 지지하거나 공화당원이 된 사람들을 가리킨다.

44) 소지품 일체를 카펫 천으로 만든 여행 가방에 담아 남부에 도착하여, 재건시대의 혼란 중에 남부에서 착취 및 약취를 하며 이익을 누리는 북부 출신 공화당원을 가리킨다. 지금은 연고도 없는 지역에서 정치적 직책을 구하거나, 경제적 이득을 추구하려는 외부인을 표현하는 말로 사용된다.

KKK단[45]과 같은 사적 폭력조직을 결성하여 폭력, 방화, 살인 등 흑인에 대한 불법적인 억압을 일삼았다.

1876년에 공화당의 러더퍼드 헤이스가 민주당 후보인 새뮤얼 J. 틸던과 접전을 벌이다가 하원에서 민주당의 협조를 얻어 간신히 당선되면서 남부의 연방군을 철수시키고 재건을 종식시킨다. 이 〈1877 타협〉으로 남부에서 민주당이 다시 주 정부를 장악하면서 흑인에 대한 합법적인 억압이 강화되었다.[46] 보수적인 민주당원 중심으로 리디머(Redeemers)[47]라는 정치 조직이 결성되어 남부의 주 정부와 주 의회에서 주도권을 잡았고, 여러 짐크로법(Jim Crow laws)을 통과시켜서 흑인을 합법적으로 차별하였다. 차별 정책이 〈헌법〉에 위반되는지에 대한 소송에서 연방 법원은 "격리하지만 평등하다"(separate but equal)는 사법 판단을 내려 백인의 손을 들어 주었다.

전체적으로 재건시대는 북부의 발전과 남부의 퇴보로 요약된다. 북부에서는 산업 부르주아지를 대표하는 공화당이 장기간에 걸쳐 정치의 주도권을 장악하면서 산업화에 속도가 붙어 도시가 발달하고 교통이 확장되었다. 남부 출신 의원들이 거의 없는 상태에서 종래 남부에서 반대하던 여러 법안들이 의회에서 통과되었다. 산업 자본주의를

45) "Ku Klux Klan". 인종 차별주의자들의 모임이다. 그리스어로 "Ku Klux"는 원을 의미하며 "Klan"은 집단의 의미이다. 1865년 테네시 주의 은퇴한 남부군 장교들이 만들었으며, 흑인들의 정치적 진출을 막고 흑인들을 격리시키는 것을 목표로 했다. 처음에는 위협과 공갈, 협박으로 백인의 지배권을 회복하려고 했으나 세력이 확장되면서 흑인과 흑인에게 동조하는 백인들을 폭행하고 집을 불태우고 교수형까지 감행했다. 이들은 흰색 천을 머리부터 덮어 쓰고 자신들의 백인성을 강조한다.

46) 흑인들은 이 타협을 "엄청난 배반"이라고 불렀다.

47) 남부의 보수적인 단체이다. 해방된 흑인 노예와 카펫배거, 스캘러왜그 등이 연합한 공화당 급진파를 제거하려는 민주당의 일파이다.

후원하고 육성하는 〈국립 은행법〉, 〈모릴법〉(Morrill Act, 1862),[48] 서부의 자영농을 부양하는 〈홈스테드법〉 등이다.

반면 남부는 아무 대책이나 보상도 없이 무조건 노예를 해방시켜야 했으므로 엄청난 손해를 보았고, 노예노동을 기반으로 한 플랜테이션 농업을 포기할 수밖에 없었지만 적절한 대체 산업을 찾지 못해 경제가 붕괴되었다. 해방된 노예들도 딱히 나은 상황은 아니었다. 기본적으로 자본과 기술이 없고 교육수준이 낮아서 자립할 수도 없었다. 공장의 임금노동자가 될 수도 없는 흑인들은 거의 영세 소작인이 되었다. KKK단 같은 폭력조직에 의해 협박, 린치, 살해를 당하기 일쑤였고, 주 법 또는 지방조례에 의해 합법적으로 차별을 계속 받았다.

17. 앤드루 존슨(Andrew Johnson, 1865~1869)

링컨 대통령의 사망으로 대통령직을 승계한 앤드루 존슨(1808~1875)은 원래 노예주인 남부의 테네시 주 출신 민주당원이었지만 상원 의원으로 선출된 후 공화당인 링컨의 노예 해방을 지지하는 전시 민주당원(War Democrat)[49]이며 남부 연방주의자(Southern Unionist)[50]가 되었다. 그러나 대통령이 되자 행정 명령(Executive order)으로 옛 남부연합의 주들이 시민 정부를 재구성 하도록 허용해 주었다. 그 결과 남부에서 흑인의 시민권을 제한하는 흑인법(Black Codes)을 다수 통과시키자 연방 의회가 이를 막는 법을 통과시켰다. 그러나 존슨은 연방의회법에 거부권을 행사하며 남부를 지지했다.

48) 연방 정부의 땅을 주에 수여하고 주는 그 땅으로 자금을 마련하여 대학을 세우게 하는 법이다. 이 혜택을 받은 대학을 "랜드그랜트 대학"(land-grant college)이라고 한다. 이 대학들의 목표는 교양 교육보다는 농업, 과학, 군사 과학, 공학 등 실용적인 학문을 가리키는 것이었다.

49) 1860년대의 전시 민주당원은 평시 민주당원(살모사, Copperheads)과 반대되는 입장을 가진 사람들을 지칭한다. 이들은 연방 정부가 남부연합에 대해 더 공격적인

18. 율리시스 심프슨 그랜트(Ulysses S. Grant, 1869~1877)

율리시스 그랜트(1822~1885)는 연방군 장군으로서 남부군의 로버트 리 장군의 항복을 받아 남북전쟁을 끝낸 후 국민적 영웅이 되었다. 대통령이 되자 KKK단을 해체시키려고 했으며, 〈수정안 15조〉를 지지하여 흑인의 투표권과 시민권을 보호하려고 노력했다. 그러나 경제 정책은 실패해 불경기가 이어진데다 1870년 유럽의 경제 침체의 영향으로 경제 공황을 겪게 되었다.[51]

* 흑인법(Black Codes)과 짐크로법(Jim Crow laws)

노예제가 법적으로 금지되자 1865년에서 1866년 사이에 남부의 주들은 흑인을 규제할 새로운 법률들을 채택했다. 이 법들의 공식적인 명칭은 다 다르지만 통칭해서 흑인법이라고 한다. 흑인법의 의도는 흑인의 자유를 제한하여 이들이 저임금이나 외상임금을 받으며 일할 수밖에 없도록 강요하려는 것이었다. 그 중 결정적인 법은 유랑법(Vagrancy Laws)으로, 지방 정부가 자유민을 체포하여 강제 노동을

정책을 취할 것을 요구했고 전쟁이 나자 공화당 대통령인 링컨을 지지했다.

50) 남부연합에 살면서 분리와 남북전쟁에 반대하는 사람들을 지칭하며, 연방 지지자(Union Loyalists), 혹은 링컨 지지자(Lincoln Loyalists)로 불리기도 했다. 재건시대에는 이들을 스캘러왜그(Scalawag)라고 했다. 이 용어는 공화당을 지지하는 남부의 백인을 가리키는 말이 되었다.

51) 1873년 9월 18일 금융 회사인 제이쿡 상사(Jay Cooke and Company)가 부도가 나면서 경제 공황이 시작되었다. 이 회사는 북태평양 철도를 비롯한 여러 철도 회사의 주 투자자였고 정부의 전쟁 부채를 책임지고 있었기 때문에 미국의 경제 전반이 타격을 받았다. 뉴욕 증권 거래소(New York Stock Exchange)는 10일간 문을 닫았고 예금이 말랐고, 유질처분(foreclosure)과 공장폐쇄(factory closing)가 다반사였다. 임금 삭감을 당하며 열악한 작업 환경으로 고통 받던 저임금 노동자들은 자본가들을 불신하게 되며 이 노동 불안이 미국에서 노동조합을 탄생시키게 되었다.

시킬 수 있게 허용한 법이다.

짐크로법[52]은 흑인법의 후속으로 1876년에서 1965년까지 주와 지방 차원에서 행해진 인종 분리 법안들을 말한다. 남부의 주들에서 흑인들에게 "격리하지만 평등한"(separate but equal) 지위를 부과한다는 기치 아래 모든 공중 시설을 인종에 따라 분리해서 사용할 것을 의무화한 법으로, 소위 "합법적인 분리"를 시도한 것이다. 짐크로법이 적용된 대표적인 경우는 학교, 화장실, 대중교통, 식당 등이었다. 흑인법은 흑인의 시민권과 자유를 억압하면서 굳이 "평등"이라는 구실을 달지 않았다는 점에서 짐크로법과 차이가 있다.

북부에서는 법에 따른 합법적인 분리는 없었지만, 주택이나 취업 등에서 "사실상의 분리"가 존재했다. 남부 출신 대통령인 우드로 윌슨은 1913년 연방군을 흑인군과 백인군으로 분리해서 구성했다. 1954년 브라운 대 교육부(Brown v. Board of Education) 소송[53]으로 연방 최고 법원은 주의 보조를 받는 주립학교에서의 인종 분리는 위헌이라고 판결했다. 남은 짐크로법들은 1964년 〈시민권법〉과 1965년 〈투표권법〉으로 폐지되었다.

52) "짐크로"는 시골의 초라한 흑인을 희화화한 캐릭터이다. 백인이 흑인으로 분장한 민스트럴 쇼(Minstrel Show)인 〈점프 짐 크로〉(Jump Jim Crow, 1828)에서 유래했다. 1830년대에 짐크로는 굽신거리고 어눌하며 순종적인 니그로를 경멸적으로 부르는 표현이 되었다. 흑인에 대한 인종분리 정책을 짐크로법이라고 했다. 치장한 도시의 흑인은 집 쿤(Zip Coon)이라고 했다.

53) 캔자스에 살던 흑인 소녀의 아버지 올리브 브라운이 딸을 집에서 가까운 백인 학교에 전학시키려고 했으나 교장이 거절하자 소송을 내어 1954년 대법원에서 브라운의 승소 판결을 하며 인종 분리 정책을 끝내게 된다.

(2) 〈도금시대〉(Gilded Age)

1870년대에서 1900년까지를 가리키는 용어로, 심각한 사회문제를 살짝 숨기고 있는 사회를 얇게 도금한 물건으로 비유한 것이다. 마크 트웨인(Mark Twain, 1835~1910)의 『도금시대: 오늘의 이야기』(*The Gilded Age: A Tale of Today*, 1873)에서 빌려온 용어이다. 이 시기의 북부와 서부는 산업이 급속하게 발전하였고 숙련공들의 임금이 유럽보다 훨씬 높아서 수백만 명의 이민자들이 몰려드는 등 경제 호황으로 풍요로운 시대였다. 동시에 1873년과 1893년 두 차례의 경제공황으로 극빈층이 양산된 빈곤의 시대이기도 했으며, 그에 따른 사회적 정치적 불안도 생겨났다. 그러나 부패한 정치는 가난에 허덕이는 하층민을 외면하고 자본가가 더 많은 부를 축적할 수 있도록 비호했다. 트웨인은 급속한 경제 성장과 동반해서 나타난 배금주의와, 부패 정치, 비리로 얼룩진 당시를 도금 시대라는 용어로 비판했던 것이다.

> 19대 대통령 러더퍼드 헤이스(Rutherford Birchard Hayes 1822~1893, 재임 1877~1881)는 〈1877 타협〉으로 남부의 백인 보수주의자들의 재기를 허용했다. 이 무렵 대 격변(Great Upheaval)이라고도 하는 철도 대파업(Great Railroad Strike)[54]도 사회 불안을 가중시켰다. 뒤를 이른 20대 제임스 가필드(James Abram Garfield 1831~1881, 재임 1881)는 취임 후 총상을 당해 사망했다. 가필드를 승계한 21대 체스터 아서(Chester Alan Arthur 1829~1886, 재임 1881~1885)는 능력에 따라 공직을 부여해야 한다는 〈펜들턴 공무원 개혁법〉(Pendleton Civil Service Reform Act)을 통과시켰다.

54) 1877년 7월 웨스트버지니아에 있는 볼티모어와 오하이오 철도(Baltimore & Ohio Railroad, B&O)가 그 해 만도 세 번째로 임금을 삭감하자 노동자들은 열차를 움직이지 않고 파업을 일으켰고, 헤이스는 주의 요청에 따라 연방군을 파견하여 진

22. 24. 스티븐 그로버 클리블랜드(Stephen Grover Cleveland, 1885~1889, 1893~1897)

스티븐 클리블랜드(1837~1908)는 연속되는 임기가 아닌 두 번의 대통령직을 역임한 유일한 인물이다. 또 1861년에서 1933년까지는 공화당이 주도하던 시대였는데 민주당으로 대통령이 되었다는 점도 이채롭다.[55] 클리블랜드는 개혁적인 이미지, 정직하고 소신 있는 행동, 중도적인 정치 철학으로 민주당원들 뿐 아니라 개혁적인 공화당원들의 지지도 받았다.[56] 엽관제도(spoils system)[57] 같은 후견인 제도로 인한 정치 부패를 비판하며 공무원 개혁을 이끌었고, 정치적 보스주의인 폴리티컬 머신(political machine)을 비판했다.[58] 클리블랜드는 대표적인 부르봉 민주주의자(Bourbon Democrats)[59]였으므로 자유주의 자본주의의 원칙에 따라, 곡물 가격의 폭락에 대한 정부의 개입을 반대했고, 가뭄 피해 농부들에게 종자 씨앗 구입비를 지원하자는 〈텍사스 종자법〉(Texas Seed Bill)에 거부권을 행사했다. 특별 계층에 대한 연방 정부의 지원은 정부에 대한 의존도를 높이며 국가의 힘을 약화시킨다는 것이었다.

클리블랜드는 기업체 뿐 아니라 노동조합에 대해서도 강경하게 대처했다. 정

압했다. 이런 파업과 저항이 당시 여러 도시에서 산발적으로 일어났다.

55) 다른 민주당 대통령은 우드로우 윌슨이다.

56) 1884년의 선거에서 자기 당 후보인 제임스 블레인(James G. Blaine) 대신 클리블랜드를 지지한 공화당원을 머그웜프(Mugwump)라고 한다. 이후 당의 노선을 따르지 않는 정치인을 지칭하는 말이 되었다.

57) 선거에서 이긴 후 도움을 준 지지자들에게 정부의 관직을 나누어준 관행이다. 정치적 도움과 상관없이 능력을 기반으로 공직을 주는 것이 능력 제도(merit system)이다. "spoils"라는 용어는 뉴욕의 상원인 윌리엄 마시(William L. Marcy)가 1828년 선거에서 잭슨 민주당원들의 승리를 언급하면서, "승자에게 전리품이 속한다."(To the victor belong the spoils.)라고 말한데서 비롯되었다.

58) 대표적인 부패 보스인 윌리엄 트위드(William Magear Tweed)의 트위드 도당(Tweed Ring)에 반대하는 싸움을 이끌었다.

59) 1876년에서 1904년까지의 민주당 보수파를 가리키는 용어. 이들은 고전적인 자유주의 자본주의(laissez-faire capitalism)의 추진자들로 공화당이 주장하는 보호주의(protectionism)를 반대했다.

부가 양도한 땅을 멋대로 이용한 철도회사들에게 토지의 반환을 강요했고, 〈주간 통상법〉(Interstate Commerce Act, 1887)으로 연방 정부가 철도 산업을 규제할 수 있는 법적 근거를 마련했다. 1894년 풀먼 파업(Pullman Strike)[60]에서는 철도노동조합(American Railway Union)의 파업에 연방군을 파견해 해산시켰다.
클리블랜드는 원주민에 대해서는, "우리가 후견인으로서 할 일은 그들의 상황을 개선시키고 그들의 권리를 강화하는 것이다."라고 선언하면서 원주민의 빈곤퇴치와 문화적 동화를 목적으로 한 〈도스법〉(Dawes Act)을 통과시켰지만 결과적으로 원주민 부족의 해체를 촉진하는 결과를 낳았다.
클리블랜드 대통령의 임기 사이에 재임한 23대 대통령 벤저민 해리슨(Benjamin Harrison VI 1833~1901, 재임 1889~1893)[61]은 내정 개혁을 중시했다. 1890년에 〈셔먼 반트러스트법〉(Sherman Antitrust Act, 1890), 〈셔먼 은 매입법〉, 〈매킨리 관세법〉(McKinley Tariff),[62] 〈장애자 연금법〉(Dependent and Disability Pension Act)[63] 등 네 개의 중요한 법률을 통과시켰다.

* 〈도스법〉(Dawes Act)

1887년 상원 의원 H. L. 도스가 제안하고 클리블랜드 대통령이 승인한 〈일반 토지 할당법〉(General Allotment Act)이다. 인디언 거류지의 토지를 원주민 개인에게 일정하게 할당해준다는 내용이었다. 그러나 〈도스법〉은 토지는 부족 전체에 속한 것이라는 원주민의 전통적 토지 개념을 무시하고, 원주민을 개별 농민이자 개별 시민으로 백인사회에 동화시키는 것을 목적으로 하여, 궁극적으로 원주민의 부족

60) 풀먼 상사(Pullman Company)는 철도 차량을 생산하던 회사로 당시 철도의 발달로 차량 수요가 급증하여 큰 수익을 얻었으나 노동자에게는 저임금과 장시간의 노동을 부과해 불만을 일으켰다.

61) 〈독립 선언문〉에 서명한 헨리 해리슨의 증손자이며, 9대 대통령인 윌리엄 해리슨의 손자이다.

62) 국내 산업을 보호하기 위해 수입품에 높은 관세를 매긴 법.

63) 장애가 있는 거의 모든 재향 군인에게 연금을 주도록 정함.

체제를 해체하는 법이다. 원주민에게 개별토지를 할당하여 원주민의 빈곤을 해결할 수 있다는 인도주의적인 취지가 있었던 것도 사실이지만, 개별 원주민에게 나누어주고 남은 광대한 토지를 노리는 개척민들과 그 토지의 자원을 이용하려는 사업가들의 경제적 욕구도 이 법의 제정에 한 몫을 했다. 이 법이 시행된 후 개별 원주민은 할당받은 토지를 쉽게 팔아버린 후 더 빈곤해졌고, 공동의 땅이 없어진 부족 공동체의 힘은 약화되었다.

6) 제국주의 시대

미국은 남북전쟁을 종료한 후 강력한 연방국이 되고, 태평양 연안까지 국토가 넓어지자, 국외에서 새로운 프런티어를 찾고자 한다. 불간섭과 고립을 주장하는 먼로 독트린이 여전히 외교 정책의 근간이기는 했지만 유럽 열강의 식민지 확보 경쟁에 자극을 받았던 것이다. 미국은 먼저 남아메리카에 대한 진출을 시도했다. 그 결과 쿠바(Cuba)를 둘러싸고 스페인과 갈등을 벌이며 〈스페인-미국 전쟁〉(Spanish-American War, 1898)을 치르게 되었다.

스페인의 식민지이던 쿠바는 스페인의 압정과 과세에 불만을 품고 두어 차례 반란을 일으켰으나 미국의 도움을 받지는 못했다. 1898년 4월 쿠바에서 다시 반란이 일어났을 때 미국의 상황은 이전과 달라져 있었다. 일찍이 미국인을 사로잡았던 "명백한 천명"의 개념이 재생산되면서 새로운 프런티어를 발굴하자는 팽창주의적 정서가 무르익고 있었던 것이다. 미국은 쿠바의 식민 제국인 스페인을 물리치면 스페인의 식민지인 필리핀, 푸에르토리코, 괌을 차지할 수 있을 것이라고 기대하고 쿠바를 돕기로 했다. 쿠바에 혼란이 생기면 경제적 손실을 보게 될 미국의 투자자들도 정부의 정책을 지지했다. 쿠바의 상황을 경쟁적으로 보도하던 황색 언론(yellow journalism)[64] 덕분에 쿠바에 대한 일반인의 관심이 높아지면서 여론도 쿠바에 유리해졌다. 많은 의용병들이 쿠바로 향했고 뉴욕에 본거지를 둔 쿠바 혁명 단체의 공채도 곧잘 팔렸다.

미국은 쿠바의 아바나(Havana)로 전함 메인 호(USS Maine)를 급파했다. 그런데 메인 호가 원인모를 폭발로 침몰하고 200여명이 넘는 해군이 사망하자 미국은 이를 스페인의 공격으로 간주하고 스페인에 선전포고를 한다. 전쟁은 순식간에 미국의 승리로 끝났고, 1898년 12월 〈파리 조약〉에서 스페인은 쿠바와 필리핀, 푸에르토리코, 괌의 지배권을 미국에게 넘겨주었다. 이 전쟁은 미국이 본격적으로 제국주의 정책을 추진했음을 알리는 상징적 사건이다. 이후 미국은 남아메리카를 상품 시장으로 개발할 가능성을 염두에 두고 〈범아메리카 회의〉(Pan-American Conference, 1889)[65]를 개최하였다.

〈스페인-미국 전쟁〉의 결과로 〈필리핀-미국 전쟁〉(Philippine-American War, 1899~1902)이 발발했다. 스페인과 독립전쟁을 벌이던 필리핀은 스페인과 미국의 전쟁을 틈 타, 1898년 6월 에밀리오 아

64) 발행 부수를 늘리기 위해서 흥미 위주의 보도를 하는 선정주의적 저널리즘. 조셉 퓰리처(Joseph Pulitzer)의 〈뉴욕 월드〉(*New York World*)에서 「옐로 키드」(Yellow Kid)라는 만화를 연재했는데, 경쟁사인 윌리엄 허스트(William Randolph Hearst)의 〈뉴욕 모닝 저널〉(*New York Journal*)에서 이 만화를 스카우트해서 빼내가자 퓰리처가 다시 데려오는 등 두 신문사의 싸움이 한동안 계속 되었다. 이후 언론들이 선정성 경쟁을 벌이는 것을 "옐로 저널리즘"이라고 하며, 선정적인 기사를 기재하는 신문을 "옐로 프레스"(yellow press) 또는 "옐로 페이퍼"(yellow paper)라고 한다.

65) "Conferences of American States"라고도 한다. 벤저민 해리슨 대통령 시절 국무장관인 제임스 블레인(James G. Blaine)이 제안하였다.

기날도(Emilio Aguinaldo, 1869~1964)를 초대 대통령으로 독립을 선언했다. 그러나 미국은 〈파리 조약〉에서 20,000,000달러로 필리핀을 매입하였으므로 필리핀이 자국의 식민지라고 선언했다. 미국은 아기날도의 독립 정부를 정식 정부로 인정하지 않는다는 구실로 선전 포고도 없이 11,000명의 지상군을 파견했다. 이 전쟁에서 필리핀인은 1,000,000명 이상이 목숨을 잃었다. 필리핀은 1913년 미국이 통치를 끝낼 때까지 저항을 계속 했다.

미국은 〈스페인-미국 전쟁〉에 이어 〈필리핀-미국 전쟁〉에서도 승리하자, 카리브 해 지역을 포함한 중남미 국가들의 내정에 적극 개입했다. 1903년 파나마(Panama)의 반란을 지원하여 콜롬비아 공화국(Republic of Colombia)에서 독립시켰고, 그 대가로 단축된 해상 교통로를 확보할 수 있는 파나마운하(Panama Canal)의 건설과 영구조차권을 획득하여 1914년에 완공시켰다.[66] 아시아로 눈을 돌린 미국은 청나라(Qing dynasty)의 문호 개방을 요구했고(1899~1900), 〈러일전쟁〉(Russo-Japanese War, 1905)[67]의 중재에 나서는 등 국제 문제에 적극적으로 개입했다.

25. 윌리엄 매킨리(William McKinley, 1897~1901)

윌리엄 매킨리(1843~1901)는 〈스페인-미국 전쟁〉(1898)을 수행했고, 1900년에는 하와이를 병합했다. 제국주의 정책의 일환으로 국무장관 존 헤이(John Hay, 1838~1905)의 문호 개방 정책(open door policy)에 따라 중국의 문호 개방을 요구했다. 재선된 해에 암살을 당했지만 생명을 건졌는데 상처가 악화되어 사망했다.

66) 1999년 미국 정부는 운하의 소유권을 파나마에 반환했다.

67) 일본 제국과 러시아 제국이 만주와 한반도의 주도권을 놓고 벌인 전쟁이다.

26. 시어도어 루스벨트 2세(Theodore Roosevelt Jr., 1901~1909)

시어도어 루스벨트(1858~1919)의 애칭은 "테디"(Teddy)이다. 곰 사냥을 나갔다가 다친 암컷을 풀어준 일화가 화제가 되어 "테디 베어"라는 별명을 얻었다. 32번째 대통령인 프랭클린 루스벨트와는 먼 친척이며, 프랭클린의 부인 엘리너(Elinor)의 삼촌이다.

루스벨트는 국내 정책에서 진보주의(Progressism)[68]를 내걸었으며, 특히 독점기업에 대한 전쟁에 돌입했다. 남북전쟁 후 공화당은 산업 자본의 발전을 지지하는 정책을 일관되게 시행했으므로, 석유업과 철강업 등에서 거대 기업이 형성되었다.[69] 이들은 과도한 경쟁으로 주기적으로 불황이 되풀이되는 것을 막기 위해서, 또 최대의 이익을 창출하기 위해서, 카르텔(Cartel),[70] 트러스트(Trust)[71]와 같은 제도를 통해 기업 간의 경쟁을 제한하여 산업을 독점하였고 결국 그 피해는 소비자

68) 진보주의의 목적은 정치 부패의 온상이 된 폴리티컬 머신과 그 우두머리를 폭로하고 와해시켜서 정부의 부패를 제거하고 직접 민주주의의 이상을 확립하는 것이었다. 정부의 부서에 대해서는 〈효율성 운동〉을 통해서 오래된 방식을 개선하고 현대적인 방법을 운용하고자 했으며, 이 과학적 관리를 "테일러리즘"(Taylorism)이라고 한다. 이처럼 사회적 행동주의(social activism)와 정치적 개혁(political reform)이 행해지던 1890년대에서 1920년대 사이의 시기를 〈진보주의 시대〉(Progressive Era)라고 한다.

69) 앤드루 카네기, 존 모건, 존 D. 록펠러가 대표적인 거대 산업가들이다.

70) 담합, 공동 행위, 기업 연합이라고도 한다. 사업자 간에 상품 또는 용역의 가격이나 생산 수량, 거래 조건, 거래 상대방, 판매 지역을 제한하는 것이다.

71) 원래 "신탁"의 의미로 "기업 합동,""기업 합병"이라고도 한다. 카르텔보다 강력한 기업 집중의 형태이다. 시장 독점을 위하여 각 기업체가 개개의 독립성을 포기하고 병합하는 것을 말한다. 여러 기업의 주주가 그들이 소유한 증권을 특정의 수탁자(trustee)에 위탁함으로써 경영을 수탁자에게 일임하는 형식이다. 1879년 〈스탠더드 석유〉(Standard Oil)가 설립된 후 트러스트 증권을 교부해주는 조건으로 약 40개 석유 회사의 의결권 증권이 J. D. 록펠러를 비롯한 소수의 수탁자에게 위탁되었다. 이에 따라 수탁자는 석유 회사들의 임원 선임 및 경영 관리를 일관성 있게 할 수 있었고, 석유 제품의 판매 가격의 통제, 공급량의 제한 등 독점적 지배를 행하게 되었다. 그래서 트러스트는 독점을 의미하게 되었고, 독점 금지법을 〈반트러스트법〉이라고 한다.

에게 돌아갔다. 루스벨트는 〈셔먼 독점 금지법〉으로 소수 대기업의 독과점을 막았으며, 이후 7년 동안 국내의 산업 분야를 독과점 하던 43개 독점 기업을 제소하여 "트러스트 파괴자"(trust-buster)라는 별명을 얻었다.

1902년 석탄 노조의 파업에 대처하면서 루스벨트는 간접적으로 노동자를 지원하는 일련의 조치를 취하는 동시에, 노동조합의 폭력적인 파업에 대해서는 엄격한 처벌을 천명하면서 회사 측과 노조 측이 합의하도록 강제했다. 루스벨트는 이를 "공평 정책"(Square Deal)이라고 선언했다. 이 정책은 공익과 사회 안정을 위해 정부가 노사 분규에 적극적으로 개입할 수 있는 근거가 되었다.

루스벨트의 외교정책은 협상과 군사작전을 병행하는, "부드럽게 말하되 큰 곤봉을 휘두르자."(Speak softly, and carry a big stick)는 취지의 〈대곤봉외교〉(Big-Stick Diplomacy)에 기반을 두었다. 이 외교정책은 남아메리카 개입에서 진가를 발휘했다. 따라서 루스벨트의 외교정책은 〈먼로독트린〉의 내밀한 의도를 시행한 수정안으로 평가되면서 루스벨트 귀결(Roosebelt Corollary)이라고 지칭된다.

태평양 지역에서는 〈러일전쟁〉(1905)에서 승리한 일본과[72] 〈가쓰라-태프트 밀약〉(Taft-Katsura Secret Agreement)을 체결하여 필리핀에 대한 권리를 인정받는 대신 만주와 조선에 대한 일본의 권리를 인정하여 일본의 침략을 용인했다. 미국 내의 반일 감정이 커지자 일본과 〈신사협정〉(Gentleman's Agreement, 1907)[73]을 체결했다.

루스벨트를 이은 27대 윌리엄 태프트(William Howard Taft 1857~1930, 재임 1909~1913)는 "달러외교"(Dollar Diplomacy)[74] 정책을 쓰다가 지지를 잃고 다음 총선에서 패했다.

---

72) 루스벨트는 〈러일전쟁〉 후 〈포츠머스 조약〉(Treaty of Portsmouth, 1905)을 주선하여 일본과 러시아의 관계를 중재한 공로로 1906년 노벨 평화상을 받았다.

73) 당시 중국인의 이민은 금지되었지만 루스벨트는 국내의 반일 감정에도 불구하고 일본을 고려해서 일본인 이민을 금지하지 않았다. 대신 비공식적인 〈신사협정〉으로 일본인이 미국으로 이민 가지 않게 하겠다는 일본의 약속을 받았다. 일본인 이민 금지는 1924년 의회에서 통과되었다.

74) 해외투자 또는 차관제공으로 주변국에 영향을 행사하고 미국의 이익을 확장하려는 정책.

* 제2차 산업혁명(The Second Industrial Revolution)

18세기에 영국을 중심으로 일어난 1차 산업혁명이 직물, 철(iron), 증기 기관에 집중되었다면, 19세기 후반부터 1차 세계 대전까지 독일과 미국을 중심으로 일어난 2차 산업혁명은 강철(steel), 철로, 석유, 화학 제품, 전기에 집중되었다. 이 혁명은 1860년대의 베세머 강(Bessemer steel)[75]의 도입으로 시작되었고, 공장의 전기화(electrification), 대량생산(mass production), 생산라인(production line) 설치 등을 특징으로 하므로 기술혁명(Technological Revolution)이라고 한다. 이제 미국의 공업력은 영국을 제치고 세계 최고가 되었다. 이 시기에 대부분의 중요한 혁신 제품이 한꺼번에 등장했으므로 바츨라프 스밀(Vaclav Smil, 1943~)은 이 시기를 "시너지의 시대"(Age of Synergy)라고 명명했다.

7) 20세기

20세기는 제 1차 세계 대전, 제 2차 세계 대전, 냉전시대 등을 통해서 미국이 세계 정세에 깊이 개입하게 된 시기이다.

(1) 제1차 세계 대전(World War I)

제1차 세계 대전은 1914년 7월 28일부터 1918년 11월 11일까지 유럽

75) 베세머 법(Bessemer process)으로 만든 강철. 베세머 법은 녹은 선철(molten pig iron, 무쇠)에서 강철을 저렴한 비용으로 대량 생산하는 세계 최초의 제법으로, 1855년 헨리 베세머가 특허를 취득했다.

을 중심으로 벌어진 세계 대전이다. 이 전쟁의 직접적인 원인은 1914년 6월 28일 사라예보(Sarajevo)에서 오스트리아-헝가리 제국(Austria-Hungary Empire)의 황태자인 프란츠 페르디난트 대공(Archduke Franz Ferdinand)이 유고슬라비아(Yugoslav) 민족주의자에게 암살당한 사건이지만 사실은 식민지 쟁탈에 혈안이 된 유럽 열강의 갈등이 터진 제국주의 전쟁이었다. 암살 사건을 기화로 오스트리아-헝가리가 세르비아 왕국(Kingdom of Serbia)을 침공했고, 각 국가들이 이해관계에 따라 서로 동맹을 맺고 전쟁에 참가하여 세계 대전으로 확산되었다. 두 동맹군이 결성되었는데, 영국, 프랑스, 러시아 제국의 〈삼국협상〉(Triple Entente, 1907)을 기반으로 한 연합국(Allied powers)과, 독일 제국, 오스트리아-헝가리 제국, 오스만 제국(Ottoman Empire)의 〈삼국동맹〉(Triple Alliance, 1882)을 기반으로 한 동맹국(Central powers)이다. 이탈리아와 일본, 미국은 나중에 연합국에 합류했고, 불가리아(Bulgaria) 왕국이 동맹국에 가담했다.

미국은 이 전쟁을 〈유럽전쟁〉(European War)이라고 할 정도로 전쟁에 참가할 의도가 없었고, 단지 유럽에 군수품을 팔아서 경제적 이익을 누릴 수 있는 호기로 여겼다. 그러나 미국 선박들이 독일의 U 보트에 의해 파괴되는 상황이 계속되었고, 치머만 전보(Zimmermann Telegram)[76]로 인해 독일에 대한 반감이 높아지자, 1차 대전이 거의 끝나갈 무렵인 1917년 4월 6일 우드로 윌슨 대통령이 동맹국에 선전 포고를 하면서 공식적으로 참전했다.

---

76) 독일의 외무 장관인 아르투르 치머만(Arthur Zimmermann)이 멕시코 주재 독일 대사에게 보낸 비밀 전보를 중간에 영국이 감청해서 해독했는데, 독일이 멕시코에게 동맹을 제안하면서 전쟁에서 이길 경우 멕시코가 미국에게 빼앗겼던 땅을 찾아주겠다는 내용이었다. 멕시코는 현실적으로 가능성이 없다고 보고 이 제안을 거절했다.

연합국이 승리한 결과, 독일 제국, 오스트리아-헝가리 제국, 러시아 제국, 오스만 제국 등 4개 주요 제국이 해체되었다. 독일 제국과 오스트리아-헝가리 제국은 많은 영토를 잃었으며, 러시아 제국과 오스만 제국은 완전히 해체되었다. 〈베르사유 조약〉(Treaty of Versailles, 1919)에서는 윌슨 대통령의 제안으로, 대규모 전쟁의 발발을 방지할 국가 연합체인 국제연맹(League of Nations, 1920)이 탄생했다.

> 28. 토마스 우드로 윌슨(Thomas Woodrow Wilson, 1913~1921)
>
> 우드로 윌슨(1856~1924)은 남북전쟁 이후에 대통령에 당선된 최초의 남부인이다. 행정학자 출신인 윌슨은 정치(politics)와 행정(public administration)을 분리하면서 정부가 효율적인 행정을 실행할 것을 주장하여 "행정의 아버지"로 불린다. 「행정의 연구」(The Study of Administration, 1887)에서 윌슨은 "행정 연구의 목표는 첫째, 정부가 무엇을 적절하고 성공적으로 수행할 수 있는지를 발견하는 것이며, 둘째, 정부가 어떻게 해서 그 일들을 가능한 최대로 효과적으로, 가능한 최대로 적은 비용과 노력으로 할 수 있는지를 발견하는 것이다."라고 논했다.
>
> 진보주의의 지도자인 윌슨은 보수적인 민주당 의회를 설득해서 〈연방 준비법〉(Federal Reserve Act, 1913),[77] 〈클레이튼 반트러스트법〉(Clayton Antitrust Act, 1914), 〈연방 농업 대여법〉(Federal Farm Loan Act, 1916) 등의 진보적인 개혁법을 통과시켰다.
>
> 1차 세계 대전이 터졌을 때 윌슨은 중립을 지킬 예정이었으므로 1916년의 재선 선거 운동에서, "그는 우리를 전쟁에 밀어 넣지 않았다."(He kept us out of war)는 구호를 내걸었지만 결국 전쟁에 참가했다. 그러나 이 전쟁에서 윌슨이 발휘한 외교적 역량을 통해 미국의 위상은 단번에 도약했다. 윌슨은 승전국들이 1

77) 미국의 중앙은행인 연방준비제도(Federal Reserve System)를 설립한 법이다. 연방준비제도 아래에 전국을 12개 구로 나누어 각 구에 연방준비은행을 두고 이를 연방준비이사회가 감독한다. 연방준비권(Federal Reserve Notes, FRN)은 미국은행권(United States banknotes)이라고도 하며 속칭 미국 달러(U. S. dollar)라고 한다. 달러에는 "이 지폐는 공적이거나 사적인 모든 채무에 대한 법정 화폐이다"(this note is legal tender for all debts, public and private)라고 인쇄되어 있다.

차 세계 대전의 마무리를 논의하는 〈파리 강화 회의〉(Paris Peace Conference)에서 평화의 원칙 14개조를 제안했고 이 원칙이 〈베르사유 조약〉(Treaty of Versailles)의 핵심적인 내용이 되었다. 윌슨은 국제연맹(League of Nations)의 결성을 제안한 그 공로로 1919년 노벨 평화상을 수상했다.

평화의 원칙 〈14개 조〉(Fourteen Points, 1918)는 윌슨이 1918년 의회 연두 교서에서 밝힌 선언으로, 19세기까지 국제 정치를 지배하던 "힘의 균형"(balance of power)[78] 원리를 부정하는 개념이었다. 윌슨은 국제 정치에서도 도덕주의와 이상주의가 적용되어야 하며,[79] 미국은 전 지구적 민주주의를 향상시킬 의무가 있다고 주장했다.

윌슨이 주창한 〈민족 자결권〉(Right of nations to self-determination)은 식민으로 고통 받던 전 세계의 피식민지에 희망을 주어 많은 저항 운동의 기폭제가 되었다. "피지배 민족(식민지나 점령지역)에게 자유롭고 공평하고 동등하게 자신들의 정치적 미래를 결정할 수 있는 자결권을 인정해야 한다."는 메시지에 고무된 대한 제국에서 1919년 3.1 독립운동이 일어났고 대한민국 임시 정부(Provisional Government of the Republic of Korea, 1919~1948)가 수립되었다. 중국에서는 독일이 점령했던 산둥 반도(Shandong Peninsula)가 승전국인 일본에게 넘어간 것에 반대하는 5.4 운동(May Fourth Movement)이 일어났다.[80]

보수적인 공화당 출신의 29대 대통령 워런 하딩(Warren Gamaliel Harding 1865~1923, 재임 1921~23)은 폭력과 급진주의를 끝내고 "정상으로 되돌아가기"(return to normalcy)를 구호로 내걸었다. 그러나 오하이오 갱(Ohio Gang)으로 알려진 자신의 친구들에게 고위관직을 나누어 주었고, 이로 인해 여러 부패 스캔들이 터졌다. 그 중 티폿돔 스캔들(Teapot Dome scandal)[81]은 미국 정치 역사상 워터게이트 다음으로 큰 파문을 일으킨 부패사건이다.

78) 국가 간의 군사적 능력이 비등하여 힘의 균형이 있을 때 한 국가가 다른 국가를 지배하려고 시도하지 않는다는 논리이다.

79) 이런 이상적 개념과 원칙을 "윌슨적"(Wilsonian)이라고 지칭한다.

80) 이 선언은 많은 피식민지에 독립의 희망을 주었고 각지에서 임시 정부가 수립되었다. 한국에서는 김규식이 강화 회의가 열린 파리로 건너갔다. 그러나 막상 한국의 현실에 귀를 기울이거나 독립을 지원해주는 나라가 없자 김규식 일행은 크게 실망하고 미국으로 건너갔다. 베트남 청년 호찌민(Ho Chi Minh)도 프랑스의 부당함을 호소하는 「베트남 인민의 요구서」를 들고 회의 장소로 갔으나 쫓겨났다.

30대 대통령 존 캘빈 쿨리지(John Calvin Coolidge Jr. 1872~1933, 재임 1923~1929)는 하딩이 재임 중 서거하자 승계하여 대통령이 되었고 재선에 성공했다. 쿨리지는 취임하자 하딩의 인맥인 부패관리들을 축출하여 공직에 대한 국민의 신뢰를 회복시켰다.

(2) 대공황(Great Depression, 1929~1939)

제1차 세계 대전을 성공적으로 수행한 미국은 1920년대에 번영과 풍요의 시기를 맞는다. 세계 대전 중에 유럽에 군수품을 수출하여 막대한 수익을 올렸고, 라디오, 자동차, 영화, 인견공업 등 새로운 산업이 출현하여 호경기를 맞았다. 전쟁 중에 연방준비제도는 자금을 조달하기 위해 통화량을 늘렸고 이로 인해 돈이 넘쳐나자 엄청난 자금이 주식시장에 몰려들어 활황을 이루었고, 주식투기로 부자가 된 사람들은 화려한 생활을 영위했다.

그런데 전쟁이 끝나자 무기 수출이 막힌 군수품 공장이 문을 닫게 되고 그로 인해 직장을 잃은 실업자가 양산되었다. 수입이 없는 실업자들의 소비가 급감하면서 일반 소비재 공장들도 문을 닫기에 이르고 또 다시 실업자가 양산되는 연쇄 작용이 일어났다.

이로 인해 자본의 유동성이 경직되자 1929년 10월 위험을 느낀 뉴욕의 큰 은행들이 "24시간 이내 지불조항"을 적용하여 주식 시장에 나간 대출을 급히 회수하려고 했다. 이에 주식 보유자들이 주식을 급매하자 주식 가격이 폭락하면서 주식 시장이 아수라장으로 변했다.

81) 1920년에서 1923년 사이에 벌어진 뇌물 사건이다. 내무장관 앨버트 폴(Albert B. Fall)이 와이오밍 티팟돔의 해군 석유 저장지를 공개 입찰 없이 일반 석유 회사에 임대했는데, 그 과정에 뇌물 수수가 있었다는 것이 밝혀지면서 폴은 유죄 판결을 받았다.

파산을 선고하고 월가(Wall Street)의 빌딩에서 떨어져 자살하는 사람들도 속출했다. 이것이 증권의 대폭락(Great Crash)이 일어난 검은 목요일(Black Thursday)이다.

이 사건은 미국 전체의 경제 공황을 예고하는 것이었다. 미국 국민의 구매력은 떨어졌으며, 예금은 고갈되었고, 국민 총생산은 예년의 4분의 3으로 떨어졌으며, 노동자의 3분의 1은 실직상태였다. 거리의 구호소에는 한때 중산층이었던 사람들까지도 포함된 긴 구걸 행렬이 늘어서 있는 모습이 당시의 흔한 풍경이었다. 이것이 미국의 대공황이며 이 여파로 전 세계적인 공황이 시작되었다.

1932년 대공황이라는 어려운 상황에서 대통령이 된 프랭클린 루스벨트는 경기를 회복시키기 위해서 공공사업을 대량으로 발주하는 〈뉴딜 정책〉(New Deal, 1933~36)을 시행했다. 뉴딜 정책은 근본적으로는 경제 공황에 대한 대응책이었으나 더 나아가, 재차 이러한 경제 공황이 일어나지 않도록 개혁을 단행하여 자본주의의 폐단을 시정하고 연방 정부의 권한을 대폭 확대하려는 것이었다. 이 정책 기조는 이후 어떤 당이 정권을 잡던 미국의 지속적인 정책 방향이 되었다. 트루먼 대통령의 〈페어딜〉(Fair Deal, 1945~1953) 정책,[82] 아이젠하워 대통령의 〈현대적 공화주의〉(Modern Republicanism, 1953~61),[83] 존슨 대통령의 〈위대한 사회〉(Great Society, 1964~65)[84]도 같은 정책적 기조이다.

---

82) 루스벨트의 뉴딜 정책을 계승한 사회복지 정책이다. 1949년 트루먼은 첫 연두교서에서 "미국국민은 모두 정부의 '공정한 조치'(페어딜)를 받을 기대를 할 권리가 있다."고 선언하고 페어딜의 구체적인 정책을 발표하였다.

83) 뉴딜 정책을 계승한 아이젠하워의 정책. "돈 문제에서는 보수주의지만 인간에 대해서는 자유주의자"라고 스스로를 칭한 아이젠하워는 사회 복지(Social Security)를 향상시켰고, 최소 임금을 인상했으며, 건강 교육 복지부(Department of Health, Education, and Welfare)를 신설했다.

31. 허버트 클라크 후버(Herbert Clark Hoover, 1929~1933)

허버트 후버(1874~1964)는 취임 연설에서 "모든 냄비에는 닭고기를, 모든 차고에는 자가용을."이라며 경제 발전을 약속했지만 1929년 임기 8개월 만에 월가 폭락으로 대공황이 터지고 말았다. 실업자들은 집을 잃고 곳곳에 판자촌을 형성하여 기거했는데, 이 판자촌들은 후버의 이름을 따 후버빌(Hoovervilles)이라고 불렀다. 후버는 〈비상 구호 건설법〉(Emergency Relief and Construction Act, 1932)을 통과시켜 정부가 주도하여 각종 기반시설을 건설하는 공공사업을 추진했다. 후버가 시작해서 루스벨트가 끝낸 후버 댐(Hoover Dam, 1931~1936)도 그 중 하나이다. 또 〈스무트-홀리 관세법〉(Smoot-Hawley Tariff, 1930)[85]으로 거의 20,000 종이 넘는 수입품의 관세를 기록적으로 인상시켰고, 〈세입법〉(Revenue Act, 1932)으로 최상위 납세집단에게 순소득의 63%에 이르는 기록적인 세금을 부과하였다. 이런 정책이 당장 효과가 나타나지는 않았으나 나중에 프랭클린 루스벨트의 뉴딜 정책의 기반이 되었다. 그러나 국민들은 "후버! 후버가 다 망쳐놓았다!"고 비난했고 뉴딜 정책을 공약으로 내건 프랭클린 루스벨트가 다음 대통령으로 당선되었다.

(3) 제2차 세계 대전 (World War II, 1939~1945)

1차 세계 대전이 끝나자 연합국은 독일 등의 패전국에게 막대한 전쟁 배상금을 부과했다. 그러나 전쟁을 수행하면서 파탄에 이른 독일은 배상금을 갚을 능력이 없어 국민의 불만이 고조되었다. 이때 특유의 카리스마로 권력을 장악한 나치당(Nazi Party)[86]의 아돌프 히틀러

84) 빈곤과 인종적 불평등을 없애는 것을 기본으로 한 정책.

85) 리드 스무트 상원 의원(Senator Reed Smoot)과 윌리스 홀리 하원 의원(Representative Willis C. Hawley)이 만든 법.

86) 국가 사회주의 독일 노동자당(National Socialist German Workers' Party, 1919~1945년). 흔히 나치(Nazi)라고 한다. 민족주의, 반유대주의, 반공주의, 전체주의와 군국주의를 중심 정책으로 내세웠고, 베르사유 체제에 강력히 반대하면서 국민의 폭넓은 지지를 얻었다. "아리아인"인 독일인의 우월성을 주장하였다.

총통(Chancellor Adolf Hitler, 1889~1945, 임기 1933~1945)은 전쟁 배상금을 지불하기를 거부하고, 1939년 9월 1일 선전포고도 없이 폴란드의 서쪽 국경을 침공했다. 그러자 9월 7일 소련이 폴란드의 동쪽 국경으로 진주했다. 이로써 2차 대전이 시작되었다.[87] 1940년 독일, 이탈리아, 일본이 〈삼국동맹 조약〉(Tripartite Pact, Three Power Pact)을 맺고 2차 대전의 추축국(Axis Power)을 형성하자, 유럽의 다른 나라들이 연합국(Allies)을 형성해서 대응했다. 미국은 국내적으로 경제 대공황이라는 큰 문제를 안고 있어 전쟁에 참가하지 않았다. 그러나 1941년 12월 7일 일본이 하와이의 진주만(Pearl Harbor)을 공습하자 미국도 연합국에 참가하여 본격적인 세계전쟁이 시작되었다.

인류 역사상 가장 많은 인명 피해와 재산 피해를 남긴 이 파괴적인 전쟁은, 1945년 5월 8일 히틀러가 자살하고 독일이 항복하면서 유럽 전선에서는 끝이 났다. 1945년 8월 6일과 8월 9일, 일본의 히로시마(Hiroshima)와 나가사키(Nagasaki)에 미국이 원자 폭탄을 투하하자 8월 15일 일본이 무조건 항복을 선언하고 9월 2일 공식적으로 항복문서에 서명하면서 아시아에서도 전쟁이 종결되었다. 유럽과 아시아의 전선에서 수많은 미군이 목숨을 잃었고, 1945년 7월 일본의 항복을 촉구한 〈포츠담 선언〉(Potsdam Declaration)에서 미국의 트루먼 대통령이 주도적인 역할을 했고, 국제연맹 대신 루스벨트가 제안한 국제연합(United Nations)이 탄생하는 등, 미국은 이 전쟁의 수행 과정과 종전 후의 처리 과정에서 주도적인 역할을 했으므로, 이후 전 세계를 이끄는 지도적인 국가로 공고히 자리 잡는다. 또 전쟁에 참가한 거의 모든 국가가 직접 폭격을 당하는 전쟁의 피해를 입었지만 미국의 본

87) 이와 달리 1937년 7월 7일 일본의 중화민국 침략, 1939년 3월 나치 독일군의 체코 프라하 진주 등을 개전일로 보기도 한다.

토는 전혀 피해를 입지 않았고, 호황을 이룬 무기 사업으로 국가적 경제력은 더욱 증대했다. 뉴딜 정책으로 시발된 경제 발전이 2차 대전으로 가속화되었다고 볼 수 있다.

미국이 세계의 확실한 강대국으로 부상하면서 세계 질서를 유지하는 경찰국가의 역할을 맡게 된 것은 1차 세계 대전과 2차 대전을 치르고 난 이후이다. 1차 세계 대전이 끝난 후 서구의 열강은 전쟁의 후유증으로 경제적인 어려움을 겪었지만, 미국은 전쟁의 영향을 직접 받지 않은데다 무기를 생산하여 공급하면서 더 부강해졌다. 미국은 또 유럽의 재건을 돕는 역할을 하면서 정치적 역량도 커졌다. 1917년 러시아가 레닌의 공산혁명으로 무너지는 것을 목격한 서구의 국가들은 공산주의가 전 세계로 확산될 위험에 대비하기 위해 미국을 중심으로 연합을 도모하게 되었다. 소련이 경제 원조와 무기 원조를 통해 중소국가들을 공산화시키는 정책을 시행하자, 미국은 〈마셜 플랜〉으로 유럽의 부흥을 원조했고, 유럽과의 상호 방위 조약을 체결하였으며, 신흥 국가들을 반공 국가로 만들기 위해 경제적, 군사적 원조를 확대했다. 이로서 소련과 미국을 중심으로 하여 세계는 2개의 체제로 나누어지면서 냉전시대가 시작된다.

32. 프랭클린 델러노 루스벨트(Franklin Delano Roosevelt, 1933~1945)

프랭클린 루스벨트(1882~1945)는 미국 역사상 처음이자 마지막으로 12년 동안 4번의 대통령직을 수행했다.[88] 성인 소아마비의 고통을 극복한 인간 승리의 주역이며, 두 번의 뉴욕 주지사 임기 중에 최고의 지사라는 칭송을 받았고, 1932년 민주당 대통령 후보로 지명되어 현직 대통령 후버를 누르고 대공황을 극복할 새로운 지도자로 선택되었다. 그는 4선에 성공한 후 독일의 항복을 눈앞에 둔 시점에서 뇌출혈로 사망했다.

루스벨트는 취임 직후 대공황을 극복하기 위해서 정부가 적극적으로 경제에 개입하는 뉴딜 정책을 시행했고, 의회는 대통령에게 많은 권한을 부여하여 그 정책이 용이하게 실행되도록 협조했다. 그러나 뉴딜 정책의 경제적 성과에 대해서는 다소 논란의 소지가 있다. 미국의 경제는 곧 발발한 2차 세계 대전으로 인해 군수품의 공급이 증대되면서 완전히 회복되었다는 견해가 더 많다.

2차 세계 대전의 성공적인 수행도 루스벨트의 업적으로 꼽힌다. 그러나 루스벨트의 정책에 대한 비판도 적지 않다. 유럽에서 6,000,000명의 유대인이 무참하게 살육되는데도 방임했고, 일본계 미국인들을 잠재적인 적군으로 간주해 강제로 격리수용하는 인종 차별적인 정책을 시행했기 때문이다.

루스벨트는 한국인의 독립 노력에 대해서도 부정적인 태도를 드러내었다. 이승만 등은 루스벨트에게 대한민국 임시정부를 승인해줄 것을 요청했고 일본에 맞설 합동군사훈련을 제의하였으나 거절당했다. 1943년 11월 루스벨트는 〈카이로 선언〉(Cairo Declaration)에,[89] "한국인의 노예 상태에 유의, 한국을 해방하여 적당한 시기에 독립시킨다."는 결의를 포함시켰지만, 곧 이어진 미국, 영국, 소련의 삼국 정상회담에서는, "한국인이 완전한 독립을 얻기에는 약 40년의 수습 기간이 필요하다."며 신탁통치를 시사했다.

(4) 냉전시대(Age of Cold War)

2차 세계대전이 종식된 후 미국과 영국을 비롯한 자본주의 국가와, 소련이 중심이 된 공산주의 국가들 사이의 불안한 동거는 깨어지고 본격적인 갈등과 대치 상태가 이어진다. 영미와 소련의 힘겨루기가 낳은 가장 불행한 산물이 한국과 독일의 분단이다. 그러나 양 진영의 갈등은 실제적인 무력을 사용한 열전(hot war)이 아니라, 정치, 외교, 이념상의 갈등이며 잠재적인 투쟁이라는 점에서 냉전이라고 불린다. 냉전이 지속된 기간 동안 두 진영의 군대가 직접 충돌한 적은 없었지만,

---

88) 루스벨트 사후 대통령 3선 출마 금지법을 통과시켜 조지 워싱턴의 전통을 강화했다.

89) 영국의 윈스턴 처칠, 중국의 장제스와의 삼국 정상회담 후 발표된 선언.

군사 동맹, 재래식 군대의 전략적 배치, 핵무기, 군비 경쟁, 첩보전, 대리전, 선전, 그리고 우주 진출과 같은 기술 개발 등에서 치열한 경쟁이 이루어졌다.

자본주의 진영의 지도국으로 부상한 미국은 공산주의의 확대를 저지하기 위해 필요한 나라에는 군사적, 경제적 원조를 제공한다는 〈트루먼 독트린〉(Truman Doctrine, 1947)[90]을 채택하였다. 또 경제지원정책인 〈마셜 플랜〉(Marshall Plan)[91]을 통해 서독을 비롯한 유럽의 여러 나라에 막대한 금액의 지원금을 원조하여 전쟁으로 피해를 입은 국가들이 공산주의 체제를 선택하는 것을 막고자 했다. 군사적으로는 〈북대서양 조약 기구〉(North Atlantic Treaty Organization, NATO)를 결성하여 공산주의 국가들의 연합에 대응했다.

소련은 자국이 점령한 유럽 국가 중 일부는 〈소비에트 사회주의 공화국 연방〉(Union of Soviet Socialist Republics)에 병합시키고 그 밖의 지역은 위성 국가(satellite state)로 삼아 공산권을 형성하였으며, 이 가운데 상당수 나라는 바르샤바 조약 기구(Warsaw Pact)[92]로 뭉치게 된다. 또 남아메리카와 동남아시아 등의 지역에서 공산 혁명을 지원하였다.

양진영이 이미 핵무기를 보유한 상태였으므로 상호확실파괴(MAD, Mutual Assured Destruction)의 위험 때문에 상대 진영에 직접적인 공격을 시도하는 일은 없었다. 그러나 긴장이 고조되어 무력 충돌의 직전

---

90) 이 원칙에 따라 그리스와 터키의 반공 정부에 미국이 군사적, 경제적 원조를 했다.

91) 국무장관 조지 마셜이 제창한 유럽 부흥 계획(European Recovery Program, ERP). 이 원조 덕분에 독일을 비롯한 모든 국가의 경제력은 전쟁 전 수준으로 회복되었고, 그 후 20년간 서유럽 국가들은 유례없는 성장과 번영을 누렸다.

92) 1955년 3월 14일 폴란드 바르샤바에 모인 동구권 국가 8개국이 결성한 군사 동맹 조약 기구로, 정식 명칭은 〈우호, 협력, 상호 원조 조약〉(Treaty of Friendship, Co-operation, and Mutual Assistance)이다.

까지 간 적도 있었다. 냉전기에 일어난 국제적인 위기로는 베를린 봉쇄(Berlin Blockade, 1948~1949),[93] 국공 내전(Chinese Civil War, 1949),[94] 한국 전쟁(Korean War, 1950~1953), 베를린 장벽(Berlin Wall, 1961),[95] 쿠바 미사일 위기(Cuban Missile Crisis, 1962),[96] 베트남 전쟁(1959~1975), 소련의 아프가니스탄 침공(1979~1989)[97] 등을 들 수 있다.

20세기 후반기에 가면 정치적인 긴장을 해소하려는 "데탕트"(Détente, 긴장완화)[98]의 분위기가 무르익게 된다. 미국과 소련 사이

---

93) 미국, 영국, 프랑스가 제2차 세계 대전 이후에 장악했던 서베를린의 관할권을 포기시키기 위해 소련이 취한 봉쇄이다. 연합국은 비행기로 서베를린에 식량과 연료를 제공하였다.

94) 1927년에서 1936년까지를 1차 국공 내전, 1946년부터 1949년까지를 2차 국공 내전이라고 한다. 2차 국공 내전에서 마오쩌둥이 이끄는 중국 공산당이 승리하여 중국 본토에 중화인민공화국(People's Republic of China, PRC)을 수립했고, 장제스(Chiang Kai-shek)가 이끄는 중국 국민당은 난징에 있던 중화민국(Republic of China, ROC) 정부를 타이베이로 이전하였다.

95) 동독에서 자유지역인 서베를린으로 탈출하는 사람이 많아지자 이를 막으려고 1961년 8월 13일 장벽을 세웠다. 1989년 11월 9일 장벽이 붕괴되었으며 현재는 일부만 기념으로 남겨져 있다.

96) "10월 위기," "미사일 공포," "카리브 해 위기"라고도 한다. 소련의 당서기 니키타 흐루시초프(Nikita Khrushchev, 1894~1971)는 군사적 우위를 확보하고, 쿠바의 신생 공산 정권인 카스트로 정권을 보호하며, 서방 세계와의 협상 카드로 쓰기 위해 쿠바에 장거리 미사일 기지 설치를 비밀리에 추진하였다. 케네디 정부는 소련의 쿠바 미사일 기지 건설이 강행되면 선전포고로 받아들일 것이며, 제3차 세계대전도 불사하겠다는 공식성명을 발표했다. 결국 흐루시초프 서기장은 미사일 기지 건설을 포기했고, 터키에 있는 미군의 ICBM(대륙간 탄도탄) 기지를 철수시킨다는 조건으로 사태가 종결되었다.

97) 아프가니스탄은 1973년 쿠데타로 왕정이 무너졌고 1978년 쿠데타로 공산주의 정권이 수립되었다. 1979년 초부터 이슬람 종파의 반정부 투쟁으로 내전 상태가 되자 소련의 지원을 요청했고, 소련은 아프가니스탄을 침공하여 소련의 위성국으로 만들었다.

98) 1960년대 말부터 1970년대 이후 미소 양극 체제가 다극 체제로 전환되면서 미소 간의 긴장이 완화되던 현상이다.

에 1963년 〈부분적 핵실험 정지조약〉이 체결되었고 1970년부터 시작된 전략 무기 감축 협정(Strategic Arms Limitation Talks, SALT)에서는 1971년 〈우발 핵전쟁 방지 협정〉이 체결되었다. 또 닉슨 대통령이 소련을 방문하여 〈탄도탄 요격 미사일 조약〉(Anti-Ballistic Missile Treaty, ABM, 1972)을 체결했다.[99] 미소관계는 1980년대 레이건 대통령 때 다소 경직되었다가 1989년 부시 대통령이 몰타(Molta)에서 고르바초프(Mikhail Sergeyevich Gorbachev) 소련 공산당 서기장과 정상회담을 하면서, 적대 관계에서 동반 관계로 변화했다. 두 정상은 베를린 장벽 개방과 동유럽의 혁명적 개혁을 지지하면서, 미소 양국의 비개입 선언을 발표했다.

경제적 난국에 빠진 소련의 고르바초프 서기장은 개혁 정책인 페레스트로이카(Perestroika)[100]와 글라스노스트(glasnost)[101]를 추진하였다. 그러나 개혁은 실패하고 1991년 소련이 붕괴되어 러시아(Russia), 리투아니아(Lithuania), 조지아(Georgia), 에스토니아(Estonia), 우크라이나(Ukraine), 우즈베키스탄(Uzbekistan) 등 17개 독립국이 분리되어 건설되었다. 또 인접한 공산권국가들이 도미노처럼 체제 붕괴를 겪으면서 냉전은 종식되었다.

미국은 타이완에 있는 중화민국(Republic of China, ROC)[102]을 정

99) 2002년 미국이 미사일 방어 개발을 위하여 일방적으로 파기했다.

100) "재건," "재편"의 뜻을 가진 러시아어로, 고르바초프가 1985년 3월 소련 공산당 서기장에 취임한 후 실시한 개혁 정책을 가리킨다.

101) "열림," "개방"의 러시아어. 고르바초프가 1985년에 실시한 개방 정책으로 종래에 반소적이라고 금지된 문학 작품, 영화, 연극 등이 공개되었다.

102) 1971년 국제연합의 회원국 지위를 잃은 후 본토의 중국과 구별하기 위해 현재는 타이완(Taiwan)으로 더 많이 불린다. 1980년대부터 올림픽 등의 국제회의에서는 중화 타이베이(Chinese Taipei)라는 명칭을 쓴다. 중국은 두 개의 중국을 인정하지 않으므로 타이완을 국가가 아닌 특별구로 규정한다.

식 국가로 인정했으므로 공산주의의 새로운 대국으로 부상한 중국(People's Republic of China)과는 오랫동안 국교가 정상화되지 못했다. 1979년 미국이 중국을 정식 국가로 인정했고 활발한 정치적, 경제적 교류가 시작되었다. 중국의 민주화 운동인 톈안먼 사건(Tiananmen Square Protests, 1989)으로 미중 관계가 잠시 냉각되기도 했으나 1990년대에 들어오면서 특히 경제 협력이 강화되고 있다.

* 사회주의(Socialism)와 공산주의(Communism)

인간은 본능적으로 자신의 이기적인 욕구를 우선시하므로 인간의 역사에는 경제적 불평등이 항상 존재했다. 사회 정의를 추구하는 사람들은 부의 불평등을 해소하고 빈곤이 존재하지 않는, 모두가 함께 잘 사는 사회를 염원했다. 구약의 예언자들이나 신약의 예수도 부유한 자들이 가난한 자들을 착취하는 짓을 멈추고 나눔의 미덕을 실천하라고 호소했다. 그리스의 플라톤의 공화국, 16세기 영국의 토마스 모어(Thomas More, 1478~1535)의 『유토피아』(*Utopia*)에서도 함께 잘 사는 사회의 가능성을 탐색했다.

나눔의 개념은 근대로 오면서 사회주의라는 개념으로 이론화되었다. "사회주의"라는 용어는 1826년 로버트 오언(Robert Owen)이 정립했다. 오언과 더불어 프랑스의 앙리 생시몽(Henri de Saint-Simon, 1760~1825), 프랑수아 푸리에(François Marie Charles Fourier, 1772~1837)는 사회주의를 실천하는 공동체를 제안했다. 주창자들의 이론이 조금씩 다르기는 하지만, 대체로 사회주의는, 대중이 직접 생산 수단을 소유하고 자원을 효율적으로 분배하며 공동으로 운영하는 협동 경제, 모든 민중이 노동의 대가로서 정당하고 평등하게 분배받는 사회를 지향하는 다양한 사상을 통틀어 일컫는다.

공산주의는 한 걸음 더 나아가, 역사적으로 억압받던 계층의 해방을 주장하면서, 그 해방된 주체들이 자유로운 공동체 조직을 설립하는 것을 궁극적인 목표로 한다. 칼 마르크스(Karl Marks, 1818~1883)는 『공산당 선언』(*Communist Manifesto*, 1948)에서, 생산 수단을 소유한 자본가 계급과 노동자 계급 사이의 계급투쟁의 최종 결과가 공산주의이며, 자본주의 생산 방식에서 공산주의 생산 방식으로 전환하는 과도기에 "프롤레타리아 독재"(프롤레타리아 민주)의 시기가 필요하다고 주장했다. 마르크스 이론에 기초하여 레닌(Vladimir Lenin, 1870~1924)이 공산주의 혁명으로 세운 나라가 소련이다.[103]

* 적색공포(Red Scare)

미국은 국내의 공산주의를 억제하기 위해[104] 적색공포 정책을 시행했다. "진정한 미국인"을 보호한다는 명목으로 공산주의, 무정부주

---

103) 1917년 러시아의 2월 혁명으로 러시아 제국이 멸망하고 러시아 임시 정부가 설립되었다. 그러나 1917년 10월 혁명으로 붕괴되고 볼셰비키(Bolsheviks)가 정권을 잡았다. 공산주의에 반대하는 왕당파인 백군(White Army)과의 내전에서 볼셰비키가 승리하여 1922년 러시아 소비에트 연방 사회주의 공화국(Russian Soviet Federative Socialist Republic, 1917~22)이 탄생하였으며, 곧 소비에트 사회주의 공화국연방(Union of Soviet Socialist Republics, USSR, 1922~1991)으로 전환했고 스탈린(Joseph Stalin, 1878~1953)이 새로운 지도자가 되면서 강력한 공산주의 국가가 되었다.

104) 당시 유럽을 비롯한 전 세계의 지식인에게 공산주의 혁명을 현실화한 소련은 매력적인 국가였다. 평등한 사회에 대한 인간의 오랜 꿈이 현실화된 것으로 여겼던 것이다. 따라서 많은 지식인들이 공산주의 사상에 몰두했으며 미국에서도 1939년 당시 약 50,000여 명이 공산당에 가입했다. 그러나 스탈린의 공포 정치가 소련을 지배하면서 소련과 공산주의에 대해 실망하고 돌아서는 사람이 많았다.

의, 급진주의, 노동조합주의, 기타 모든 비미국적이라고 여겨지는 사상과 행위에 대해 국민적인 공포를 조장하는 정책이었다. 1차 적색공포(1917~1920)에서는 노동 혁명과 정치적 급진주의를 매도했다. 보수 언론은 합법적인 노동자 파업마저 "사회에 어긋나는 범죄," "정부 타도의 음모," "공산주의 수립 계획"이라고 매도하면서 비미국적 요소를 가진 모든 개인과 집단에 대한 불관용을 주장했다. 2차 적색공포(1947~1957)에서는 연방 정부에 공산당원들이 침투해있다는 주장이 제기되어 공산주의자에 대한 대대적인 색출이 감행되면서 각종 탄압이 행해졌다. 1947년 트루먼 대통령은 행정명령에서 연방 정부의 피고용인은 "미국주의"를 준수해야 한다면서, 비미국적인 인물을 정부에서 퇴출시켰고, 〈비미국적 활동 하원위원회〉(House Committee on Un-American Activities)가 미국에 대한 스파이 활동을 조사할 것을 명령했다.

적색공포의 절정은 매카시즘(McCarthyism, 1950~54) 광풍으로 나타났다. 위스콘신 주 상원 의원 조셉 매카시(Joseph McCarthy, 1909~1957)는 공화당 당원 집회에서, "국내에 공산주의자들이 암약하고 있으며, 내가 그 명단을 갖고 있다."고 주장하였다. 그의 발언은 아무런 근거가 없었지만 적색공포의 분위기에서 사실로 치부되었고, 누구든 공산주의자라고 지명만 하면 그 사람은 적절한 조사도 받지 못하고 가차 없이 직장을 잃거나 공동체에서 매도되거나 투옥되었다. 대표적인 사건이 로젠버그 부부 사건(The Rosenbergs, 1950)이다. 정부는 미국의 원자탄 제조 기밀을 소련으로 유출시킨 죄로 로젠버그 부부를 사형에 처했는데, 그 진위에 대해서는 아직도 논란 중이다.[105]

105) 로젠버그 부부가 정말로 간첩인지, 아니면 억울하게 누명을 쓴 것인지에 대해서는 오랫동안 의견이 분분했다. 2008년 간첩죄로 17년 넘게 복역했던 모턴 소벨

매카시즘 광풍은 곧 그 진위를 의심받게 되었고, "독재자의 방법으로 자유를 지켜서는 안 된다."는 비판이 이어졌다. 연방 대법원에서도 국가 안보보다는 헌법의 정신에 따른 사상과 표현의 자유가 중요하다는 판결이 내려졌다. 1954년 CBS의 에드워드 머로우(Edward R. Murrow) 기자는 〈이제 제대로 보자〉(*See It Now*)는 시사 프로그램에서 매카시의 주장이 거짓임을 폭로했다. 그러나 이미 너무나 많은 사람들이 매카시즘이라는 마녀 재판으로 희생당한 뒤였다. 수천 명의 노동자, 회사원, 문학가, 배우, 작가, 감독 등이 공산주의자로 의심되어 직업을 잃고 가난에 시달리는 희생을 치렀다.

매카시즘에 적극 동조한 유명인으로는 전 대통령 로널드 레이건, 영화감독 엘리아 카잔(Elia Kazan), 월트 디즈니(Walt Disney)를 꼽을 수 있으며, 반대로 피해자로는 영화인 찰리 채플린(Charlie Chaplin), 극작가 아서 밀러(Arthur Miller), 음악가 레너드 번스타인(Leonard Bernstein), 극작가 베르톨트 브레히트(Bertolt Brecht) 등을 들 수 있다.

33. 해리 S. 트루먼(Harry S. Truman, 1945~1953)

해리 S. 트루먼(1884~1972)은 부통령이 된 지 불과 82일 만에 루스벨트가 사망하자 대통령이 되었다. 그는 모든 국민에게 공정한 대우를 약속하는 사회복지정책인 페어딜과, 자유와 독립을 유지하려고 노력하는 나라에 군사와 경제 원조를 제공한다는 원칙인 〈트루먼 독트린〉(1947), 유럽에 대한 대규모 경제 지원인 마

(Morton Sobell)이 인터뷰에서, 줄리어스 로젠버그는 소련에 정보를 전달하는 행위를 했으나 그것이 원자 폭탄에 대한 기밀은 아니었으며, 부인 에델은 연관되지 않았다고 증언했다. 그러나 사실 여부를 떠나서, 일반 범죄일 경우 자녀를 양육할 한 부모를 남겨두는 불문율을 무시하고 부부를 한꺼번에 처형한 것은 미국 정부의 과잉 반응이라는 비판을 피할 수 없다. 로젠버그의 두 아들은 성인이 되어 부모의 무고함을 알리는 일에 헌신했다.

인 마셜 플랜(1948), 베를린 봉쇄(1948~1949)에 대응하는 베를린 공수 작전, 나토(1949)의 창설을 이끌었다. 퇴임 후 트루먼은 서방 세계를 공산주의로부터 막아낸 "작은 거인"(little big man)이라는 애칭을 얻었다.

트루먼의 정책은 한국의 관점에서는 양면이 있다. 트루먼은 상해에 세워진 대한민국 임시정부를 승인하지 않았고, 한국인이 설립한 건국 준비 위원회와 인민위원회도 부정하였고, 대신 조선 총독부의 일본인과 친일파 인사들을 그대로 등용하였다. 트루먼은 1951년 9월 〈샌프란시스코 강화 조약〉(San Francisco Peace Treaty)을 통해 일본과 다시 국교를 정상화하였고, 그 해에 〈미일 안전 보장 조약〉(Security Treaty Between the United States and Japan)을 조인하는 등 일본과의 유대를 더 중시했다. 그러나 1950년 한국이 북한의 침공을 당하자 즉각 미군을 참전시켰고, 유엔군을 결성하여 참전시켜 결국 남한의 승리로 이끌었다.

트루먼의 정책은 임기 동안 반발도 많이 받았으므로 재선에 나섰을 때 공화당 후보인 토마스 듀이(Thomas E. Dewey)에게 패배할 것이라는 예상이 압도적이었다. 〈시카고 데일리 트리뷴〉(*Chicago Daily Tribune*)은 미리 준비해 두었던 "듀이가 트루먼을 물리치다."(DEWEY DEFEATS TRUMAN)라는 제목의 호외를 내보냈다가 트루먼이 압도적으로 당선되는 바람에 큰 망신을 당했다.

34. 드와이트 데이비드 아이젠하워(Dwight David Eisenhower, 1953~1961)

드와이트 아이젠하워(1890~1969)는 1944년 6월 6일 노르망디 상륙 작전(Invasion of Normandy)을 지휘하여 승리한 전쟁영웅이다. 그는 "I like Ike."라는 슬로건을 내걸어 당선되면서 20년 만에 민주당 대통령 시대를 종식시켰다. 아이젠하워는 베트남과 과테말라(Guatemala)의 공산화를 방치할 경우 주변국으로 공산주의가 퍼져서 결국 남동아시아와 중앙아메리카 전체에 공산주의가 확산될 수 있다는 도미노 이론(Domino Theory, 1954)을 근거로 공산주의의 확산을 저지하는 정책을 지속했다. 1957년 아칸소 주의 리틀록 통합 위기(Little Rock Integration Crisis)[106]에서는 연방군을 파견해 흑인 학생들을 등교시켰고 이후 미국 전역에서 차츰 흑백 통합 학교가 확대되었다.

106) 1954년 연방 대법원이 공립학교의 흑백 통합을 결정한 후 9명의 흑인 학생들이 리틀록 중앙 고등학교(Little Rock Central High School)에 등교하려고 하자 백인

35. 존 피츠제럴드 "잭" 케네디(John Fitzgerald "Jack" Kennedy, 1961~1963)

존 F. 케네디(1917~1963)는 1961년 공화당의 리처드 닉슨을 누르고 최연소 대통령으로 당선되어 1963년 댈러스에서 사열하는 도중에 암살될 때까지 단 2년간 대통령직에 있었지만 많은 일을 했고 가장 사랑받고 가장 기억되는 대통령이다.

가톨릭교도이고 아일랜드 혈통인 케네디가 대통령으로 당선된 것은 유례없는 일이었다. 또 케네디는 오하이오 주의 선거인단을 장악하지 못했지만 대통령이 되었으므로, 오하이오 주에서 패배한 후보는 미국 대통령에 당선되지 못한다는 오하이오 징크스(Ohio Jinx)를 깬 유일한 대통령이다. 케네디가 취임연설에서 한, "여러분의 나라가 여러분을 위해 무엇을 해줄 수 있는가를 묻지 말고, 여러분이 나라를 위해 할 수 있는 일이 무엇인가를 물어 보십시오."라는 말은 유명하다.

케네디는 "뉴프런티어"(New Frontier)를 주창하면서, 1961년 〈평화 봉사단〉(Peace Corps)을 창설하여 개발도상국들에 수천 명의 미국인들을 파견하여 지역민들의 생활을 향상시키는데 도움을 주었고, 동시에 미국적 사고와 문화를 세계로 전파했다. 또 소수인종 우대정책을 실행했다.

케네디의 재임 동안 피그스 만 침공(Bay of Pigs Invasion),[107] 쿠바 미사일 위기, 베를린 장벽(1961~1989)의 설치, 우주 경쟁(Space Race),[108] 베트남 전쟁 간접 개입, 여성해방운동, 흑인인권운동 등 역사적으로 의미 깊은 수많은 사건들이 일어났다.

1961년 "자유 여행자들"(Freedom Riders)[109]이 남부의 폭력 조직에게 폭행을 당

교장과 백인 주민들이 저지하는 데모를 벌였다. 이 학생들을 "리틀록 9인"(Little Rock Nine)이라고 한다.

107) 1961년 망명한 쿠바 반란군들이 미국 CIA의 지원을 받아 무력으로 카스트로 정권을 물리치려고 하다가 실패로 끝난 사건이다.

108) 소련과 미국 사이에 먼저 인공위성을 쏘아 올리려는 경쟁으로 1955년에서 1972년까지 지속되었다. 소련이 1957년 10월 4일 스푸트닉 1호(Sputnik 1)를 쏘아 올리자 미국은 충격에 빠졌다. 이후 미국은 우주 개발에 박차를 가해 1969년 아폴로 11호(Apollo 11)가 달에 인간을 착륙시켰다. 데탕트에 들어서면서 미국과 소련은 공동 아폴로-소유즈 시험 계획(Apollo-Soyuz Test Project, 1972)에 동의했고, 1975년 지구궤도에서 소련과 미국의 비행사들이 랑데부를 했다.

하고 버스가 불태워지자 케네디는 연방 보안관들을 출동시켜 그들을 보호했다. 1962년 미시시피 주 옥스퍼드에 있는 미시시피 대학교에서 올미스 폭동(Ole Miss riot)[110]이 일어나자 연방군을 투입해서 해결했다.

* 소수인종 우대정책(Affirmative Action)

"적극적 우대조치"라고도 하며 영국 등지에서는 긍정적 차별(Positive Discrimination)이라고 한다. 이 정책은 1961년 케네디 대통령이, "고용과 교육에서 인종, 종교, 출신 국가 등을 이유로 차별하지 않는다."는 행정명령에 서명하면서 본격화되었다. 특히 대입 전형 때 소수 인종의 출신자에게 가산점을 주거나 대학 입학 정원의 일정 비율을 소수 인종에게 배정하여, 다인종, 다문화 사회의 사회 통합을 의도한 것이다. 이 정책은 과거에 시행되었던 인종 차별을 보상하는 성격에서 시행되었다.

한편 이 정책으로 인해 역차별을 받는다는 논란이 계속 제기되었다. 성적이 우수한 백인 학생들이 대입 전형에서 불이익을 받는다는 것이다. 2008년에는 대입 전형에서 탈락한 백인 학생들이, "소수인종 우대정책이 평등권을 침해한다."는 소송을 제기했다. 특히 상류층 흑인들이 이 정책으로 인해 과도한 특혜를 받는다는 점이 문제점으로 지적되었다.

또 우대를 받는 소수 집단은 대체로 흑인과 히스패닉이며 동양인은

109) 버스를 타고 남부의 주들을 순회하면서 남부의 흑백 분리법을 비판한 비폭력 시민운동가들.

110) 미시시피 대학교의 애칭이 올미스(Ole Miss)이다. 흑인인 제임스 메러디스(James Meredith)가 입학하려고 하자 백인 분리주의자들이 물리적으로 방해를 하면서 폭동으로 변했다. 메레디스는 미시시피 대학교에 최초로 등록한 흑인 학생이 되었다.

포함되지 않는다는 점도 비판되었다. 미시간 대학교의 입시평가 내부 문건에서, "아시아계 학생들은 소수 집단이라도 성공한 집단이므로 우대할 필요가 없다."는 조항이 있어 논란이 되었다. 따라서 "우대의 기준을 피부색이 아닌 가계소득으로 바꾸자."는 논의도 이루어졌다.

2014년 연방 대법원은, 2006년 미시간 주에서 주민 투표를 통해 공립 대학에서 소수인종 우대정책을 적용하지 못하도록 주 헌법을 개정한 것이 합헌이라고 판결하였다. 캘리포니아(1996), 플로리다(1998), 워싱턴(1998), 네브래스카(2008), 애리조나(2010), 뉴햄프셔(2011), 오클라호마(2012) 등 7개 주도 소수인종 우대정책을 폐지했다.

36. 린든 베인스 존슨(Lyndon Baines Johnson, 1963~1969)

케네디의 임기를 승계한 린든 존슨(1908~1973)은 자신의 신념을 강하게 밀어붙이는 사람이었으며, 법안을 통과시키기 위해서 공격적으로 압력을 가하는 존슨식 처리(Johnson Treatment)로 유명했다. 존슨은 "위대한 사회"(Great Society)의 건설을 주장하면서 빈곤과의 전쟁을 선포하였고, 교육보조금, 주택과 도시 개발, 고령자와 장애자 의료보험 제도(Medicare), 저소득층 의료보험 제도(Medicaid) 등을 시행했다. 남부 출신이었지만 공공장소에서의 흑인에 대한 차별을 없애는 〈시민권법〉(1964), 인종에 관련 없이 모두에게 투표권을 주는 〈투표권법〉(1965)을 통과시켰다. 국가별 이민할당제를 없애고 1924년의 〈이민법〉으로 금지했던 아시아계 이민을 허락하는 〈이민과 국적법〉(Immigration and Nationality Act, 1965)을 통과시켰다. 또 존 F. 케네디, 로버트 F. 케네디(Robert Francis Kennedy, 1925~1968),[111] 마틴 루터 킹의 암살을 계기로 미국 역사상 가장 광범위한 〈총기 규제법〉(Gun Control Act, 1968)을 통과시켰다.[112]

111) 존 F. 케네디의 동생으로 케네디 정부와 존슨 정부의 법무장관을 역임했고, 강력한 대통령 후보였으나 선거 유세 중에 팔레스타인 학생에게 암살당했다.

112) 총기 소지를 강력히 주장하는 중심에는 국립 총기 협회(National Rifle Association, NRA)가 있다. 총기협회는 원래 1871년 윌리엄 처치(William C. Church)와 조지 윈

그러나 존슨의 업적은 베트남 전쟁의 참전 결정으로 묻혀버렸고, 존슨은 미국을 깊은 도덕적 수렁에 빠트린 대통령으로 기억된다. 1964년 의회는 존슨의 요청에 따라 북베트남과의 전쟁을 승인하는 〈통킹만 결의안〉(Gulf of Tonkin Resolution)을 통과시켰다. 전쟁이 장기화되고 미군 전사자가 급증한데다 전쟁의 도덕성에 대한 의문이 제기되면서 반전 운동이 격화되었고, 결국 존슨은 재선 출마를 포기했다.

37. 리처드 밀허스 닉슨(Richard Milhous Nixon, 1969~1974)

리처드 닉슨(1913~1994)은 젊은 나이에 아이젠하워의 부통령을 지낸 후 1960년에는 공화당 후보로서 민주당의 케네디와 치열한 접전을 벌였다. 라디오 연설에서는 닉슨이 승기를 잡았으나 그때 막 생겨난 텔레비전 연설에서 매력적인 케네디에게 패했다는 평가를 받았다. 닉슨은 1968년 대통령에 당선되었고, 1972년 엄청난 표차로 재선되었을 정도로 정치적 능력이 뛰어났다.

닉슨의 가장 큰 업적은 데탕트이다. 1971년 닉슨은 공산 중국을 방문해 마오쩌둥(Mao Zedong)과 정상 회담을 하며 국교 정상화의 길을 열었다. 또 "아시아 각국은 내란이 발생하거나 침략을 받는 경우 스스로 이를 해결해야 한다."는 〈닉슨 독트린〉(Nixon Doctrine)을 발표하고 베트남에서 미군을 철수시켰다. 그러나 닉슨의 정치적 성과는 워터게이트 스캔들로 완전히 묻혀버렸다. 의회가 탄핵할 것이 확실해지자 대통령직에서 사임했다.

게이트(George Wingate) 등 남북전쟁 당시 북부군의 장교였던 사람들이 창립한 보수주의 단체였다. 처음에는 스포츠클럽으로 활약했으나 이제 가장 강력한 로비 단체가 되었다. 마이클 무어(Michael Francis Moore, 1954~)의 영화 〈보울링 포 콜롬바인〉(*Bowling For Columbine*)에서 총기협회의 역할이 비판되면서 이들은 논쟁의 중심에 서게 되었다. 이들은 총기 소지는 〈헌법 수정안 2조〉에서 보장된 권리라고 주장한다. 〈수정안 2조〉는 "규율 있는 민병은 자유로운 주의 안보에 필요하므로, 무기를 소장하고 휴대하는 인민의 권리는 침해될 수 없다."는 것이다. 이 조항은 행정력이 미치지 못하는 광대한 땅을 개척해야 하는 개척민의 현실을 고려한 것이었고 오늘날은 상황이 달라졌지만, 총기협회는 수정안을 근거로 총기 소지의 정당성을 주장하고 있다. 수많은 총기 사고가 발생하고 있지만 대체로 미국인들은 총기 소지가 필요하다고 여긴다. 2008년 연방 대법원이 개인의 정당방위를 위한 총기 소지의 합법성을 지지한 것도 이를 반영한다. 엘 고어는 총기 규제에 찬성했다가 대통령 선거에서 패배했다고 여겨진다. 2016년 트럼프는 대통령 당선연설을 하면서, 자신을 도와준 총기협회에 감사의 인사를 전했다.

* 워터게이트 스캔들(Watergate Scandal)

1972년 워싱턴의 워터게이트 호텔에 소재한 민주당 전국위원회 본부(Democratic National Committee Headquaters)에서 도청장치를 설치하던 남자들이 현행범으로 체포되었다. 이들이 민주당의 정책을 정탐하려는 닉슨 행정부의 사주를 받았다고 의심되었지만 닉슨과 백악관은 관련을 부인했다. 그런데 1973년 6월 23일 닉슨이 보좌관에게, "워터게이트 침입은 국가 안보 문제이니 연방수사국은 이 문제에 끼어들지 못하게 하라!"고 한 말이 녹음된 테이프, 즉 스모킹건(smoking gun)[113]이 공개되었고, 국민들은 대통령이 거짓말을 했다는 사실에 분노했다. 이후 "-게이트"는 정치 스캔들을 나타내는 접미어가 되었다.

워터게이트 스캔들과 관련해서 생겨난 또 다른 용어는 딥스로트(Deep Throat)이다. 딥스로트는 워터게이트 스캔들에 닉슨이 직접 관련되었다는 정보를 알려준 사람의 암호명으로 당시 〈워싱턴 포스트〉(*The Washington Post*)의 편집부에서 붙인 별명이었다. 이 딥스로트의 정보를 기반으로 〈워싱턴 포스트〉의 기자 밥 우드워드(Bob Woodward)와 칼 번스타인(Carl Bernstein)은 닉슨 행정부의 치부를 폭로하는 여러 편의 기사를 쓸 수 있었다. 딥스로트의 정체는 숨겨져 있

113) 연기가 피어오르는 총구는 총을 발사한 증거이므로 "연기 나는 총"은 범죄 또는 특정 행위나 현상에 대한 결정적인 증거라는 의미로 사용된다. 닉슨의 탄핵 소추가 진행 중이던 1974년 7월 14일 〈뉴욕 타임스〉(*New York Times*)에서 로저 윌킨스(Roger Wilkins)는 닉슨 사건을 조사하는 하원 사법 위원회(House Judiciary Committee)의 최대 관심사는 "결정적 증거의 확보"에 있다고 하면서 "스모킹건은 어디에 있나?"(Where's the smoking gun?)라고 표현했다. 8월 5일에 열린 하원 사법 위원회에서 뉴욕 주 하원 의원 바버 코너블(Barber Conable)이 닉슨과 수석보좌관 사이의 대화가 담긴 녹음테이프를 "스모킹건"이라고 지칭하면서 "스모킹건 테이프"라는 말이 생겼다.

었는데 2005년 전 FBI 부국장이었던 윌리엄 마크 펠트(William Mark Felt, Sr.)가 자신이 딥스로트임을 공식 확인했다. 이 용어는 이후 익명의 제보자나 내부 고발자를 나타내는 보통명사가 되었다.

38대 대통령 제럴드 포드(Gerald Rudolph Ford Jr. 1913~2006, 재임 1974~1977)는 1973년 닉슨의 부통령이던 스피로 애그뉴(Spiro Theodore Agnew)가 뇌물사건에 연루되어 사임하자 닉슨의 지명을 받아 부통령이 되었다가, 1974년 닉슨이 사임하자 대통령이 되었다. 포드는 대통령이 되자마자 닉슨을 사면해 주어 국민의 신망을 잃고 재선에서 실패했다. 39대 대통령 지미 카터(James Earl Carter, Jr. 1924~ , 재임 1977~1981)는 조지아 주 땅콩 농장주 출신이며 비교적 무명의 정치인이었으나 친근한 이미지를 강조하여 예상과 달리 당선되었다. 카터는 경제 문제를 해결하지 못했으며, 이란 미국대사관 인질 사건에서 인질을 구출하지 못해 실패한 대통령이라는 평가를 받았으나, 퇴임 후에는 여러 활동으로 존경받았다.

8) 20세기 말과 21세기

20세기에 세계를 양분하던 중심축의 하나인 소비에트연방이 해체된 후 공산주의와 민주주의 이데올로기로 대립되던 냉전시대는 끝나고, 이제 유일한 강대국인 미국을 중심으로 세계 질서가 재편된다. 미국은 신자유주의(Neo-liberalism)[114]와 보수주의로 회귀하면서 자국의 이익을 최우선적으로 고려하게 된다. 특히 유대인들이 미국의 정계와 재계를 장악하고 있으므로 미국 정부는 친이스라엘 정책을 시행하였

114) 1970년대부터 부각하기 시작한 경제적 자유주의이다. 복지정책을 지양하고 경제적 자유방임주의를 지향했다. 고전적 자유주의가 국가 개입의 전면적 철폐를 주장하는데 반해, 신자유주의는 강한 정부를 배후로 두고 시장 경쟁의 질서를 권력으로 조정한다.

고 이로 인해 미국과 이슬람권 국가들의 갈등이 증폭되었으며 테러와 소규모 전쟁이 지속되고 있다.

(1) 팔레스타인(Palestine)과 이스라엘(Israel)

팔레스타인은 지중해(Mediterranean Sea)와 요르단 강(Jordan River) 사이의 땅과 그 인근 지역의 지명이다. 정확한 지리는 시대에 따라 조금씩 다르지만 대체로 현재의 이스라엘 영토와, 팔레스타인 자치 정부(Palestinian National Authority, PNA)의 구역인 요르단 강 서안 지구(West Bank) 및 가자 지구(Gaza Strip) 일대를 가리킨다.

1516년부터 팔레스타인을 지배하던 오스만 제국은 1차 세계 대전 후 패전국이 되면서 현재의 터키(Turkey)를 제외한 중동 지역 대부분을 영국과 프랑스에 내주게 되었다. 영국이 이 지역을 통치하면서 팔레스타인이라는 명칭이 다시 쓰이기 시작했고, 영어, 히브리어, 아랍어가 이 지역의 공식 언어가 되었다.

19세기 말 동유럽에서 시작된 포그롬(Pogrom)[115]과 유럽 전체에서 악화된 반유대주의(Antisemitism)로 인해 유대인 민족주의인 시온주의(Zionism)[116]가 시작되었으며, 유럽에 살던 유대인들은 과거의 역사에 기록된 유대인의 땅인 팔레스타인 지역으로 귀환하기 시작했다. 나치에 의해 자행된 유대인 대학살은 유대인들의 귀환을 더욱 부채질했다.

자본을 가진 유대인들이 땅을 계속 구입해서 점차 세력을 확장하

115) 러시아어로, 특정한 인종, 민족, 종교 집단에 대한 각종 폭력 행위를 포괄적으로 의미하는 용어이다. 이 용어는 원래 러시아 제국 및 동유럽에서의 유대인 박해를 가리켰으나 현재는 일반적으로 소수 민족 집단에 대한 박해에 사용된다.

116) 팔레스타인 지역에 유대인 국가를 건설하는 것을 목적으로 한 민족주의 운동으로, 19세기 말에 시작되었다.

자 팔레스타인 땅에서 오랫동안 거주해오던 팔레스타인인들과 분쟁이 일어났다. 1947년 초 영국 정부는 팔레스타인 통치를 끝내겠다고 선언하면서 팔레스타인의 운명을 국제연합에 떠맡겼고, 국제연합은 주민 투표로 팔레스타인 분할안을 채택했다. 유대인들은 이 결의안을 환영했으나, 아랍인들은 이에 반대하여 예루살렘에서 폭동을 일으키고 유대인 밀집 지역을 공격하였다.

1948년 5월 14일 유대인들은 이스라엘의 독립을 선언했고, 선언 후 이집트, 이라크, 요르단, 시리아와 레바논의 공격으로 〈제1차 중동 전쟁〉(Arab-Israeli War)이 발발했다. 이 전쟁은 미국의 지원을 받은 이스라엘의 승리로 끝나 이스라엘의 건국이 확정되었으므로 〈이스라엘 독립 전쟁〉이라고도 한다. 이후 중동지방은 세계에서 가장 빈번하게 전쟁이 일어나는 지역으로 변했다. 1차 중동 전쟁에서 700,000명이 넘는 팔레스타인인들이 추방당하거나 피난을 떠나 요르단 등 인근 아랍 국가로 이주했다. 이슬람 국가에 거주하던 800,000명의 유대인들 중 대략 600,000명이 이스라엘로 이주하였고 나머지는 미국이나 유럽으로 이주했다.

1956년의 〈제2차 중동 전쟁〉은 〈수에즈 위기〉(Suez Crisis)라고도 하며, 아랍권에서는 〈삼국 침략〉(Tripartite Aggression)이라고 한다. 1952년 7월 이집트의 민족주의자이며 사회주의자로서 대통령이 된 가말 압델 나세르(Gamal Abdel Nasser Hussein, 1918~1970)가 이스라엘에 반대해서 아랍 국가들의 연합을 주장하는 범아랍주의(Pan-Arabism)[117]를 선언하자 이에 반발한 미국과 영국이 예정되어 있던 아

117) 나세르주의(Nasserism)라고도 한다. 1950년대에서 1960년대에 아랍권에서 큰 지지를 얻었다. 많은 아랍인들은 나세르를 여전히 아랍의 숭고함과 자유의 상징으로 여긴다.

스완 댐(Aswan Dam) 건설에 대한 지원을 거절했다. 이에 나세르는 영국이 사실상 소유하고 있던 수에즈 운하에 대해 국유화조치를 선언하며 점령했다. 이 전쟁 이후 〈6일 전쟁〉이라고 불리는 〈제3차 중동 전쟁〉(1964. 6월 5일~6월 10일), 〈욤키푸르 전쟁〉[118]이라고 불리는 〈제4차 중동 전쟁〉(1973년 10월 6일) 등을 거치면서 이스라엘이 중동에서 패권을 잡게 되자, 아랍인들의 저항은 게릴라전과 테러전으로 변했다. 요르단 강 서안 지구는 현재까지도 이스라엘이 절반 정도를 점령한 채 유대인 정착촌을 확대하고 있으므로 분쟁의 불씨가 되고 있다.

근대적 의미의 국가를 세우지 못했던 팔레스타인인들은 1993년 팔레스타인의 최대 정당인 파타(Fatah)의 지도자인 야세르 아라파트(Yasser Arafat, 1929~2004)를 국가수반으로 하여 팔레스타인 자치정부(Palestinian National Authority, PNA)를 설립했다. 아라파트는 팔레스타인의 자치를 평화적으로 해결한 공로를 인정받아 1994년 노벨 평화상을 수상했으나 아라파트가 죽은 후 하마스(Hamas)[119]가 팔레스타인을 이끌고 있어 이스라엘과 미국을 비롯한 서방 국가와의 갈등이 커지고 있다.

(2) 미국과 이슬람 국가

유대계 미국인이 재계나 정계를 장악하고 있는 미국이 친이스라엘

118) 이 날이 이스라엘의 종교적인 축제일인 욤키푸르(Yom Kippur, 사죄의 날)였기 때문에 붙은 명칭이다. 〈라마단 전쟁〉(Ramadan War), 〈10월 전쟁〉(October War)이라고도 한다.

119) 정당이자 준 군사단체인 하마스는 "이슬람 저항운동"이라는 의미의 아랍어의 머리글자이다. 이스라엘과 미국 등은 하마스를 테러 단체로 규정하는 반면 아랍권 국가들은 하마스를 지지하는 입장을 취한다.

정책을 수행하면서 아랍권 국민들의 반미감정이 증가하였다. 특히 미국과 아랍권 국가들과의 직접적인 충돌은 이란과 이라크와의 관계에서 격화되었다.

페르시아의 후신인 이란 이슬람 공화국(Islamic Republic of Iran)은 19세기 말에 접어들어 외세의 침입을 받다가 1919년 영국의 보호령이 되었다. 1921년 쿠데타가 성공해서 1925년 팔레비(Pahlavi) 왕조가 시작되었다. 팔레비 왕조는 근대화를 추진하여 1951년 석유 산업의 국유화를 단행했고, 1962년에는 백색혁명(White Revolution)[120]으로 종교 재단의 토지를 몰수하여 농민들에게 분배하는 등 강력한 개혁 정책을 실시했다. 그러나 서구 문물의 유입으로 인한 이슬람 사회의 변질을 우려하던 종교 지도자들은 이 개혁에 반발하면서 반정부 운동을 일으켰다. 친미 성향인 팔레비 왕가의 부패에 불만이 누적되었던 국민들도 반정부 운동에 공감했다. 1979년 이슬람 혁명이 성공하여 종교 지도자인 루홀라 호메이니(Ruhollah Khomeini)를 주축으로 이슬람 공화국이 수립되었다.

호메이니는 미국으로 도피한 팔레비의 송환을 강경하게 요구했으나 미국이 거부하자 반미 데모가 일어났다. 1979년 11월 4일 학생시위대가 테헤란의 미국 대사관을 점거하고 약 70여 명의 외교관을 인질로 억류한 〈이란 인질 사태〉(Iran Hostage Crisis)[121]로 미국과 이란의

120) 피를 흘리지 않은 혁명이라는 뜻이다. 1953년 미국의 지원을 받은 팔레비가 민족주의자인 모사데그(Mohammad Mossadegh)를 축출하고 친미 노선을 견지하며 추진한 개혁이다. 1963년부터 토지 개혁과 여성 참정권 부여 등의 근대화 작업을 이루었으나, 왕권 안정을 위한 국방비 증액과 인플레이션, 생필품 부족 등으로 국민의 불만이 커졌고, 이슬람 민족주의 세력의 저항을 불러왔다.

121) 일부 인질을 구출한 이야기를 다룬 것이 영화 〈아르고〉(*Argo*)이다. 나머지 인질은 사건 발생 444일 만에 석방되었다.

관계는 급격히 악화되었다. 이란이 핵개발을 하자 미국이 경제 제재를 하면서 두 나라의 관계는 더욱 악화되다가 2016년부터 다시 화해 모드로 바뀌고 있다.

이라크는 20세기 초까지 오스만 제국의 지배하에 있다가 1차 대전이 끝난 후 영국령이 되었으며, 1932년에 이라크 공화국(Republic of Iraq)으로 독립하였다. 일련의 쿠데타가 계속된 끝에 1968년 아랍 사회주의 바트당(Arab Socialist Ba'ath Party)[122]이 정권을 장악하였다. 1979년 정권을 잡은 사담 후세인(Saddam Hussein)은 친미정권이었다. 후세인이 이란과 전쟁에 돌입하자 미국과 서유럽 국가들은 후세인 정권에게 막대한 외교적, 경제적, 군사적 지원을 했다. 그러나 1990년 8월 후세인이 쿠웨이트(Kuwait)를 침공하여 합병하자 석유공급의 차질을 우려한 미국 등 30개 서방 국가가 다국적군을 결성해 이라크를 패배시켰다. 이것이 〈제1차 걸프 전쟁〉(First Persian Gulf War)이다.

이후 이슬람권에서는 반미 감정이 고조되었고, 전면전 대신 국지적인 테러 공격에 돌입했다. 그 중 가장 큰 테러사건이 2001년에 발생한 911테러(September 11 Attacks)이다. 911테러는 항공기를 동시다발로 납치하여 목표물에 돌진하는 자살공격으로, 뉴욕의 110층짜리 세계 무역 센터(World Trade Center) 쌍둥이 빌딩이 붕괴되었고 알링턴의 국방부 건물인 펜타곤(Pentagon)이 일부 파괴되었고, 약 90개국의 3,000여 명이 목숨을 잃은 대참사이다. 이 장면은 CNN에서 시시각각

122) 1940년 다마스쿠스에서 창설된 정당이며 정식 명칭은 아랍 사회주의 부흥당이다. 본래는 모든 아랍 국가를 하나의 나라로 통일하는 동시에, 당시 아랍 지역을 지배하고 있었던 서구 식민 지배에 투쟁하기 위한 아랍 민족주의 및 세속주의 운동을 목표로 했다. "바트"는 아랍어로 "부흥" 또는 "재건"을 뜻한다. 대체로 아랍 사회주의, 아랍 민족주의, 범아랍주의, 세속주의를 정치적 주장으로 내세우고 있으며, 이슬람 원리주의와는 대립 관계이다.

으로 전 세계에 생중계되어 전 세계인에게 충격을 주었다.

미국은 사우디아라비아 출신의 오사마 빈 라덴(Osama bin Laden)과 알카에다(al-Qaeda) 조직을 주요 용의자로 지목하였고, 그 밖에 팔레스타인 해방 기구(Palestine Liberation Organization, PLO) 산하의 무장 조직인 하마스(HAMAS), 이슬람 원리주의 기구인 지하드(Jihad),[123] 레바논의 헤즈볼라(Hezbollah) 등 다른 이슬람 테러 조직들도 관여했을 것으로 보고 있다.

조지 W. 부시 대통령은 이 테러 사건을 미국에 대한 명백한 공격으로 규정하고 비상사태를 선포했다. 미국과 영국 연합군은 2001년 10월 7일 빈 라덴을 잡기 위해 그가 숨어있다고 추정된 아프가니스탄을 공격해 탈레반(Taliban)[124] 정부를 무너뜨리고 반탈레반 과도 정부를 수립시켰지만 막상 빈 라덴을 잡지는 못하다가, 2011년 5월 제로니모(Geronimo) 작전으로 빈 라덴을 사살 후 수장하였다.

2003년 미국은 영국과 연합해서 이라크를 침공하는데 이것이 〈제2차 걸프 전쟁〉이다. 이라크가 대량 살상 무기를 보유하고 있어 세계의 안보 환경을 위협하는데 유엔의 사찰을 거부하므로 살상 무기의 폐기 여부를 확인할 수 없다는 것이 침공의 이유였다. 미군은 후세인을 실각시키고 새로운 과도 정부를 출범시켰으며 미군을 상주시켰다.

그러나 2004년 10월 미국이 파견한 조사단은, "이라크에 대량 살상

---

123) 성스러운 전쟁이라는 의미이다.

124) 1979년 소련군의 침공으로 아프가니스탄이 점령되자 이슬람이 중심이 된 저항 세력이 미국의 지원으로 반소련 항쟁을 벌였다. 1989년 소련이 붕괴되기 직전 소련 군대는 철수했고, 아프가니스탄에서는 1990년대에 정치적 불안이 계속되었다. 1997년 엄격한 이슬람 규율로 무장한 탈레반이 기득권층과 마약 군벌들을 물리치고 정권을 장악하여 안정된 정국을 유지하다가 곧 극단적인 이슬람 원리주의 정권으로 변했다.

무기는 존재하지 않는다."는 보고서를 제출하였고 미국은 명분 없는 전쟁을 수행했다는 비판을 받았다. 버락 오바마 대통령은 2011년 12월 15일 이라크 전쟁의 종결을 선언했지만 이라크 문제는 여전히 불안한 화약고이다. 중동지역은 전쟁과 테러의 소용돌이에 빠져 있고, 미국 본토도 테러의 위협에서 자유롭지 않다.

40. 로널드 윌슨 레이건(Ronald Wilson Reagan, 1981~1989)

영화배우 출신인 로널드 레이건(1911~2004)은 강경한 보수정책을 펼쳐서 재선에 성공하였고, 2011년의 미국민 여론 조사에서 에이브러햄 링컨을 제치고 위대한 대통령 1위를 차지했다. 레이건의 신자유주의 경제정책은 레이거노믹스(Reaganomics)로 지칭된다. 기본적으로 친기업적인 공급중시 경제학(supply-side economics)[125]이다. 레이건의 감세 정책은 대중의 인기를 얻는 데는 성공했지만 재정 적자와 국제수지 적자라는 쌍둥이 적자가 심화되었고 분배의 악화를 가져왔다.

외교 정책도 보수주의적이고 극단적이어서, 레바논 내전(Lebanese Civil War, 1983)의 파병, 그레나다 침공((Invasion of Grenada, 1983), 리비아 폭격(Libya Bombing, 1986), 니카라과 반군지원 등, 제 3세계 국가들에게 위협적인 정책을 실행했다. 포클랜드 전쟁(Falklands War)[126]에서는 우방국인 영국을 옹호하면서 아르헨티나를 테러 집단으로 규정하였고, 이로 인해 중남미에서는 레이건에 대한 비난이 빗발쳤다. 1987년의 이란-콘트라 사건(Iran-Contra Affair)[127]은 레이건의 도덕성에 치명적인 상처를 입혔다.

125) 기업의 투자와 성장을 촉진하고 경제를 안정시키기 위한 방편으로, 조세 인하를 통한 재화와 용역의 공급 증가를 중시하는 경제 이론이다. 반대자들은 하향침투식 경제학(trickle-down economics)으로, 지지자들은 자유시장 경제학(free market economics)이라고 규정했다.

126) 1982년 4월 2일, 아르헨티나가 자국과 가까운 영국령 포클랜드 섬(=말비나스 섬)을 회복하겠다고 선언하며 침공한 전쟁이다. 이 전쟁은 2개월 만에 아르헨티나군의 항복으로 종료되었으며, 이로 인해 아르헨티나의 군사 독재 정권은 실각하게 된다. 아르헨티나에서는 말비나스 전쟁(Malvinas War)라고 한다.

41대 대통령 조지 H. W. 부시(George Herbert Walker Bush 1924~ , 재임 1989~1993)는 중국과의 국교 정상화를 이룬 외교의 달인으로 레이건 정부의 부통령을 맡았고 대통령에 당선되었다. 1989년 12월에 파나마 침공을 감행하여 대통령 마누엘 노리에가(Manuel Noriega)를 미국으로 압송해서 재판했다.[128] 1990년 이라크의 후세인이 쿠웨이트를 침공하자 이라크를 상대로 한 1차 걸프전쟁에서 승리를 거두었다.

42대 대통령 빌 클린턴(William Jefferson Clinton 1946~ , 재임 1993~2001)은 32세로 아칸소에서 최연소 주지사로 선출된 후 여러 번 연임을 거쳤다. 1992년 현직 대통령인 부시와 경쟁하면서 클린턴은 경제 불황을 중요 이슈로 삼으며, "문제는 경제야, 멍청아!"(It's the economy, stupid!)라는 구호를 내걸었다. 클린턴이 재임한 1990년대는 경제 호황이 계속되어 재선에도 성공했다. 그러나 모니카게이트(Monicagate)[129] 때문에 클린튼의 성과는 빛이 바래고 말았다.

43대 대통령 조지 W. 부시(George Walker Bush 1946~ , 재임 2001~2009)는 현직 부통령이던 민주당 엘 고어보다 총 득표율에서는 졌지만 승자독식제로 인해 271 대 266으로 선거인단 확보에서 이겨서 대통령이 되었다. 신보수주의(Neo-conservatism)[130]의 지지자인 부시는 911 테러 이후 "테러와의 전쟁"(War on Terror)[131]을 선포했고, 아

127) 이란의 헤즈볼라에 납치된 인질을 구하기 위해서 미국 정부가 적성 국가인 이란에 불법적으로 무기를 판매했으며, 그 이익으로 니카라과의 산디니스타 민족해방전선(Sandinista National Liberation Front) 정부에 대항하는 콘트라 반군(Contras)을 지원한 정치 스캔들이다.

128) 미국은 노리에가를 체포하기 위해 24,000명의 미군을 파나마로 파병했다. 명분은 마약 단속이었지만, 사실은 미국 중앙 정보국(CIA)의 하수인이던 노리에가의 마약 거래가 미국의 니카라과 우익반군 지원과 관련이 있다는 사실이 들통나서 미국의 중남미 전략에 걸림돌이 됐기 때문이다. 1989년 대선에서 당선한 기예르모 엔다라(Guillermo Endara)가 미국의 군사력을 배경으로 대통령에 취임했고 노리에가는 1990년 1월 미군에 투항했다.

129) = Lewinsky Scandal. 1998년 모니카 르윈스키(Monica Lewinsky)와의 성추문으로 클린턴은 특검 검사 케네스 스타(Kenneth Starr)의 집요한 추적을 받으면서 거의 탄핵 직전까지 몰렸다.

130) = Global War on Terrorism.

131) 1970년대에 발생해 현재까지 미국의 정계에서 지지를 얻고 있는 정치 흐름이다. 미디어나 민주당 등에서 경멸적으로 네오콘(Neocon)이라고 부른다. 경제적으로는

프가니스탄을 침공했다. 2002년 국정연설에서는 북한, 이란, 이라크를 "악의 축" (axis of evil)으로 규정했다. 부시는 미국의 금융 위기를 초래한 서브프라임 모기지 사태를 제대로 조정하지 못해 전 세계에 경제 대침체(Great Recession, 2007~2009)를 유발시킨 책임을 져야 한다는 비판을 받았다.

* 서브프라임 모기지 사태(Subprime Mortgage Crisis)

모기지론(mortgage loan)은 주택을 사려는 사람에게 주택을 담보로 저리 이자로 돈을 빌려주고 매달 원금과 이자를 장기간에 걸쳐 갚게 하는 "주택 담보 대출"이다. 대부분의 미국인들은 이 모기지론을 이용해서 약 30퍼센트 정도의 초기대금(down payment)을 내면 주택을 구입할 수 있다. 대출자가 중간에 직장을 잃거나 돈이 없어 원금과 이자를 갚지 못하면 주택은 유질처분(foreclosure)되어 대출을 해 준 은행의 소유가 된다. 은행은 신용도가 좋은 정도에 따라 "프라임"(prime) "알트-A"(alternative A), "서브프라임"(subprime)의 3단계로 나누어 모기지론을 실행하는데, 대출금 회수가 불분명한 서브프라임의 신용도를 가진 사람들에게는 대출을 꺼리게 된다.

2000년대 초, 대출 금리는 초저금리인데 반해 부동산 가격이 폭등하여 은행은 유질처분으로 차압한 주택을 매도해서 이익을 보는 구조였으므로 대출금 반납이 불확실한 서브프라임 신용자에게도 다량의 모기지론을 해주었다. 이 서브프라임 모기지는 증권으로 변환되어 높은 수익률을 보장하는 상품으로서 해지펀드, 보험사, 투자 은행들

자유주의이지만, 정치, 사회, 문화적으로는 권위주의적인 우파 사상이다. 경제적 자유주의를 제창하는 신자유주의나 보수자유주의는 작은 정부를 지향하는데 반해 신보수주의는 질서를 유도할 수 있는 큰 정부와 강력한 군사력을 전제로 한다.

에 의해 대량으로 구매되었다.

2004년 미국이 저금리 정책을 종료하자 모기지론의 이자가 상승한 데다 부동산 거품이 꺼지면서 주택 가격이 순식간에 하락했고 주택경기가 얼어붙었다. 주택의 원리금과 이자를 상환하지 못하는 주택들이 대규모로 차압되었지만 주택가격이 대출금보다 하락한 상태가 되면서 은행은 손해를 입었고, 그 피해는 모기지론 증권을 매입했던 해지펀드, 보험사, 투자 은행 등 2차 금융권으로 확산되어 대형 금융사와 증권 회사의 파산이 이어졌다. 이 사태는 전 세계로 확산되어 세계적인 신용 경색을 가져왔고 실물 경제에도 악영향을 주어 세계 경제에도 타격을 입혔다.

44. 버락 후세인 오바마(Barack Hussein Obama, 2009~)

버락 오바마(1961~)는 최초의 하와이 출신 대통령이며, 케냐 국적의 흑인 아버지와 백인 미국인 어머니 사이에서 태어난 물라토(Mulatto) 대통령이다. 2008년 민주당 대통령 후보 예비선거에서 힐러리 클린턴(Hilary Clinton)을 물리치고 대선 후보로 지명되었고, 공화당 후보인 존 매케인(John McCain)을 365 대 173의 압도적인 차이로 누르고 당선되었다가 재선되었다. 2009년에는 국제 외교와 인류의 협력 강화를 위한 노력을 인정받아 노벨 평화상을 수상하였다.

오바마의 경제 철학은 오바마노믹스(Obamanomics)라고 지칭되는데 서민들에게 경제적 기회를 더 부여하자는 것이다. 그 중 전 국민이 건강 보험을 받을 수 있도록 하는 오바마케어(Obamacare)가 핵심적이다. 오바마의 지지자들도 추진비용 등을 이유로 실현 가능성에 의문을 표시하며, 공화당에서는 오바마가 사회주의자라며 색깔 논쟁까지 벌였지만 퇴임을 앞둔 오바마는 유례없는 인기를 누리고 있다.

2016년의 대통령 선거에서 힐러리 클린턴과 치열한 접전 끝에 도널드 트럼프(Donald Trump)가 당선되어 45대 대통령으로 확정되었다.

* 미국의 대통령

	대 통 령	재임 기간
1	George Washington (재선)	1789-1797
2	John Adams	1797-1801
3	Thomas Jefferson (재선)	1801-1809
4	James Madison (재선)	1809-1817
5	James Monroe (재선)	1817-1825
6	John Quincy Adams	1825-1829
7	Andrew Jackson (재선)	1829-1837
8	Martin Van Buren	1837-1841
9	William Henry Harrison	1841
10	John Tyler	1841-1845
11	James Knox Polk	1845-1849
12	Zachary Taylor	1849-1850
13	Millard Fillmore	1850-1853
14	Franklin Pierce	1853-1857
15	James Buchanan	1857-1861
16	Abraham Lincoln	1861-1865
17	Andrew Johnson	1865-1869
18	Ulysses S. Grant (재선)	1869-1877
19	Rutherford Birchard Hayes	1877-1881
20	James Abram Garfield	1881
21	Chester Alan Arthur	1881-1885
22	Grover Cleveland	1885-1889
23	Benjamin Harrison	1889-1893
24	Grover Cleveland	1893-1897
25	William McKinley	1897-1901
26	Theodore Roosevelt (재선)	1901-1909

27	William Howard Taft	1909-1913
28	Woodrow Wilson (재선)	1913-1921
29	Warren Gamaliel Harding	1921-1923
30	Calvin Coolidge (재선)	1923-1929
31	Herbert Clark Hoover	1929-1933
32	Franklin Delano Roosevelt (4선)	1933-1945
33	Harry S. Truman (재선)	1945-1953
34	Dwight David Eisenhower (재선)	1953-1961
35	John Fitzgerald Kennedy	1961-1963
36	Lyndon Baines Johnson (재선)	1963-1969
37	Richard Milhous Nixon (재선)	1969-1974
38	Gerald Rudolph Ford	1974-1977
39	James Earl Carter, Jr.	1977-1981
40	Ronald Wilson Reagan (재선)	1981-1989
41	George Herbert Walker Bush	1989-1993
42	William Jefferson Clinton (재선)	1993-2001
43	George Walker Bush (재선)	2001-2009
44	Barack Hussein Obama (재선)	2009- 2016
45	Donald Trump	2017-

5 미국의 지리

미국은 석탄, 철광, 석유 등 다양한 지하자원이 풍부하게 매장되어 있으며, 농업과 목축업을 하기에도 최적의 입지를 갖추고 있다. 본토의 지형은 대체로, 태평양 연안의 환태평양 조산대(Pacific Ring of Fire)에 속하는 험준한 산지로 화산 활동이 활발한 지역, 대서양 연안에 가까운 애팔래치아 산맥 근처의 오랫동안 침식이 진전된 지역, 내륙에 미시시피 강 유역으로 광대하게 펼쳐진 평야 지역으로 나눌 수 있다.

이런 다양한 지형으로 인해 독특한 경관의 국립공원들이 많이 있다. 와이오밍, 몬태나, 콜로라도, 아이다호, 유타에 걸쳐있는 로키 마운틴 국립공원(Rocky Mountain National Park), 와이오밍과 몬태나에 걸쳐있는 옐로스톤 국립공원(Yellowstone National Park), 애리조나에 있는 거대한 계곡인 그랜드캐니언 국립공원(Grand Canyon National Park), 캘리포니아의 레드우드 국립공원(Redwood National Park), 메인의 아카디아 국립공원(Acadia National Park) 등 30여 개의 다양한 특색을 가진 국립공원이 있다.

미국은 50개의 주(State)와[1] 워싱턴 D.C.로 이루어진 연방 국가이다. 연방 정부가 임의로 주를 없애거나 주 경계선을 바꿀 수 없고 각 주도 연방에서 탈퇴할 권리가 없다고 연방헌법에 규정되어 있다. 각 주는 주의 방위권을 가지고 있으며 주 정부의 조직은 연방 정부의

1) 켄터키, 매사추세츠, 펜실베이니아, 버지니아는 공식명칭에서 "State"가 아니라 "Commonwealth"를 사용한다.

조직과 비슷하며, 비슷한 기능을 한다. 각 주의 행정의 장은 주지사(Governor)이며 투표를 통해 대체로 4년의 임기로 선출된다.[2] 의회는 네브래스카 주를 제외하고는 대부분 상하원 양원제이다. 대부분의 주에서 상원 의원의 임기는 4년이며, 하원 의원의 임기는 2년이다. 각 주는 카운티(County)[3]로 나누어지며 현재 전역에는 3,143개의 카운티가 있다. 각 카운티는 시(city), 타운(town), 빌리지(village)로 나누어진다.

미국의 영토는 워낙 광활하므로 50개 주는 기후나 인구, 역사, 문화 등 모든 면에서 독특한 특징을 가지고 있다. 여기서는 미국인구조사국(United States Census Bureau)의 분류에 따라, 북동부(뉴잉글랜드와 중부대서양), 남부(남대서양 연안과 동남중부, 서남중부), 중서부(동북중부와 서북중부), 서부(태평양 연안과 산악지대) 등 네 지역으로 나누어 살펴보겠다.

1) 북동부 지역(뉴잉글랜드와 중부 대서양)

뉴잉글랜드 지역(뉴햄프셔, 로드아일랜드, 매사추세츠, 메인, 버몬트, 코네티컷)과 중부 대서양지역(뉴욕, 뉴저지, 펜실베이니아)로 이루어져 있다.

---

2) 2년인 곳도 있다.

3) 루이지애나 주에서는 카운티 대신 패리쉬(Parish)라는 명칭을 쓰고 알래스카 주에서는 "버로우"(Borough) 또는 "인구 조사 지역"(Census Area)을 쓴다. 시외 행정을 통합한 일부 카운티는 독립시(Independent city), 시군 통합도시(Consolidated city-county)라는 명칭을 쓰기도 한다.

(1) 뉴잉글랜드 지역

① 뉴햄프셔 주(State of New Hampshire)

북쪽으로 캐나다의 퀘벡(Québec) 주와 국경을 접한다. 1620년대에 첫 식민지인들이 정착을 했고 1641년에 매사추세츠 식민지에 통합되었다가 1776년 독립 전쟁에 참가했고 1778년 9번째 주가 되었다. 50개 주 가운데 면적으로 43번째, 인구로 41번째의 작은 주이지만 대통령 예비 선거 중에서 뉴햄프셔 예비 선거가 가장 먼저 열린다. 아이비리그 대학의 하나인 다트머스 대학교(Dartmouth College)로 유명하다.

② 로드아일랜드 주(State of Rhode Island and Providence Plantations)

가장 작은 주이며, 공식 명칭은 "로드 섬과 프로비던스 식민지 주"라는 가장 긴 명칭이다. 명칭에 섬이라는 말이 들어가 있지만 실제로 주의 대부분은 대륙에 들어있다. "대양 주"(Ocean State)라는 별명이 있다. 1636년 프로비던스 식민지가 설립되었고 1647년 프로비던스와 포츠머스(Portsmouth), 뉴포트(Newport), 워릭(Warwick)이 합쳐 로드아일랜드가 성립되었다. 뉴포트는 부유한 사람들의 휴양지로 유명하다. 로드아일랜드는 1774년 노예 제도를 반대한 첫 번째 주가 되었고, 1776년 영국으로부터 독립을 선언한 13개 주에 속하며, 1790년 13번째 주가 되었다.

③ 매사추세츠 주(Commonwealth of Massachusetts)

당시 그 지역에 거주하던 원주민의 이름을 따서 주의 명칭을 지었다. 1620년 메이플라워 호를 타고 온 영국 청교도들이 매사추세츠의 플리머스에 정착하였다. 매사추세츠의 보스턴(Boston)에서 독립혁명이 시작되었고, 19세기 전반에는 노예제도 폐지 운동을 주도하는 등 진보적인 정책을 시행했다. 남북전쟁 이후 아일랜드계 이민이 급증하여 가톨릭교도가 부쩍 늘었는데 케네디 가문이 그 대표적인 예이다. 하버드 대학(Harvard University)과 MIT(Massachusetts Institute of Technology)가 보스턴 근교에 있다.

④ 메인 주(State of Maine)

캐나다의 뉴브런즈윅(New Brunswick) 주와 퀘벡 주와 국경을 접한다. 1607년 영국인들이 식민지를 설립하였고, 1636년에 메인의 첫 정부가 세워졌다. 1677년 매사추세츠 식민지의 한 부분이 되었고 1820년 매사추세츠 주에서 분리되어 23번째 주로 승격되었다.

⑤ 버몬트 주(State of Vermont)

북쪽으로 퀘벡 주와 국경을 접하며, 뉴잉글랜드 지역에서 유일하게 대서양을 접하지 않은 주이다. 풍경과 낙농 제품으로 유명하며 메이플 시럽 생산지로 유명하다. 1609년 프랑스인의 탐험 이후 프랑스가 지배하다가 〈프렌치-인디언 전쟁〉에서 이긴 영국이 차지하게 된다. 독립공화국으로 남기를 원했던 버몬트는 1791년 14번째 주로 합류했다.

⑥ 코네티컷 주(State of Connecticut)

1614년에 네덜란드 탐험가가 도착한 후 네덜란드 모피 상인들이 하트포드(Hartford)에서 코네티컷 강줄기를 따라 통하는 무역로를 이용하다가, 1633년 윈저(Windsor)에 영국인들의 첫 정착이 시작되었고, 1662년에 영국의 식민지로 확정되었다. 독립 전쟁에 참가한 13개 주에 속하며, 1788년에 5번째 주로 통합되었다. 헌법 주(Constitution

State), 너트맥 주(Nutmeg State)라는 별명이 있으며 주의 노래인 양키 두들(Yankee Doodle)[4]이 유명하다. 아이비리그(Ivy League)[5]에 속하는 예일 대학교(Yale University, 1701)가 있다. 하트포드에서『웹스터 사전』을 만든 노아 웹스터(Noah Webster)가 태어났고, 소설가 마크 트웨인은 20년간을 살면서 대표작들을 출간했다.

(2) 중부 대서양 지역

① 뉴욕 주(State of New York)

"뉴욕"이라는 명칭은 잉글랜드 요크(York)의 공작이었던 제임스 스튜어트(James Stuart)[6]에서 따온 것이다. 뉴욕 시(New York City)와 구별하기 위해 "New York State"라고 지칭한다. 북쪽으로 캐나다의 퀘벡 주와 온타리오(Ontario) 주와 국경을 이룬다. 1609년 헨리 허드슨(Henry Hudson)의 탐험을 기초로 네덜란드인들이 허드슨 강 유역에 세운 뉴네덜란드 식민지(Colony of New Netherland)를 1664년 영국이 병합해서 오늘날의 뉴욕 주와 비슷한 경계인 뉴욕 식민지(Province of New York)를 운영했다. 뉴욕 식민지는 1765년 영국 의회가 통과시킨

4) "양키 두들은 타운에 갔네. / 당나귀 타고서. / 모자엔 깃을 꼽고선 / 마카로니라고 불렀네."(Yankee Doodle went to town/ Riding on a pony;/ He stuck a feather in his hat,/ And called it macaroni.)

5) 원래 북동부에 위치한 8개 사립대학의 스포츠 팀으로 이루어진 운동 경기 연맹을 지칭하는 용어였으나 해당 사립 대학교를 통틀어 가리키는 용어이기도 하다. 브라운 대학교, 컬럼비아 대학교, 코넬 대학교, 다트머스 대학교, 하버드 대학교, 펜실베이니아 대학교, 프린스턴 대학교, 예일 대학교가 포함된다. 현재 "아이비리그"라는 용어는 학문적 우수성, 까다로운 입학 조건, 엘리트주의를 상징한다. 아이비리그는 "Ancient Eight"이라고 불리기도 한다.

6) 1685년 제임스 2세가 된다.

인두세(Stamp Act)에 항의하여 자유의 아들들(Sons of Liberty)을 조직하여 투쟁했고, 독립 전쟁 중에 치른 전투 중 거의 3분의 1이 뉴욕에서 벌어졌다. 뉴욕 주는 1788년 〈헌법〉을 비준한 11번째 주가 되었다.

미국으로 오는 이민자들이 가장 먼저 도달하고 가장 많이 머무는 곳이 뉴욕 주이다. 이전에 이민자들은 뉴욕의 엘리스 섬(Ellis Island)[7]에서 심사를 받은 후 다른 지역으로 이동했었다. 나이아가라 폭포(Niagara Falls)가 미국과 캐나다의 국경에 걸쳐 있는데 캐나다 쪽에서 보는 전망이 더 아름답다.

* 뉴욕 시(New York City)

뉴욕 주의 남동쪽 끝에 자리한 뉴욕 시는 미국에서 가장 인구가 많은 시이며, 가장 큰 도시이며, 가장 유명한 도시이다. 뉴욕 시는 1790년까지 미국의 수도였고 워싱턴 대통령의 취임식이 거행된 곳이다. 현재의 수도 워싱턴 D.C.가 정치적 수도라면 뉴욕 시는 경제적 수도라 할 수 있다. 뉴욕 시에서 자동차를 몰고 필라델피아를 거쳐 워싱턴 D.C.까지 대서양 연안을 따라 가면, 도시에서 교외로, 다시 도시를 지나가게 되는데, 이 도시들을 통칭해서 "메갈로폴리스"(megalopolis)라고 한다.

"큰 사과"(Big Apple)라는 별명으로 알려져 있는 뉴욕 시는 브롱스(Bronx), 브루클린(Brooklyn), 맨해튼(Manhattan), 퀸스(Queens), 스태튼 섬(Staten Island) 등 5개 자치시(borough)로 구성된다. 맨해튼의 월 스트리트에는 금융기관이 밀집해 있고, 유엔 본부도 있으며, 엠파이어스테이트(Empire State) 빌딩[8]을 비롯한 고층빌딩이 가득하다. 이디스 워튼(Edith Wharton)의 『순수

7) 뉴욕 허드슨 강의 하구에 있는 섬으로 1892년 1월 1일부터 1954년 11월 12일까지 미국으로 들어가려는 이민자들이 입국 심사를 받던 곳이다. 리버티 섬(Liberty Island) 에서 북쪽으로 1킬로미터 안 되는 거리에 있다.

8) 미국 자동차들의 번호판은 해당 주를 나타내는 별칭을 써놓는데 뉴욕 주의 차량 번호판에는 "Empire State"라고 되어 있다.

의 시대』(*The Age of Innocence*, 1920)는 20세기 초 뉴욕 시의 상류계층의 삶을 잘 보여주며, 〈섹스 앤 더 시티〉(*Sex and the City*)[9]는 20세기 말의 뉴욕을 매력적으로 제시한다.

* 자유의 여신상(Statue of Liberty)

뉴욕 시의 리버티 섬(Liberty Island)에 서있는 자유의 여신상은 오랜 항해를 거치고 미국 땅에 도착한 이민자들의 눈에 맨 처음 들어오는 희망의 상징이었다. 여신상은 프랑스인들의 제안과 모금 운동으로 시작되었다. 1878년 파리 박람회에서는 자유의 여신상의 두상을 전시하고 기부금을 모았다. 1884년 완성된 여신상은 2백여 조각으로 분해되어 미국으로 운송된 후 재조립되어 받침대에 올려졌고, 1886년 10월 28일 클리블랜드 대통령이 참석한 자리에서 제막식을 가졌다. 자유의 여신상은 미국의 자유와 민주주의를 상징하게 되었고 1984년 유네스코 세계 문화유산에 등재되었다. 여신상의 받침대 입구에 있는 현판에는 에머 래저러스(Emma Lazarus)가 지은 소네트 〈새로운 거상〉(The New Colossus, 1883)이 새겨져 있다.

② 뉴저지 주(State of New Jersey)

미국에서 네 번째로 면적이 작지만 인구 밀도는 가장 높은 주이다. 주의 이름은 영국 해협(English Channel)에 있는 저지 섬(Jersey Island)에서 따왔다. 북동쪽에 보스턴과 뉴욕이 있고 남서쪽으로는 필라델피아, 볼티모어, 워싱턴 D.C.가 있어 북동 메갈로폴리스(Northeast megalopolis)의 중심이 되었고, 1950년대 이후 교외화(suburbanization)[10]

9) 미국 HBO에서 1998년부터 2004년까지 총 6시즌으로 제작하여 방영한 이 드라마는 뉴욕 시에 사는 30대 여성 네 명을 통해 대도시에 사는 미국 전문직 여성의 삶을 그리면서 다양한 사회적 이슈를 다루었다. 외국의 시청자들에게는 특히 뉴요커들의 삶과 문화가 매력적으로 부각되었다.

10) 도시의 인구 중심 밀집지에서 주민과 생산, 소비 활동의 대부분이 교외로 이전하는 현상이다. 우리나라로 치면 수도권을 건설하여 서울의 인구를 분산하는 정책이다.

덕분에 전원적인 주거지로 각광받으면서 급속히 발전했다. 특히 맨해튼과 가까운 게이트웨이 지역(Gateway Region)에는 뉴욕으로 통근하는 주민이 많이 살고 있다.

처음에는 네덜란드인들이 정착했으나 1664년 잉글랜드의 식민지가 되었다. 뉴저지는 토지가 비옥할 뿐 아니라 관용적인 종교정책을 시행했으므로 미국 내의 여러 지역에서 이주자들이 몰려들었고, 따라서 인종적으로나 종교적으로 다양했다.[11] 독립전쟁에 참가한 동안 미국군과 영국군이 번갈아 이 지역을 차지하였으므로 "혁명의 교차로"(Crossroads of the Revolution)라는 이름을 얻었다.

③ 펜실베이니아 주(Commonwealth of Pennsylvania)

1643년 스웨덴의 이주민들이 정착했고, 1655년에 네덜란드인들이 정착했으며 1664년에는 영국인들이 정착했으므로 세 나라 사이에 다소 갈등이 있었지만 합의 하에 1667년 영국의 점유지로 인정되었다. 1681년 찰스 2세는 퀘이커 교도인 윌리엄 펜(William Penn)에게 채무 대신 이곳을 증여했고 펜이 식민지 정부를 세우면서 펜실베이니아[12]라고 명명되었다. 1776년 펜실베이니아의 주도인 필라델피아에서 미국의 독립이 선언되었으므로 1787년에 2번째 주로 연방에 가입했다. 남북전쟁 때 격전이 벌어진 게티즈버그 전투로 유명하다. 독일계 이민들이 많이 정착하였으므로 이들이 쓰는 펜실베이니아 독일어는 영어와 그들의 사투리가 섞인 언어이다. 아미시(Amish)[13] 교인이 많이 살고 있다.

---

11) 버지니아 주의 제임스타운 식민지나 매사추세츠 주의 플리머스 식민지는 영국의 이주민들이 대부분이었다.

12) 가족의 성인 "Penn"에 숲(woods)을 뜻하는 라틴어 "sylvania"를 붙인 것이다.

13) 스위스의 종교 개혁가 야곱 아망(Jakob Ammann)이 창시한, 개신교의 재침례교

2) 남부 지역

미국의 남동부에 해당되는 지역이며, 더 구체적으로는 남대서양 연안 지역(노스캐롤라이나, 사우스캐롤라이나, 델라웨어, 메릴랜드, 버지니아, 웨스트버지니아, 조지아, 플로리다), 동남중부 지역(미시시피, 앨라배마, 켄터키, 테네시), 서남중부 지역(루이지애나, 아칸소, 오클라호마, 텍사스)로 나누어진다. 이중 가장 남부적인 색채를 띤 루이지애나, 미시시피, 사우스캐롤라이나, 앨라배마, 조지아를 딥사우스(Deep South)[14]라고 지칭한다.

* 딕시(Dixie)

남부를 가리키는 별명이다. 이 이름의 유래 중 가장 유력한 것은, 루이지애나의 은행에서 발행된 10달러 통화에서 비롯되었다는 것이다. 10달러는 프랑스어 "Dix"(10)이 적혀 있어서 "딕시"라고 불렸다. 처음에는 루이지애나가 딕시랜드(Dixieland)로 불렸으나, 곧 남부연합에 가입한 11개의 남부 주[15] 전체를 지칭하게

(Anabaptist) 중 한 일파. 17세기 이후 탄압을 피해서 유럽에서 이주한 스위스-독일계 이민들로 주로 미국 펜실베이니아 주와 캐나다 온타리오 주에 거주한다. 자동차, 전기, 전화 등의 현대 문명을 거부하고, 단순하고 소박한 검은색 계통의 옷을 입으며, 전통적 방식의 농업과 축산업에 종사한다. 어린이들도 마을 학교에서 교육시키며, 읽고 쓰는 법 등 생활에 필요한 기본 지식만 배운다. 양심적 병역 거부를 실천하여 군대에 가지 않고, 공적 연금을 수령하지 않는 등 정부로부터 어떤 종류의 도움도 받지 않으며, 의료 보험도 들지 않는다.

14) 올드사우스(Old South)는 남북전쟁 이전의 노예주를 지칭하며, 남부연합에 가입했던 11개 주를 딕시(Dixie)라고 한다. 남부연합에 가입하지 않았으며 남부와 북부 경계에 위치한 미주리, 델라웨어, 켄터키, 메릴랜드 등은 보더사우스(Border South), 남부 대서양 지역은 뉴사우스(New South)로 지칭한다.

15) 사우스캐롤라이나, 미시시피, 플로리다, 앨라배마, 조지아, 루이지애나, 텍사스, 버지니아, 아칸소, 노스캐롤라이나, 테네시.

되었다. "내가 딕시에 있었으면 좋겠네."(I Wish I Was in Dixie)는 남부연합의 비공식 국가로 쓰였다.

오늘날 딕시는 전쟁 전(Antebellum)의 유산과 전통이 많이 남아있는 전통적인 남부를 의미하기도 한다. 슈퍼마켓 체인점인 윈-딕시(Winn-Dixie)처럼 "딕시"를 이용하는 남부의 사업체들도 많다. "딕시 생산물"(Dixie Produce)은 남부에서 생산되었다는 말이다.

(1) 남대서양 연안 지역

① 노스캐롤라이나 주(State of North Carolina)

"타르 발꿈치 주"(Tar Heel State)[16]나 "구 북 주"(Old North State)라는 별명이 있다. 동쪽에 있는 해터라스 곶(Cape Hatteras)에서는 많은 선박들이 난파되므로 이곳을 "대서양의 무덤"(Graveyard of the Atlantic)으로 부른다.

1585년 최초의 영국인 식민지가 건설되었다가 실패로 끝난 후 17세기 중엽에 버지니아에서 온 이주자가 동부 연안에 취락을 건설하였고, 18세기에는 원주민을 애팔래치아 산맥 서쪽으로 쫓아내면서 피드몬트(Piedmont)[17] 지역으로 개척이 진전되었다. 원래 캐롤라이나 식민지(Carolina Province)였다가 1710년 사우스캐롤라이나와 노스캐롤라이나로 나누어졌고, 1796년 노스캐롤라이나에서 테네시 주가 분리되어 나갔다.

1800년 이후 면화와 담배가 중요한 수출 품목이 되자 동쪽 지역

16) 이 별명은, 독립 전쟁때 영국군이 강을 건너면서 발에 타르가 잔뜩 묻은 데서 유래했다고도 하고, 남북전쟁 때 도망가는 군인들에게 타르를 묻히겠다고 야단친 데서 나왔다는 말도 있다.

17) 대서양 연안과 애팔래치아 산맥 사이에 위치한 구릉지대.

으로 노예 노동에 기반을 둔 대규모 플랜테이션 농장이 확대되었다. 1831년 흑인 노예인 냇 터너의 반란이 일어나자 흑인 자유민의 권리를 축소했고 1835년 흑인의 투표권을 거부하는 법을 통과시켰다. 1861년 5월 남부연합에 합류했다.

남북전쟁 후에는 흑인에 대한 차별과 억압적인 정책이 시행되었다. 1876년에서 1896년 사이에는 공중 시설을 인종에 따라 분리해서 사용해야 한다는 법을 비롯해 각종 짐크로법을 제정했다. 1899년 주 의회는 유권자 등록을 하려면 인두세(poll tax)[18]를 내고 문맹시험을 보아야한다는 법을 통과시켰다. 가난과 문맹을 벗어나지 못한 대부분의 흑인들을 투표에서 배제시키려는 의도였는데, 선거권이 없는 흑인들은 배심원이 될 수도, 지방 공무원이 될 수도 없었다. 1964년 연방의 〈시민권법〉과 1965년의 〈투표권법〉이 통과되고 나서야 흑인의 투표권이 부활되었다.

② 사우스캐롤라이나 주(State of South Carolina)

1710년 캐롤라이나 식민지에서 노스캐롤라이나와 분리되어 나왔고 1778년 미국의 8번째 주가 되었다. 부유한 농장주들이 주도했던 사우스캐롤라이나는 북부 위주의 연방 정책에 대해 불만이 많았다. 1832년 주 의회는 연방의 고관세정책을 비합헌이라고 규정하면서 〈무효화 조례〉(Ordinance of Nullification)을 통과시켰다. 1860년 에이브러햄 링컨이 대통령에 당선되자 가장 먼저 연방에서의 분리를 선언했고 찰스턴 항(Charleston Harbor)에 있는 연방군의 섬터 요새를 폭격하여 남

18) "head tax," "capitation tax"라고도 한다. 인구조사에 따라 모든 개인에게 부과되는 세금이다. 세금을 내지 않은 사람에게 투표권을 주지 않음으로써 흑인, 원주민, 외국 태생의 백인 등 가난한 사람들의 투표권을 박탈하고자 한 법이다.

북전쟁을 시작했다.

전쟁 후 1868년에 연방에 재편입되었지만 흑인에 대한 억압은 더욱 강화했다. 백인과 흑인 뿐 아니라 백인과 혼혈인 간의 결혼을 금지했고, 〈한 방울 규칙〉(One-drop rule)을 시행했다. 남부연합기를 계속 주의사당에 게양하는 보수적인 행동으로 반발을 일으키기도 했다.

* 〈한 방울 규칙〉(One-drop rule)

서로 다른 인종이나 계층의 결혼에서 나오는 자손은 "열등 자손"(hypodescent)이 된다는 개념에서, 우월한 인종인 백인과 열등한 종족인 흑인의 혼혈인은 "보이지 않는 흑인성"(invisible blackness)을 지닌 열등한 존재로 여겨졌다. 그런데 〈한 방울 규칙〉은 흑인의 피가 조금이라도 섞여 있다면 흑인으로 간주하는 관례이다. 이것은 백인의 편협함과 우월감을 드러내는 야비한 제도이지만 오랫동안 미국에서 인종을 구분하는 사회적 · 법적 원칙으로 작용했다.

미국의 혼혈아 문제는 시기에 따라, 또 인종에 따라 다르게 인식되었다. 식민 초기에는 주로 백인 남성과 원주민 여성 사이의 혼혈아들이 많았다. 백인들은 백인과 원주민의 혼혈아를 무조건 원주민으로 규정했다. 원주민들은 혈통이나 피부색보다는 문화적으로 혼혈아의 인종을 규정지었으므로 부족에 따라 조금씩 달랐다. 모계 제도를 따르는 부족들은 어머니의 부족에서 키워지는 혼혈아들을 같은 원주민으로 간주했다. 반면 부계 제도의 오마하 족은 백인 아버지를 둔 혼혈아를 백인으로 간주했다. 그러나 부족민이 혼혈아를 공식적으로 양자로 삼으면 오마하 부족으로 인정했다.

이후 흑인 노예가 많아지면서 백인과 흑인 간의 혼혈아가 급증했다. 초기에는 혼혈아의 인종은 외모로, 혹은 사회적인 인정으로 정해졌고, 법적으로도 관대했다. 토마스 제퍼슨 대통령의 흑인 노예 정부인 샐리 해밍스는 4분의 3이 백인 혈통이었으므로 4명의 자식들은 8분의 7이 백인 혈통이었고, 따라서 당시의 버지니아 법으로는 법적 백인이었다. 이 중 세 명은 성인이 되어 백인 사회로 진입했고, 그들의 자손은 전부 백인으로 인정받았다.

19세기 후반이 되면 외모로는 백인이라도 흑인 조상이 한 명이라도 있으면 흑인으로 규정한다는 〈한 방울 규칙〉이 점점 힘을 얻게 되었고 이로 인해 갈등이 빚어졌다.[19] 〈한 방울 규칙〉은 1910년에 테네시, 1924년에 버지니아에서 〈인종 보전 법〉(Racial Integrity Act)으로 법제화되었고 이후 다른 주로도 퍼져나갔다. 오늘날 〈한 방울 규칙〉은 법적으로는 사라졌지만 사회적으로, 문화적으로는 여전히 작동하는 듯 하다. 오바마 대통령은 백인과 흑인의 혼혈이지만 최초의 "흑인 대통령"이라고 불리기 때문이다.

③ 델라웨어 주(State of Delaware)

미국의 주 가운데 두 번째로 면적이 작다. 1609년 영국의 탐험가 헨리 허드슨이 네덜란드의 명령에 의해 현재의 델라웨어 만을 탐험했고, 1638년 스웨덴의 이주민들이 뉴스웨덴을 설립하였다가, 1655년 네덜란드인들이 점유하였고 1664년 영국인들이 차지하였다. 1776년 영국에서 독립하면서 헌법을 가장 먼저 승인하여 "첫 번째 주"(First State)라는 별명을 얻었다. 남북전쟁 때는 남부와 북부 지지자들이 양분되었다가 남부연합에 가담하였다.

④ 메릴랜드 주(State of Maryland)

잉글랜드 왕 찰스 1세의 왕비 메리를 따서 이름을 붙였다. 주도인 아나폴리스(Annapolis)에는 해군사관학교가 있다. 19세기 초에는 노예주에 속했으며 남북전쟁 때는 연방에서 탈퇴하지 않았지만 북부 지지자와 남부 지지자가 반반씩 갈려서 갈등이 많았다.

⑤ 버지니아 주(Commonwealth of Virginia)

"처녀 여왕"이라고 불린 잉글랜드의 엘리자베스 1세를 기념한 명칭

---

19) 미시시피 출신의 소설가 윌리엄 포크너(William Cuthbert Faulkner, 1897–1962)의 1930년대를 배경으로 한 『8월의 빛』(*Light in August*, 1932)에서 조 크리스마스(Joe Christmas)는 외모는 백인이지만 조상 중에 흑인이 있다고 생각하므로 불안정한 삶을 영위한다.

이다. 1607년 런던의 버지니아 회사가 제임스타운에 첫 식민 정착지를 세운 것이 1624년 영국 왕실의 버지니아 식민지가 되었다. 1776년 독립전쟁에 가담했고 1788년 10번째 주가 되었다. 1792년에 켄터키 주가 분리되어 나갔고, 남북전쟁 중이던 1863년에는 웨스트버지니아 주가 분리되어 나갔다. 남북전쟁 전에는 노예주였고 남북전쟁 때는 남부연합에 가담했고, 전쟁 후 1870년 합중국에 재편입되었다.

흑인에 대한 차별과 억압은 전후에 더 강화되었다. 1959년에야 알링턴 카운티(Arlington County)와 노포크(Norfolk)의 공립학교들에 백인과 흑인의 공동 입학이 시작되었을 정도이다. 1989년에 첫 흑인 주지사로 더글러스 와일더(Lawrence Douglas Wilder)가 당선되었다. 조지 워싱턴, 토마스 제퍼슨, 제임스 매디슨, 제임스 먼로, 윌리엄 헨리 해리슨, 존 타일러, 재커리 테일러, 우드로 윌슨 등 8명의 대통령들의 고향이다.

⑥ 웨스트버지니아 주(State of West Virginia)

1607년에 세워져 1776년까지 존속한 버지니아 식민지(Virginia Colony)의 일부로서 미국 독립 후에 버지니아 주의 일부였다. 버지니아 서쪽 지역의 주민들은 노예제 폐지를 주장하는 북부에 공감했으므로 동쪽 지역 주민들과 갈등이 깊어지던 중에 버지니아 주가 남부연합에 가입하자 1861년 휠링 전당대회(Wheeling Conventions)에서 웨스트버지니아 주로 독립할 것을 선언했다. 1863년 35번 째 주로 연방에 가입했다. 1864년 노예제를 폐지하면서 남북전쟁 동안 경계주의 역할을 했다.

⑦ 조지아 주(State of Georgia)

1733년 조지 2세의 칙허(charter)를 받은 식민지로 출발하면서 왕의 이름을 땄다. 독립 선언에 참가한 13개 주에 속한다. 미국 제1의 복숭아 산지여서 "복숭아 주"(Peach State)라는 별명과, "남부의 제국주"(Empire State of the South)라는 별명이 있다. 코크(Coke)라고 불리는 코카콜라(Coca-Cola)의 본산지가 애틀랜타에 있다.

1829년 조지아의 북쪽 지역에서 금이 발견되자 "조지아 골드러시"(Georgia Gold Rush)가 시작되었다. 금을 캐려는 백인 개척민들이 밀려들면서 이미 원주민에게 할당한 땅에 설립되어 있던 체로키 국(Cherokee Nation)[20]과 충돌이 일어났다. 이에 1830년 앤드루 잭슨 대통령은 〈인디언 이주법〉(Indian Removal Act)을 제정해서 법적 조치라는 미명 아래 조지아의 원주민과 동부의 원주민들을 현재의 오클라호마에 있는 인디언 거류지로 강제로 이주시켰다. 연방 대법원은 〈우스터 대 조지아〉(Worcester v. Georgia) 재판[21]에서 주가 원주민 거류지의 경계를 새로 설정하는 것이 위헌이라고 판결했지만 잭슨 대통령과 조지아 주는 판결을 무시하고 인디언 강제 이주를 강행했다. 1838년 밴뷰런 대통령도 잭슨 대통령의 정책을 이어받아 연방군을 파견해서 체로키족을 미시시피 서부로 이주시켰다.

조지아 주의 경제는 노예제 중심의 플랜테이션 농업에 전적으로 의존했다. 따라서 노예제를 두고 남북의 갈등이 극심해지자 1861년 연

20) 20세기의 체로키국과 구별되는 19세기의 체로키국은 1794년에서 1907년까지 존속된 합법적이고 자치적인 부족 정부이다. "The Nation"이라고도 한다.

21) 이 결정은 종족(tribe)과 주(state), 연방 정부(federal government)간의 관계를 정립한 선언으로 유명하다. 존 마셜(John Marshall) 판사는 이 판결에서, 인디언 국가들(Indian Nations)과 미국의 관계는 국가 간의 관계이므로 개별 주가 인디언의 문제에 관여할 수 없다고 판결했다.

방을 탈퇴하고 남부연합에 가입하였고 이후 최대의 격전지가 되었다. 1864년 애틀랜타에서 사바나에 이르는 대부분 지역은 북군의 윌리엄 셔먼 장군의 〈바다를 향한 행군〉 때 파괴되었다. 마거릿 미첼의 『바람과 함께 사라지다』는 조지아 주를 배경으로 한 소설이다.

전쟁 후 조지아 주는 1870년 연방에 합류했지만 흑인에 대한 억압과 차별을 계속 했다. 〈1877년의 타협〉 이후로 백인 민주당원이 주 의회를 장악하면서, 1877년 인두세를 통과시켰고 이로 인해 가난한 흑인과 백인은 투표에 등록하지도 못하는 참정권 박탈이 일어났다. 1908년에는 백인예비선거(white primary)[22]를 입법해서 흑인을 정치에서 배제시키는 방식을 채택했다. 1965년 연방 정부가 〈투표권법〉을 제정해서야 흑인에 대한 법적인 차별은 종식되었다.

⑧ 플로리다 주(State of Florida)

플로리다 반도에 위치해 있어 따뜻한 날씨 때문에 "햇빛 주"(Sunshine State)라는 별칭을 얻었다. 플로리다의 최남단인 키웨스트(Key West)가 미국의 최남단이다. 1513년 스페인의 탐험가가 상륙하여 스페인의 영토였는데 1819년 〈애덤스 오니스 조약〉(Adams-Onís Treaty)으로 매입했고, 1845년 27번째 주가 되었다.

1819년 플로리다가 미국령이 되자 플로리다의 원주민인 세미놀족을 비롯해 노예나 자유흑인들은 미국의 가혹한 통치를 피해서 쿠바의 아바나로 달아났다. 예상대로 미국은 〈인디언 이주법 1830〉을 내세우며 세미놀족을 서부로 이주시키려고 했고 이에 저항하면서 〈세미

22) 남부의 주에서 비백인 유권자들의 참가를 금지시킨 예비선거로 1890년 이후로 주 의회에서 입법화되었다. 연방 대법원이 〈스미스 대 올라잇 소송〉(Smith v. Allwright, 1944)에서 비합법이라고 판결한 이후에야 종식되었다.

놀 전쟁 1817~1858〉이 일어났다. 그러나 결국 이들은 대부분 미시시피 강 서쪽으로 쫓겨 갔다.

광활한 영토를 차지하게 된 백인 정착민들은 노예제를 기반으로 하는 대규모 면화 플랜테이션을 발전시켰다. 따라서 남북전쟁이 벌어지자 연방으로부터의 분리(Secession)를 선언하고 남부연합에 가입하였다. 그러나 전쟁에서 큰 역할은 못해서 북부의 신문은 플로리다를 "분리의 더러운 웅덩이에 사는 가장 작은 올챙이"라고 비웃었다.

전쟁이 끝나자 플로리다에서도 다른 남부의 주들과 마찬가지로 인두세, 문맹 테스트 등을 입법화해서 흑인의 참정권을 박탈했다. 흑인들은 백인들의 차별과 폭력을 피하기 위해서, 또 일자리를 찾아서 대규모로 북부와 중서부의 산업 도시로 떠나는 대이주(Great Migration)를 감행했다. 플로리다의 경제는 남부의 다른 주들처럼 파산 상태였다.

1920년대에 미국 경제가 호황을 맞으면서 관광 산업이 발달하고 호텔과 리조트를 지어 파는 부동산 호황이 일어나면서 플로리다의 경제는 활황을 맞았다. 1926년과 1928년의 강력한 태풍과, 1929년의 대공황의 영향으로 잠시 경기가 얼어붙기도 했지만, 2차 대전 후에 날씨가 좋고 생활비가 적게 든다는 점이 부각되면서 은퇴자들의 이주가 늘었고, 북동쪽의 〈녹지대〉(Rust belt)[23]에서 이주해오는 사람들이 늘어났다. 케네디 우주 센터(Kennedy Space Center), 월트 디즈니 월드 리조트(Walt Disney World Resort), 유니버설 올란도 리조트(Universal Orlando Resort), 시월드(Sea World) 등 각종 휴양지와 놀이 공원이 생기면서 미국인들이 가장 가고 싶은 곳으로도 손꼽히게 되었다.

---

23) 중공업과 제조업으로 발전하다가 몰락하면서 경제적 불황과 인구 감소, 도시 황폐화를 겪게 된 북동부의 주들을 말한다.

(2) 동남중부 지역

① 미시시피 주(State of Mississippi)

"미시시피"는 원주민 언어로 "큰 강"이라는 뜻이다. 1699년에 프랑스의 식민지가 되었고, 1763년 〈프렌치-인디언 전쟁〉으로 영국의 영토가 되었으며, 1817년 20번째 주가 되었다. 흑인의 음악에 영향을 받아 성가 음악(gospel music), 컨트리 음악(country music), 재즈(jazz), 블루스(blues), 록큰롤(rock and roll) 등 다양한 음악적 전통이 만들어졌다. 이곳의 흑인들이 직장을 찾아 대거 시카고로 이주한 후에는 시카고에서도 흑인 풍의 음악이 발달하였다.

미시시피 강 유역의 비옥한 땅에서는 목화를 재배하는 대규모 플랜테이션이 발달했고 따라서 노예제가 필수적이었으므로 남북전쟁이 벌어지자 남부연합에 가담했다. 북군과 남군은 전쟁 물자의 주요 공급로이며 상업의 중요 통로인 미시시피 강을 정복하기 위해서 치열한 전투를 벌였다. 북군의 그랜트 장군이 빅스버그(Vicksburg)를 장기 봉쇄하자 미시시피는 항복했다.

1870년 연방에 재편입한 미시시피는 흑인에 대한 차별과 폭력을 더 강화했다. 결국 1920년 무렵의 대이주 때 흑인들은 일자리를 찾아 세인트루이스, 시카고, 디트로이트, 필라델피아, 뉴욕 등 북쪽의 산업도시로 향했다. 1940년에서 1970년까지 계속된 제2의 대이주 때는 거의 500,000명이 미시시피를 떠나 주로 캘리포니아로 향했다. 이 중 4분의 3이 흑인이었으므로 이후 미시시피 주의 흑인 인구는 급감했다.

1960년대에 흑인해방운동이 활발해지면서 이후 흑인의 권리가 향상되었지만 미시시피는 특히 흑인에 대한 차별금지의 공식화를 계속 미루었다. 1967년에 연방 대법원이 비합헌적이라고 규정한 흑백 결혼 금지법을 1987년에야 폐지했고, 1989년에야 인두세를 폐지했으며, 1995년에는 상징적인 의미에서 〈수정안 13조〉를 비준했지만 2013년에야 기록문서계에 공식적인 기록으로 남겼다. 이로 인해 미시시피 주는 반동주(reactionary state)라는 명성을 얻었으며 "지상에서 가장 남부적인 장소"로 여겨진다.

> * 미시시피 강(Mississippi River)
>
> 노래 〈올맨 강〉(Ol' Man River)[24]의 소재인 미시시피 강은 미국의 젖줄로 여겨진다. 마크 트웨인[25]의 인기소설 『톰 소여의 모험』(1876)과 『허클베리핀의 모험』(1884)의 무대가 되는 것도 바로 미시시피 강이다. 마크 트웨인은 미시시피 강이 미국적인 자유를 상징한다고 보았다. 미국에서 두 번째로 길고, 세계에서 다섯 번째로 긴 강으로, 상업 수로로는 가장 많은 교통량을 자랑한다. 미시시피 강의 형태는 2개의 커다란 가지가 옆으로 뻗어 있는 나무 모양이며 동쪽이 오하이오 강이고 서쪽은 미주리 강이다.

② 앨라배마 주(State of Alabama)

1540년 스페인의 탐험가가 발견한 후, 1711년 프랑스계 캐나다인들이 지금의 모빌(Mobile)에 정착지를 설립하였고, 〈프렌치-인디언 전쟁〉 후 1763년부터 영국이 점유하였다가, 독립 전쟁 후인 1783년에 미국의 점유가 되었으며, 1819년에 22번째 주가 되었다. 딥사우스(Deep

24) 1927년의 뮤지컬 〈쇼 보트〉(*Show Boat*)에 나온 유명한 노래로, 제롬 컨(Jerome Kern)이 곡을 쓰고 오스카 해머스틴(Oscar Hammerstein)이 가사를 썼다. 흑인들의 고통과 괴로움과 상관없이 끝없이 무심하게 흘러가는 미시시피 강을 묘사한 것이다.

25) 트웨인의 본명은 사무엘 클레멘스(Samuel Clemens)이다. 미시시피 강의 생활을 좋아했던 트웨인은 선원들의 항해 용어를 자신의 필명으로 삼았다. "Mark Twain"은 수심이 2파덤"(fathoms=4 미터) 깊이라는 뜻이다.

South)[26]에 속하며, 남부의 한 가운데에 위치했다고 해서 “딕시의 심장”(Heart of Dixie)이라고도 한다. 남북전쟁 때 남부연합에 합류했다가 전쟁 후 1868년 합중국에 재편입되었다.

원래는 주의 가운데를 지나는 비옥한 대지인 블랙벨트(Black Belt)[27]에서 흑인 노예의 노동력을 기반으로 한 미국 제1의 “면화 주”(Cotton State)였지만 현재는 중공업이 발달한 신흥 공업지역인 선벨트(Sun Belt)[28] 지역을 중심으로 자동차 산업이 급속도로 발전하여 남부 최대의 공업주이다. 독일의 메르세데스 벤츠, 일본의 혼다와 도요타 뿐 아니라 현대 자동차의 공장이 있고, 조지아 주와의 경계에 기아 자동차 공장도 있다.

③ 켄터키 주(Commonwealth of Kentucky)

1750년 개척자들을 통해 켄터키가 알려지기 시작하면서 독립 전쟁이 시작된 이후로 버지니아, 펜실베이니아, 노스캐롤라이나 등 다

---

26) 미국 최남부 지방. 남북전쟁 전에 플랜테이션 농업에 의존하던 면화 주들로 미시시피, 루이지애나, 앨라배마, 조지아, 플로리다 등이다. 남북전쟁 전에는 로어사우스(Lower South)라고 불렸고 그 위쪽의 주들을 어퍼사우스(Upper South)라고 했다. 흑인 노예가 필요한 로어사우스와 달리 어퍼사우스에는 자작농들이 대부분이어서 노예 제도에 대한 입장이 달라 갈등하다가 남북전쟁 때 연합과 연방으로 분리되었다.

27) 원래 앨라배마 주 중앙부에서 미시시피 주 북동부에 걸쳐 펼쳐지는 대초원의 비옥한 검은 흙지대를 가리키는 말이었다. 지금은 흑인 인구가 많고, 그로 인해 빈곤, 낮은 교육 수준, 높은 범죄율과 실업률 등의 특징을 가진 남부의 일부를 가리키는 말로 사용된다.

28) 북위 37도 이남의 따뜻한 남부 지역을 가리키며, 일조 시간이 길기 때문에 생긴 이름이다. 앨라배마 주, 애리조나 주, 캘리포니아 주, 플로리다 주, 조지아 주, 루이지애나 주, 미시시피 주, 네바다 주, 뉴멕시코 주, 노스캐롤라이나 주, 사우스캐롤라이나 주, 텍사스 주를 포함한다.

른 주에서 살던 정착민들이 많이 이주해 왔다. 그중 대니얼 분(Daniel Boone, 1734~1820)은 동부에서 애팔래치아 산맥을 넘고 컴벌랜드 협곡(Cumberland Gap)을 지나서 켄터키에 도착하는 "황무지 길"(Wilderness Road)을 개척하여 미국 최초의 민중 영웅으로 기억된다. 18세기 후반에 200,000명 이상의 이주민들이 분이 개척한 통로를 통해 켄터키로 이주했다. 원래 켄터키는 버지니아 주에 속한 한 카운티였는데 버지니아 주의 정책에 불만을 품은 정착민들이 분리를 주장하여 1792년 켄터키 주로 분리되었고 15번째 주가 되었다.

켄터키의 경제는 노예 노동에 의존하는 농업보다는 딥사우스에 노예를 파는 노예무역에 더 의존했다. 루이스빌에 개설된 노예 시장에서 매매가 이루어지면 미시시피 강을 통해 뉴올리언스 노예 시장으로 운반했으므로 "강 아래로 팔려간다"는 표현은 배반당한다는 관용어가 되었다. 한편 도망노예들은 오하이오 강만 건너면 자유주로 갈 수 있었기 때문에 일단 켄터키로 도망왔으며 여기서 다른 곳으로 탈출했다. 이처럼 노예문제에 있어서 경계주의 역할을 하던 켄터키는 남북전쟁에서 연방에 합류했다. 전쟁 중에 정식으로 노예제를 폐지하지는 않았으나 75퍼센트에 이르는 노예가 자유가 되었거나 자유주로 탈출했다. 정식으로 노예제가 끝난 것은 〈수정안 13조〉가 효력을 발휘한 1865년이었다. 그러나 전쟁 후 연방군의 통치를 받지 않게 된 상황에서 보수적인 민주당이 주 의회를 장악했고 이들이 〈추방법〉(Expatriation Act, 1862)[29]을 폐지하여 남부연합에 참가한 군인들의 시민권을 회복시켜 주면서 흑인에 대한 억압과 폭력이 난무했다.

땅이 비옥하여 블루그래스가 풍부하므로 "블루그래스 주"(Bluegrass

29) 남부연합에 참여한 군인의 시민권을 박탈한 법.

State)로 알려져 있다. 5달러 지폐에 그려진 16대 대통령 에이브러햄 링컨이 켄터키 주 출신이다. 패스트푸드 식당인 KFC(Kentucky Fried Chicken)의 본부가 루이스빌(Louisville)에 있다.

④ 테네시 주(State of Tennessee)

프랑스인의 탐험을 통해 프랑스의 식민지가 되었다가 1763년 〈프렌치-인디언 전쟁〉의 결과로 영국에 할양되었고, 1796년 16번째 주가 되었다. 남북전쟁 때는 남부연합에 가입하였고, 전쟁 후 미국 연방에 편입되었다.

1929년의 대공황 때 큰 피해를 입은 테네시 밸리(Tennessee Valley) 지역의 경제 발전을 돕기 위해 〈테네시 밸리 공사〉(Tennessee Valley Authority, TVA, 1933)가 설립되었고 관개, 홍수 통제, 전기 발전, 비료 생산 등을 발전시키면서 테네시 주는 농업 경제를 벗어나 다양한 산업 구조를 가지게 되었다.

록큰롤(rock and roll), 블루스(blues), 컨트리(country), 로커빌리(rockabilly)[30] 등 다양한 대중음악의 발생지이다. 엘비스 프레슬리(Elvis Presley)가 음반을 취입한 선 레코드(Sun Records)가 멤피스(Memphis)에 있다. 멤피스의 빌 스트리트(Beale Street)는 음악인들의 성지로 여겨진다. 내슈빌(Nashville)은 1930년대에 컨트리 음악의 중심지가 되었다.

30) 록과 컨트리 음악의 요소를 지닌 음악.

(3) 서남중부 지역

① 루이지애나 주(State of Louisiana)

1682년 프랑스의 탐험가가 루이 14세(Louis XIV, 1638~1715)의 이름을 따서 "루이지애나"라고 불렀고, 1699년 프랑스의 식민지가 된 후, 1718년 총독이 오를레앙(Orléans)의 이름을 따서 뉴올리언스 시[31]를 설립하였다. 이처럼 프랑스의 식민지로 오래 있었던 탓에 프랑스 문화가 발달했으며 주민 일부는 크리올(Criole)[32]어를 쓴다. 1803년 미국이 루이지애나 매입으로 사들여서 1812년 미국의 주로 승격되었는데, 남북전쟁이 일어나자 남부연합에 가입하였다가 1868년에 연방에 재편입되었다.

② 아칸소 주 (State of Arkansas)

주의 명칭은 "아래 강 사람의 땅" 혹은 "남풍의 사람"이라는 의미의 원주민의 언어를 프랑스 말로 발음한 것이다. 발음에 대해 논란이 있다가 1881년 주 의회 법으로 마지막 "s" 음을 발음하지 않는 것으로 공식적으로 결정되었다. 42대 대통령 빌 클린턴(Bill Clinton)이 아칸소에서 태어났고 아칸소의 주지사를 역임했다.

1541년 스페인인이 처음으로 진출하였다가 프랑스인의 정주지 건설에 의해 프랑스령이 되었다가, 1803년 루이지애나 매입으로 미국 영토가 되었다. 1836년 많은 논란 후에 노예주로 연방의 25번째 주가 되었고 남북전쟁에서는 남부연합에 가입했다.

31) 1920년대에 루이 암스트롱(Louis Armstrong)의 재즈로 유명해졌다.

32) 서인도 제도나 남미 초기 정착민의 후예. 또는 미국 남부에 정착한 프랑스나 스페인 정착민의 후예.

아칸소의 정치적 성향은 백인 보수주의이다. 남북전쟁 전에는 패밀리(Family)[33]가 정치를 주도했으며, 전쟁 후에도 백인 농업인들이 주도하면서 흑인의 시민권 행사를 억제했다. 1890년대 아칸소의 민주당 역시 남부의 다른 주들처럼 흑인과 가난한 백인의 참정권을 제한하기 위해, 문맹시험(1891)과 인두세(1892), 백인 예비 선거(1900)를 실시했다. 그러나 〈리틀록 9 인〉(Little Rock Nine 1957)[34]으로 전국적인 주목의 대상이 되면서 연방 의회의 〈시민권법〉(1964)과 〈투표권법〉(1965)을 받아들이고 흑인의 참여를 수용하게 되었다.

③ 오클라호마 주(State of Oklahoma)

주의 명칭은 "붉은 사람들"을 의미하는 원주민 말인 "okla humma"에서 비롯되었다. 1541년에 스페인인이 이 지역을 여행했다는 기록이 있으나 18세기에 프랑스 탐험가들이 점유해서 프랑스의 영토가 되었다가, 1803년 미국의 루이지애나 매입을 통해 미국의 영토가 되었고, 1866년 오클라호마 준주(Oklahoma Territory)로 성립되었다가 1907년 46번째로 연방에 가입하였다. 근래에 원유가 매장된 사실이 밝혀지면서 원유 산업의 중심지가 되었고 북동부 중심도시인 털사(Tulsa)는 "세계 원유의 수도"(Oil Capital of the World)라고 불린다.

---

33) 왕조(Dynasty)라고도 불렸다. 아칸소의 제임스 콘웨이(James Sevier Conway)가 창설한 단체이다. 여러 민주당원과 관계된 가문들이 합쳐진 단체로 돈과 인맥을 이용해 정치적 힘을 가지게 되었다. 회원 대부분이 결혼과 혈연으로 연결되어 있었으므로 "가족"이라는 별명을 얻게 되었다.

34) 1957년 9월 주지사 오발 포버스(Orval Faubus)는 아칸소 국가 경비대(Arkansas National Guard)를 파견해서 백인 시위대를 도와 9명의 아프리카계 미국인 학생이 리틀록 중앙 고등학교에 등교하지 못하게 막았다. 이에 아이젠하워 대통령은 1,000명의 군대를 보내 학생들의 등교를 도왔고, 이후 리틀록의 모든 고등학교는 흑백통합학교가 되었다.

대평원(Great Plains)의 남부 지역에 위치하며, 프런티어 스트립(Frontier Strip)[35]에 속한다. 또 바이블 벨트(Bible Belt)[36]에 속하는 보수적인 성향의 주이다. 중서부 지역은 미국에서 토네이도가 가장 많이 발생하는 토네이도 지대(Tornado Alley 혹은 Tornado Belt)에 속한다. "흙먼지의 30년대"(Dirty Thirties)라고 불리는 시기인 1934년과 1936년에 오클라호마의 팬핸들(panhandle)[37] 지역에서 가뭄과 강풍이 동시에 지속되는 더스트보울(Dust Bowl)[38] 현상이 발생하여 엄청난 크기의 농토가 황폐해졌고 많은 "오키즈"(Okies)[39]들이 일자리를 찾아 떠났다. 이후 토양의 급수 보존에 필요한 저수지와 인공호수의 건설에 힘을

35) 세로로 위치한 중부 6개 주인 노스다코타, 사우스다코타, 네브래스카, 캔자스, 오클라호마, 텍사스를 말함. 마지막 프런티어(Last American Frontier)라고도 한다. 이 스트립은 북에서 남으로 일직선을 형성하며 대평원(Great Plains)과 대응한다.

36) 복음주의의 영향이 강한 중남부와 남동부의 주들.

37) 팬 손잡이처럼 튀어나와 있는 땅이다.

38) 1930년대의 극심한 모래 폭풍, 혹은 모래 폭풍이 부는 황진 지대를 말한다. 더스트보울은 미국과 캐나다의 초원의 생태와 농업을 극도로 손상시켰다. 극심한 가뭄으로 흙먼지가 발생했고, 바람을 타고 올라간 흙먼지가 하늘을 새까맣게 뒤덮었다. 심지어 1934년 11월 상공으로 올라간 흙과 모래는 동부 지역으로 이동해 대서양과 인접한 지역에서는 붉은 눈이 내리기도 했다. 숨을 막히게 하는 이 먼지 폭풍을 "검은 폭풍"(black blizzards) 혹은 "검은 파도"(black rollers)라고도 했다. 1935년 4월 14일 오클라호마에 분 바람은 "검은 일요일의 검은 폭풍"(Black blizzards, Black Sunday)이라고 불렸는데, 캔자스 시의 뉴스 편집자가 오클라호마의 상황을 묘사하면서 더스트보울이라는 용어를 만든 후 널리 쓰이게 되었다. 이때의 더스트보울은 텍사스 팬핸들 지역, 인접한 뉴멕시코 주, 콜로라도 주, 캔자스 주에도 동시에 일어났다.

39) 더스트보울과 그로 인한 불황으로 일자리를 찾아 다른 주로 이주한 250,000 명의 오클라호마인들을 오키즈라고 한데서 그 이름이 유래했다. 각 주의 경찰들은 "더러운 오키즈"가 자기 주에 들어오는 것을 막았고 주 의회는 오키즈를 주에서 추방하는 법을 통과시켰다. 연방 대법원은 이 법을 위헌이라고 판결했다. 오키즈들은 농업 노동자를 필요로 하는 캘리포니아로 몰려들었지만 이미 노동시장이 포화상태였으므로 다시 절망했다.

썼고 그 결과 1960년대에 200개가 넘는 인공 호수가 존재하게 되었다.

오클라호마가 캘리포니아에 이어 미국에서 두 번째로 원주민이 많이 사는 주이며 25개가 넘는 원주민 언어가 사용되는 이유는, 개척 초기에 미국정부가 원주민들을 동부에서 이주시켜 이곳에 원주민거류지를 지정해주었기 때문이다. 1831년 남동부 지역에 살던 촉토족(Choctaw)과 체로키족(Cherokee) 등 30여 부족이 강제로 인디언 준주(Indian Territory)로 지정된 오클라호마로 이동한 길을 "눈물의 길"이라고 한다. 그러나 이후에 백인 개척민의 토지 수요가 증가하자 미국정부는 〈도스법〉(1887)[40]을 통과시켜 원주민의 땅을 백인 개척민들에게 선착순으로 나누어주었다.[41]

오클라호마에는 흑인 사회가 발달해있다. 흑인 공화당 공직자이며 토지 개발자인 에드워드 맥케이브(Edward P. McCabe)가 시어도어 루스벨트의 승인을 얻어 흑인이 다수인 주를 만들려는 의도로 흑인의 유입을 장려하는 정책을 시행했던 것이다. 북쪽의 캔자스에서 다수의 흑인들이 남하해서 정착했고, 털사에 큰 규모의 흑인 사회가 이루어졌다. 이에 대한 백인 주민들의 반발로 긴장이 조성되다가 1921년 털사 인종 폭동(Tulsa Race Riot)이 발생해 300명에 가까운 사망자와 180만 달러에 이르는 피해를 남겼다.

1995년 4월 19일, 오클라호마 시에 있는 앨프리드 P. 뮤러 연방 정부

40) 각 원주민 부족이 공동으로 소유한 토지를 정부가 개별 원주민 가족의 사유재산으로 나누어준 후 남는 공유 토지를 강제로 수용하여 백인에게 불하하였다.

41) 개척민 중에는 더 많은 땅을 갖기 위해 미리 토지 경계를 넘는 사람들이 있기 마련이었고, 이처럼 서부 지역에서 정부의 개방 허가 이전에 선취권을 얻기 위해 앞질러 간 사람들을 "선점이주자"(sooner)라고 했다. 이 말이 나중에 오클라호마 주민을 부르는 말이 되었고 오클라호마는 "sooner state"라고 불리게 되었다.

청사(Alfred P. Murrah Federal Building)에서 폭탄 테러가 발생해서[42] 19명의 어린이를 포함해 총 168명이 사망하면서 오클라호마는 다시 한 번 주목의 대상이 되었다. 이 폭탄 테러는 2001년 뉴욕의 911 테러 이전까지는 미국에서 일어난 가장 큰 테러 사건이었다.

*** 존 스타인벡**

존 스타인벡(John Steinbeck, 1902~1968)[43]은 『분노의 포도』(*The Grapes of Wrath,* 1939)에서 오키즈의 빈곤한 상황을 사실적으로 묘사했다. 1937년 스타인벡은 디트로이트에서 자동차를 구입해 시카고를 경유하여 오클라호마로 들어갔다가 66번 도로를 타고 다시 캘리포니아로 돌아가면서, 무리를 지어 서부로 일자리를 찾아가는 오키즈를 목격했다. 스타인벡은 이들이 도착한 캘리포니아의 천막촌을 찾아다니며 인터뷰를 했고, "100만 에이커를 가진 한 사람의 대지주를 위하여 10만 명이 굶주리고 있다."며 비판했다.

④ 텍사스 주(State of Texas)

남쪽으로는 리오그란데 강을 따라 멕시코와 국경을 이루며, 넓고 평평한 지대가 펼쳐져 있어 대형 트럭이 자가용으로 많이 사용된다. 인구는 캘리포니아 다음으로 많고 면적은 알래스카 다음으로 넓어서, 크다는 것을 강조할 때 "텍사스 사이즈"(Texas size)라고 한다. "텍사스를 더럽히지 말라"(Don't Mess with Texas)는 구호는 1986년 휴지를 버리지 말자는 광고로 나왔는데, 점차 "텍사스인을 건드리지 말라."는

42) 체포된 백인 보수주의자인 티머시 멕베이(Timothy McVeigh)와 테리 니콜라스(Terry Nicholas)가 독재적인 연방 정부에 대항하는 의미에서 테러를 일으켰다고 자백했다.

43) 캘리포니아 출신인 스타인벡은 명문 사립대학인 스탠포드에 입학할 정도로 뛰어나고 집안도 부유했지만, 곧 대학을 중퇴하고, 화물선을 타기도 했고, 신문 기자, 벽돌 운반공, 품팔이 노동자를 하면서 사회적인 불평등에 관심을 가지게 되었다.

뜻으로 전이되어 텍사스인의 허풍을 드러내는 말로 굳어졌다.

1682년 스페인의 정착민들이 지금의 엘 파소(El Paso) 지역에 정착해서 스페인의 점유지가 되었고, 1821년 멕시코가 독립하면서 멕시코의 영토였으나, 1835년 독립 전쟁을 일으켜 텍사스 공화국(Republic of Texas)이 되었다. 현재 텍사스가 "고독한 별 주"(Lone Star State)라는 별칭을 가지고 있고 텍사스의 주기에 별 하나가 그려져 있는 것은 바로 독립국으로서의 텍사스의 과거를 상징하는 것이다. 처음부터 미국과의 통합을 원했던 텍사스는 1845년 28번째 주로 편입되었다. 노예주였던 텍사스는 남북전쟁 중에는 남부연합에 가입하였다가 전쟁 후에 다시 합중국에 편입되었다. 텍사스는 이처럼 스페인, 프랑스, 멕시코, 독립공화국, 미국연방, 남부연합을 두루 거치면서,[44] 남부(딕시), 서부(프런티어), 남서(멕시코/앵글로 혼합)의 문화를 혼재하게 되어 문화의 멜팅 팟(melting pot)을 가장 잘 보여준다.

텍사스도 남북전쟁 후 인두세와 백인 예비선거 등으로 흑인을 억압하는 정책을 시행했기 때문에 많은 흑인들이 대이주 시기에 북부나 캘리포니아로 이주했다. 또 대공황과 더스트보울 때문에 텍사스를 떠난 사람들도 많았다. 그러나 광대한 영토에서 기르는 가축과, 엄청난 원유와 천연 가스를 이용한 석유 화학 공업으로 다시 경제부흥을 이루었다. 휴스턴에 자리 잡은 미국 항공 우주국(National Aeronautics and Space Administration, NASA)을 중심으로 우주 개발 사업도 활발하게 이루어진다.

텍사스는 1963년 11월 22일 케네디 대통령이 댈러스에서 차를 타고 사열하던 중 암살을 당한 사건으로 더욱 유명해졌다. 범인은 리 하비

44) 텍사스에서 시작된 유명한 놀이공원인 〈식스 플래그〉(Six Flags over Texas, 1961)의 명칭은 텍사스를 지배했던 여섯 국가를 암시한다.

오스월드(Lee Harvey Oswald)로 밝혀졌지만 그도 역시 암살당하면서 케네디의 사망은 지금까지 각종 음모론에 싸여 있다.

3) 중서부 지역

미국 중서부는 미국의 북쪽에 있는 지역이다. 동북중부 지역(미시간, 오하이오, 인디애나, 일리노이, 위스콘신)과 서북중부 지역(네브래스카, 노스다코타, 사우스다코타, 미네소타, 미주리, 아이오와, 캔자스)으로 나눌 수 있다.

(1) 동북중부 지역

① 미시간 주(State of Michigan)

캐나다의 온타리오 주와 접하고 있으며, 오대호(Great Lakes)[45] 중 네 개의 호수와 접해 있다. 주의 이름은 미시간 호에서 따 왔는데, 미시간은 "많은 물"을 뜻하는 인디언 말인 "미시가미"(mishi-gami)에서 나온 것이다. 1701년 프랑스의 탐험가가 탐험하여 프랑스의 점유지였다가 1763년 영국에 양도되었고, 30년 후에 미국에 양도되었다가 1837년 26번째 주가 되었다.

20세기 초에 디트로이트 근방에 최초의 포드 자동차 공장이 들어서면서 엄청난 발전을 누렸다. 헨리 포드가 대량 생산 방식으로 만든 "티 모델"(Model T, 1908)은 평범한 사람을 주요 고객층으로 삼은 서

45) 슈피리어 호(Lake Superior), 미시간 호, 휴런 호(Lake Huron), 이리 호(Lake Erie), 온타리오 호.

민의 차로서, "누구나 포드를 몰 수 있다"(Anyone can drive a Ford)가 포드 자동차 회사의 모토였다. 그러나 1980년대 이후로는 일본의, 1990년대 이후로는 대한민국과 중국의 추격을 받게 되면서 타격을 입었고, 2000년대에는 앨라배마 주에 자동차 산업의 중심 자리를 내주게 되었다. 그로 인해 디트로이트는 경제적 타격을 받았고, 2003년에는 미국에서 두 번째로 실업률이 높은 지역이 되었다.

② 오하이오 주(State of Ohio)

북쪽으로 이리 호를 끼고 캐나다 온타리오 주와 국경을 이룬다. 오하이오는 아메리카 원주민의 말로 "큰 강"을 의미한다. 1670년 프랑스의 탐험가가 발견하여 프랑스령으로 있다가, 1763년 영국의 식민지가 되었으며, 독립 후인 1787년 노스웨스트 준주에 속했다가 오하이오 주로 분리되어 1803년 17 번째로 연방에 합류했다. 주를 대표하는 나무인 벅아이(buckeye) 때문에 "벅아이 주"(Buckeye State)라고 불리며, 오하이오 사람들도 "벅아이"라고 불린다.

오하이오 주는 대통령 선거에서 가장 결정적인 영향력이 있는 선거인단을 보유하고 있다. 미국의 정계에서는 오하이오 징크스, 즉 오하이오 주의 선거인단을 빼앗긴 후보는 대통령에 당선되지 못한다며,[46] "오하이오가 가면 미국도 간다."(As Ohio goes, so goes the nation)는 말까지 있다. 이런 특징 때문에 오하이오 주는 "스윙 주"(swing state) 혹은 "선도자"(bellwether)라고 불린다.

46) 제2차 세계 대전 이후 대통령 선거에서 오하이오를 빼앗기고도 당선된 대통령은 케네디가 유일하다. 2000년 대선에서는 조지 W. 부시 전 대통령이 오하이오 주에서 이겨서 엘 고어보다 더 적은 표를 받고도 대통령이 되었고, 2012년 대선에서는 오바마가 오하이오 주의 선거인단을 확보한 뒤 밋 롬니(Mitt Romney)에게 승리를 거두면서 오하이오 불패 신화를 이어갔다.

③ 인디애나 주(State of Indiana)

인디애나는 "인디언의 땅"이란 뜻이다. 1679년에 프랑스의 탐험가들이 지역을 탐사한 후 1732년 프랑스의 정착지가 설립되었다가 1763년 〈프렌치-인디언 전쟁〉 후 영국이 점유했다. 그러나 캐나다 프랑스인(French Canadians)의 편이던 인디애나의 원주민들이 물러나지 않고 저항하자 영국은 애팔래치아 산맥 서쪽의 땅을 원주민이 사용하도록 하고 식민지인들을 철수시켰다. 그러나 미국이 독립한 후 정착민을 우선하는 정책이 시행되었고 원주민들은 1810년 전쟁을 일으켰으나 패배했고, 1820년대와 30년대에 미시시피 서쪽으로 강제로 이주 당했다. 1816년 19번째로 주로 편입했다.

인디애나는 중서부에서 공화당 성향이 가장 큰 주이다. 1992년과 1996년에는 인디애나를 제외하고 주변의 모든 주에서 공화당이 승리하지 못해서 인디애나는 공화당의 상징색을 따서 "붉은 섬"(Island of Red)이라고 불리기도 했다.

④ 일리노이 주(State of Illinois)

1673년 프랑스의 탐험가들이 발견하여 프랑스 정착지를 설립하여 1717년 프랑스 루이지애나 식민지의 일부가 되었다가, 〈프렌치-인디언 전쟁〉으로 1763년 영국이 점유하게 되었고, 미국의 독립 후 미국의 영토가 되었다. 1809년 일리노이 준주가 되었으며 1818년에 21번째 주로 합중국에 합류했다.

중서부에서 가장 인구가 많은 주인데 대부분의 인구가 주도인 시카고(Chicago)와 그 주변 지역에 밀집해 있다. 시카고에서는 1871년 대화재가 나서 전 도시가 불에 탔고 이후 시카고 최초의 고층 빌딩인 윌리스 타워(Willis Tower)[47]가 세워졌다. 44대 대통령인 오바마의 정치적 기반이 된 주이다.

⑤ 위스콘신 주(State of Wisconsin)

주의 명칭은 아메리카 원주민 말로 "붉은 강"이라는 뜻이다. 1673년 프랑스 탐험가가 위스콘신 강을 "Meskousing"이라고 기록한 것을 다른 프랑스 탐험가들이 "Ouisconsin"이라고 적었고 이것이 이름으로 전해졌다. 19세기에 영어권 이민자들이 철자를 영어식으로 바꾸었고, 1845년 주 의회는 지금의 철자 "Wisconsin"을 공식화했다. 독일계 이민이 다른 곳보다 많이 들어와 밀워키(Milwaukee)를 중심으로 맥주 양조업이 발달했다.

처음에 프랑스가 점유했다가 1763년 영국이 점유했고, 미국이 독립한 후 실제적으로는 미국의 영토가 되었으나 여전히 영국이 통제하다가 1812년 〈영미 전쟁〉 이후 미국이 통제권을 가지게 되었다. 1836년 위스콘신 준주(Wisconsin Territory)가 되었고 1848년 30번째 주가 되었다. 처음부터 자유주로 출발했으며 북부의 노예폐지론의 중심이 되었다.

19세기 중반에 납 채굴이 본격화되면서 광산에서 일할 이주자들이 몰려들었고 이들은 자신들이 판 굴에서 생활했으므로 "뱃저"(주머니쥐, badger)라고 불렸다. 위스콘신 주의 별명은 "뱃저 주"(Badger State)이고, 위스콘신 주민을 뱃저라고 한다.

(2) 서북중부 지역

① 네브래스카 주(State of Nebraska)

대평원(Great Plains)에 있는 주이다. "네브래스카"는 주 전체를 흐

---

47) 108층 402미터 높이. 시어스 타워(Sears Tower)라고도 불림.

르는 강인 플랫 강(Platte River)을 부르는 원주민의 말에서 유래했으며 "평탄한 강"(flat water)이란 뜻이다. 처음에 프랑스, 다음에 스페인이 점유했다가, 루이스-클라크 탐험(1804~1806) 이후 미국령이 되었다. 먼저 일부 개척자들만 왔다가 캘리포니아 골드러시(1848~1855)때 이주자들이 몰려들었다. 1854년 미국 의회는 〈캔자스-네브래스카법〉에 따라 캔자스 준주와 네브래스카 준주를 인정했다.

1860년대에 정부는 네브래스카 인디언 거류지의 원주민을 강제로 쫓아내고 그 토지를 〈홈스테드법〉(Homestead Act, 자영농지법)에 따라 개척민들에게 분양해주면서 이민 후발주자인 독일계 주민과 체코계 주민이 많이 정착했다. 이때의 인구 증가로 인해 네브래스카는 1867년 37번째 주로 연방에 가입할 수 있었다. 윌라 캐서의 『나의 안토니아』는 체코 출신의 안토니아 가족이 네브래스카의 황무지를 개간하며 살아가는 이야기이다.

19세기 후반에는 남부의 흑인들이 대이주의 물결을 타고 네브래스카 주로, 특히 공장이 많은 오마하(Omaha)로 몰려들었다. 그러나 흑인들은 최근에 이주한 동유럽과 북유럽의 백인 이주민들과 일자리를 두고 경쟁하면서 인종 차별에 시달렸다. 그래서 오마하에서는 일찍부터 시민운동이 활발하게 전개되었고, 1912년 〈전미 흑인지위 향상협회〉(National Association for the Advancement of Colored People)의 오마하 지부가 발족했다. 1960년대 이후로 아메리카 원주민들도 공개적인 저항 운동을 일으키면서 부족의 대학을 지었고 문화를 보존하는 등 다양한 활동을 했다.

② 노스다코타 주(State of North Dakota)

1738년 프랑스인이 탐험하면서 프랑스의 점유지가 되었다가, 1803

년 미국이 루이지애나를 매입하면서 생긴 지역의 일부와 1818년 영국으로부터 매입한 지역을 합해서, 1861년 노스다코타 준주가 되었고, 1889년 39번째로 합중국에 편입되었다. 지리적으로 북미대륙의 중심이므로 이를 나타내기 위해 럭비 시(Rugby city)에 "북미대륙의 지리적 중심"(Geographic Center of the North American Continent)이라고 쓴 큰 바위를 설치했다. 마운트러시모어 국립기념공원(Mount Rushmore National Memorial)에는 조지 워싱턴, 토마스 제퍼슨, 에이브러햄 링컨, 시어도어 루스벨트 대통령의 거대한 얼굴이 바위에 조각되어 있다.[48]

③ 사우스다코타 주(State of South Dakota)

1743년 프랑스인들이 탐험을 시작하여 프랑스령 루이지애나의 일부가 되었다가, 1803년 루이지애나 매입으로 개척이 진행되어 1861년 다코타 준주가 설립되었다. 다코타 준주는 현재의 사우스다코타 뿐 아니라 노스다코타, 몬태나의 일부, 와이오밍의 일부도 포함했다. 준주의 인구가 증가하자 1889년 벤저민 해리슨 대통령이 노스다코타와 사우스다코타로 분리시켰고 주로 승격시켰다.

사우스다코타의 서쪽 지역은 1868년의 〈라라미 조약〉(Treaty of Laramie)에 의해 미국정부가 그레이트수우족 거류지(Great Sioux Reservation)로 인정한 곳이었다. 1874년 블랙힐스(Black Hills)에서 금이 발견되자 백인개척민들이 몰려들었고, 수우족이 이곳의 광업권과 토지를 이양하기를 거부하자 조지 커스터(George A. Custer)의 7기병대(7th Cavalry Regiment)가 원주민 지역을 불법적으로 침범하면서 전쟁이 벌어졌다. 원주민은 리틀빅혼전투(Battle of the Little Bighorn)에서는 커스터 군대를 격퇴시켰지만 최종적으로는 패배했고, 거류지

48) 1927년에 시작되어 1941년에 완성됨.

는 분할되어 백인들에게 넘겨지고 말았다. 1980년 대법원과 연방의회는 블랙힐스의 불법 점거에 대해 국가가 배상금을 지불하라고 명령했지만 원주민들의 후손들은 배상금의 수령을 거부하며 토지의 반환을 요구하고 있으므로 이 소송은 미결로 남아있다.

1890년 라코타파인리지 인디언거류지(Lakota Pine Ridge Indian Reservation)에서는 운디드니 학살(Wounded Knee Massacre)이 일어났다. 운디드니 언덕에서 기관총으로 무장한 미군이 원주민들을 무장해제 시키던 중에 한 원주민이 칼을 놓지 않는다는 이유로 총격을 가하면서 전투가 시작되어 여성과 어린이를 포함한 150 여명의 원주민들이 살해당했다. 이것이 미군과 아메리카 원주민 사이의 마지막 전투로 기록된다.

④ 미네소타 주(State of Minnesota)

1832년 미네소타 준주가 설립되었고 1858년 자유주로 32번째로 가입했다. 미네소타라는 명칭은 다코타족이 미네소타 강을 "미니 소타" (mini sota) 즉 "흰 거품 물" 또는 "하늘빛을 띤 물"이라고 불렀던 데서 비롯되었다. 알래스카 주를 빼면 미국 본토 중에서 가장 북쪽에 있으며 중서부 지역에서 가장 큰 주이다. 미니애폴리스와 세인트폴을 엮은 쌍둥이 도시(Twin cities)[49]가 유명하며 주의 인구 절반 이상이 이 지역에 모여 산다.

⑤ 미주리 주(State of Missouri)

미주리 주에서 3개의 큰 강이 교차한다. 미시시피 강과 미주리 강

49) 지리적으로 가까운 두 개의 도시가 도시의 성장과 팽창에 따라 하나의 권역으로 통합되어 서로 상생, 발전해가는 현상을 가리킨다. 미국에서 트윈 시티(Twin Cities)는 미니애폴리스와 세인트폴을 가리키는 고유명사처럼 쓰인다.

이 세인트루이스 시 근처에서 합류하며, 오하이오 강과 미주리 강이 부트힐(Bootheel) 지역의 북쪽에서 합류한다. 서부개척의 통로인 포니 특급(Pony Express),[50] 산타페 통로(Santa Fe Trail), 오리건 통로(Oregon Trail)의 시작점이 모두 미주리에 있었다.

1673년 프랑스의 탐험가들이 미시시피 강을 타고 지금의 미주리 땅에 도착하였고 1764년 세인트루이스 시를 설립하였다. 루이지애나 매입으로 미국령이 되어 미주리 준주가 되었고, 1820년의 〈미주리 합의〉로 노예주로서 1821년 24번째 주가 되었다. 남북전쟁이 터지면서 북부 지지자와 남부 지지자가 반반씩 갈리면서 전쟁터로 변했다.

⑥ 아이다호 주(State of Idaho)

1805년 루이스-클라크 탐험대가 처음으로 탐험을 했고, 1860년 첫 정착지인 프랭클린이 설립되었고, 1863년에 아이다호 준주가 되었다가 1890년 43번째 주로 승격되었다. 다양한 보석이 발견되므로 "보석 주"(Gem State)라고 하고 미국 제 1의 감자 생산지이므로 "감자 주"(Potato State)라고도 한다.

⑦ 아이오와 주(State of Iowa)

"미국의 중심부"(American Heartland)라는 별명을 얻은 아이오와 주는 루이지애나 매입 이후에 개척이 되었으며, 1833년부터 다른 주에 살던 개척민들이 이주해왔다. 이 정착 과정에서 불평등 조약으로 대부분의 땅을 잃은 원주민들이 블랙호크 추장의 지휘로 〈블랙호크 전쟁〉(Black Hawk War, 1832)을 일으켰으나 패배하고 강제로 아이오와

50) 말을 이용한 우편 제도.

밖으로 퇴거당하고 말았다. 아이오와 준주(Territory of Iowa)가 되었다가 1846년 29번째로 연방에 가입했다. 남북전쟁 중에는 남부를 지지하는 "살무사"(Copperhead)[51]들도 있었지만 대부분 링컨을 지지하면서 전쟁에서 많은 공을 세웠다. 1860년대에 기차가 들어오면서 아이오와는 곡물대(Corn Belt)[52]의 중심이 되었다.

⑧ 캔자스 주(State of Kansas)

캔자스는 인디언 말로 "남쪽 바람의 사람"이라는 뜻이다. 1803년 루이지애나 매입을 통해 미국의 영지가 되었으며 1827년부터 정착이 본격화되었다. 1854년의 〈캔자스-네브래스카법〉으로 인해 캔자스 주민들 사이에 노예제 지지자와 반대자가 폭력적으로 대치했으므로 피 흘리는 캔자스(Bleeding Kansas)라는 별명을 얻게 되었다. 1861년 캔자스는 자유주로 연방에 합류했다. 전쟁 후에 흑인들은 캔자스가 존 브라운(John Brown)[53]의 이상을 실현할 수 있는 곳이라고 여기고 벤저민 팹 싱글턴(Benjamin "Pap" Singleton 1809~1892)[54]을 중심으로 흑인

---

51) 공화당이 남부를 지지하는 북부의 민주당(Peace Democrats)을 경멸적으로 부른 별명이다. 그러나 민주당은 이 별명을 구리 동전(copper, 1페니)의 앞면(head)에 있는 자유의 여신상을 가리키는 것으로 재해석해서 자랑스럽게 여겼고 그 그림을 동전에서 잘라 배지로 달고 다녔다. 이들은 또한 남부연합의 군복 색깔인 "버터너츠"(Butternuts)로 불리기도 했다.

52) 중서부의 농업 지역으로 1850년대 이후로 옥수수(corn=maize)가 토종의 키 큰 풀을 대신하는 주된 곡물이 되었다.

53) 백인노예폐지론자로서 무장 봉기가 미국의 노예제를 뒤엎을 유일한 길이라고 주장했다.

54) 1846년에 테네시에서 탈출한 자유노예로서 노예제폐지운동을 했다. 백인이 주도하는 남부에서는 흑인이 동등한 권리를 얻을 수 없다고 생각하고 대규모의 이주자(Exodusters)들을 모집하여 캔자스에 정착하는 과정을 지도했다. 이후 아프리카로 돌아가자는 주장을 선도했다.

구역을 설립했다.

오즈의 마법사 시리즈[55]는 토네이도가 많이 일어나는 캔자스를 배경으로 하여 인기를 끈 아동문학이다. 1편인 『오즈의 위대한 마법사』(*The Wonderful Wizard of Oz*, 1900)는 엄청난 인기를 얻었고 이후 브로드웨이 뮤지컬과 영화로도 성공을 거두었다.[56] 판타지 동화이지만 모든 것이 회색인 황량한 개척지의 힘든 삶이 사실적으로 묘사된 것을 다음 인용에서 알 수 있다.

> 도로시는 캔자스의 초원에서 농사를 짓는 헨리 삼촌과 엠 숙모와 함께 살았다. 그들이 사는 집은 방이 하나밖에 없는 아주 작은 집이었다. 삼촌은 집 짓는데 쓰이는 나무들을 멀리까지 가서 마차로 실어오기가 힘들어서 그냥 집을 조그맣게 지었다고 했다. 가구도 몇 개 안되었다. 그릇을 넣어두는 찬장 하나, 식탁 하나, 의자 몇 개와 녹슨 난로, 침대 두 개가 전부였다.
>
> 헨리 삼촌과 엠 숙모는 한쪽 구석에 있는 큰 침대에서 잤고 도로시는 반대편에 있는 작은 침대에서 잤다. 다락방이나 지하실 같은 건 아예 없었다. 대신 바닥에 구덩이를 하나 파 놓았는데 도로시 가족은 그걸 "회오리바람구멍"이라고 불렀다. 캔자스는 건물도 쓰러뜨릴 만한 강한 회오리바람이 자주 불곤 했다. 그 구덩이는 그런 회오리바람이 불 때 피하

55) 프랭크 바움(L. Frank Baum)이 쓰고 덴슬로(W. W. Denslow)가 삽화를 그린 총 14편.

56) 『오즈의 마법사』의 단순한 도덕을 새로운 관점에서 패러디한 책이, 그레고리 맥과이어(Gregory Maguire)가 쓰고 더글러스 스미스(Douglas Smith)가 삽화를 그린 『서쪽 악한 마녀의 생과 시대』(*The Life and Times of the Wicked Witch of the West*, 1995)이다. 이 책은 아동용이라고 볼 수 없을 정도로 격렬한 이미지와 성적인 상황을 포함하고 있다. 초록 피부의 엘파바(Elphaba)는 현실과의 타협을 거부하고 정의를 추구하지만 사람들의 편견으로 인해 악한 마녀로 오해받다가 나중에 진정으로 사랑하는 사람을 만나게 된다. 착한 마녀로 여겨지는 글린다(Glinda)는 멍청한 미녀에 불과하다. 이 소설은 뮤지컬 〈위키드〉로 인기를 끌고 있다.

는 곳이었다. 마룻바닥에는 구덩이로 내려갈 수 있는 뚜껑문이 있었다. 그리고 그 문을 열면 또 재빨리 구덩이 속으로 내려갈 수 있는 사다리가 걸쳐져 있었다.

도로시네 집 앞 들판은 온통 회색빛이었다. 들판은 지평선까지 펼쳐져 있었다. 사방을 둘러봐도 집 한 채, 나무 한 그루 없었다. 태양이 어찌나 뜨거운지 땅들을 갈아 놓으면 곧 쩍쩍 갈라져 회색 먼지만 날렸다. 그곳 풀들 역시 땅과 마찬가지로 회색빛으로 말라 버렸다. 원래 도로시네 집 벽에는 밝은 색 그림들이 그려져 있었다. 하지만 모두 뙤약볕에 바래고 빗물에 씻겨 이제는 집 앞 들판처럼 회색빛이 되었다.

엠 숙모도 이곳에 처음 왔을 때는 젊고 예뻤다. 하지만 강렬한 태양과 모진 바람은 숙모를 변하게 했다. 숙모의 활기찬 눈빛은 어느 새 어두운 회색빛이 되었고 발그레했던 뺨과 입술도 창백해졌다. 몸도 마음도 깡말라 버린 숙모는 웃음을 잃어버렸다.

4) 서부 지역

서부지역은 태평양 연안지역(워싱턴, 오리건, 캘리포니아, 알래스카, 하와이)과 산악 지역(네바다, 뉴멕시코, 몬태나, 애리조나, 아이다호, 와이오밍, 유타, 콜로라도)으로 나누어진다.

(1) 태평양 연안지역

① 워싱턴 주(State of Washington)

1775년 스페인의 탐험대가 점유했다가 이후 영국이 점유했고, 1805년 루이스-클라크 탐험대가 탐험을 했다. 1853년 오리건 준주의 일부를 분리해서 초대 대통령의 이름을 따서 워싱턴 준주로 명명했고, 1889년에 42번째 주가 되었다.

② 오리건 주(State of Oregon)

초기의 오리건 컨트리(Oregon Country)는 현재의 캐나다 브리티시컬럼비아의 일부, 미국 오리건 주, 워싱턴 주, 아이다호 주의 전역과 몬태나 주의 일부, 와이오밍 주의 일부를 포함하는 광범위한 지역이었다. 미국, 영국, 프랑스, 러시아, 스페인이 모두 이곳에 대한 영유를 주장했다가 차례로 권리를 포기했고, 미국과 영국이 1818년 〈영국-미국 회담〉(Anglo-American Convention)에서 양국의 경계를 합의했다. 1843년 일부 오리건 주민이 임시공화국을 설립하면서 독립국가로 발전하기를 희망했지만 미합중국에 가입하라는 압력이 점점 커져서 1848년 오리건 준주(Oregon Territory)가 되었다가 1859년 자유주로 33번째로 연방에 합류했다.

③ 캘리포니아 주(State of California)

캘리포니아[57]는 멕시코의 바하칼리포르니아 반도(Baja California peninsula)[58]와 국경을 접하고 있다. 환태평양 조산대(Pacific Ring of Fire)에 포함되어 진도 8급의 지진을 경험한 바 있다. 현재 미국에서 가장 인구가 많은 주이며, 아시아계와 히스패닉계 인구가 많은 것으로도 유명하다.

1542년 스페인의 탐험가가 샌디에이고 만을 여행하였고, 1769년에는 원주민에게 기독교를 전파하기 위한 스페인의 첫 선교소가 세워지면서 뉴스페인의 알타칼리포르니아(Alta California) 주가 되었다. 1821

57) 캘리포니아라는 이름은 스페인 소설가 가르시 몬탈보(Garci Rodríguez de Montalvo)가 쓴 『에스플란디안의 모험』(*The Adventures of Esplandián*)(1510)에서 나왔다. 캘리포니아 섬을 다스리는 흑인 아마존 칼라피아 여왕(Queen Calafia)에 대한 이야기이다.

58) “baja”는 “lower,” “alta”는 “upper”의 의미이다.

년 멕시코가 스페인에서 독립하면서 알타칼리포르니아는 멕시코의 땅이 되었는데, 당시는 네바다 주, 유타 주, 애리조나 주, 와이오밍 주까지 포함하는 큰 지역이었다. 1848년 〈멕시코-미국 전쟁〉을 통해 미국은 캘리포니아를 차지했다. 1850년 자유주로 31번째 주가 되었다.

1849년 캘리포니아에서 금이 발견되자 골드러시가 시작되어 이주민들이 몰려들었다. 1869년 1차 대륙 횡단 철도의 완성, 20세기 초 링컨 고속도로(Lincoln Highway)와 66번 도로(Route 66)와 같은 대륙횡단 고속도로의 완성은 캘리포니아로 접근하는 것을 더욱 용이하게 했다. 2차 대전 후에는 항공 우주 산업과 방위 산업의 활성화, 실리콘 밸리(Silicon Valley) 설립 등으로 캘리포니아의 경제는 크게 발전했다.

캘리포니아는 할리우드(Hollywood)의 영화산업으로도 유명하다. 온화한 날씨, 값싼 땅, 지형의 다양성이 장점이었으므로 1920년대에 영화 제작자들이 몰려들었다. 이후 미국의 영화는 신생 대국인 미국의 문화를 전 세계에 퍼트리는 가장 적절한 도구가 되었다. 영화는 현실을 그대로 재현하는 기능도 있지만 인간의 현실을 교묘하게 왜곡하는 기능이 다른 장르보다 크기 때문에 할리우드 영화의 영향력은 문제적 시선을 받을 수밖에 없다. 중세의 장르인 로맨스가 기사와 아름다운 레이디의 낭만적인 사랑이라는 이야기로 어려운 삶을 사는 민중들에게 잠시나마 현실을 잊고 도피할 수 있게 해주었다면, 영화는 그보다 수십 배나 더 강력한 힘으로 현실을 왜곡한다. 1930년대의 공황기에 할리우드에서는 고의로 환상적이고 호사스러운 내용의 영화를 양산하여 어려운 현실을 잊게 했고, 소련에서는 공산주의의 업적을 예찬하고 폭력적인 독재를 숨기는데 영화가 이용되었다. 독일의 히틀러는 금발 미녀가 거의 벌거벗은 몸으로 군무를 추는 화려한 뮤지컬 영화를 양산해서 자국 국민들에게 장미 빛 환상을 심어주었으며, 이탈리아의 독재자 무솔리니는 영화를 이용해 국책 사업을 선전했다. 영화가 이처럼 선전과 교화의 가장 효과적인 수단으로 이용될 수 있으므로, 미국적 이상을 최고의 가치로 선전하는 할리우드 영화가 무차별적으로 전 세계로 확산되는 것은 무기 수출 못지않은 위험성을 내포하고 있다.

④ 알래스카 주(State of Alaska)

알래스카는 원주민인 알류트족의 말로, "섬이 아닌 땅"(Alyeshka)이라는 뜻이다. 1741년 덴마크의 탐험가 비투스 베링(Vitus Jonassen Bering)이 러시아 표트르 1세(Peter the Great, 1672~1725)의 의뢰를 받아 북태평양을 탐험하다가 발견하였고, 러시아 모피 사냥꾼들이 정착하면서 러시아 제국의 영토가 되었다. 1867년 미국은 당시 〈크림 전쟁〉(Crimean War, 1853~1856)[59]으로 어려움을 겪던 러시아에게서 헐값으로 알래스카를 매입했다. 알래스카는 1912년 의회의 인준을 받으면서 준주가 되었고 1959년 주로 승격되면서 연방에 합류했다.

일부 미국인들은 알래스카 매입 당시에 "슈어드의 어리석은 투자"(Seward's Folly)라고 비난하면서 알래스카를 슈어드의 냉장고라고 조

59) 1853년 10월부터 1856년 2월까지 지속된 러시아 제국과 연합국과의 전쟁이다. 연합국에는 영국, 프랑스, 사르데냐 왕국, 오스만 제국이 참가하였다. 전쟁의 직접적인 원인은 러시아 제국이 오스만 제국 내의 정교회에 대한 보호권을 주장한 것이었다. 그러나 실상은 팔레스타인의 성지를 둘러싼 러시아 정교회와 로마 가톨릭 사이의 권한 다툼을 배경으로, 프랑스와 영국이 중동에 대한 이권 다툼을 벌인 것이다. 사르데냐 왕국은 크림 반도에 아무런 이권이 없었고, 러시아 제국과 특별히 대립 관계도 아니었지만, 이탈리아 통일을 위해 영국과 프랑스의 지원을 받을 계산으로 참전했다. 전쟁의 대부분은 흑해에 위치한 크림 반도에서 일어났으며, 1856년의 〈파리 조약〉으로 종전을 맞이했다. 〈파리 조약〉의 결과로 러시아 제국은 다뉴브 강(Danube river) 하구 및 흑해(Black Sea) 인근에서의 영향력을 잃게 되었고, 이후 흑해는 중립이 선언되며 모든 국가에 대해 군함 통과 및 무장이 제한되었다.

롱했다.[60] 그러나 결과적으로 알래스카매입은 엄청난 횡재라는 것이 밝혀졌다. 금, 은을 비롯한 각종 철광석과 엄청난 석유가 매장되어 있다는 것이 밝혀진 것이다.

⑤ 하와이 주(State of Hawaii)

본토에서 3,700킬로미터 떨어져 있는 태평양의 하와이 제도(Hawaiian Islands)에 위치해 있다. 하와이 섬, 마우이(Māui), 오아후(O'ahu), 카우아이(Kaua'i), 몰로카이(Moloka'i) 등의 8개의 주요 섬과 100개 이상의 작은 섬으로 구성되어 있다. 버락 오바마가 하와이 주 출신으로는 처음으로 대통령에 당선되었다.

폴리네시아 원주민들이 살던 하와이를 1778년 영국의 제임스 쿡(James Cook)이 발견한 이후로 유럽의 탐험가들이 몰려들었지만 원주민의 부족 국가로 계속 유지되었다. 1795년 카메하메하 대왕(Kamehameha the Great, 1738~1819)이 입헌군주제에 기초한 하와이 왕국(Kingdom of Hawaii, 1795~1893)을 선언했다. 그러나 미국인들의 이주를 허용하면서 점점 미국에게 경제적 속박을 당하게 되었고, 1887년에는 진주만(Pearl Harbor)을 미국의 해군기지로 양도했다. 1893년 여왕 릴리우오칼라니(Lili'uokalani 1838~1917)가 사탕수수 플랜테이션의 국유화 조치를 발표하자 친미주의자인 샌포드 돌(Sanford B. Dole)이 미국계 이주민과 공화파 농장주들을 선동하여 여왕을 축출하고 1894년 하와이 공화국(Republic of Hawaii)을 선포했다.

당시 대통령이던 클리블랜드는 사건의 진상을 파악할 조사단을 파견했고 조사단은 여왕의 퇴위가 불법이므로 복귀시키라고 요구했다.

60) 이 거래를 주도한 사람이 국무장관 슈어드(William Henry Seward)임.

그러나 하와이 공화국이 이를 거부하면서 미국에 편입하겠다고 주장했고 미국정부는 내심 이를 환영했다. 하와이는 1898년 하와이 준주가 되었고, 1959년 50번째 주로 편입되었다. 1993년 클린턴 대통령은 하와이 왕국의 전복에 미국정부의 묵인 및 방조가 있었다고 보고 이에 대한 사과를 담은 〈사과 결의문〉(Apology Resolution)을 승인했다.

현재 폴리네시아계 원주민들은 하와이 전체 인구의 9%를 차지 할 뿐이다. 한국, 일본, 중국, 필리핀 등의 아시아계이민자들의 자손이 하와이 인구의 절반을 넘는다. 이처럼 다양한 계통의 다민족, 다인종이 섞여 있으므로, 공식적인 언어는 영어와 극히 소수만 사용하는 하와이어이지만, 그 외 40가지의 언어와 방언이 쓰이고 있다.

(2) 산악 지역

① 네바다 주(State of Nevada)

스페인이 점유하면서, "눈으로 덮인"이라는 뜻의 스페인어 "nevada"에서 주의 이름이 만들어졌다. 1821년 스페인에서 멕시코가 독립하면서 멕시코의 영토가 되었는데, 1848년 〈멕시코-미국 전쟁〉으로 미국의 영토가 되었고, 1850년 유타 준주(Utah Territory)의 일부가 되었다. 1859년 은 광산이 발견되면서 급속도로 인구가 늘자 1961년 네바다 준주가 되었고 1864년 36번째로 주가 되었다.

네바다 주의 주요 산업은 관광이다. 카지노로 유명한 라스베이거스(Las Vegas)가 급격하게 성장하여 인구의 3분의 2가 라스베이거스 대도시권에 살고 있다. 모하브 사막(Mojave Desert), 타호 호수(Lake Tahoe), 시에라네바다 산맥(the Sierra Nevada) 등의 자연 풍광도 관광에 큰 역할을 하고 있다. 근래에는 "51구역"(Area 51) 때문에 더 유명해졌다. 51구역은 1955년 그룸 레이크(Groom Lake)에 신무기의 개발 및 시험을 위한 비밀 기지로 건설되었는데 외계인 연구를 하고 있다고 소문이 나면서 세간의 이목을 끌게 되었다.

은 광산이 네바다의 발전에 큰 역할을 했으므로 공식적으로 "은 주"(Silver State)로 알려져 있고, 남북전쟁 중에 합중국에 가입했다고 해서 "전시 탄생 주"(Battle Born State)라고도 하며, 이 지역에 많이 나는 쑥(sagebrush) 때문에 "쑥 주," 그 풀 속에 많이 사는 뇌조(sage grouse) 때문에 "암 뇌조 주"(Sage hen State)라고 불리기도 한다.

② 뉴멕시코 주(State of New Mexico)

1912년 미국의 47번째 주로 편입된 뉴멕시코의 역사는 백인에 의해 끊임없이 쫓겨 다녀야 했던 아메리카 원주민의 역사를 고스란히 보여준다. 원래 이곳에는 다양한 원주민 부족들이 살았고, 16세기에 유럽인들이 들어올 무렵에는 푸에블로인(Pueblo peoples)[61]과 나바호(Navajo), 아파치(Apache), 우테(Ute) 등의 부족 마을이 형성되어 있었다. 1598년 스페인 왕 필립 2세의 명령을 받은 오냐테(Oñate)장군은 리오그란데 강 상류 지역에 스페인 이주민을 정착시켰고 원주민에게 기독교를 전파했다. 그러나 원주민들이 기독교를 거부하며 10여 명의 스페인인들을 죽이자 그 보복으로 25세 이상의 원주민 남자들의 발목을 하나씩 잘라버렸다. 1680년 뉴멕시코 원주민들은 잔인한 스페인의 정책에 반발하여 전쟁을 일으켰고 수백 명의 스페인인들이 달아났

61) 뉴멕시코와 애리조나, 텍사스에 부락을 이루어 사는 미국 원주민 부족들을 말한다. 원래 언어도 다르고 문화도 다른 원주민의 집단이다. 그런데 1600년경 스페인 정복자들은 그들이 부락을 이루고 산다는 뜻에서 푸에블로 인디언, 또는 푸에블로인이라고 부르면서 그것이 명칭이 되었다. 푸에블로는 부락(village)이라는 스페인어이다.

다. 그러나 1692년 원주민 지도자가 사망한 후 다시 스페인이 통치를 하면서 다소 온건한 식민 정책을 구사했고 원주민들도 기독교를 받아들이게 되었는데 이것이 뉴스페인이다.

뉴스페인의 200여 년의 식민통치는 1821년 멕시코의 독립으로 막을 내렸다. 이때 뉴멕시코[62]는 멕시코의 한 지역이었다. 1846년 〈멕시코-미국 전쟁〉에서 미국이 승리하자 뉴멕시코 원주민들은 미국의 지배를 받게 되었다. 미국 정부는 1864년 나바호족을 남동쪽의 섬너 요새(Fort Sumner)로 강제로 이주시키고 그 땅을 개척민들에게 분배해 주려고 했다. 원주민들은 완강히 저항했지만 무차별적인 공격을 받고 항복했고, 한 겨울에 걸어서 300마일의 장거리 행진(Long Walk)을 해서 새로운 거주지로 향해야 했다. 9,000여명의 원주민 중에서 200여명이 행군 중에 기아와 추위로 죽었고, 새로 마련된 거류지에서도 기아와 질병으로 계속 죽어 나갔다. 4년 뒤 미국 정부는 잘못을 인정하고 나바호족을 고향인 서북부 지역으로 돌아가도록 허용했다.

뉴멕시코는 새로운 기회의 땅이 되면서 카우보이를 비롯해 광부, 철도 노동자, 노름꾼, 상인 등 다양한 사람들이 몰려들어 무법천지가 되기도 했다. 빌리 더 키드(Billy the Kid, 1860~1881)가 대표적인 무법자이다. 다양한 이주자들은 앵글로와 히스패닉, 원주민의 문화가 섞인 독특한 문화를 만드는데 기여했다.

뉴멕시코의 별명은 "매혹의 땅"(Land of Enchantment)이다. 황량한 사막, 그와 대조적인 울창한 높은 산들, 단층으로 인해 여러 색깔이 드러난 지층과 메사(Mesa)[63] 등 다양한 풍광을 자랑하기 때문이다.

---

62) 당시는 콜로라도, 캔자스, 오클라호마, 텍사스의 일부도 포함하는 큰 지역이었다.

63) 탁자같이 평평하고 가장자리는 가파른 사면이나 벼랑으로 된 지형으로 미국 남서부 지역에서 흔히 볼 수 있다. 스페인 개척자들이 이 지역을 개척할 때 탁자같이

흰 모래 언덕으로 유명한 〈화이트샌드 국립기념공원〉(White Sands National Monument), 종유석 동굴로 유명한 〈칼스베드동굴 국립공원〉(Carlsbad Cavern National Park) 등이 유명하다. 뉴멕시코의 다양한 문화와 독특한 자연은 많은 예술가들을 불러왔고 현재의 〈산타페 인디언 시장〉(Santa Fe Indian Market)을 훌륭한 예술품 전시장으로 만들었다.[64] 〈로스앨러모스 국립연구소〉(Los Alamos National Laboratory)는 2차 대전 중 원자탄 개발을 위한 〈맨해튼 계획〉(Manhattan Project)이 세워진 곳으로 유명하다. 1945년 7월 16일 뉴멕시코 남쪽 화이트샌드 사막에서 최초의 원자탄 실험이 이루어졌다.

뉴멕시코 주에서는 고추(Chili)가 그려져 있는 간판을 흔히 볼 수 있다. 뉴멕시코를 상징하는 질문은 "빨강? 아니면 초록?"(Red or Green?)이다. 식당에서 흔히 하는 말로, 손님들에게 빨간 고추 소스와 초록 고추 소스 중에서 선택하라는 것이다.

③ 몬태나 주(State of Montana)

몬태나는 스페인어로 "산악 지대"라는 뜻이다. 1803년 루이지애나를 매입했을 때, 몬태나 동부만 포함되어 있었다. 이후 〈오리건 조약〉(Oregon Treaty)[65]을 통해서 몬태나의 북서부를 획득했고, 1889년에 41

생긴 언덕이라고 메사라고 부르기 시작한 것이 오늘날 지질학적 용어로 고착되었다.

64) 1959년 MGM 사에서 만든 영화 〈벤허〉(*Ben-Hur*)의 원작소설『벤허: 그리스도의 이야기』(*Ben-Hur: A Tale of the Christ,* 1880)의 저자는 뉴멕시코 주지사를 역임한 루 윌리스(Lew Wallace)이다.

65) 1818년의 조약에 따라 영국과 미국은 오리건 컨트리(Oregon Country)를 공동으로 점유했지만 국경분쟁이 끊이지 않아 그 타협책으로 나온 것이 〈오리건 조약〉(1846)이다. 이 조약으로 미국과 영국의 경계를 영국령인 밴쿠버 섬(Vancouver Island)을 제외하고 북위 49도선에 평행하는 것으로 결정했다. 미국령은 오리건 준주(Oregon Territory)가 되었다. 1871년 벤쿠버 섬과 브리티시 컬럼비아 식민지

번째 주로 편입되었다.

④ 애리조나 주(State of Arizona)

1912년 본토에서는 마지막이며 48번째 주로 연방에 가입했다. 원래 뉴스페인의 알타칼리포르니아(Alta California)의 일부였는데 멕시코가 독립하면서 멕시코 땅이 되었다가 〈멕시코-미국 전쟁〉 후에 미국의 영토가 되었다. 최남단 부분은 1853년 개즈던 매입(Gadsden Purchase)[66]으로 획득했다. 그랜드캐니언 국립공원(Grand Canyon National Park)[67]을 비롯해 국립공원과 인디언 거류지가 많이 있다.

애리조나의 초기 경제는 5C에 의존했는데, 5C는 구리(copper), 면화(cotton), 축우(cattle), 감귤류(citrus), 기후(climate)이다. 구리가 노천 광산과 지하 광산 등에서 활발히 채굴되어 현재 미국 구리 생산의 3분의 2를 차지하므로 구리 주(Copper State)라는 별명을 얻었다.

⑤ 와이오밍 주(State of Wyoming)

18세기 중엽부터 프랑스가 점유했다가 1803년 루이지애나 매입으로 미국령이 되었고 1868년 준주가 되었다가 1890년 44번째 주로 편입되었다. 원주민 말로 "대평원"이라는 뜻인 와이오밍에는 넓은 평야

(British Columbia Colony)가 캐나다에 합류하자 조약에서 정해진 북위 49도선과 해양경계가 캐나다와 미국의 국경이 되었다.

66) 1853년 멕시코 대사 제임스 개즈던이 프랭클린 피어스 대통령의 지시로 멕시코에서 매입했다.

67) 고원 지대를 흐르는 콜로라도 강에 의해서 깎여진 거대한 계곡이다. 1908년 시어도어 루스벨트 대통령에 의해 국립기념공원(National Monument)로 지정되었다가 1919년에 국립공원(National Park)으로 승격되었으며, 1979년에 유네스코 세계 유산으로 지정되었다.

를 기반으로 한 농업이 발달했다. 1840년대에는 서부 개척을 위한 오리건 길(Oregon Trail)이 통과하면서 많은 발전을 했지만 원주민과의 갈등은 19세기 후반까지 계속되었다. 1872년 옐로스톤(Yellowstone)이 첫 국립공원으로 지정되었다. 50개 주 중에서 인구가 가장 적은 주이다.

⑥ 유타 주(State of Utah)

유타는 원주민의 말로 "산에 사는 사람"이라는 뜻이다. 아메리카 대륙을 남북으로 가로지르는 로키 산맥 서편을 따라 남북으로 도시가 형성되어 있다. 염도 27%로 어류가 살지 못하는 소금호수인 솔트레이크(Salt Lake)에는 두꺼운 소금 층이 얼음처럼 덮여 있다.

유타 지역은 원래 멕시코 영토의 일부였으나 〈멕시코-미국 전쟁〉의 결과로 미국의 영토가 되었다. 1850년 유타 준주가 되었고 1896년 45번째 주로 가입하였다.

유타 주의 주도인 솔트레이크 시티에 모르몬교의 본산이 있으며 대부분이 백인인 주민의 절반 이상이 모르몬 교인이다. 동부에서 박해를 받아 쫓기던 모르몬교도들이 1847년 지도자 브리검 영을 따라 유타로 이주해 와서 정착했던 것이다.

⑦ 콜로라도 주(State of Colorado)

와이오밍, 유타와 함께 주의 경계가 위선과 경선을 따라 직선으로만 이루어져 있다. 주의 남북으로 로키 산맥이 관통하고 있어 주 전체의 평균 고도가 미국에서 가장 높은 산악 지대이다. 주의 동쪽은 대평원이다. 따라서 콜로라도에는 산맥, 숲, 높은 평원, 메사, 협곡, 고원, 강, 사막 등 다양한 지형이 있어 아름다운 경치로 유명하다. 콜로라도는 스페인어로 "붉은 빛을 띠다."는 의미이다.

1600년대에 스페인의 탐험가들이 여행한 바 있으며, 1803년 루이지애나 매입 때 콜로라도의 동부가 포함되었다. 현재의 콜로라도의 서부는 1848년 〈멕시코-미국 전쟁〉에서 획득되었다. 1861년 콜로라도 준주가 신설되었고, 1876년 38번째 주가 되었다. 1876년 독립 100주년을 맞는 해에 주로 승격되어서, 별명이 "100년 주"(Centennial State)이다. 1915년에는 〈로키산맥 국립공원〉이 설정되었다.

* 주 명 - 약어 - 주 도 - 연방 가입일

주 명	약어	주 도	연방 가입일
네바다 주 (Nevada)	NV	카슨시티(Carson City)	1864-10-31
네브래스카 주 (Nebraska)	NE	링컨 (Lincoln)	1867-03-01
노스다코타 주 (North Dakota)	ND	비즈마크 (Bismarck)	1889-11-02
노스캐롤라이나 주 (North Carolina)	NC	롤리 (Raleigh)	1789-11-21
뉴멕시코 주 (New Mexico)	NM	샌타페이 (Santa Fe)	1912-01-06
뉴욕 주 (New York)	NY	올버니 (Albany)	1788-07-26
뉴저지 주 (New Jersey)	NJ	트렌턴 (Trenton)	1787-12-18
뉴햄프셔 주 (New Hampshire)	NH	콩코드 (Concord)	1788-06-21
델라웨어 주 (Delaware)	DE	도버 (Dover)	1787-12-07
로드아일랜드 주 (Rhode Island)	RI	프로비던스 (Providence)	1790-05-29
루이지애나 주 (Louisiana)	LA	배턴루지 (Baton Rouge)	1812-04-30
매사추세츠 주 (Massachusetts)	MA	보스턴 (Boston)	1788-02-06
메릴랜드 주 (Maryland)	MD	아나폴리스 (Annapolis)	1788-04-28
메인 주 (Maine)	ME	오거스타 (Augusta)	1820-03-15
몬태나 주 (Montana)	MT	헬레나 (Helena)	1889-11-08
미네소타 주 (Minnesota)	MN	세인트폴 (Saint Paul)	1858-05-11
미시간 주 (Michigan)	MI	랜싱 (Lansing)	1837-01-26
미시시피 주 (Mississippi)	MS	잭슨 (Jackson)	1817-12-10
미주리 주 (Missouri)	MO	제퍼슨시티 (Jefferson City)	1821-08-10
버몬트 주 (Vermont)	VT	몬트필리어 (Montpelier)	1791-03-04

버지니아 주 (Virginia)	VA	리치먼드 (Richmond)	1788-06-25
사우스다코타 주 (South Dakota)	SD	피어 (Pierre)	1889-11-02
사우스캐롤라이나 주(South Carolina)	SC	컬럼비아 (Columbia)	1788-05-23
아이다호 주 (Idaho)	ID	보이시 (Boise)	1890-07-03
아이오와 주 (Iowa)	IA	디모인 (Des Moines)	1846-12-28
아칸소 주 (Arkansas)	AR	리틀록 (Little Rock)	1836-06-15
알래스카 주 (Alaska)	AK	주노 (Juneau)	1959-01-03
애리조나 주 (Arizona)	AZ	피닉스 (Phoenix)	1912-02-14
앨라배마 주 (Alabama)	AL	몽고메리 (Montgomery)	1819-12-14
오리건 주 (Oregon)	OR	세일럼 (Salem)	1859-02-14
오클라호마 주 (Oklahoma)	OK	오클라호마시티 (Oklahoma City)	1907-11-16
오하이오 주 (Ohio)	OH	콜럼버스 (Columbus)	1803-03-01
와이오밍 주 (Wyoming)	WY	샤이엔 (Cheyenne)	1890-07-10
워싱턴 주 (Washington)	WA	올림피아 (Olympia)	1889-11-11
웨스트버지니아 주 (West Virginia)	WV	찰스턴 (Charleston)	1863-06-20
위스콘신 주 (Wisconsin)	WI	매디슨 (Madison)	1848-05-29
유타 주 (Utah)	UT	솔트레이크시티 (Salt Lake City)	1896-01-04
인디애나 주 (Indiana)	IN	인디애나폴리스 (Indianapolis)	1816-12-11
일리노이 주 (Illinois)	IL	스프링필드 (Springfield)	1818-12-03
조지아 주 (Georgia)	GA	애틀랜타 (Atlanta)	1788-01-02
캔자스 주 (Kansas)	KS	토피카 (Topeka)	1861-01-29
캘리포니아 주 (California)	CA	새크라멘토 (Sacramento)	1850-09-09
켄터키 주 (Kentucky)	KY	프랭크퍼트 (Frankfort)	1792-06-01
코네티컷 주 (Connecticut)	CT	하트포드 (Hartford)	1788-01-09
콜로라도 주 (Colorado)	CO	덴버 (Denver)	1876-08-01
테네시 주 (Tennessee)	TN	내슈빌 (Nashville)	1796-06-01
텍사스 주 (Texas)	TX	오스틴 (Austin)	1845-12-29
펜실베이니아 주 (Pennsylvania)	PA	해리스버그 (Harrisburg)	1787-12-12
플로리다 주 (Florida)	FL	탤러해시 (Tallahassee)	1845-03-03
하와이 주 (Hawaii)	HI	호놀룰루 (Honolulu)	1959-08-21

6 미국의 인종문제

1) 아메리카 원주민

미국의 역사에서 아메리카 대륙은 "신대륙"(New Continent)으로 지칭된다. 그러나 아메리카 대륙은 수억 년 전부터 존재하던 땅이며 수많은 원주민들이 독특한 문화를 이루면서 살았으므로 실제로는 "구대륙"(Old Continent)이다. 신대륙이라는 명칭은 아메리카 원주민의 존재를 "보이지 않는" 존재로 설정한 서구 중심적인 발상의 결과이다.

아메리카 원주민에 대해서는 여러 설이 있지만, 가장 믿을만한 설은 시베리아에 살던 몽고계 종족이 약 15,000년 전 빙하기에 베링 해의 수위가 낮아져 다리처럼 연결되었던 베링 육교(Bering Land Bridge)를 건너왔으며 이들이 알래스카를 거쳐 남북 아메리카 각지로 분산되었다는 것이다. 이들은 유럽인이 등장하기 전까지 개별 부족 국가로 유목 문화를 이루었고, 일부는 농경문화를 이루고 살았다.

아메리카 대륙의 존재가 유럽인에게 알려지게 된 것은 크리스토퍼 콜럼버스의 항해 덕분이며 원주민에 대한 기록도 콜럼버스에게서 찾을 수 있다. 콜럼버스는 서인도 제도에서 처음으로 원주민인 아라와크족(Arawak)을 만났는데, 이때 콜럼버스의 행동 양태는 나중에 북미의 개척자들이 아메리카 원주민을 대하는 태도에도 그대로 나타난다. 인도에 도착했다고 착각한 콜럼버스는 자신의 항해 일지에 인디언들, 즉 실제로는 루카얀(Lucayan), 타이노(Taíno), 아라와크족에 대한 첫 인상을 다음과 같이 적어놓았다.

> 인디언들은 실제로 보지 않고서는 믿지 못할 정도로 지나치게 순진하고 욕심이 없다. 자신이 가지고 있는 것을 원하는 사람이 있으면 거절하지 않는다. 오히려 모든 이와 함께 나누어 가지려 한다. . . . 그들은 좋은 체격과 수려한 용모를 지닌 건장한 사람들이었다. 무기를 지니고 있지도 않았으며 무기라는 것을 알지도 못했다. . . . 그들은 좋은 하인이 될 수 있을 것이다. . . . 50명만 있다면 그들 모두를 정복하여 마음껏 부릴 수 있을 것이다.

콜럼버스의 글에서 우리가 알 수 있는 것은 원주민의 멋진 외모와 선량함, 순수함이며, 백인의 탐욕이다.

원주민 추장에게서 황금 가면을 선물 받은 콜럼버스는 스페인으로 돌아가 자신이 아시아와 중국 해안의 한 섬에 도착했다고 주장하면서, 그곳은 기름진 초원이 펼쳐져 있고 넓은 강에는 황금이 쌓여 있다고 허풍을 떨었다. 과장된 보고와 허황한 약속을 남발해 많은 투자자를 모은 콜럼버스는 이번에는 17척의 배를 몰고 신대륙으로 돌아왔다. 그러나 막상 금이 많이 모이지 않자 초조해진 콜럼버스는 잔인하게 원주민들을 혹사했다. 원주민들에게 3개월 마다 금을 가져오게 했고 할당량을 채우지 못하면 수족을 잘랐고, 달아나는 원주민들을 동물처럼 사냥해서 학살했다. 원주민에 대한 잔인한 행위는 끝이 없었는데, 당시 성직자로서 쿠바 정복에 참가했던 라스 카사스(Bartolome de las Casas)의 기록에서도 알 수 있다.

> 백인들은 인디언의 등에 업혀 다니면서 다른 인디언이 넓은 나뭇잎을 들고 따라오면서 햇빛을 가리게 했다. 또 칼날이 얼마나 날카로운지 시험하기 위해서 인디언을 한 번에 10명에서 20명씩 죽여 보았다.

원주민들은 저항했으나 우수한 무기를 가진 백인들의 공격을 막아낼 수 없었다. 백인에게 학살되지 않은 원주민 중에는 절망에 빠져 집단으로 동반 자살을 택하는 사람도 있었고, 면역이 없던 백인의 전염병에 걸려 대규모가 병사했다. 일부 건강한 원주민은 포획되어 유럽으로 실려 가던 중에 상당수가 죽었다.

콜럼버스의 행동은 이후 아메리카 대륙에 도착한 거의 모든 백인 정복자들에게서 되풀이해서 나타났다. 코르테스(Fernando Cortés, 1484~1547)는 멕시코의 아즈텍족(Aztec)에게, 피사로(Francisco Pizarro, 1471(1476?)~1541)는 페루의 잉카족(Inca)에게, 영국은 포우하탄족(Powhatan)과 피쿼트족(Pequot)에게 콜럼버스와 비슷한 잔혹한 행위를 계속했다.

미국의 기초가 된 북아메리카 대륙에는 원주민 문명이 존재했다. 8세기에서 16세기 무렵까지 계속되었던 미시시피 문화(Mississippian Culture)의 존재가 마운드(Mounds) 유적에 의해 확인된다. 그중 가장 큰 것은 미주리 주 세인트루이스 교외 카호키아 유적으로, 전성기에 주민이 10,000명에 이른 것으로 짐작된다. 이 거대 유적은 1982년 〈카호키아 마운드 주립 사적지〉(Cahokia Mounds State Historic Site)로 세계 유산에 등록되었다.

유럽인이 오기 전의 아메리카 대륙에는 약 15,000,000명 내지 20,000,000명의 원주민이 있었고, 북아메리카에는 5,000,000명이 거주했다. 거의 2,000종에 이르는 언어를 쓰는 다양한 부족으로 나누어져 있어서 부족 간에 전투가 있었지만, 전쟁에서 잡은 포로는 양자로 입적해서 자신들의 부족으로 만들기도 했다. 이들은 일정한 문명 생활을 영위했고 농업 기술도 상당히 발달해 있었다. 옥수수, 땅콩, 초콜릿, 담배, 고추 등 곡식, 채소, 과일의 경작법이 개발되어 있었고, 댐을 만들어 관개용수로 이용했고, 도자기를 구웠으며, 바구니를 짰고, 목화로 옷을 지어 입었다. 유럽, 아시아, 아프리카와 동시대에 농업 혁명을 이룬 수준 높은 문화라고 할 수 있다.

〈이로쿼이 연방〉(Iroquois League)[1]은 토지를 공유하며 공동 노동을 했다. 종족의 문화적 유산을 존중했고, 유대감을 중시했으며, 계급적 구별이 거의 없이 모두 평등했다. 여성은 남성과 동등한 자격을 누렸고 중요한 존재로 여겨졌다. 아이들을 독립적으로 키우면서, 오만한 권위에 복종하지 않도록 가르쳤고 가혹한 벌을 내리는 일은 드물었다. 원주민들은 식민지의 백인들이 아이를 엄격하고 잔인하게 다루는 것을 보고 매우 놀랐다고 한다.

북아메리카의 원주민들도 콜럼버스가 만난 원주민들처럼 처음에는 이방인인 백인들을 친근하게 맞았다. 초기의 개척민들은 굶주려 죽을 지경에 이르렀을 때 원주민들의 도움을 받아 생활할 수 있었다. 디즈니 만화 영화로도 만들어진 포카혼타스(Pocahontas, 1595(?) ~ 1617)[2] 이야기가 전형적인 예이다. 포카혼타스는 현재의 버지니아에 거주하던 포우하탄족 추장의 딸이었다. 1607년 4월 영국의 개척자들이 버지니아에 도착하여 거류지를 세울 무렵 포카혼타스는 12세에서 14세가량의 소녀였다. 개척민 존 스미스(John Smith)가 포우하탄의 사냥꾼들에게 잡혀서 사형을 당하기 직전에 포카혼타스가 그를 감쌌으며 이후 아버지를 설득해서 스미스를 제임스타운으로 안전하게 호송시켰다.

---

1) 북미의 가장 강력한 원주민 집단으로 6부족을 포함한다. 모학(Mohawk), 오논다가(Onondaga), 오네이다(Oneida), 카유가(Cayuga), 세네카(Seneca), 투스카로라(Tuscarora).

2) 포카혼타스는 나중에 영어를 배우고 기독교를 접한 뒤 레베카로 개명하였고, 1614년 개척민인 존 롤프(John Rolfe)와 결혼하여 아들을 낳았다. 포카혼타스는 나중에 런던을 방문해서 "문명화된 야만인"(civilized savage)의 표본으로 여겨지며 유명 인사가 되었다.

포카혼타스는 존 스미스와 친해졌고, 제임스타운 식민지에 자주 찾아가 아이들과 놀기도 하였다. 또 개척민들이 굶주림에 시달릴 때 식량을 공급해주었다.

그러나 곧 원주민과 개척민 사이에서 갈등이 생기고 전투가 진행되었다. 갈등의 가장 큰 원인은 개척민들이 원주민의 문화를 전혀 이해하지 못했고, 이해하려는 노력도 하지 않았기 때문이었다. 특히 토지에 대한 인식 차이가 가장 컸다. 원주민들은 토지는 "위대한 영"(Great Spirit)의 뜻에 따라 모두가 평등하게 공유하므로 개인의 소유가 아니라고 생각했다. 백인들은 원주민에게 물건을 주고 영토를 "구매"했다고 생각했는데 백인에게 구매란 원주민이 떠나고 자신이 땅을 독차지하는 행위를 의미했다. 그러나 원주민에게는 땅을 사고파는 문화가 없었기 때문에 백인이 같이 살자고 부탁하는 것으로 이해했다. 블랙피트(Black Feet) 부족의 추장은 밀크 강(Milk river) 유역에서 영토 조약에 서명하라고 요청받자 백인들의 돈을 거절하면서, "이 땅은 위대한 영이 우리를 위해 여기에 둔 것이며, 우리 것이 아니기 때문에 팔수 없소."라고 대답했다. 조셉 추장도 같은 취지의 말을 했다.

> 나는 이 땅을 내 마음대로 처분할 수 있는 것이라고 말한 적이 없소. 이 땅을 마음대로 할 권리를 가진 분은 이 땅을 창조한 바로 그 분이오, 나는 내 땅에서 살 권리를 주장하며 당신들은 당신들 땅에 살 수 있는 특권이 있다는 점을 인정하겠소.

백인들은 원주민을 열등한 존재로 생각했지만, 원주민이 보기에 백인은 필요 없이 축적을 일삼고 모든 것을 독차지하려는 탐욕에 가득 찬 존재였다. 시팅벌(Sitting Bull)은 백인을 이렇게 평가했다.

> 그들은 우리 선조들이 처음 만났을 때는 조그마하고 힘도 없었으나 지금은 거대하고 우쭐거리는 종족이 되었다. 이상하게도 그들은 땅에서 무엇을 지어 먹으려 하고, 무엇을 갖기를 좋아하는 그런 병이 들었다. 이자들은 부자는 무시해도 좋지만 가난한 자는 꼭 지켜야 되는 법들을 잔뜩 가지고 있다. 그들은 가난한 자와 약한 자로부터 십일조를 받아 부유한 지배자를 살찌운다. 그들은 우리의 어머니인 대지를 자기네 것이라고 주장하며 울타리를 치고 이웃을 막는다. 그들은 건물을 짓고 쓰레기를 버려 대지를 더럽힌다. 이 종족은 둑에서 넘쳐 나와 길을 타고 흐르며 모든 것을 망치는 봄의 홍수와 같다.

백인들은 아메리카 원주민 부족은 추장(chief)이 지배하는 사회라고 믿었다. 그러나 인디언 사회는 합의제이므로 추장은 왕과 같은 권력자가 아니라 중재자이며 봉사자였다. 그런데 미국 정부는 협상 대표로 나온 추장을 책임자로 간주하여 서명하게 한 뒤 그것을 부족 전체의 뜻으로 해석하는 오류를 범했다. 원주민은 부족의 지도자가 아닌 추장이 서명한 협상은 전체의 뜻이 아니었으므로 무시했고, 미국 정부는 이를 조약 파기로 간주했다. 게다가 원주민 부족은 여러 갈래로 세분되어 있었고 각 부족은 자치를 유지하면서 제각각 움직이는 체제였으므로, 미국 정부가 한 부족의 추장을 여러 부족들의 대표자로 임명하여 협상한 것은 아무런 효력을 갖지 못했다. 미국 정부는 원주민들이 협정을 위반했다고 주장했지만, 원주민으로서는 협정 자체가 없었던 것이다. 반면 원주민들은 백인들과 모닥불에 둘러 앉아 파이프로 담배를 돌려 피우면서 위대한 영에게 맹세한 것이 약속을 맺은 것으로 생각했지만, 백인들은 종이에 서명하지 않은 계약을 무시했다.

그러나 백인들이 원주민의 문화를 이해했다 하더라도 이들 사이에 평화적인 공존이 가능했을 지는 의문이다. 백인들은 땅을 독점하기를 원했기 때문이다. 매사추세츠의 통치자 존 윈스롭은 원주민의 땅이 법적으로 "공지"(blank area)라고 선포했다. 원주민들은 그 땅을 정복한 것이 아니므로 땅에 대한 자연권만 있을 뿐 시민권을 가지고 있지 않으며, 자연권은 법적 소유권으로서의 효력이 없다는 해괴한 논리였다. 원주민들이 사는 땅은 그들의 소유가 아니라 그 땅을 정복한 사람들의 땅이라는 것이다. 그러므로 정복을 통한 땅 빼앗기는 정당한 행동이라고 공인되었다.

그러나 이론만으로는 원주민의 저항을 물리치고 땅을 빼앗기가 가능하지 않으므로 결국 백인들은 무력을 쓰게 된다. 백인들의 목표는 평화적인 공존이 아니라 원주민을 제거하거나 근절시키는 것이었다. 이를 위해 미국 정부는 전쟁 뿐 아니라 다양한 정책을 썼다. 예로 다음 인용을 보자.

> 인디언들은 영국인보다 재빠른 사람들이어서 추적하기가 힘들기 때문에, 방법은 평화를 가장하여 그들이 원하는 곳 어디든지 정착하여 농사짓게 하고, 추수 직전에 습격하여 가능한 많은 사람을 죽이고 옥수수밭을 불태우는 것이었다.

또 원주민들의 필수 식량인 버펄로를 멸종시키는 정책을 통해서 원주민의 점진적인 멸종을 시도한 정책도 있었다. 대평원의 원주민들의 기본적인 의식주를 보장해주는 버펄로는 40,000,000 마리에 이르렀지만 백인의 무분별한 남획으로 멸종 위기에 몰리면서 원주민들은 대평원을 떠나지 않을 수 없었다. 수우족(Sioux)의 추장인 블랙엘크(Black Elk, 1863~1950)는 백인의 탐욕에 대해 이렇게 말했다.

> 들소가 너무 많아서 셀 수도 없던 때를 나는 기억할 수 있어. 그러나 점

점 더 많은 와시추(백인)들이 몰려와서 들소들을 죽여 버려서 마침내 들소가 있던 곳에는 뼈 무더기만 흩어져 있을 뿐이었어. 와시추들은 먹기 위해 들소를 죽이지는 않았어. . . . 그저 죽이는데 흥이 나서 죽이고 또 죽였단 말이야. 우리가 들소를 사냥할 때는 꼭 필요한 것만 잡았는데.

1875년 로키산맥에 출현한 대규모의 메뚜기[3]들로 인해 버펄로의 식량인 초원이 황폐해지면서 버펄로가 급감한 것은 정부의 버펄로 멸종 정책을 크게 도운 셈이 되었다.

백인 개척민들과 원주민의 전쟁은 필연적인 결과였다. 식민 초기부터 개척민과 원주민 사이의 소규모의 갈등이 계속 되다가 이민이 증가하면서, 또 유럽 열강의 식민지 확보 전쟁과 연결되어, 전투가 점점 대규모화되었다. 백인에 대응하는 원주민들은 통일된 체제를 가지지 못한 다양한 부족이었으므로 여러 지역에서 여러 방식으로 백인의 침입에 저항했고, 백인과 화평을 맺는 방식도 제각기 달랐다. 일부 원주민 부족은 동맹을 맺어 대항하기도 했고, 일부 부족은 영국과 연합하고, 일부 부족은 프랑스와 연합하는 등, 상황에 따라 식민 열강과 연합하여 자신들의 땅과 부족을 지키려는 전쟁에 참가했다. 그러나 결국 열세인 원주민들은 자신들의 땅을 빼앗기고 미국 정부가 정해 준 인디언 거류지에 갇혀 사는 비극을 당해야 했다.

인디언 전쟁은 크게 네 단계로 나누어진다. 백인이 미국에 들어와 조심스럽게 원주민과의 공존을 모색한 개척 초기, 독립 국가 미국에서 백인 정착민이 증가하자 원주민이 격렬히 저항하다가 미시시피 강 동쪽의 땅을 빼앗기고 쫓겨난 시기, 개척민들이 미시시피 강 서쪽으

3) 메뚜기 떼의 크기를 측정한 의사 Albert Child의 이름을 따서 앨버트의 메뚜기떼 (Albert's Swarm)라고 한다.

로 몰려들자 다시 원주민들이 굴복당하는 시기, 20세기에 미국 정부가 많은 인디언 조약을 파기하여 인디언 부족 자체가 소멸되는 시기이다. 그 중 대표적인 갈등만 살펴보겠다.

최초의 식민지인 제임스타운은 원주민의 영토에 세워졌지만 처음에는 전혀 공격을 받지 않았다. 1607년 포우하탄족의 추장은 존 스미스에게, "사랑으로 평화스럽게 획득할 수도 있는 것을 왜 무력으로 빼앗으려 하는가?"라고 반문했다. 그러나 굶주린 정착민들은 식량 확보를 위해 인디언 마을을 습격하여 추장을 인질로 잡고 물품과 식량을 강탈했다.

1610년 식민지의 가혹한 신정 정치 아래서 기아에 시달리던 몇 명의 개척민들이 원주민 마을로 숨어들었다. 식민지의 통치자는 질서 유지를 위해 이들을 처벌하려고 원주민에게 이들을 추방하라고 요구했다. 그러나 원주민 측에서 거절하자 군대를 파견하여 십여 명의 원주민을 살해하고 옥수수 밭을 불태우고 추장의 아내와 자식을 살해하는 일방적인 공격을 가했다.

1622년 백인들이 급속도로 증가하는 것에 위협을 느낀 원주민들은 백인 정착촌을 공격해서 여성과 아이를 포함해 300여 명이 넘는 백인들을 몰살시켰다. 그러나 이후로는 백인들의 일방적인 공격과 잔혹 행위가 계속된다. 대표적인 전쟁이 1637년의 〈피쿼트 전쟁〉(Pequot War)으로 영국 무역상 한 무리가 원주민에게 몰살당하자 매사추세츠만 식민지와 플리머스 식민지의 백인들이 피쿼트 족을 섬멸시켰다. 플리머스 식민지의 지도자였던 윌리엄 브래드포드(William Bradford)는 『플리머스 플랜테이션에 대해』(*Of the Plymouth Plantation,* 1630~1651)에서 이 전쟁의 잔혹함을 생생하게 기록했다.

> 불 속에서 빠져 나온 인디언들은 칼로 살해되었다. 어떤 인디언은 토막 나서 죽고 또 어떤 이들은 도망가다가 칼에 맞아 죽었다. 인디언들은 순식간에 습격을 당했기 때문에 거의 도망가지 못했다. 이때 약 400명이 죽은 것으로 추산된다. 인디언들이 불에 타면서 흘린 피 때문에 불이 꺼지는 광경은 차마 눈뜨고 보지 못할 정도로 참혹했으며 악취는 고약했다.

17세기 중반부터 후반에 걸쳐 뉴잉글랜드에 수차례에 걸쳐 전염병이 돌았고 면역력이 없던 원주민들이 병사하면서 원주민의 수가 급감했다. 1670년대 뉴잉글랜드 남부의 인구는 백인 35,000명에 원주민 15,000명으로 백인의 수가 더 많은 상황이 되었다.

1675년 왐파노아그(Wampanoag)족의 메타 코멧(Metacomet)이 정착촌을 공격하자 뉴잉글랜드 식민지는 다른 인디언 부족을 끌어들여 반격을 가했고 왐파노아그족은 크게 패하여 인구가 10분의 1 이하로 줄어들었다. 백인은 메타 코멧을 지도자라고 착각하고 필립 왕이라고 불렀기 때문에, 이 전쟁을 〈필립 왕 전쟁〉(King Philip's War)이라고 부른다. 그 외에도 개척민과 원주민 사이에 소규모 전투가 여러 번 벌어졌다.

유럽 열강의 대립 구도가 북아메리카에도 반영되어 영국 식민지와 프랑스 식민지 사이에 반복적으로 전투가 벌어졌다. 이때 일어난 전쟁을 통틀어 〈북아메리카 식민지 전쟁〉(1689~1763)이라고 한다. 이 전쟁에서 프랑스와 영국은 각각 동맹을 맺은 인디언을 동원하여 대리전쟁을 벌였다. 이 전쟁의 결과로 〈1763년 파리 조약〉에서 프랑스가 북미에서 식민지를 포기하게 되었다. 프랑스와 동맹을 맺었던 원주민 부족 연합은 영국의 통치에 저항해서 〈폰티액 전쟁〉(Pontiac's Rebellion, 1763)을 일으켰다.

영국은 서부로 정착지를 확장하려는 개척민과 원주민 사이에 평화를 유지시키기 위해 애팔래치아 산맥 서쪽에 백인이 진출하는 것을 금지하는 〈국왕 선언〉(Royal Proclamation)을 발표했다. 그러자 개척민들의 불만이 커졌고,[4] 1773년 원주민들이 오하이오 강 남쪽까지 침입한 개척민들을 습격하자 버지니아 주지사 던모어 경(John Murray, 4th Earl of Dunmore)이 군대를 보내 진압했다.[5] 이 전쟁을 경계로 영국 대 원주민의 대립구도는 개척민 대 원주민의 대립 구도로 바뀌었다.

미국 독립 전쟁은 두 방향으로 전개되었다. 한편으로는 영국군과 싸워야 했고 다른 한편으로는 원주민과 싸워야 했다. 원주민들도 누가 자신들의 영토를 보장해 줄 것인지에 대한 판단에 따라, 영국과 동맹을 맺은 부족도 있고, 미국과 동맹을 맺은 부족도 있었다. 한 부족 내에서도 의견이 나누어져서 내부 갈등이 일어났다. 뉴욕과 펜실베이니아에 기반을 둔 이로쿼이 연방은 미국 편과 영국 편으로 나누어졌고, 남동쪽에서는 체로키족이 친미와 친영으로 분열되었다. 독립 전쟁에서 승리한 미국 정부는 영국 편을 든 원주민을 피정복민으로 취급했고, 저가 매입이나 전쟁 등 다양한 방법으로 원주민의 땅을 몰수했다.

1787년의 〈북서부 조례〉(Northwest Ordinance)[6]에 따라 백인 정착민들이 대거 북서부 준주에 유입되었다. 원주민들은 영토를 침범 당하자 블루재킷(Blue Jacket)[7]이 이끄는 원주민 연합군으로 대항했지만, 1794년 〈폴른팀버스 전투〉(Battle of Fallen Timbers)에서 패배했다.

4) 영국 정부의 원주민 정책에 대한 불만이 독립 전쟁의 한 원인이기도 했다.

5) 〈던모어 전쟁〉(Dunmore's War, 1773~1774).

6) 오대호의 남쪽 오하이오 강 북쪽과 서쪽, 미시시피 강 동쪽 지역을 북서부 준주(Northwest Territory)로 정했다. 이 준주는 노예 제도를 금지했기 때문에, 애팔래치아 산맥과 미시시피 강 사이의 지역에서 오하이오 강이 노예 제도를 인정하는 주와 인정하지 않는 주의 경계가 되었다.

7) 원주민 이름은 웨야피어센와(Weyapiersenwah, 1743~1810). 쇼니 족 추장이다.

원주민들은 영국의 원조를 기대했지만 미국과의 우호 관계를 중시한 영국은 이를 무시했다. 결국 원주민들은 〈그린빌 조약〉(Treaty of Greenville, 1795)에 서명했고 오늘날의 오하이오 전체와 인디애나의 일부를 미국에 양도하면서, 원주민과 개척민의 경계로 〈그린빌 선〉이 확정되었다. 그러나 개척민들이 〈그린빌 선〉을 무시하고 수시로 원주민의 땅을 침범하자 위협을 느낀 원주민들은 쇼니족(Shawnee) 추장 테쿰세(Tecumseh 1768~1813)를 중심으로 원주민 연합을 결성했다. 테쿰세는 그들의 땅을 빼앗고 분할하려는 백인정부를 비난했다. 테쿰세는 〈티페카누 전투〉(Battle of Tippecanoe, 1811)에서 주지사 윌리엄 해리슨의 군대에게 패배하자, 영국인들과 공개적으로 동맹을 맺고 미국에 대한 전쟁을 시작하였다. 이것이 확전되어 〈영미 전쟁〉(1812)이 되었다. 테쿰세의 저항에 공감한 크리크족이 벌인 〈크리크 전쟁〉(Creek War, 1813~1814)[8]도 〈영미 전쟁〉의 연장이다.

〈크리크 전쟁〉에서 승리를 거둔 앤드루 잭슨은 대통령이 되어 "인디언은 없어져야 할 열등 민족이다."라고 선언하면서 〈인디언 이주법〉을 시행했다. 잭슨은 〈인디언 이주법〉이 "일종의 인종 청소 정책"이라고 인정했다. 많은 인디언들은 고향을 버리고 머나먼 거류지로 떠나야 했는데, 그 중 유명한 것이 "체로키족의 눈물의 길"이다. 강제 이주에 저항해서 〈블랙호크 전쟁〉(Black Hawk War, 1832),[9] 〈크리크 전쟁〉(1836), 〈제2차 세미놀 전쟁〉(1835~1842) 등이 일어났으며, 대평원에서는 수우족, 샤이엔족(Cheyenne), 코만치족(Comanche) 등이, 남서부

8) 크리크족의 전사들은 전투를 할 때 붉게 칠한 지팡이를 사용했으므로, "Red Stick War"라고도 하며, 백인 정착민 가족을 살해한 원주민에 대한 처벌을 두고 크리크족 사이에서 내전이 벌어지자 미국과 영국이 각각 지원을 했으므로, "Creek Civil War"라고도 한다.

9) 사우크 족(Sauk)의 블랙호크(Black Hawk)가 일으킨 전쟁이다.

산악지대에서는 아파치족(Apache)이 사막과 협곡의 주변 지형을 이용하여 게릴라전을 펼치면서 저항했다.

남북전쟁 동안에도 백인과 원주민의 충돌은 계속되었다. 1862년 미네소타에서 벌어진 〈다코타 전쟁〉(Dakota War)은 거류지에 갇힌 다코타족이 굶주림에 지쳐서 일으킨 대규모 폭동이었다. 이로 인해 38명의 다코타 전사들이 교수형에 처해졌고, 정부는 미네소타의 거류지를 해제하고 영토를 몰수하여 원주민의 수를 더 줄이는 말살 정책을 시행했다. 1864년에는 콜로라도 민병대(Colorado Territory Militia)가 원주민을 습격하여 150여 명의 남녀노소를 죽이는 〈샌드크릭 학살〉(Sand Creek Massacre)이 일어났다.

1876년 다코타 주의 블랙힐스(Black Hills)에서 〈수우족 전쟁〉이 발발했다. 블랙힐스 일대는 〈라라미 요새 조약〉(Fort Laramie Treaty, 1688)에서 "영원히 수우족의 사냥 장소이며, 백인의 출입은 금지된다."고 백인이 서약한 불가침 영토였다. 1871년 미국 정부는, "미합중국은 인디언 부족을 독립 국가로 간주하며 앞으로 주권 조약을 체결한다."고 선언했었다. 그러나 블랙힐스 근처에서 금이 발견되고 백인들이 몰려들자 정부는 수우족에게 영토를 떠나라고 명령했다. 이 파기에 대해 수우족 전사인 시팅벌은, "백인들이 어떤 조약을 지켰는데 붉은 피부의 인간들이 깨뜨렸단 말인가? 그런 것은 하나도 없다. 또 우리가 함께 맺은 어떤 조약을 백인들이 지킨 적이 있는가? 그런 것도 없다. . . ."라며 항의했다.

7기병 연대를 이끈 조지 커스터 장군은 리틀비그혼 강변에서 야영하는 원주민 군대를 기습하였다가 섬멸되었고 커스터도 전사했다.[10]

---

10) 〈리틀 비그혼 전투〉(1876), 혹은 〈커스터의 최후의 방어〉(Custer's Last Stand).

그러나 이후의 전투에서 미국 정부는 더 강력하게 원주민을 억압했고, 1877년 크레이지호스(Crazy Horse)가 살해되고, 1890년 시팅벌이 처형당하면서 서부 최대의 반항 세력이었던 수우족이 완전히 힘을 잃었다. 1886년 아파치족의 지도자인 제로니모(Geronimo)가 체포되었고, 1890년 사우스다코타의 〈운디드니 대학살〉(Wounded Knee Massacre)[11]을 끝으로 원주민의 저항은 종지부를 찍었다. 미국 정부는 "개척에 방해가 되어 온 인디언 소탕 작전을 종료했다."고 선언했고, 남은 소수의 원주민에 대해서는 동화 정책을 천명했다. 즉 거류지의 원주민 아이들을 부족과 가족에게서 분리시켜 인디언 기숙학교에 강제로 입학시켜 인디언의 전통에서 유리시키는 정책을 시행했다.

이처럼 미국의 역사는 인디언의 희생을 담보로 해서 이루어진 역사이다. 1967년 캐나다의 벤쿠버에서 캐나다의 건국 100주년을 기념하는 행사에서 연설을 부탁받은 댄 조지(Dan George) 명예추장의 말은 원주민의 상황을 잘 드러낸다.

> 하지만 백인이 온 다음 기나긴 일백년 동안, 까닭 모르게 바다로 나가 버리는 연어처럼, 나의 자유가 사라지는 것을 나는 보아왔다. 이해할 수 없는 백인들의 이상한 관습들이 나를 억눌러, 마침내 나는 더 이상 숨을 쉴 수 없게 되었다. 나의 땅과 고향을 지키려고 싸웠을 때, 나는 야만인이라고 불렸다. 지금의 생활방식을 이해하지도, 기꺼이 받아들이지도 않았을 때, 나는 게으름뱅이라고 불려졌다. 부족들을 통치하고자 애썼을 때 나는 권한을 박탈당하고 말았다. 나의 종족은 그대의 역사 교과서에서 무시되었으며, 캐나다의 역사에서 우리는 넓은 들판을 헤매는 들소보다 하찮은 존재였다. 그대의 술을 마셔 취했을 때, 몹시, 몹시 취했을 때, 나는 그대의 연극과 영화에서 조롱거리가 되었다. 나는 모른

11) 운디드니의 거류지에서 비무장인 남녀노소 300명 이상이 학살됨.

> 체 하였다. 오, 캐나다여, 내가 어찌 그대와 더불어 이 〈일백년 제〉를 경축할 수 있으리오?

원주민들의 권리 찾기는 1960년대의 민권 운동과 연계해서 〈레드파워 운동〉(Red Power movement)[12]으로 활성화되었다. 이 운동은 잃어버린 원주민의 땅을 반환하라는 소송과 더불어, 인디언 거류지의 지하자원인 우라늄, 석탄, 물 등에 대한 정부의 수탈을 막고 원주민의 권리를 지키자는 운동이다. 1978년의 최장거리 행진(Longest Walk)에서 〈레드파워 운동〉은, 연방 정부가 부족의 주권을 지켜줄 것, 경제적인 재원, 교육, 주택, 의료 보험을 제공하여 빈곤을 완화시켜 줄 것 등을 주장했다. 2004년 워싱턴 D. C.에는 아메리카 인디언 국립 박물관(National Museum of the American Indian, NMAI)이 문을 열었다. 2008년 다시 한 번 장거리 행진이 이루어졌다.

문학에서는 1960년대에 "인디언 르네상스"(Indian Renaissance)가 도래했다. 1930년대에 나왔던 고전 『블랙엘크가 말한다』(*Black Elk Speaks*, 1961)가 다시 출판되었고, 바인 델로리아(Vine Deloria, Jr.), 스콧 노마데이(N. Scott Momaday), 레슬리 실코(Leslie Silko), 루이스 에드리히(Louise Erdrich), 마이클 도리스(Michael Dorris), 셔먼 알렉시(Sherman Alexie), 린다 호건(Linda Hogan) 등의 문학가들이 인디언의 삶을 새로이 조명했다.

12) =American Indian Movement (AIM).

2) 아프리카계 미국인

오늘날의 아프리카계 미국인의 상황은 과거와 많이 달라졌다. 1960년대에 시드니 포이티어(Sidney Poitier, 1927~)[13]가 흑인 주인공으로 나온 〈초대받지 않은 손님〉(*Guess Who's Coming to Dinner*, 1967)[14]은 20세기 후반에도 여전히 존재했던 인종 차별을 잘 드러낸다. 21세기에 들어선 현재는 영화에서 흑인 배우의 약진이 돋보인다. 윌 스미스(Will Smith)나 사무엘 잭슨(Samuel Jackson) 등 흑인이 단독 주인공으로 등장하는 경우가 허다하다. 한때 미국의 가장 섹시한 남자 배우로 백인인 멜 깁슨(Mel Gibson)이 뽑혔는데 이후 흑인인 덴젤 위싱턴((Denzel Hayes Washington, Jr.)이 뽑혔으니 격세지감을 느끼게 된다.

그러나 현실은 그렇게 낙관적이지만은 않다. 아름다움의 기준은 여전히 백인적 표준을 따른다. 흑인 여성도 아름답다고 인정받으려면 백인적인 미를 지녀야 한다. 가장 아름다운 흑인 여성으로 여겨지는 할리 베리(Halle Maria Berry)는 피부만 검을 뿐 거의 백인의 외형이다. 혼혈인 오바마 대통령을 굳이 흑인 대통령이라고 지칭하는 것도 인종 차별적인 시선이다.

백인 주도의 사회에서 흑인으로 사는 것은 아직도 힘든 일이다. 노예제를 겪은 데다 해방 후에도 여전히 핍박과 억압을 받았으며, 경제

13) 미국의 배우, 영화감독이며, 1963년 〈릴리 꽃의 밭〉(*Lilies of the Field*)으로 아프리카계 미국인 최초로 아카데미상 남우주연상(Academy Award for Best Actor)을 수상하였다. 영국 연방인 바하마 국적이었으므로 1974년 대영제국 훈장 2등급(Knight Commander of the Order of the British Empire, KBE, 작위급 훈장)을 받았으며 "경"(Sir)으로 불린다.

14) 백인 지식인 부부는 딸에게 인종 차별은 나쁜 것이라고 교육시켰지만, 막상 그 딸이 결혼할 남자로 흑인을 데려오자 이를 받아들이지 못해 소동이 벌어진다. 당시에는 흑인 배우가 조연이 아니라 주인공으로 나온 것만도 대단한 일이었다.

적으로 빈곤에 시달리는 흑인들이 인간으로서의 자존감을 회복하는 것은 쉽지 않다. 1960년대 흑인해방운동에서는 흑인의 자존감을 고취시키기 위해 "검은 것이 아름답다."(Black is beautiful)는 구호를 높이 외쳤다. 그러나 구호만으로 흑인의 자존감을 고양시킬 수는 없었다.

이런 역사를 거치면서 흑인에 대한 공식 호칭은 니그로(Negro)에서 흑인(Black People)으로 바뀌었고 지금은 아프리카계 미국인(African Americans)이라고 지칭한다. 아프리카계 미국인의 역사는 강제된 이산의 경험, 노예제를 벗어나려는 투쟁, 흑인의 정체성을 확보하려는 노력으로 이루어져 있으며, 이 역사는 미국문화의 근간을 이루고 있으므로 이에 대한 통찰은 중요한 의미가 있다.

(1) 흑인 노예제

미국의 노예제는 인류 역사상 가장 잔인한 노예제이다. 인간이 인간을 소유하는 노예제는 고대부터 있었고 흑인들의 고향인 아프리카에도 있었다. 대부분 전쟁에서 승리한 민족이 패배한 민족을 노동력으로 이용하는 것이었다. 이 노예제에서는 노예도 사유 재산을 소유했고, 서약과 증언을 할 자격이 있었고, 주인의 상속자가 될 권리가 있었고, 때로는 결혼을 통해 가족의 일원이 되기도 했고, 노예의 후손이 주인의 친족과 결혼할 수도 있었다. 말하자면, 노예도 인간으로 대접 받았던 것이다. 그러나 아메리카의 흑인 노예는 인간이 아니라 동물로 취급받았고, 그 과정에서 인격과 가족 관계가 파괴당했다. 흑인 노예제는 인종적 차이를 근간으로 하여 피부색에 따른 주종 관계를 형성하면서 다른 인종을 동물 수준으로 비하하는 행위로 점철되었다.

1619년 제임스타운 식민지에 처음으로 20명의 아프리카인이 노예로 들어온 후 흑인 노예에 대한 수요가 급증하였다. 대규모 플랜테이션에는 노예의 노동력이 필수적이었는데, 가까이 있는 원주민을 길들여 노예로 삼는 것은 불가능하다는 것이 곧 드러났기 때문이다. 반면 고향에서 강제로 끌려온 흑인들은 정신적으로 무력해졌고 체력도 훨씬 튼튼했기 때문에 노예로 더 적합했다. 1700년경에는 버지니아 인구의 12분의 1에 해당하는 6,000명의 노예가 있었는데, 1763년에는 인구의 2분의 1에 해당하는 17,000명의 노예가 있었다. 1790년에서 1860년 사이에 남부의 면화 생산이 수백만 톤에서 수천만 톤으로 증가하면서, 노예는 500,000명에서 4,000,000명으로 늘어났다. 남부의 대규모 농업에 의존하던 초기의 미국 경제에서 흑인 노예는 없어서는 안 되는 중요한 노동 자원이 되었으므로 미국은 정부 차원에서 노예제를 지원했다.

흑인 노예제를 주장하는 백인들은 흑인들이 저항할 줄 모르는 열등한 종족이므로 노예가 되어도 마땅하다는 논리를 폈다. 그러나 이런 논리는 고의로 진실을 왜곡한 것이었다. 노예제 200년 동안 흑인들은 무력하게 복종만 하고 있지 않았다. 〈냇 터너의 반란〉 같은 조직적인 폭동도 있었고 많은 흑인들이 죽음을 무릅쓰고 개별적으로 도망을 쳤으며, 자유 흑인들은 일부 백인들과 연계해서 노예들의 탈출을 돕는 〈지하철도〉(Underground Railroad)를 운영했다. 또 사보타주(sabotage), 태업 등을 통해 지속적이고 끈기 있게 반항했다. 미국의 〈독립선언문〉에 나타난 자유와 평등의 개념이 허구라고 비난한 프레더릭 더글러스(Frederick Douglass)처럼 흑인의 상황에 대한 사회적 각성을 일으키기도 했다.

연방 정부는 기본적으로 부유한 노예 소유주들의 편이었다. 정부는 노예무역 금지법[15]은 시행하지 않으면서 도망노예 송환법은 엄격하

15) 영국에서는 〈노예 무역 금지법〉(Slave Trade Act)은 1807년, 노예제 폐지법(Slavery

게 시행했다. 1857년 연방 대법원은 〈드레드 스콧 대 샌드퍼드〉(Dred Scott v. Sandford, 1857)[16] 판결에서, 노예인 드레스 스콧은 사람이 아니라 재산이므로 자신의 자유를 위하여 제소할 수 없다는 판결을 내렸다. 친노예제인 미국 정부의 입장을 잘 보여주는 판결이었다.

19세기 중반 북부에서 산업이 발달하여 경제의 중심이 남부에서 북부로 옮겨지자 노예제에 대한 정부의 입장이 달라졌다. 제조업을 활성화시키려면 임금 노동자가 필요한 북부를 위해 남부의 노예를 해방시켜야 했던 것이다. 반면 면화 산업이 핵심인 남부의 주들은 면화를 심고 따고 가공하는 데 흑인 노예들의 노동력에 절대적으로 의존했으므로 노예 해방은 도저히 받아들일 수 없는 문제였다. 남부의 정치가들과 교회의 지도자들도 노예제가 남부에는 필요악이며 필수적인 제도라고 주장했다.

미국의 영토가 서부로 확장되어 신생주가 생기면서 남북의 갈등은 더욱 커졌다. 서부의 신생주가 노예주로 지정되면 노예의 수요가 급증할 것이고, 그러면 남부의 노예주가 현재 보유한 노예의 가격이 급상승할 것이며 남부의 경제력이 더욱 높아질 것이 분명했다. 북부는 남부의 경제력이 커지는 것을 경계했고 임금 노동자들의 공급이 더 부족해질 것을 우려했다. 이렇게 이해관계가 반목되는 가운데 1819년 미주리가 노예주로 연방에 가입하겠다고 요청하면서 남북의 갈등이

Abolition Act)은 1833년에 만들어졌다. 미국에서는 1808년 노예의 수입은 금지되었지만, 국내의 노예 무역과 해외 노예 무역에서 수출에 가담하는 것은 불법이 아니었다.

16) 노예 제도를 합법화한 기념비적인 판례로서, 이에 대한 반발이 남북전쟁의 간접적인 기폭제가 되었다. 드레드 스콧은 미주리 주에서 노예였는데 주인을 따라 자유주인 일리노이와 위스콘신에서 오래 머물다 결혼도 하고 아이도 낳은 후 다시 미주리로 돌아왔다. 그는 자신의 가족이 자유주에 오래 기거했으므로 자유인이라며 소송을 제기했다.

고조되었다. 일단 〈미주리 합의〉로 미주리 주만 예외적으로 노예주로 하고, 루이지애나 남쪽 지방은 노예주, 북쪽 지방은 자유주로 타협을 보았다.

1850년 캘리포니아 주가 연방에 편입되면서 남북은 다시 협상을 통해, 캘리포니아를 자유주로 하는 대신 강화된 〈도망노예법〉을 통과시켰고, 1854년 〈캔자스-네브래스카법〉에서는 주의 노예제 결정을 주민의 투표에 맡기기로 하여 갈등이 촉발되었다. 특히 개정된 〈도망노예법〉은 노예제의 폐해를 북부인들에게 각성시키는 계기가 되었다. 이 법은 자유주 주민에게도 도망 노예를 신고할 의무를 부과하는 것이어서 자유주 주민의 도덕적 갈등을 야기했던 것이다. 해리엇 비처 스토우(Harriet Beecher Stowe, 1811~1896)도 〈도망노예법〉 때문에 노예제의 해악을 더 실감하고 『톰 아저씨의 오두막』(1852)을 썼다고 한다. 1851년 2월 보스턴의 한 식당에서 일하던 도망 노예가 강제로 구인된 사건은 〈도망노예법〉의 폐해를 정확히 드러낸 사건이었다. 이로 인해 북부에서는 노예제 폐지의 목소리가 더욱 높아졌다.

노예제 폐지를 강력히 주장하던 공화당의 링컨이 대통령에 당선되자 노예제가 폐지될 것을 우려한 남부가 연방으로부터 분리를 선언했고, 1861년 4월 섬터 요새를 공격하면서 남북전쟁이 시작되었다. 그러나 링컨 정부는 완전한 노예 해방을 시행하려는 의도는 아니었다. 링컨은 개인적으로 인도적인 차원에서 노예제를 반대했지만 백인과 흑인이 정치적, 사회적으로 평등하다고 보지 않았고 흑인에 대한 선거권 부여와 흑인과 백인의 결혼에도 반대하는 입장이었다.

또 정치가의 입장에서도 노예제 폐지가 우선적인 과제가 아니었다. 남부의 분리를 취소시키고 연방을 유지하는 것이 최우선 목적이었던 링컨은 노예제에 대해 남부와 타협안을 도출하려고 노력했고, 〈도망 노예법〉에 대한 공식적인 비난도 자제했다. 점진적인 노예 해방을 계획하던 링컨은 개전 직후 미주리 주 서부군 대장인 존 프레몽(John C. Frémont)이 남부연합에 저항하는 노예주의 노예에게 자유를 주겠다고 선포하자 그 명령을 철회시키고 프레몽을 해임했다.

노예폐지론자들이 노예해방선언을 촉구했지만 링컨은 1862년 7월 남부연합을 돕는 사람의 노예를 자유인으로 해방시키겠다는 〈징발법〉(Confiscation Act)만 통과시켰을 뿐이다. 1862년 9월의 〈노예해방 예비선언〉은 흑인 노예들을 북군으로 징집하려는 목적에서 비롯된 것이었고, 1863년 1월의 〈노예해방선언〉은 연방 전체의 노예 해방이 아니라, 연방에 대항한 남부 지역의 노예 해방만을 선언한 것이었다. 게다가 이 선언은 법적 효과가 없었으므로, 흑인들은 1864년 노예해방을 법제화하라는 서명 운동을 벌였고 1865년 1월 드디어 노예제 폐지가 정식으로 선포되었다. 이후 흑인들의 연방군 입대가 허용되었고 더 많은 흑인이 전쟁에 참가하여 노예 해방 전쟁의 성격을 띠게 되었다. 결국 흑인 노예의 해방은 링컨의 결단만으로 이루어진 것이 아니라, 흑인들이 꾸준히 싸워 얻어낸 결과이기도 했던 것이다.

노예제 문제를 공감적으로 그려서 링컨 대통령에게서 "큰 전쟁을 촉발시킨 작은 여인"이라는 찬사를 들었던 소설이 해리엇 비처 스토의 『톰 아저씨의 오두막』이다. 스토는 켄터키에서 루이지애나로 팔려간 흑인 노예 톰의 궤적을 따라가면서, 〈도망노예법〉이 통과된 당시의 노예제의 실상과 노예 제도의 추악함을 비판했다. 선량한 노예주 셸비(Arthur Shelby), 노예 제도를 비판하는 지적인 노예주 세인트클레어(St. Clare), 악덕 노예주 레글리(Simon Legree)를 대비시키면서, 주인의 미덕에 상관없이 노예제가 인간을 타락시키는 제도임을 보여주었다. 또 노예제를 비판하는 지적인 노예 조지(George), 아들을 노예로 만들지 않기 위해서 오하이오 강에 둥둥 떠다니는 얼음을 딛고 뛰어서 강을 건너는 일라이자(Eliza)를 통해, 흑인들의 저항을 생생히 묘사했다. 그러나 현실에 순종하고 인내하면서 하느님의 뜻을 기다리는 톰은 백인이 탄생시킨 흑인의 모습이며 짐 크로우의 이미지라는 비판을 받았다.

마크 트웨인은 『허클베리 핀』(1885)의 모험에서 1830년대의 미주리 주에 사는 백인 거지 소년인 헉이 도망 노예인 짐과 뗏목을 타고 미시시피 강을 내려가는 모험을 그리면서, 어린 아이의 시각을 통해 노예제를 비판했다. 짐이 자유주에서 돈을 벌면 자신의 아내와 자식도 사거나 훔쳐내겠다는 말을 하자 헉은 깜짝 놀라서, 다른 사람의 재산이 도난당하는데 자신이 방조하고 있다는 반성을 하고 짐을 노예 사냥꾼에게 고발하겠다고 결심한다. 그러나 자신을 친구로 여기는 짐을 인간적으로 배신할 수 없어, 세상에서는 나쁜 일이라고 하지만 자신의 마음이 옳은 일이라고 믿는 일을 하겠다고 결심한다. 어린 소년 헉은 백인의 인위적인 교육에 세뇌되기를 거부하고 인간성에 대한 자신의 본능을 따른 것이다.

(2) 아프리카계 미국인의 정체성

남북전쟁이 끝나고 흑인들은 명목상의 해방을 이룩했으나 경제적인 힘이 없는 상황에서는 실제적인 독립이 가능하지 않았다. 해방 노예들은 남북전쟁 중에 교회 대표와 흑인 목사들의 노력으로 남부의 땅 일부를 얻었지만, 전쟁이 끝나자 그 땅은 다시 원소유주에게 환원되었고 흑인은 강제로 추방되었다. 북부의 연방 정부는 해방 선언만 했을 뿐 해방 노예들의 삶을 위한 어떤 정책도 시행하지 않았다. 재건시대와 그 이후에 남부는 흑인에 대한 인종 차별적 정책을 법제화했고, 대통령과 의회는 남부에 대한 유화책으로 이런 법들을 승인해주였다. 공공시설에서 흑인을 차별하지 못하게 하는 〈공민권법〉(Civil Rights Act, 1875)[17]이 1883년의 대법원 판결에서 무효화되면서, 1900년 남부의 모든 주는 흑인의 공민권을 박탈하고 흑백 분리를 법제화했다. 불법적인 민간단체의 흑인에 대한 강간, 폭력, 살인 등의 테러는 극에 달했다. 노예 해방을 주도한 북부에서도 인종 차별적인 정서는 마찬가지였다. 노예로서는 해방시켰지만 백인과 흑인을 동등한 존재로 볼 수 없었던 것이다.

그러나 흑인 스스로 권리와 정체성을 확립하려는 노력은 계속되었다. 흑인 교회가 중심이 되어 가족 간의 유대감을 강화하여 무너진 가족체제를 확립하려고 노력했으며, 교육에 심혈을 기울였고, 정치적 힘을 기르고자 노력했다. 사우스캐롤라이나에서는 1876년 무료 공립학교를 세워 흑인 어린이가 학교에 입학하였고, 1869년 2명의 흑인이 상원 의원, 20명이 하원 의원으로 등단했다. 흑인의 권리 찾기와 정체성 확립을 위해 노력한 대표적인 사상가는 프레데릭 더글러스(Frederick Douglass, 1818~1895), 부커 T. 워싱턴(Booker T. Washington, 1856~1915), W. E. B. 두 보이스(W. E. B. Du Bois, 1868~1963) 등이다.

* 프레더릭 더글러스

노예로 태어났으나 탈출한 후 노예폐지론자가 되었고, 『미국인 노예 프레더릭 더글라스의 삶의 이야기』(*Narrative of the Life of Frederick Douglass, an American Slave*, 1845)에서 흑인 노예제의 실상을 비판하였다. 훌륭한 연설가인 더글라스는 남북전쟁 때 링컨 대통령의 부탁으로 노예 해방에 대한 연설을 하였다.

17) = Enforcement Act or Force Act.

*부커 T. 워싱턴

노예로 태어나 남북전쟁 이후 자유인이 되었다. 워싱턴은, 흑인은 백인의 반발을 일으키지 않기 위해 "느린 접근"을 해야 하며, 공민권, 고등 교육, 정치 권력은 일단 포기하고, 먼저 산업 교육을 받고 부를 축적하여 힘을 쌓은 후에 홀로 서기를 하자고 주장했다. 그는 흑인의 경제적 자립을 돕기 위해 앨라배마에 터스키기 기술학교(Tuskegee Institute)를 설립하였다. 1895년의 애틀랜타 박람회 연설(Atlanta Exposition Speech)에서 백인은 흑인에게 최소한의 경제적 기회 균등을 주어야 한다면서, 백인과 흑인은 하나의 손에 붙어 있는 손가락이라며 서로의 협력과 비폭력을 호소했는데, 이 연설은 "애틀랜타 타협"(Atlanta Compromise)이라고 비판받았다. 이처럼 타협적이라는 이유로 "톰 아저씨의 태도"(Uncle Tomism)를 취한다고 비판받기도 했지만 당시의 열악한 상황에서는 현실적인 선택이기도 했다.

* W. E. B. 두 보이스

하버드 대학교에서 박사 학위를 받고 애틀랜타 대학 교수로 일한 지식인이다. 두 보이스는 『흑인의 영혼』(*The Souls of Black Folk*, 1903)에서 흑인은 백인이 주도하는 사회에서 두 개의 영혼으로 분열되어 갈등하는 존재라고 주장했다. 적대적인 인종 차별주의로 가득 찬 상황에서는 선동과 저항을 통해서만 사회변혁이 가능하다고 보았으므로, 화해의 철학을 설파한 워싱턴의 전략은 흑인을 해방하기는커녕 억압의 영구화에 기여할 것이라고 하면서, 〈애틀랜타 타협〉과 반대되는 원칙에 기반을 둔 〈나이아가라 운동〉(Niagara Movement, 1906)을 추진했다.[18] 또 〈전국흑인지위향상협회〉(National Association for the Advancement of Colored People, NAACP, 1909)의 창설에 기여했다.

흑인 민권 운동은 2차 대전 동안에 잠시 중단되었다. 흑인들은 조국을 위해 싸우면 인종 차별을 받지 않을 것이라고 기대하며 군에 입대했다. 그러나 군대에서도 인종 차별이 계속되자 흑인 병사들의 불만이 고조되었고 전쟁이 끝나면서 본격적인 인권운동으로 발전한다.

18) 나이아가라 폭포 근처에서 같은 뜻을 가진 사람들과 모임을 시작함.

그 중 대표적인 흑인의 투쟁을 살펴보자.

〈브라운 대 교육위원회〉(Brown v. Board of Education) 사건은 1954년 흑인 아동의 입학을 거부한 공립학교의 인종 차별에 이의 신청을 한 사건이다. 이 사건에 대해 법원은, "격리하지만 평등하다"는 개념은 잘못된 것이라며 브라운의 승소로 판결했다. 이 판결 후 10년이 지나서도 남부 학교의 75% 이상이 인종 차별을 계속했지만, 정부 차원에서 인종 차별로 인한 격리를 불법이라고 선언하였다는 점에서 중요한 의미가 있다.

〈몽고메리 버스 거부운동〉(Montgomery Bus Boycott)은, 1955년 앨라배마 주의 몽고메리 시에 사는 흑인 여성 로자 팍스(Rosa Parks)가 시내버스의 백인 구역에 앉았다가 인종 분리를 규정한 몽고메리 시법을 준수하지 않았다는 이유로 체포되었다. 이에 마틴 루터 킹의 지도로 시내버스를 타지 않는 거부운동이 벌어졌으며 1956년 대법원은 지방 노선버스에서의 인종 차별은 불법이라고 선언했다.

〈그린스보로 농성〉(Greensboro sit-ins)은 1960년 2월 1일 노스캐롤라이나 주 그린스보로에서 흑인 대학생 4명[19]이 월워스(Woolworth) 백화점 매장에서 물건을 사고, 같은 매장에 있는 간이식당에서 식사를 하려다가 "백인 전용"(white only)이라며 거부당한 일에서 비롯되었다. 이 대학생들은 항의의 표시로 계속 이 식당에 머물렀고 이후 많은 흑인 학생들이 이에 동참했고, 다른 도시에서도 항의 농성이 이어졌다. 결국 월워스는 인종 격리 정책을 포기하고 종업원들에게 흑인 손님의 음식 주문을 받게 했다.

---

19) North Carolina Agricultural and Technical State University 재학생들. 이후 "A&T Four" 혹은 "Greensboro Four"라고 불렸다. 이 대학의 캠퍼스에는 제임스 반힐(James Barnhill)이 만든 4명의 동상이 서있고 그 제목은 "February One"이다.

1961년 북부에 본부를 둔 〈인종평등회〉(CORE) 회원들이 두 대의 버스를 타고 워싱턴에서 출발하여 뉴올리언스를 향해 남부지방을 통과하면서 인종 차별을 철폐하자는 운동을 펼쳤는데, 이들을 〈자유여행단〉(Freedom Riders)이라고 했다. 자유여행단의 버스가 불태워지는 폭력사태에 대해 연방 정부는 방관적인 자세로 일관했다.

이처럼 자신들의 권리를 찾으려는 아프리카계 미국인들의 노력에 대해 연방 정부는 처음에는 소극적이고 방관적인 자세를 취했다. 마틴 루터 킹(Martin Luther King)이나 맬컴 엑스(Malcom X)와 같은 지도자들을 중심으로 흑인들의 저항이 체계적이고 조직적으로 이루어지자 이들 지도자들을 위협하거나 백악관에 초대하는 등 유화정책을 폈다. 그러나 결국 흑인의 권리가 점진적으로 향상되었다.

오늘날은 법적, 정치적, 사회적인 부분에서 인종 차별이 많이 해소되었으며, 불과 수십 년 전과 비교하더라도 놀라울 정도로 흑인의 인권이 향상되었다. 그러나 흑인은 여전히 빈곤한 절대 다수를 이루고 있으며 눈에 보이지 않는 인종 차별은 계속되고 있다. 수십 명이 죽은 1992년의 LA 흑인 대 폭동(1992 Los Angeles Riots)[20]과 같은 폭동이 심심찮게 일어나는데, 대부분 인종 차별에 대한 불만에서 비롯된다.

* 마틴 루터 킹(1929~1968)

앨라배마 주 몽고메리의 침례교회 목사로서 1955년 버스 보이콧 운동을 비폭력 전술로 이끌어 1년 만에 승리를 거두었다. 1963년의 인종차별에 대해 정부에 항의를 표시한 워싱턴 대행진(March on Washington)을 비롯해, 법률과 제도의 수

20) 백인 경찰들이 과속 운전을 하던 흑인 로드니 킹(Rodney King)을 무자비하게 구타하는 장면이 인근의 비디오에 찍혀 방영되면서 경찰들이 재판을 받게 되었다. 그러나 무죄로 판결나자 흑인들은 인종 차별이라며 시위를 벌였고 이것이 폭동으로 변했다. 그 과정에서 평소 흑인을 무시하는 태도를 취해 유감을 샀던 한인 가게가 약탈당하는 폭력 사태가 이어졌다. 이후 한인들은 흑인과의 관계를 개선하기 위해 노력한다.

정, 공민권법, 투표권법의 개정, 흑인의 권리 증진을 위해 노력했다. 킹 목사의 연설, "나는 꿈이 있습니다."(I have a dream)는 길이 기억된다. 킹 목사는 비폭력적인 저항 운동을 주도한 공로로 1964년 노벨 평화상을 수상했다. 킹은 1968년 테네시 주 멤피스의 흑인 미화원 파업 운동을 지원하러 갔다가 백인 우월주의자 제임스 레이(James Earl Ray)의 총에 맞아 사망했다.

* 맬컴 엑스(1925~1965)[21]

이슬람교의 지도자인 맬컴 엑스는 온건한 저항을 주장하는 킹 목사와 달리 미국에서 흑인이 설 자리는 없으므로 흑인만의 분리된 나라를 구성하겠다고 주장했다.

> 노예 시절의 우리 선조들이 이른바 "흑백 통합"을 주장했다면 아마 목이 잘렸을 것이다. 그런데 우리가 이제 "흑백 분리"를 주장하자 백인들은 우리가 증오를 가르치는 파시스트라고 비난한다. . . . . 우리는 당신보다 더 단호하게 "격리"를 거부한다. "분리"와 "격리"는 명백히 다르다. "격리"는 강한 자가 약한 자에게 강요하는 것이다. 그러나 "분리"는 평등한 둘이 서로의 이익을 위해 자발적으로 하는 것이다.

맬컴 엑스는 1964년 4월 대선 경선이 시작된 오하이오 주 클리블랜드에서 한 연설에서, 흑인에게 투표권을 주지 않는 미국의 민주주의를 통렬히 비판하면서, 선거로 흑백 평등이 이뤄지지 못한다면 흑인들은 총으로 싸워서 얻어내어야 한다면서, "투표권이 아니면 총알을 달라!"(The Ballot or the Bullet)고 선언했다.

---

21) 스파이크 리(Spike Lee) 감독, 덴젤 워싱턴 주연의 〈맬컴 엑스〉(1992)는 다큐멘터리 형식으로 맬컴 엑스의 삶과 업적을 감동적으로 영상화했다. 맬컴 엑스의 원래 이름은 맬컴 리틀(Malcolm Little)이었으나 백인이 준 성을 부정한다는 의미로 엑스로 바꾸었다. 아버지 얼 리틀(Earl Little)은 백인 우월주의자에게 살해당했고, 어머니는 정신병원에 입원하자 맬컴은 위탁 가정을 전전하며 범죄를 저질렀고, 1946년 불법 침입과 기물 파손 혐의로 징역형을 받았다. 그러나 수감 생활을 하면서 이슬람교의 수니파(Sunni Islam)로 귀의하여 〈네이션오브이슬람〉(Nation of Islam)에 가입하였고, 1952년 가석방으로 출감한 이후 지도자급 인물이 되었다. 1964년 〈네이션오브이슬람〉의 회장인 일라이저 무하마드(Elijah Muhammad)와 불화를 겪고

한편 흑인여성은 미국의 노예제 하에서 여성이기 때문에 더 심한 억압을 당하고 착취를 당하면서 자신의 정체성을 상실했다. 노예제 아래서 흑인 여성은 모성이 없는 존재로 왜곡되었다. 백인들은 흑인 여성이, "백인 남성에게 자신의 다리를 닫지 못하고 백인 아이에게 자신의 젖가슴을 거부하지 못하는" 존재, 즉 백인 주인을 유혹하는 요부이거나, 자신의 아이는 내버려 두고 백인 주인의 아이를 무조건적으로 사랑하는 유모라는 두 가지 모습 밖에 없다고 강조했다. 그러나 사실 흑인 여성은 자신의 아이를 내버려둔 채 강제로 백인의 아이를 돌봐야 하는 상황을 고통스러워했으며, 백인 주인의 성적 요구를 만족시켜야 하는 역할에 저항했다. 흑인 여성에 대한 왜곡된 이미지를 벗기고 이들의 정체성을 향상시키려고 노력한 여성들로는 프랜시스 하퍼(Frances Ellen Watkins Harper, 1825~1911),[22] 소저너 트루스(Sojourner Truth, 1797~1883),[23] 해리엇 터브먼(Harriet Tubman, 1820?~1913)[24]이 있다.

탈퇴하여 〈무슬림모스크〉(Muslim Mosque, Inc.)를 만들어 활동하던 중, 1965년 이슬람 극단주의자에 의해 암살되었다.

22) 메릴랜드 주에서 자유인으로 태어났으며 〈지하철도〉(Underground Railroad)와 함께 노예들의 탈출을 도왔다. 연설가이자 정치 활동가로 활약하면서 1866년 〈전국 여성 권리 대회〉(National Women's Rights Convention)에서 흑인 여성에게 평등한 기회를 보장하라는 감동적인 연설을 했고, 흑인 여성의 복지를 돕기 위한 전국 흑인 여성 협회(National Association of Colored Women, 1894)의 창설에 기여했다.

23) 원래 이름은 이사벨라 바움프리(Isabella "Bell" Baumfree)였으나 1843년 성령의 부름을 받고 이름을 "소저너 트루스"(진실에 머무르는 사람)으로 바꾸었다. 뉴욕 주에서 노예로 태어나 29세에 갓난아이를 데리고 탈출한 이후 흑인의 권리를 위해 싸웠으며, 노예인 아들을 찾기 위해 재판을 걸어 백인에게 승소한 최초의 흑인 여성이다. 트루스는 1851년 〈오하이오 여성대회〉(Ohio Women's Convention)에서 한 「나는 여성이 아닌가요?」(Ain't I a Woman?)라는 연설을 통해 그동안 무시 받던 흑인 여성의 권리를 주장했다.

24) 본명은 아라민타 로스(Araminta Ross). 주인의 학대를 피해 탈출하여 자유가 된 터브먼은 〈지하철도〉를 통해 수백명의 노예들이 북부로 탈출하게 도와주었고, 남북

그러나 노예제를 거치면서 왜곡된 삶을 살아온 흑인 여성이 자신의 정체성을 찾는 일은 쉽지 않았다. 미국 사회는 흑인 여성을 19세기의 여성 이데올로기에 맞지 않는 존재라며 비판적인 시각을 유도했다. 순종하는 딸, 헌신적인 아내, 훌륭한 어머니라는 기준에 맞는 이상적인 여성은 연약하고 순종적이어야 하는데, 흑인 여성은 거칠고 강인하다는 것이다. 노예제가 끝난 후 가족 관계가 해체된 상황에서, 또 빈곤한 삶을 영위하면서, 흑인 여성들은 가족을 위해 강해질 수밖에 없었는데, 이런 강인함이 비여성적이라고 비판되었던 것이다. 가족을 버리고 떠나는 흑인 남성들이 많은 이유는 흑인 여성들이 너무 강해서, 흑인 남성이 집에서 남자 구실을 하지 못하게 만들기 때문이라며, 흑인 여성들에게 비난의 화살을 돌렸다.[25] 흑인 여성은 흑인이기에 고통을 받았고 또 여성이기 때문에 고통을 받았으므로, "흑인 여성이 니그로의 신화에서 구출되면 여성의 신화가 그녀를 옭아매고, 그녀가 여성의 신화를 벗어나면 니그로의 신화가 여전히 그녀를 잡아매었다."고 할 수 있다.

백인 중심의 문화가 주도하는 사회에서 흑인 여성이 자신에 대한 자존감을 가지고 살기는 쉽지 않다. 미국 사회의 모든 문화는 백인을 모범으로 제시한다. 백인 인형을 가지고 노는 흑인 아이, 백인의 가정이 정상적인 모범으로 제시되는 초등학교 교과서를 공부하는 흑인 어

전쟁 때는 무장 정찰병이자 스파이로 활동하면서 군대를 이끌었으며, 전쟁이 끝나서는 여성 참정권을 얻는 일에 앞장섰다.

25) 미국 흑인 가정에 대한 연구 보고서인 「니그로 가정: 국가 정책을 위한 과제」(The Negro Family: The Case for National Action, 1965), 일명 「모이니한 보고서」(Moynihan Report)는 이런 통념을 확인시킨다. 다니엘 모이니한은 흑인 가정을 조사한 후, 흑인의 열악한 삶은 가족의 와해에 그 근본적인 원인이 있으며, 가족 해체의 책임은 흑인 여성에게 있다고 결론을 내렸다.

린이들, 백인 주인공이 등장하는 영화를 보고 백인 미녀가 미모를 뽐내는 잡지를 보는 흑인들은, 백인의 가치로 자신의 삶을 측정하고 평가하도록 강요받는다. 백인의 가치와 백인의 시선으로 자신을 보고 평가할 때 흑인이, 특히 흑인 여성이 자신의 몸에 대해 자존감을 가지기는 쉽지 않다.

이처럼 자신의 정체성을 상실한 흑인 여성들에 대한 이야기를 토니 모리슨(Toni Morrison, 1931~)[26]은 『가장 푸른 눈』(*The Bluest Eye,* 1970)에서 재현했다. 모리슨은 어린 시절 이웃에 살던 흑인 여자아이가 푸른 눈을 가지게 해달라고 기도하는 모습을 보고 분개했던 기억에서 이 소설을 구상했다. 1970년대의 오하이오에 사는 흑인 소녀 피콜라 브리드러브(Pecola Breedlove)는 가난하게 살면서 늘 싸우기만 하는 부모를 보면서, 그 모든 불행이 자신이 못생겼기 때문이라고 생각하고, 자신이 푸른 눈과 금발의 예쁜 소녀가 되면 모든 불행이 사라질 것이라고 여기고 푸른 눈을 달라고 기도한다.

피콜라의 어머니인 폴린(Pauline)은 아름다운 백인 여성이 멋진 백인 남성과 사랑을 나누는 할리우드 영화를 보면서, 그 여배우를 자신과 동일시하며 행복해 한다. 그러나 영화가 끝나고 극장을 나서는 순간, 현실 속의 자신의 검고 추한 몸을 보면서 더욱 절망하며 자신의 흑인성을 저주한다. 그녀는 가난한 집도 싫고, 남편도 밉고, 심지어 딸인 피콜라도 너무 못생겼다고 외면하면서, 깨끗하고 멋진 백인의 집에서 하녀가 되는 것에 만족하는 비정상적인 삶을 살게 된다.

---

26) 본명은 클로에 워포드(Chloe Ardelia Wofford). 모리슨은 『빌러비드』(*Beloved*, 1987)에서는, 1856년 켄터키에서 자유주인 오하이오로 탈출했다가 노예사냥꾼에게 잡히게되자 자식을 죽이고 체포된 마거릿 가너(Margaret Garner)의 이야기를 소설화했다. 1993년에 노벨상을 수상했다.

3) 아시아계 미국인

이민의 역사를 통해 이루어진 미국은 다양한 인종, 다양한 민족이 만들어내는 다양한 문화가 갈등하면서도 미묘하게 공존하는 현장이다. 그러나 미국문화의 주류를 이루는 것은 일찍부터 이민을 와 자리잡은, 와스프(WASP)로 통칭되는 백인이다. 미국의 문화는 백인의 문화가 주체가 되어 타문화를 동화시켜온 역사적 산물이며, 그 과정에서 흑인종이나 황인종은 주류 문화와 갈등을 겪으면서 동화를 강요당했다. 특히 아시아계 미국인은 이민의 역사가 짧아 자신들의 모국의 문화와 더 밀접한 관련을 맺고 있는 만큼 문화적 갈등을 심각하게 겪었다.

1840년에서 1924년 사이에 대거 미국으로 건너 온 아시아계 이민은, 미국의 주류인 백인과는 분명히 구분되는 외모와 뒤늦게 습득한 어눌한 영어로 인해 열등한 주변인으로 인식되었고, 인종 차별을 겪었다. 아시아계 이민에 대한 차별은 미국 정부의 이민 정책에 반영되어 있다. 아시아인의 수가 점점 많아지고 그로 인해 반아시아 감정이 증가하자 정부는 1924년 아시아계 이민을 제한하는 법률을 통과시켜 아시아계 이민을 금지시켰다.[27] 이런 인종주의가 아시아계 이민의 가장 큰 경험 중의 하나가 된다.

미국문화에서 흔히 나타나는 전형적인 아시아인의 모습은 아시아인에 대한 미국인의 무지와 혐오감을 잘 드러낸다. 아시아인의 전형적인 모습은 영국 작가인 색스 로머(Sax Rohmer, 1883~1959)가 창조

27) 필리핀인의 이민은 1934년에 중지되었다. 1965년의 이민법 개정으로 다시 아시아계 이민이 가능해졌다.

한 악당 후만추(Fu Manchu)[28]와 미국작가인 얼 데르 비거(Earl Derr Bigger, 1884~1933)가 창조한 상냥한 중국인 탐정 찰리 찬(Charlie Chan)[29]이다. 후만추는 치마같은 검은 옷을 입고 손톱은 길게 기른 여자 같은 모습이고, 쫙 찢어진 눈은 교활하고 사악한 심성을 드러낸다. 찰리 찬은 똑똑하게 사건을 해결하는 탐정이지만 느릿느릿 어색한 영어로 유교의 경구를 내뱉는 우스운 존재이다. 그 외에도 아시아인들은 무기력한 이교도, 우스꽝스런 하인, 공부와 일만 하는 멍청이, 백인 아내에게 잡혀 사는 부자 아시아인, 나비 부인이나 미스 사이공처럼 백인 남자에게 순종하는 아시아 여자들로 나타난다. 이런 이미지와 연결되어 아시아계 이민자들은 주류 문화에 곧잘 적응하는 "모범적 소수족"이거나 도대체 "이해할 수 없는 이방인"으로 여겨진다.

이처럼 적대적이고 편견에 가득 찬 미국에서 아시아계 이민자들이 미국인으로서의 정체성을 이루는 것은 결코 쉬운 일이 아니었다. 특히 독특한 외모 때문에 아무리 미국에서 오래 살아도 동양적인 기원을 벗어버릴 수 없었다. 그 대표적인 예는 2차 대전 때 일본계 미국인이 당한 상황이다. 미국은 일본과 전쟁에 돌입하자 미국에서 태어나 미국인으로 살고 있는 일본계 미국인을 일본인으로 간주해서 적으로 분류하였고 이들을 모두 전쟁 캠프에 수용하였다. 반면 독일계 미국인에 대해서는 수용 정책을 쓰지 않았다.

아시아계 이민자들은 "충실한 소수족"답게 미국인으로 받아들여지겠다는 소망으로 열심히 노력했다. 아시아계 미국인 2세대, 3세대는

---

28) 『후만추 박사의 비밀』(*The Mystery of Dr. Fu Manchu*, 1912)에서 처음 등장했고, 이후 텔레비전 드라마로 제작되어 더욱 대중적 인기를 끌었다.

29) 『열쇠 없는 집』(*The House without a Key*, 1925) 등 6편의 소설에 등장했고 텔레비전 드라마로도 인기를 끌었다.

완벽한 미국식 영어를 구사하며 미국적 사고를 하고 미국인다운 행동을 하면서, 자신들을 완벽한 미국인으로 여긴다. 그런데 다른 미국인들이 자신들을 동양인으로 규정할 때 그들은 정체성의 혼란을 겪는다. 그들은 새삼 자신의 기원인 모국을 돌아보고 감정적 유대를 느끼게 된다. 일본계 미국인 작가인 데이비드 무라(David Mura, 1952~)도 그런 감정을 토로했다.

> 20대 후반까지도 나는 스스로를 백인 중산층으로 생각하면서 이민 삼세로서의 정체성을 직시하는 일을 어떻게든 피하려고 했다. 결과는 자기 혐오감과 자기 학대였다. . . . 만일 내가 일본인으로서의 나의 정체성을 의식하게 되지 못했다면 나는 파멸했을 것이다.

필리핀계 미국인 작가 제시카 헤게돈(Jessica Tarahata Hagedorn, 1949~)도 1963년에 이민을 와서 미국에서 수십 년을 넘게 살고 있지만 자신의 뿌리는 "다른 곳, 저기 저곳"이라고 고백했다. 이처럼 아시아계 미국인의 특징은 떠나온 고국인 아시아와 끈끈한 관계를 맺고 있는 점이다.

아시아계 미국인의 정체성에 대한 인식은 비교적 일찍 이민을 와서 정착한 중국계미국인들에게서 시작되었다. 프랭크 친(Frank Chin, 1940~)을 비롯한 몇몇 중국계 미국인들은 아시아계 미국인들의 작품 모음집인『아이이이이』(*Aiiieeeee*, 1974)를 편집하면서, 백인이 창조한 찰리 찬 같은 사람이 아닌 새로운 정체성을 정의하려고 노력했다. 이후 많은 아시아계 작가들은 문학 작품 속에서 다양한 아시아계 이민자들의 모습을 재현하여 아시아계 이민자에 대한 왜곡된 이미지를 수정하고 또 새로운 정의를 시도하고 있다.

그런데 아시아계 미국인이라는 용어는 사실 진실과 거리가 멀다.

각기 기원이 다른 중국계, 일본계, 한국계 이민자들이 모두 이 용어로 인해 한 범주로 정의되는 것이 타당하지 않기 때문이다. 게다가 1965년 아시아계 이민에 대한 제한이 풀리면서 베트남을 비롯한 인도차이나 반도에서도 많은 이민자들이 몰려들어 아시아계 이민자들의 구성은 인종, 민족, 언어, 사회 계층, 정치 상황, 교육, 정착 양상 등에 있어 더욱 다양해졌다. 그러므로 아시아계 이민자들의 정체성은 단일한 통일성보다는 "이종성과 이산"(heterogeneity and diaspora)의 성격을 띠고 있다는 주장이 있다. 이렇게 아시아계 미국인의 이종성이 분명하지만, 미국이라는 거대한 나라에서 사회적인 단합을 통한 정치적인 힘을 얻기 위해서는 뭉칠 필요가 있고 그런 점에서 아시아계 미국인이라는 큰 범주는 여전히 유효한 개념이다.

아시아계 이민자들의 경제적, 사회적, 정치적 힘이 커지면서 미국문화에서 아시아계 미국인에 대한 이해의 폭이 커졌기는 하지만 아직도 오해와 차별적인 시선이 남아있는 것이 현실이다. 아시아계 미국인에 대한 왜곡된 시선을 잘 풍자한 근래의 작품이 데이비드 황(David Henry Hwang)(1957~)[30]의 『엠. 나비』(*M. Butterfly,* 1988)이다. 『엠. 나비』는 실화를 바탕으로 한 희곡작품으로, 지아코모 푸치니(Giacomo Puccini, 1858~1924)의 오페라 〈나비 부인〉(*Madame Butterfly*, 1904)[31]의 패러디이기도 하다.

---

30) 중국계미국인으로 예일 드라마 스쿨과 스탠포드 대학에서 공부를 했으며 그 시절에 동양인으로 인종 차별을 경험했던 것으로 보인다. 『엠. 나비』는 1988년 브로드웨이에서 대성공을 거두었으며 아시아계 미국인 최초로 토니상을 수상했다.

31) 20세기 초에 일본 나가사키에 진주한 미군 장교 핑커턴(Pinkerton)은 일본 여성 초초상(Cio-Cio San, 나비)을 현지처로 삼았지만 곧 미국으로 돌아가 미국 여성과 결혼했다. 초초상은 아이를 낳아 기르며 남편이 돌아오기를 기다리다가 남편이 결혼한 것을 알고 자살한다. 배신한 백인 남성을 일편단심으로 사랑하는 초초상의 이미지는 동양 여성의 전형으로 인식되었다.

1986년 5월 11일 자 〈뉴욕 타임즈〉(*New York Times*)에 재미있는 기사가 실렸다. 전 프랑스 외교관 베르나르 부리스꼬(Bernard Bouriscot)는 중국 오페라 여가수인 쉬 페이푸(Shi Pei-pu)와 사랑에 빠져 20년간 동거를 하면서 아이까지 낳았다. 그 과정에서 부리스꼬는 베트남에서의 미군의 증감 여부 등 민감한 기밀 정보를 중국에 빼돌렸다가 발각되어 스파이 혐의로 재판을 받게 되었다는 내용이었다. 그런데 놀라운 일은, 쉬 페이푸가 온전한 남성이었고 부리스꼬는 그때까지도 자신의 동거녀가 남성이라는 것을 몰랐다는 것이다.

황은 이 기사를 본 순간, 이런 말도 안되는 사건이 일어날 수 있었던 것은, 서양인들이 동양을 나비 부인으로 보는 환상에 빠져 있기 때문이라고 확신했다. 부리스꼬가 동거녀가 나신을 보여주지 않는 것이 정숙함을 중시하는 중국의 관습 때문이라고 생각했다는 것이야말로, 서양이 동양에 대해 가지는 대표적인 문화적 오해였던 것이다. 이 사건을 동양에 대한 서양의 오리엔탈리즘을 나타내는 것으로 파악한 황은, 이 왜곡된 환상을 전복시키는 내용의 『엠. 나비』를 구상했다. 황은 부인(Madame)과 무슈(Monsieur)를 동시에 포괄하는 엠(M.)을 사용하여, 〈나비 부인〉이 보여주는 백인 우월주의 신화와, 복종적인 동양인 여성을 상징하는 "나비의 신화"를 해체하고자 했다. 〈나비 부인〉이 만들어낸 허구적 신화를 전복하여, 동양이 서양을, 여성이 남성을, 아시아 여성이 백인 남성을 이용하는 현실을 재현한 것이다.

『엠. 나비』의 주인공 르네 갈리마르(Rene Gallimard)는 프랑스의 중국 주재 외교관으로 근무하던 중에 〈나비 부인〉에 나오는 아리아를 부르는 송 릴링(Song Liling)을 보고 매혹되어 그녀와 사귀고 동거한다. 갈리마르는 자신이 〈나비 부인〉의 핑커턴이고, 핑커턴에게 순정을 바치며 그리워하는 초초 상이 송이라고 생각한다. 별 매력이 없는 서양 남성인 갈리마르는 송을 자신의 "나비"라고 부르며 으스대고, 송은 힘없는 여인처럼 순종하면서 그의 비위를 맞추어준다. 그러나 그녀가 남성이며 자신을 이용한 스파이라는 것을 알게 된 순간 갈리마르는, 오히려 자신이 "나비"였음을 깨닫고 감옥에서 자결한다. 송은 판사가 어떻게 갈리마르를 속일 수 있었냐고 질문하자, 서양이 동양에 대해 가지고 있는 환상 덕분이라고 진술한다.

> 서양은 스스로를 남성적이라고 생각하고 있습니다. 자신을 거대한 총, 거대한 산업, 거대한 돈과 일치시키지요. 상대적으로 동양은 여성적으로 여깁니다. 약하고 섬세하고 가난하고. . . . 하지만 예술에 능하고 신비스러운 지혜로 가득 찬 존재, 다시 말해서 여성적 신비와 동일시합니다. 그녀의 입이 부정해도 그녀의 눈은 긍정한다. 바로 이 논리에 근거해 서양은, 동양이 마음속 깊은 곳에서는 굴복 당하기를 간절히 원한다고 믿고 있습니다.

7 미국의 여성

북아메리카에 도착한 초기의 이주자는 거의 남성들이었으므로 이들에게 가정을 꾸려주고 자식을 낳아줄 여성이 수입되어야 했다. 주로 가난한 집안의 딸들이 한 번도 본 적이 없는 개척민의 아내가 되기 위해 바다를 건너왔다. 1619년 제임스타운의 경매 시장에서는 영국에서 건너온 90명의 여성이 각각 150 파운드 무게의 담배 값으로 팔렸다. 이 가격은 선박회사에 지불될 여성의 운임이었다. "담배 신부"(tobacco brides)라고 불린 값싼 상품인 이 여성들은 성적 만족의 제공자, 자손의 생산자, 개척지의 동업자 역할을 했다.

청교도 식민 정착지의 여성 이데올로기는 영국 본토의 전통을 거의 그대로 답습했다. 여성은 이성을 지닌 남성보다 열등한 존재이므로 남성을 돕기 위해 온화하고 겸손한 미덕을 지녀야하고, 남편에게 복종하고, 자식을 경건한 종교인으로 키우는 의무를 부여받았다. 여성에게 주부(housewife/goodwife) 이외의 다른 직업은 가능하지 않았고, 여성의 공간은 가정이라는 사적인 영역에 한정되어 있었다. 집안을 깨끗이 하고 음식을 준비하고 아이들을 잘 키우고 하인들을 잘 관리하는 것이 여성의 역할이었다. 기혼 여성의 재산권은 인정되지 않았고, 남편은 순종하지 않는 부인에게 매질할 권리가 있었다. 지나치게 뛰어난 여성은 의심의 눈초리를 받았고 박해 당했다. 앤 허친슨(Anne Hutchinson, 1591~1643)은 10명이 넘는 자녀를 둔 전형적인 주부였는데, 주변 사람들을 약초로 치료해 주고 종교적인 지도자 역할을 했다가 1638년 이단으로 몰려 재판받았고 추방되었다. 1692년에 벌어진 세일럼 마녀 재판은 지나치게 독립적인 사고를 하는 여성들에 대한 식민지인들의 두려움이 광적인 형태로 나타난 전형적인 예이다.

청교도들은 유럽의 비인간적이고 계급적이며 불합리한 구질서를 지양하고 민주적인 공동체를 확립하려는 이상을 품고 있었지만, 여성에 대해서는 구세계적인 사고를 그대로 유지했다. 아니, 오히려 구세계보다 더 엄격한 기준을 부과했다. 청교도 사회가 여성에게 가장 요구했던 것은 성적 순결이었다. 남성의 성적 일탈은 용인되었지만 여성의 성적 일탈은 범죄로 간주되어 처벌되었다. 너새니얼 호손은 『주홍글자』에서 1640년대의 청교도 식민지의 성적 억압을 재현하면서 비판했다. 여주인공 헤스터 프린(Hester Prynne)은 간통죄로 기소되어 재판을 받고 처벌을 받는다. 갓난쟁이가 있어서 징역형은 면했으나, 수많은 마을 사람들 앞에서 가슴에 간통(Adultery)의 약자인 "A" 글자를 달고 몇 시간씩 서있는 수치를 당한 후, 평생 그 표식을 달고 살라는 벌을 받는다. 간통은 도덕적인 죄(sin)이기는 하나 형법적인 죄(crime)로 처벌되지 않는 대부분 나라의 관례에 비하면 가혹한 처벌이다. 게다가 헤스터의 남편이 탄 배가 난파되어 남편의 생사를 알 수 없는 지 7년이 지난 상태이므로 청교도 사회의 이 처벌은 합리적이라고 보기 힘들다.

헤스터는 청교도 사회가 자신에게 내린 처벌을 아무 저항 없이 받아들이며, 겸손한 마음으로 다른 사람에게 봉사하는 삶을 살아간다. 그러나 마음속으로 청교도의 가치를 부정하는 대담한 사고를 한다. 자신이 가난한 집 딸이었기에 팔려가듯이 노인인 프린 박사, 즉 칠링워스(Chillingworth)와 결혼한 것이 오히려 잘못된 것이고, 마음에 따라 딤즈데일을 사랑한 것이 올바른 일이었다고 생각한다. 헤스터는 여성이 사랑하는 사람과 결혼할 수 없는 현실이 부당하다고 느끼며,

진정한 사랑의 결과로 결혼을 하는 사회로 바뀌어야 하고, 그러기 위해서는 사회, 남성, 여성, 모두가 달라지는 개혁이 있어야 한다고 인식한다.

> 제일 먼저 사회의 모든 체제를 부수고 새로 세워야 한다. 그다음 남성의 본성 자체, 아니 오랫동안 유전되어서 마치 본성처럼 되어버린 습성이 본질적으로 개조되어야만 여자는 정당하고 적절한 지위라고 여겨지는 것을 주장할 수 있을 것이다. 마지막으로, 모든 어려움이 제거된 후에도 여자 스스로가 훨씬 더 큰 변화를 겪지 않으면 이런 준비된 개혁을 이용할 수 없을 것이다.

헤스터는 청교도 사회의 억압에 복종한 것이 아니라 혁명적인 저항을 꿈꾸고 있었고 작가 호손은 이를 지지하는 것이다.

독립 전쟁 시기에 이르면 여성의 활동 영역은 다소 폭이 넓어졌다. 독립 전쟁에 참가한 남편을 대신해서 가족 사업을 경영했고, 애국 단체를 결성하여 후원하는 등 사회적인 역할을 수행했다. 여성에게 한정된 역할을 뛰어넘는 진보적인 여성도 등장했다. 데보라 샘슨(Deborah Sampson)은 남장을 하고 입대했고, 메리 매컬리(Mary Ludwig Hays McCauley)는 〈몬머스 전투〉(Battle of Monmouth, 1778)에서 부상당한 남편을 대신해서 대포를 발사했다. 이 실화는 「몰리 피처(Molly Pitcher) 이야기」로 알려지며 널리 퍼졌다.

그러나 여성의 권리를 확보할 수 있는 정치적 활동은 그리 이루어지지 못했다. 토마스 제퍼슨은, 미국 여성은 너무 현명하기 때문에 정치 활동으로 이마에 주름살을 만들지 않을 것이라고 했는데, 이 발언은 여성의 정치 참여를 거부하는 그럴싸한 이유로 곧잘 인용되었다. 여성들은 참정권을 비롯해 여전히 법적인 권리가 거의 없었다.

독립국가 미국에서 여성의 역할은 "공화국의 모성"(Republican Motherhood)이라는 개념으로 구체화되었다. 여성은 어머니로서 자녀가 공화국의 훌륭한 구성원이 되도록 키워 낼 의무가 있다는 것이다. 여성을 미화하면서도 여성의 유일한 활동 영역을 가정으로 한정한 것이다. 여성들은 가정에서 주도적이고 능동적인 역할을 수행함으로써 주어진 한계 내에서 정체성을 찾으려고 노력했고, 이것이 "가정생활 숭배"(Cult of Domesticity) 이데올로기로 구체화되었다. 가정에서 자녀를 키우는 여성의 역할을 하나님이 주신 고귀한 임무를 수행하는 것으로 차원을 높였던 것이다.

가정의 지도자로서의 여성의 역할에 대한 각성은 자연스럽게 노예제 폐지 운동이라는 사회적 활동으로 연결되었다. 여성들은 노예가 만든 물건의 구매를 거부하거나, 노예제 폐지 단체를 위한 바자회를 열어 개혁에 대한 관심을 소극적으로 표명하기도 했고, 위험을 무릅쓰고 직접 실천 행위에 참가하는 적극적인 행보를 하기도 했다. 백인인 그림케 자매(Angelina and Sarah Grimke), 흑인인 마리아 스튜어트(Maria W. Stewart, 1803~1880), 프랜시스 하퍼, 소저너 트루스 등은 연설을 통해 노예제의 부당함을 역설했다. 해리엣 터브맨은 <지하철도>에서 노예의 탈출을 도왔고 군대 고문으로 군대를 이끌기도 했다.

여성 교육의 중요성도 부각되었다. 1750년경 백인 남성의 문맹률이 10퍼센트인데 반해 여성의 문맹률은 60퍼센트였는데 1780년에서 1840년 사이에 반으로 줄어들었다. 뉴욕에는 여성을 위한 대학인 트로이 여성학원(Troy Female Seminary, 1821)이 설립되었고, 1841년에는 세 명의 여성이 처음으로 학사 학위를 받았다.[1]

1) 오하이오 주의 오벌린 대학(Oberlin College)은 1833년 미국 최초의 남녀 공학 대학이며, 1862년 최초로 흑인 여성 메리 패터슨(Mary Jane Patterson)에게 학위를 수

본격적인 여성 해방 운동은 1848년 세네카폴즈 대회(Seneca Falls Convention)에서 시작되었다. 엘리자베스 스탠튼(Elizabeth Cady Stanton)과 루크레티아 모트(Lucretia Mott) 등은 여성의 독립선언이라고 할 수 있는 「감정과 결의의 선언」(Declaration of Sentiments and Resolutions)을 발표했다. 더불어 여성의 의상에 대한 개혁도 제기되어, 여성의 몸매를 드러내는 코르셋과 불편한 긴 드레스 대신 활동에 편한 블루머[2]가 개발되었다. 블루머는 1850년대 초기의 여성 운동의 상징이 되었다.

여성 해방 운동은 참정권(suffrage) 운동으로 발전했다. 1868년 〈헌법 수정안 14조〉는 투표권을 가진 사람을 "남성"(male)이라고 처음으로 구체적으로 밝혔고, 〈수정안 15조〉에서는 흑인 남성에게 참정권을 부여했다. 이에 여성들은 반발하면서 본격적으로 참정권 운동에 돌입했으며 이들이 서프라젯트(suffragette 혹은 suffragist)이다.

한편 20세기 초까지도 일반 여성의 삶은 전통의 굴레에 갇혀 있었다. 특히 상류층 여성은 인습에 젖은 삶을 살았는데, 이디스 워튼(Edith Wharton, 1862~1937)의 『순수의 시대』(*The Age of Innocence*, 1920)에 잘 나타난다. 이 소설은 1870년대에 대도시로 발전해가던 뉴욕의 상류층의 남성과 여성의 삶을 재현하고 있다. 뉴욕의 상류층 남성들은 가부장적인 체제를 견고하게 유지하면서, 여성들을 유아적인 순수함을 가진 열등한 존재로 여기며 사회 활동에서 배제시킨다. 여성들은 이 가부장적인 체제 속에서 인습적인 삶을 영위하면서, 옷, 음

여한 대학이다.

2) 뉴욕 주의 여성 운동가인 아멜리아 블루머(Amelia Jenks Bloomer, 1818~1894)가 즐겨 입었으므로 이 명칭을 얻게 되었다. 엉덩이 쪽이 부풀어 있어 마치 칠면조와 같은 모양이어서 터키식 드레스(Turkish dress)라고도 했다. 미국 드레스(American dress), 개량 드레스(reform dress)라고도 했다.

식, 아이들, 사교, 뒷담화로 자신들의 삶을 채워가며, 여러 남성적 활동에 대해 아무 것도 모르는 양, "순수"를 가장하며 살아간다. 워튼은 순수함을 지니도록 훈련받은 이 여성들의 거짓 "순수"의 실상을 비판하면서, 그런 여성을 만들어낸 가부장적 체제를 비판한다.

뉴랜드 아처(Newland Archer)는 당시의 전형적인 남성답게, 약혼자인 메이 웰랜드(May Welland)가 성인으로서의 판단력이나 융통성이 좀 없더라도 세상의 이면을 잘 모르는 순진한 존재로 남기를 원하며, 그녀를 소유하고 있다는 것에 대한 "소유주의 전율"을 느낀다. 아처는 진보적인 성향이어서, "여성도 우리들처럼 자유로워져야 한다." 라고 말로는 주장하지만, 메이처럼 자유가 무엇인지도 모르며 자유를 원하지도 않는 여성에게 굳이 자유가 있다는 것을 가르쳐 줄 필요는 없다고 생각한다. 그런 한편 아처는 메이가 "순수한" 나머지 아예 내면이 텅 빈 존재일지도 모른다는 두려움을 느끼며, 기존의 인습과 도덕에 저항하며 질서와 권위로 가득 찬 가부장적인 뉴욕 사회를 교란시키는 성숙한 여성 엘렌(Ellen Olenska)에게 매력을 느낀다. 아처같은 남성들은 스스로 메이와 같은 여성을 만들어놓고도 이들이 "인위적 상품"이라며 불만을 토로하는 이중성을 보이는 것이다.

한편 이와는 전혀 다른 삶을 사는 여성들도 존재했는데 바로 개척지의 여성들이다. 이들은 미국의 발전에서 중요한 역할을 했지만 역사적 서술에서는 거의 묻혀 있었던 여성들이다. 대부분의 개척지 문학의 주인공은 항상 남자였고 여성은 보조적인 존재로 등장했다. 그러나 윌라 캐서(Willa Cather, 1873~1947)는 『나의 안토니아』(*My Ántonia*, 1918)[3]에서, 미국 개척사에서 중요한 역할을 담당했지만 여태껏 묻혀

3) 『오 개척자여!』(*O Pioneers!*), 『종달새의 노래』(*The Song of the Lark*) 등과 더불어 개척지 삼부작 소설.

있던 여성들의 삶을 발굴하여, 개척지 역사에 대한 새로운 시각을 제공한다.

네브래스카의 이민자들은 두 종류이다. 일찍 미국에 이민 와서 터전을 잡아 잘 살게 된 1세대 이민자 집안들과, 안토니아 쉬메르다(Ántonia Shimerda) 가족처럼 동구권 출신이라 영어를 잘 못하며 가난에 시달리는 후발 이민 세대들이다. 이 후발 이민자들의 딸들은 어려운 집안을 돕기 위해서 읍내의 1세대 이민자들의 집에서 고용살이를 한다. 이들은 억척같이 일을 해서 남동생들을 공부시켰으며 탄탄한 살림 기반도 마련한다. 주인공인 안토니아도 마치 남자처럼 일을 하면서 넓은 황무지를 일구며 가족을 부양하기 위해서 노력하는 강인한 여성이다. 이 소설에서 서술자로 등장하는 짐 버든(Jim Burden)은 안토니아를 통해서 "생명의 불꽃"을 느끼면서, 그녀를 새로운 여성상으로 제시한다.

여성들의 가장 큰 가치가 모성애이며, 여성은 가정에서 가장 큰 역할을 할 수 있다는 이데올로기를 근본적으로 바꾸면서, 여성을 공적인 영역으로 불러들이는데 큰 계기를 마련한 사건이 바로 1차 세계 대전과 2차 세계 대전이다. 1차 대전 때 많은 여성들은 여성 위원회를 조직하여 자원 봉사를 하면서 간접적으로 미국의 승리를 도왔을 뿐 아니라 직접 군대에서 활동도 했다.[4] 1차 대전이 끝나면서 상당수의 여성들은 현재의 직업을 고수하기를 원했다. 그러나 기본적으로 여성의 자리는 가정이라고 규정되었으므로 직업 여성은 육아와 가사 노동까지 도맡는 이중고를 겪어야 했다. 게다가 기혼 여성에 대한 직장 내

---

4) 여성 간호 부대가 창설되어 국내 뿐 아니라 프랑스에도 파견되어 전쟁을 도왔으며, 여성 전화 교환수 부대는 "헬로 아가씨들"(Hello Girls)이라는 애칭을 얻으면서 전쟁이 끝날 때까지 국내외에서 활약했다.

의 차별은 상당히 컸다. 1930년에서 1931년에 걸쳐 1,500개 도시를 조사한 결과, 학교의 63%는 결혼한 여교사를 해고했고, 77%는 기혼 여성을 아예 교사로 채용하지 않았다. 일반 직장의 75% 역시 기혼 여성을 전혀 채용하지 않았다. 1932년 〈연방 경제법〉(Federal Economy Act)에서, 한 가정의 2명이 동시에 정부 기관에서 일할 수 없도록 하자 그로 인해 해고된 75%가 여성이었다. 대공황 중에만 여성의 실업률이 남성보다 낮았는데, 여성의 임금이 남성보다 적었기 때문에 남성 대신 고용되었고, 또 실업자인 남성들이 여자들 일이라고 여겨지는 저임금 노동을 하지 않으려고 했기 때문이었다.

1941년 2차 대전이 시작되면서 다시 여성들의 사회 활동이 활발해졌다. 이미 전체 노동력의 4분의 1이 여성이었는데, 전쟁 동안 여성 직업 인구는 급격히 상승하였다. 그 중 삼백만 명에 이르는 여성들이 군수 공장과 같은, 이전에는 주로 남성들만 근무하던 중공업회사에서 일하게 되었다. 전쟁으로 인해 남성 노동자들이 부족한 상황이었으므로 여성 중공업 노동자는 환영의 대상이었고, 이들은 리벳 공원 로지(Rosie the Riveter)[5]라는 이미지로 미화되었다. 이로써 여성이 전통적으로 남성의 영역으로 여겨지던 곳에서도 충분히 능력을 발휘할 수 있다는 개념이 유포되었다.

전쟁이 끝나자 재향 군인들에게 일자리를 주어야 했으므로 여성들에게 다시 가정으로 돌아가서 아이를 키우라는 압력이 거세게 밀어닥쳤다. 실제로 1946년 사백만 명 이상의 여성들이 해고되었다. 사회적으로는 전업 주부를 이상적인 여성으로 미화시켰다. 전쟁 후의 경제적 호황이 이런 분위기를 뒷받침해주었다. 1950년대 중반 중산층의

---

5) 군수 공장에서 일하는 여성의 문화적 상징으로, 페미니즘과 여성의 경제적 힘의 상징으로 여겨진다.

40퍼센트는 교외에 살면서 서너 명의 자식을 두었고, 차 두 대, 텔레비전 두 대를 가지는 풍요로운 삶을 누렸는데, 이런 가정에서 현모양처로 역할 하는 전업 주부의 이미지를 내세운 광고들이 여론을 선도했다. 1950년대에 35퍼센트의 여성이 대학에 갔지만 기술을 배우거나 직업을 구하기 위해서가 아니라, 훌륭한 남편을 만나기 위해서였다.

직업을 가진 여성의 경우에 직장에서 성취감을 얻을 수 있는 상황이 아니었다. 1950년대와 60년대에 30~40%의 여성이 직장을 다녔지만 그 중 75%는 비서나 청소부, 교사, 판매원, 여급, 간호원 등 여성에게 한정된 직장이었다. 또한 여성들은 남성 노동자의 60%의 임금을 받았다. 고위 관리직은 모두 남성들이었는데, 99%가 여직원인 회사도 관리자는 남성이었다.

1957년 〈전국 인력 위원회〉(National Manpower Council, NMC)는 여성의 직업 상황에 대한 연구 보고서를 발표했다. 보고서는 여성이 "필수적이고 뛰어난" 노동자이므로 여성 고용에 대한 현재의 연방법과 주법을 수정할 필요가 있다고 제안했다. 그러나 아이젠하워 정부는 정책을 바꾸지 않았다. 1961년 케네디는 여성계의 압력에 굴복해서, 〈여성 지위에 관한 대통령 특별 위원회〉(President's Commission on the Status of Women)를 설치하고 엘리너 루스벨트(Elinore Roosebelt)를 위원장으로 임명하였다. 이 위원회의 권고로 케네디는 남성과 여성의 〈동등임금법〉(Equal Pay Act, 1963)을 통과시켰다. 위원회의 보고서인 「미국 여성」(The American Woman, 1963)은 교육, 가정, 공동체, 고용, 세금, 법적, 시민적, 정치적 권리 등 다양한 분야에서의 여성 차별을 보고했다. 1967년, 존슨 대통령은 직장의 성차별을 금지하는 행정 명령에 서명했다. 〈나우〉(National Organization for Women, 1966)는 성차별이 있는 회사에 대해 1,000 여건의 소송을 제기했다.

대표적 성차별 소송은 1999년 앨라배마의 굿이어 타이어 회사(Goodyear Tire Plant)를 대상으로 제기되었다. 매니저인 릴리 레드베터(Lilly Ledbetter)는 자신이 같은 직급의 남자보다 15퍼센트나 적은 월급을 받고 있음을 뒤늦게 알고 소송을 제기했으나 판결은 그녀의 패소로 끝났다. 그녀가 임금 차별 사실을 인지하고 고소한 시점이 너무 늦었다는 회사 측의 손을 들어준 것이다. 2009년이 되어서야 오바마 대통령이 〈릴리레드베터 공정임금법〉(Lilly Ledbetter Fair Pay Act)을 승인하여, 최초의 차별적 임금을 받은 후 180일 이내에 소송해야 한다는 규정을 없애고, 어떤 차별적 임금이라도 받은 지 180일 이내에 고소하는 것이 가능하게 만들었다.

* 여성 참정권 운동

여성의 참정권 운동은 1910년대에 활발해졌다. 전투적인 참정권자들은 기존의 미온적인 참정권 요구 활동에 불만을 품고서, 체포되거나 단식 투쟁과 같은 과격한 방법으로 대중의 관심을 끌었다. 이런 호전적인 참정권 운동가들을 "suffragettes"라고 불렀고 비폭력적인 활동가들을 "suffragists"라고 불렀다.

1920년 모든 여성에게 투표권을 주는 〈수정안 19조〉가 연방의 하원과 상원을 통과한 후 각 주에서 비준이 이루어져야 했다. 각 주의 의회에서 비준을 얻는 과정은 쉽지 않았다. 특히 주류 산업계는 선거권을 가진 여성들이 금주법을 통과시킬까 봐 수정안의 비준을 저지시키려고 했다. 테네시 주에서는 주 상원의 비준을 통과한 후 하원에서 1표 차이로 수정안이 통과될 것이라고 예상하던 중이었다. 그런데 갑자기 의장이 반대표를 던져서 비준이 무산될 상황이었다. 그 때, 원래 반대할 예정이었던 24살의 가장 어린 의원인 해리 번(Harry Burn)이 일어나, 어머니가 편지를 보내어 찬성표를 던지는 착한 아들이 되라고 했다면서, "아들은 항상 어머니의 충고를 따르는 것이 제일 좋다고 생각한다."라며 찬성표를 던져 비준이 확정되었다. 이런 과정을 거쳐서 〈수정안 19조〉는 1920년 8월 26일 공식적으로 승인되었고, 이 날은 "여성 평등의 날"(Women's Equality Day)로 기념된다.

* 신여성(New Woman)

1920년대에는 "신여성"이라는 새로운 여성들이 사회의 이목을 끌었는데, 이들은 왈가닥(flapper)이라고도 불렸다. 이 신여성들은 전세대의 경건하고 순결하며 정숙한, 보수적인 여성상을 일부러 거부했다. 신여성들은 공공장소에서 담배를 피우고 술을 마셨으며, 성의 자유를 추구했고, 소비적인 문화를 향유했다. 여성다운 긴 곱슬머리 대신 소년처럼 짧게 커트한 머리에 앞머리를 나란히 내린 단발머리를 선호했다. 또 코르셋을 속에 입고 여성의 곡선을 강조하는 빅토리아 조의 긴 드레스를 거부하고, 밋밋하게 내려오는 드레스를 입었다. 이 드레스에 맞추기 위해 날씬한 몸매, 납작한 가슴, 긴 팔다리가 선호되었다.[6] 또 창녀들이 하는 것으로 여겨지던 짙은 화장을 하면서 화장품의 주 소비자로 부상했다.

* 피임(Birth Control)과 낙태(Abortion)

여성의 해방을 주장하면서 여성의 몸과 건강에 대한 관심이 높아

6) 『위대한 개츠비』의 영화의 여성 주인공들이 이런 머리와 패션을 잘 나타낸다.

졌고, 그로 인해 가장 첨예한 문제로 부상한 것이 피임과 낙태였다. 당시 피임에 대한 정보나 도구를 주고받는 행위는 불법이었다. 1914년 마거릿 생거(Margaret Sanger)는 여성의 건강을 위해 피임이 필요하며 중요하다고 역설했다지만 그녀의 글은 콤스톡 법(Comstock Act, 1873)[7]을 위반했다고 고소당했다. 1916년 생거는 최초의 피임 진료소를 열었고 경찰이 이를 폐쇄하자 더 주목을 받으면서 사회 전체에 피임에 대한 찬반 논란이 확산되었다. 1936년 〈미국 대 한 상자〉(United States v. One Package) 사건을 맡은 항소 법원은 생거의 승소로 판결했다. 비록 뉴욕, 커네티컷, 버몬트에 한정되기는 했지만, 이 판결로 의사는 피임 도구와 정보를 우편으로 보낼 수 있게 되었다. 1937년 〈미국 의학 협회〉(American Medical Association)는 피임이 의학 교육과 실습의 통합 과정이라고 인정했고, 노스캐롤라이나 주가 처음으로 피임을 공중 보건의 일환으로 인지하면서, 가난한 여성들에게 피임 서비스를 제공했다. 일반적인 피임은 1961년 최초의 피임약인 에노비드(Enovid)가 FDA(Food and Drug Administration)의 승인을 받아 시장에서 팔리면서 현실화되었다. 1965년 〈그리스월드 대 커네티컷〉(Griswold v. Connecticut) 사건의 대법원 판결로 기혼 부부의 피임이 미국 전역에서 합법화되었고, 1972년 〈아이젠스타트 대 베어드〉(Eisenstadt v. Baird) 사건의 대법원 판결로 미혼 커플의 피임이 합법화되었다.

낙태의 권리는 1970년대 여성 운동에서 가장 중요한 이슈였다. 1970년 이전에는 매년 백만 여 건의 낙태 수술이 이루어졌는데, 그 중 10,000 여 건 만이 합법적인 수술이었다. 불결한 환경의 무허가 진료

7) 피임 도구, 성병, 인간의 성애, 낙태에 대한 정보를 금지한 법이다.

소에서 불법 낙태를 받은 여성들은 대부분 가난한 여성이거나 미혼모들이었으며, 이들 중 3분의 1 이상이 수술의 후유증으로 병에 시달리거나 죽었다. 따라서 낙태 금지법을 폐기하려는 여성들의 활동이 1968년과 1970년 사이에 20여개 주에서 본격적으로 시작되었다. 루신다 시슬러(Lucinda Cisler)는 「끝나지 않은 일: 피임」(Unfinished Business: Birth Control, 1970)에서, "낙태는 여성의 권리이다. 어느 누구도 그녀의 결정을 거부할 수 없으며, 그녀의 뜻에 반하여 강제로 아이를 낳게 할 수 없다."고 주장했다. 1973년, 〈로 대 웨이드〉(Roe v. Wade)에서 대법원은, 주에서는 임신 7개월 이후의 낙태만 금지할 수 있으며, 4~6개월일 때는 산모의 건강을 고려해 낙태를 규제할 수 있고, 임신 초기 3개월까지는 임부와 의사가 낙태를 결정할 권리를 가진다고 판결했다.

* 여성 해방 운동(Women's Liberation Movement)

여성의 해방에 대한 자각과 실천적 활동이 이루어지고 있는 상황에서 출판된 베티 프리던(Betty Friedan, 1921~2006)의 저서 『여성의 신비』(*The Feminine Mystique*, 1963)는, 여성 해방 운동에 이론적 근거와 운동의 전기를 제공했다. 프리던은, "뭐라고 이름 붙일 수 없는 그 문제는 정말 무엇이었을까?. . . 이상한 동요, 불만족감, 열망. 아내들은 홀로 그것들과 싸웠다. . . 아내들은 이것이 전부인가?라고 묻는다."라며, 수많은 중산층 여성들의 명확하게 정의할 수 없는 불만을 요약했다. 그리고, "여성이 남성처럼 자신을 발견하고 한 인간으로서의 자신을 아는 유일한 방법은 창조적인 일을 하는 것이다."라고 주장했다.

1960년대에는 각종 시민운동과 발맞추어 여성들의 조직적인 집회와 시위도 활성화되었다. 1968년 워싱턴에서 여성들은 수백 명이 반전 시위를 하면서 횃불을 들고 알링턴 국립묘지로 행진했다. 여성 운동가들은 미스 아메리카를 선발하는 미인 대회는 여성을 억압하는 상징적인 사건이라고 규탄하면서, 항의의 표시로 거들, 인조 속눈썹, 가발 등을 "자유 쓰레기 통"(Freedom Trash Can)에 집어 던졌으며, 양에게 미스 아메리카의 왕관을 씌워 주었다. 뉴욕의 급진 여성들은 〈지옥에서 온 여성 국제 테러 음모단〉(Women's International Terrorist Conspiracy from Hell; WITCH)을 결성하고, 마녀 옷을 입고 뉴욕 증권 시장에 나타났다. 이들은 "여성이면서 자신을 들여다 볼 용기를 가지고 있다면 당신은 WITCH 회원이다."라고 주장했다.

여성들의 주장과 실천은 다양한 방식으로 나타났고 그로 인해 여성에 대한 시각과 제도에 변화가 나타났다. 직장 여성의 편의를 도모하기 위한 보육 시설의 설립이 추진되었고, 여성이 남성만의 전유물이던 영역으로 진출을 시도하여, 여성 테니스 선수단이 조직되고 최초의 여성 승마 기수가 탄생했다. 여성 예술가들은 위트니 미술관의 조각전에서 성차별을 공격하는 피켓 시위를 벌였고, 여성 언론인들은 여성을 제외시킨 워싱턴의 언론 단체인 그리다이언 클럽(Gridiron Club)에서 피켓 시위를 벌였다. 여성을 위한 잡지, 신문, 서적 등이 나왔고, 일부 TV 광고는 여성에게 항의를 받은 후 폐지되기도 했다.

그러나 막상 여성 해방 운동의 구체적인 목표와 투쟁 전략에 대해서는 갈등이 많았다. 여성 운동의 목표를 어떻게 정할 것인지에 따라 투쟁의 전략이 달랐으며, 인종 차별주의와는 어떻게 연결시킬 것인지, 전쟁이나 자본주의에 대한 태도를 어떻게 설정할 것인지에 따라 의견이 나누어졌다. 특히 흑인 여성들은 백인 여성들과의 연합에 회의를 드러냈다. 가난한 흑인 여성 노동자들은 주로 정신적인 정체성의 문제에 집중하는 중산층 백인 여성들의 여성 해방론이 생존과 인종 문제로 허덕이는 흑인 여성들의 이익을 대변하지 못한다고 여겼다. 흑인 여성 해방 운동가들은 백인 여성 운동가들과 결별을 선언하면서, 여성이 먼저 가난을 포함한 모든 굴종을 벗어날 때까지는 해방될 수 없다고 주장했다. 이들은 흑인 여성을 빈곤에서 탈출시키기 위한 여러 활동을 도모했으며, 가정부로 일하는 흑인 여성을 위한 〈국민 가사 노동자 조합〉(National Domestic Workers Union, 1968)을 결성했다.

사적인 영역으로 여겨졌던 결혼에서도 여성의 권리에 대한 주장이 힘을 얻게 되었다. 1970년 캘리포니아는 처음으로 〈비유책이혼법〉(No-fault Divorce Law)[8]을 통과시켜 남녀평등을 향상시켰고, 2010년에는 50개 주 전체가 이 법을 통과시켰다. 가정 폭력에 대한 논의도 활발해졌다. 1970년에는 가정 내의 문제로 무시되고 외면되던 매 맞는 여성을 위한 공식적인 보호소가 만들어졌고, 가정 폭력은 공적인 기관에서 다루어야 할 범죄로 간주되기 시작했다. 강간에 대한 논의도 활발해지면서, 강간 사건 때 여성을 무조건 죄인으로 모는 경찰의 태도에 대한 항의가 일어났으며, 강간의 증인이 있어야 한다는 법을 바꾸려는 노력이 진행되었고, 혼인 중 강간에 대한 입법도 이루어졌다.

8) 결혼 생활에서 어느 한 쪽의 유책 사유를 들지 않아도 이혼을 허락하는 법이다.

김현숙

김현숙은 부산대학교 사범대 영어교육과를 졸업하고, 서울대학교 영문학과에서 석사와 박사학위를 받았다. 현재 수원대학교 인문대 영문과 교수로 있으며, 풀브라이트 연구비로 미국 하버드대학교 영문과에서 방문교수로, 학술진흥재단 해외파견교수로 미국 스탠퍼드대학교에서 방문교수로 연구한 바 있다. 저서로 『디킨즈 소설의 대중성과 예술성』, 『영미소설 속의 여성, 결혼, 그리고 삶』(2007년 학술원 우수학술도서 선정), 『영미문학 산책』, 『영미명작, 좋은 번역을 찾아서 1. 2』(공저), 『19세기 영어권 여성문학론』(공저), 역서로 제인 오스틴의 『이성과 감성』, 찰스 디킨즈의 『황폐한 집』(편역), 『아시아계 미국문학의 길잡이』(공역), 『인간 등정의 발자취』(공역)가 있고, 주석본으로는 *Bleak House*, *Brave New World*, *Emma*, *Pride and Prejudice*가 있다.

영미문화 탐구

초판 1쇄 발행 _ 2017년 1월 30일
4쇄 발행 _ 2025년 2월 25일

저 자 · 김 현 숙
발행인 · 정 현 걸
발 행 · 신 아 사
인 쇄 · 삼일문화
주 소 · 서울특별시 은평구 통일로 59길 4 (2층)
전 화 · (02) 382-6411 팩스 · (02) 382-6401
홈페이지 · www.shinasa.co.kr
E-mail · shinasa@daum.net
출판등록 · 1956년 1월 5일 (제 9-52호)

ISBN : 978-89-8396-964-4 (93380)

정가 18,000원